권력과 저항

Pouvoir et Résistance
Foucault, Deleuze, Derrida, Althusser
Yoshiyuki Sato

Copyright ⓒ L'Harmattan 2007
Korean translation copyright ⓒ Nanjang Publishing House 2012
All Rights Reserved

This Korean translation are published by arrangement with
Les éditions l'Harmattan, 16 rus des Ecoles, 75005 Paris

이 책의 한국어판 저작권은 Les éditions l'Harmattan과의 독점계약으로
도서출판 난장에 있습니다.
저작권법에 의해 한국 내에서 보호를 받는 저작물이므로
무단전재와 무단복제를 금합니다.

권력과 저항

푸코, 들뢰즈, 데리다, 알튀세르

사토 요시유키 지음 — 김상운 옮김

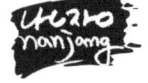

일러두기

1. 본서는 2007년 프랑스어판이 먼저 출간된 뒤 이듬해 일본어판이 출간됐다. 지은이는 일본어판을 내면서 표현을 수정했으니 일본어판을 기준으로 번역해달라고 요청했다. 따라서 본문은 일본어판을 중심으로 옮기되, 지은이가 논의를 전개하는 과정에서 인용한 외국 문헌은 프랑스어판을 중심으로 옮겼다. 번역에 참조한 일본어판의 서지사항은 아래와 같다.
   • 佐藤嘉幸, 『權力と抵抗: フーコー, ドゥルーズ, デリダ, アルチュセール』, 京都: 人文書院, 2008.

2. 주요 개념어의 경우 일본에서 사용하는 번역어와 한국에서 사용하는 번역어에 상당한 차이가 있다. 따라서 한국어판에서는 프랑스어판을 참조해 한국에서 사용되는 용어로 바꿔 옮겼다. 그러나 지은이의 의도를 제대로 전달하기 위해서, 또는 옮긴이의 개입에 의해 그 의도가 희석될 위험을 방지하기 위해서, 일부이긴 하지만 일본의 번역어를 그대로 사용하기도 했다. 단, 이 경우에는 해당 단어 뒤의 '[ ]' 안에 한국에서 통용되는 번역어를 병기했다.

3. 지은이가 인용한 외국 문헌의 경우, 한국어로 번역된 바가 있으면 그것을 참고해 옮겼다. 단, 한국어판의 표현이 해당 외국 문헌의 원문과 뉘앙스에서 차이가 있다거나 기타 번역상의 문제를 안고 있다고 판단된 경우에는 별다른 표시 없이 모두 수정했다. 그러나 기존 번역도 참조하라는 뜻에서 한국어판의 쪽수를 병기했다.

4. 각주에는 '지은이 주'와 '옮긴이 주'가 있다. 지은이 주는 1), 2), 3)……으로 표시했고, 옮긴이 주는 *, **, ***……으로 표시했다.

5. 단행본·전집·정기간행물·팸플릿·영상물·음반물·공연물에는 겹낫표(『 』)를, 그리고 논문·논설·기고문·단편·미술 등에는 홑낫표(「 」)를 사용했다.

모순 일반은 자신의 단순한 직접적 위력에 의해
혁명의 승리를 유발할 수 없다.
루이 알튀세르(1918~1990)

사건 속에서는 모든 것이 변하며
우리 자신도 변한다.
질 들뢰즈(1925~1995)

권력이 있는 곳, 거기에는 저항이 있다.
미셸 푸코(1926~1984)

어떤 책임의 원리 없이는
어떤 정의도 사유할 수 있지 않은 것 같다.
자크 데리다(1930~2004)

차 례

한국의 독자들에게 13

서론 17
내면화란 무엇인가? 22 | 텍스트의 전개 26

제1부. 장소론과 경제론

1장. 장소론 I 33
    제1부의 서론 33 | 경험적-초월론적 이중성 35 | 니체와 바깥의 사유 48 | 푸코의 권력 이론이 맞닥뜨린 아포리아 55

2장. 경제론 63
    기관 없는 신체와 죽음의 본능 63 | 타자로의 생성변화 74 | 비인칭적 역량 85

3장. 장소론 II, 또는 이질성의 사유 97
    저항 전략으로서의 실존의 기법 97 | 윤리의 문제계로의 전회 100 | 혼은 신체의 감옥이다 105 | 윤리적 주체화와 특이성 119 | 내재성 130 | 제1부의 결론: 타자로의 생성변화와 자기로의 생성변화 141

제2부. 구조의 생성변화

4장. 죽음충동, 우발성, 저항 147
　제2부의 서론 147 | 라캉적 '사물' 150 | 차연의 경제 160 | 마조히즘의 일차성 174 | 충동의 우회 189 | 무저항의 저항은 무엇인가? 199 | 데리다적 단절 216

5장. 이데올로기 223
　라캉 이론과의 '단절' 223 | 국지적 이론에서 일반 이론으로 228 | 담론 이론으로서의 이데올로기 이론 233 | 정신분석 이론에서 구조변화의 이론으로 242 | 구조적 인과성과 우발성 248 | 보론: '거울상적 중심화'에 관하여 261

6장. 구조 269
　사회구성체의 탈중심화 269 | 경제적인 것과 정치적인 것 279 | 구조변동과 우발성 291 | 제2부의 결론: 우발성, 물질성 306

결론: 저항이란 무엇인가? 319 | 일본어판 후기 329
해설(에티엔 발리바르) 331 | 옮긴이의 말 337 | 찾아보기 339

한국의 독자들에게

1. 이 책은 1999년부터 2004년에 걸쳐 집필됐고, 이후 개정을 거쳐 2007년에 프랑스어판이, 2008년에 일본어판이 출판됐다. 한국의 독자들에게 이 책의 집필 배경을 설명하고 싶다.

2. 내가 이 책을 구상하기 시작한 1990년대의 일본에서는 미셸 푸코, 질 들뢰즈, 자크 데리다, 루이 알튀세르라는 (포스트)구조주의 세대 철학자들의 저작이 일본어로 대부분 번역되어 있었고, 이들의 사상에 관한 입문서나 해설서도 제법 많이 출판되어 있었다. 하지만 이들의 작업을 독자적인 관점에서 비평적으로 논하는 책은 거의 없었으며, 나는 이런 상황이 늘 만족스럽지 않았다. 독자적인 철학적 관점에서 이들의 작업과 씨름한 예외적 저작으로는 가라타니 고진의 저작들(특히 『탐구 1』[1986], 『탐구 2』[1989]), 아즈마 히로키의 『존재론적, 우편적: 자크 데리다에 관하여』(1998)*가 존재했는데, 나는 이런 작업에 고무되어 이 책을 구상했다.

---

* 柄谷行人, 『探究 I』, 東京: 講談社, 1986; 『探究 II』, 東京: 講談社, 1989. [송태욱·권기돈 옮김, 『탐구』(전2권), 새물결, 1998]; 東浩紀, 『存在論的, 郵便的: ジャック・デリダについて』, 東京: 新潮社, 1998. [조영일 옮김, 『존재론적, 우편적: 자크 데리다에 대하여』, 도서출판b, 2015.]

다른 한편 프랑스 상황으로 눈을 돌려보면, 1990년대에는 데리다를 제외한 세 명의 사상가들이 이미 사망했고, 2000년대에 들어 이들의 저작집이나 강의록이 출판되기 시작했다. 푸코의 경우 생전에 출판된 논문·대담·인터뷰 등을 정리한 저작집인 『말과 글』(전4권)이 1994년에 출판됐고, 1997년부터는 콜레주드프랑스에서의 강의록이 출판되기 시작했다. 들뢰즈와 데리다의 경우도 마찬가지로 2000년대가 되자 저작집이나 강의록이 간행되기 시작했다. 그 중 특히 주목해야 할 것은 알튀세르의 경우이다. 알튀세르의 사후에 간행된, 생전의 출판물에 필적하는 양의 미간행 초고는 알튀세르에 대해 우리가 갖고 있던 이미지를 쇄신하는 것이었다. 특히 자서전 『미래는 오래 지속된다』(1992)를 시작으로 『정신분석 저작집』(1993), 『정치·철학 저작집』(전2권/1994), 그리고 「이데올로기와 이데올로기적 국가장치」를 포함한 미간행된 책의 초고인 『재생산에 대하여』(1995) 등은 알튀세르의 이론과 정신분석 이론과의 관계, 또 말년에 알튀세르가 제기한 '우발성의 유물론'이라는 문제틀과의 관계에 대해 새로운 관점을 많이 제공해줬다.* 나는 이런 자료를 활용해 푸코, 들뢰즈, 데리다, 알튀세르라는 네 사람을 관통하는 권력 이론에 대해 고찰하고, 이로부터 이들 각자의 이론에 내재적인 방법으로 권력에 대한 '저항'의 문제를 전개하려고 생각했다. 나는 1999년 프랑스로 건너가 파리

---

* 본문에서 언급된 알튀세르의 사후 출판물 중 국내에 번역된 것은 다음과 같다. Louis Althusser, *L'avenir dure longtemps* (suivi de *Les faits*), Paris: Stock/IMEC, 1994; rééd., 1994. [권은미 옮김, 『미래는 오래 지속된다』, 이매진, 2008]; *Sur la reproduction*, Paris: PUF, 1995. [김웅권 옮김, 『재생산에 대하여』, 동문선, 2007]; *Écrits philosophiques et politiques*, tome 1, Paris: Stock/IMEC, 1994. [서관모·백승욱 편역, 『철학과 맑스주의: 우발성의 유물론을 위하여』(발췌), 새길, 1996.]

10대학교의 박사과정에 등록했는데, 거기서 나의 작업을 고무해준 것은 다름 아니라 알튀세르의 충실한 제자인 에티엔 발리바르였다. 발리바르는 내 연구계획에 대해 시종일관 호의적이었으며, 장시간의 대화를 통해 내 작업에 정확한 조언을 해줬다.

3. 이 책의 집필 동기는 극히 단순하다. 푸코는 『감시와 처벌』과 『지식의 의지』 같은 저작에서 권력 이론을 다루며 우리를 주체로 생산하고, 일상적 실천 속에서 주체를 계속 재생산하는 미시권력의 메커니즘을 정밀하게 기술하고 있다. 푸코의 이런 기술에 의해서 우리는 근대 국가에서의 경찰기구나 군대처럼 위로부터 억압하는 권력뿐만 아니라 우리를 주체로 형성하는 미시적 권력, 즉 규율권력의 메커니즘이 사회의 도처에서 그물망처럼 전개되고 있음을 알게 된다. 그렇지만 이와 동시에 우리는 이런 식으로 우리를 주체로 생산하고 재생산하는 권력에 대해 어떤 식으로 저항할 수 있는가라는 의문을 품게 된다. 권력이 주체를 생산한다는 이 테제에 대한 거부 반응 때문에, 예를 들어 위르겐 하버마스의 『현대성의 철학적 담론』(1985), 뤽 페리와 알랭 르노의 『68사상』(1985)처럼 의사소통적 주체나 근대적 주체로의 회귀 운동이 일어나게 된 것이다.** 나는 권력에 의해 생산된 주체가 권력에 대해 저항할 수 있는 전략이 (포스트)구조주의 이론에 내재적인 방법으로 보여지지 않는다면, 하버마스나 페리·르노

** Jürgen Habermas, *Der philosophische Diskurs der Moderne*, Frankfurt: Suhrkamp, 1985. [이진우 옮김, 『현대성의 철학적 담론』, 문예출판사, 1994]; Luc Ferry et Alain Renaut, *La Pensée 68*, Paris: Gallimard, 1985. [구교찬 외 옮김, 『68사상과 현대 프랑스 철학』, 인간사랑, 1997.]

처럼 '주체로의 회귀'가 향후에도 반복될 것이며 또한 (포스트)구조주의 이론의 혁명적인 성과 자체가 억압되고 은폐되어버릴 것이라고 생각했다. 이것이 이 책의 직접적인 집필 동기이다.

4. 그런 의미에서 이 책은 어디까지나 (포스트)구조주의 이론에 내재적인 방식으로 전개되는 '저항'의 이론을 보여주는 것이지, 결코 '근대적 주체로의 회귀'에 의한 저항이라는 손쉬운 방향을 취하지 않는다. 이 책은 미리 이런 한계를 설정함으로써 근대적인 능산적 주체가 아니라 오히려 정신분석이 찾아낸 '무의식의 주체'를 참조하게 된다. 이 책이 철학과 정신분석의 대화, 나아가 철학에 의한 정신분석의 극복이라는 관점을 제시하는 것은 그런 이유 때문이다.

나는 이처럼 너무도 이론적인 작업이 내 손을 떠나 프랑스어와 일본어 이외의 언어로 번역·출판될 것이라고는 상상조차 하지 못했다. 이 책과 같은 이론적인 작업에 주목해 번역의 노고를 다해준 번역자 김상운 씨에게 감사드린다.

2012년 2월 25일
사토 요시유키

서론

지금부터 제시하는 에세이는 '구조주의적' 사유에 관한 일종의 재해석이다. 하지만 이런 시도를 시작하기에 앞서 우선 '구조주의적' 사유가 정확하게 무엇을 가리키는지 명확히 해둬야만 하겠다. 푸코는 1969년의 강연 「저자란 무엇인가?」에서 '텍스트 자체로의 회귀'를 주장했지만("프로이트의 텍스트들에 대한 재검토는 말하자면 정신분석 자체를 변양하며, 맑스에 대한 재검토는 맑스주의를 변양한다"[1]) 여기서 자크 라캉은 이렇게 발언했다.

제가 주목하게 만들고 싶은 것은 구조주의든 아니든, 이런 꼬리표에 의해 모호하게 규정된 장에서는 주체의 부정^{négation}이 결코 문제되는 것 같지는 않다는 것입니다. 문제가 되는 것은 오히려 주체의 의존^{dépendance}인데, 이것은 완전히 상이한 문제입니다. 그리고 특히 프

---

[1] Michel Foucault, "Qu'est-ce qu'un auteur?," *Dits et écrits*, t.I: 1954~1969, Paris: Gallimard, 1994, p.809. [장진영 옮김, 「저자란 무엇인가?」, 『미셸 푸코의 문학비평』, 문학과지성사, 1989년, 238~275쪽.] 이 발언은 라캉과 알튀세르의 작업에 대한 암묵적 언급과 관련되어 있다.

서론 17

로이트로의 회귀에 관한 차원에서는, 참된 의미에서 기본을 이루는 어떤 것, 우리가 '시니피앙'이라는 용어로 따로 떼어내려고 시도했던 어떤 것과 관련된 주체의 의존이 문제입니다.[2]

라캉의 이 발언은 우리에게 두 가지 중요한 관점을 제공한다. 첫째로, '구조주의적' 사유는 '주체의 부정'의 사유가 아니다. 이 사유에서 문제가 되는 것은 '참된 의미에서 기본을 이루는 어떤 것과 관련된 주체의 의존'이다. '구조주의적' 사유는 주체가 주체의 외적인 요소들에 의해 형성된다고 주장함으로써 주체형성의 문제틀을 특권시한다. 그런 의미에서 이 사유는 주체를 부정하는 사유가 아니라 오히려 '주체의 이론'이다.[3] 달리 말하면, 이 사유는 단순히 주체의 위치를 박탈하는 사유가 아니라 "구성적 주체를 구성된 주체성으로 전도轉倒"하는 운동이며, "주체를 탈구축하는 동시에 재구축하거나 또는 **아르케**(원인, 원리, 기원)로서의 주체를 탈구축하는 동시에 **효과**로서의 주체성을 재구축하는" 사유인 것이다.[4] 구조주의적 사유는 이처럼 구성된 주체성에 관한 이론으로 나타난다.

두 번째 점은 "참된 의미에서 기본을 이루는 어떤 것"과 관련된다. 라캉의 이론에서 주체가 의존하고, 또 주체를 형성하는 것은 '시니피앙,' 즉 '결여의 시니피앙'이다. 프로이트에 관한 라캉의 '구조주

---

2) 「저자란 무엇인가?」의 강연록에 수록된 라캉의 발언. Foucault, "Qu'est-ce qu'un auteur?," p.820. [「저자란 무엇인가?」, 274~275쪽.]
3) 다음의 책을 참조하라. Alain Badiou, *Théorie du sujet*, Paris: Seuil, 1982.
4) Étienne Balibar, "Le structuralism: Une destitution du sujet?," *Revue de métaphysique et de morale*, no.1, 2005, p.15.

의적' 독해에서 영향받은 몇몇 '구조주의적' 권력 이론은 '시니피앙'을 '내면화된 권력'으로 대체한다. 이 이론에서 복종화된 주체는 [주체에] 내면화된 권력에 의존한다.

그러나 이런 대체는 내면화된 권력이 시니피앙과 동일하다는 것을 의미하지 않는다는 점을 언급해둬야만 한다. 실제로 권력의 메커니즘은 시니피앙의 그것과는 아무런 관계도 없다. 구조주의적 권력 이론이 정신분석에서 빌려온 것은 오히려 대상의 '내면화'^{Verinnerlichung} 또는 '받아들임'[내-투사]^{Introjektion}(프로이트) 메커니즘, 그리고 이로부터 귀결된 '주체의 탈중심적^{excentrique} 위치'(라캉)와 관련된다. 바꿔 말하면 그것은 주체가 어떤 대상에 의해, 즉 스스로 내면화되면서도 스스로 통제할 수 없는 '어떤 것'에 의해 규정된다는 것을 의미한다. 그리고 그런 의미에서 주체는 이 '어떤 것'에 대해 '탈중심적'이다. 내면화된 시니피앙이 주체를 규정하듯이, 내면화된 권력은 그 내면화의 효과에 의해 주체를 주체 자체의 내부로부터 규정한다. 주체 자체는 권력의 이런 내면화에 의해 형성되는 것이며, 그때 주체는 내면화된 권력에 대해 '탈중심적'이다. 이런 이론형성은 알튀세르, 들뢰즈·가타리, 푸코가 발전시킨 권력 이론의 한가운데에 놓여 있다. 라캉의 '구조주의적' 이론에 비판적 접근법을 취했지만 이로부터 부인할 수 없을 만큼 영향받은 알튀세르는 호명의 메커니즘과 이데올로기적 재인^{reconnaissance}·오인^{méconnaissance}의 메커니즘을, 들뢰즈·가타리는 자본주의적 가족 체계에 의한 오이디푸스적 복종화의 메커니즘을, 그리고 푸코는 규율적 장치들에 의해 실현된 권력의 투여* 메

---

* 이 책에서 지은이가 가장 많이 사용하는 주요 단어 중 하나인 'investissement'은

커니즘과 내면화 메커니즘을 각각 이론화했다.[5] 겉보기에는 상이한 이 세 가지 이론작업은 권력의 내면화에 의해 실현된 복종화, 그리고 주체의 '탈중심적' 위치라는 동일한 개념을 공유한다. 이런 의미에서 이처럼 라캉의 '구조주의적' 정신분석 이론에 그 접근법의 바탕을 둔 이런 이론을 우리는 '**구조주의적' 권력 이론**이라고 부른다.

만일 '구조주의적' 이론에서 라캉이 말한 '참된 의미에서 기본을 이루는 어떤 것'이 주체에 의해 내면화된 권력에 상응하는 것이라면, 권력에 의한 이 복종화에 대해 주체는 어떻게 저항할 수 있는가? 바로 이것이 이 책이 다루는 주제이다. 그리고 주체형성이 권력의 내면화에 의거한다는 테제를 구조주의적 권력 이론의 테제라고 명명한다면, 이런 권력에 대한 저항을 모색하는 이론은 필연적으로 이 구조주의적 [권력]이론의 내적 비판과 그 자기-변형을 의미할 것이다. 우리는 이 책에서 '구조주의적'이라는 호칭을 벗어나는 사상가(들뢰즈·가타리, 데리다)를 다루게 되는데, 그것은 권력에 대한 저항이라

일차적으로는 프로이트가 사용한 Besetzung의 프랑스어 번역어이다(영어로는 cathexis). 이런 점에서 이 단어는 정신분석에서처럼 '집중'이라는 의미를 갖는다. 하지만 이것만으로는 푸코, 데리다, 알튀세르 등과 관련해 광범위하게 이 용어를 사용하는 지은이의 의도를 제대로 담아내지 못한다. 특히 푸코의 경우 권력의 '내면화'와 관련되어 이 단어가 사용된다. 이런 점에서 여기서는 '집중'이 아니라 일관되게 '투여'로 옮겼다. 그리고 '받아들임'이라는 단어와 의미연관이 매우 깊다는 점을 지적하지 않을 수 없다.

5) Louis Althusser, "Idéologie et appareils idéologiques d'État," *Sur la reproduction*, Paris: PUF, 1995. [김웅권 옮김, 「이데올로기와 이데올로기적 국가장치」, 『재생산에 대하여』, 동문선, 2007]; Gilles Deleuze et Félix Guattari, *L'Anti-Œdipe*, Paris: Minuit, 1972. [김재인 옮김, 『안티-오이디푸스: 자본주의와 분열증』, 민음사, 2014]; Michel Foucault, *Surveiller et punir*, Paris: Gallimard, 1975. [오생근 옮김, 『감시와 처벌』(개정판), 나남, 2016.]

는 문제가 구조주의 자체의 내적 극복을 암묵적으로 함의하기 때문이다. 우리는 이런 극복의 운동을 '포스트구조주의'라고 부를 수 있다. 어쨌든 여기서는 포스트구조주의라는 것이 구조주의라는 운동과 일종의 문제구성을 공유하며(예를 들어 효과로서 구성된 주체성, 기원의 부정 등), 그 한계의 내적 극복을 지향하는 사유라는 것을 확인하는 것으로 충분하다고 생각한다.

거듭 말하지만, 우리가 지향하는 것은 '구조주의적' 사유의 재해석, 그리고 그것이 제시한 문제의 **내적인** 극복이다. 따라서 우리는 구조주의적 사유를 외적인 방식으로, 예를 들어 근대적 주체 개념(구성적 주체)에 근거해 비판하고(구조주의적 사유는 전근대적 관념으로의 일종의 '후퇴'이다 등등) 그로부터 손쉽게 '주체로의 회귀'라는 결론을 도출하려는 것이 아니다.[6] 만일 사유에 있어서 '회귀'retour가 문제된다면, 그것은 「저자란 무엇인가」에서 푸코가 말하듯이 "텍스트 자체로의 회귀"이며, 구조주의적 담론이 속한 "담론성 자체의 유효하고 불가결한 변형작업"[7]일 필요가 있을 것이다.

또한 정신분석(특히 라캉) 이론이 철학을 촉발하는 방식에서 "권력에 대한 주체의 의존"이라는 테제가 산출됐다면, 권력에 대한 저항의 사상은 "어떤 것인가에 대한 주체의 의존"과 주체의 '탈중심화'

---

[6] '구조주의적' 운동에 관한 신-칸트주의적 비판을 보라. Luc Ferry et Alain Renaut, *La pensée 68*, Paris: Gallimard, 1985. [구교찬 외 옮김, 『68사상과 현대 프랑스 철학』, 인간사랑, 1995.] 의사소통적 이성에 근거해 '구조주의적'·'포스트구조주의적' 운동을 더 체계적으로 비판한 또 다른 작업으로는 다음을 참조하라. Jürgen Habermas, *Der Philosophische Diskurs der Moderne*, Frankfurt: Suhrkamp, 1985. [이진우 옮김, 『현대성의 철학적 담론』, 문예출판사, 1994.]
[7] Foucault, "Qu'est-ce qu'un auteur?," p.808. [『저자란 무엇인가?』, 261쪽.]

라는 테제를 제출한 정신분석 이론 자체에 대한 '저항'의 사상이기도 하다. '구조주의적' 철학은 정신분석이라는 철학의 '타자'에 의해 촉발됐으며, 정신분석이 제시한 문제를 극복하기 위해 스스로를 변용시켰다. 이것은 철학과 정신분석을 동시에 포함한 구조주의적 사유가 스스로를 극복하려는 과정을 형성했다. 이 책에서 우리는 정신분석에 대해 자주 비판적으로 논하지만, 그렇다고 정신분석이 인문과학을 혁신하는 데 있어서 맡았던 혁명적 역할을 부정하려는 것이 우리의 의도는 아니다. 우리의 문제는 오히려 구조주의적 사유의 내적인 극복을 정신분석 이론과 관계지어 분석하는 것이다.

내면화란 무엇인가?

'구조주의적' 권력 이론에 관한 독해를 시작하기 전에 우리는 더 근본적인 물음을 제시해두지 않으면 안 된다. 그것은 주체를 생산하고 재생산하는 내면화 또는 받아들임이란 무엇인가 하는 물음이다. 우리에게 고찰의 틀을 제시해주는 것은 프로이트의 텍스트이다. 프로이트는 1921년의 텍스트 「집단심리학과 자아분석」에서 권력작용에 관한 정신분석적 이론을 구축하며 집단형성의 메커니즘을 분석한다. 동일화를 집단형성의 메커니즘으로 간주하면서 프로이트는 '받아들임'이라는 개념을 사용한다. 즉, 주체는 어떤 대상을 자아 속에 받아들임으로써 자신을 대상과 동일화한다는 것이다. 이 과정은 특히 우울증^{Melancholie}에서 간파할 수 있다.

대상을 자아 속에 받아들이는 또 다른 예는 우울증 분석에 의해 얻어졌다. 우울증을 야기하는 원인 중에서 가장 현저한 것은 사랑하는 대상을 실제로나 정서적으로 상실한 것이다. 이 경우의 주요 특징은 가차 없는 자기비판과 가혹한 자기비난에 연결된 자아의 잔혹한 자기멸시이다.[8]

요컨대 우울증에서 주체는 상실된 사랑의 대상을 자아에 받아들이면서 그 대상과 동일화한다. 그리고 이 받아들임에 의해 자아의 구조는 기묘한 변양을 겪는다. "이 경우의 주요 특징은 가차 없는 자기비판과 가혹한 자기비난에 연결된 자아의 잔혹한 자기멸시이다." 자아의 이런 자기멸시에서는 "대상의 그림자가 자아 위에 드리워져 있다."[9] 그러나 상실된 대상의 받아들임에 의해 자아 속에서 도대체 무엇이 일어나는가? 프로이트는 이렇게 설명한다.

그것[우울증]은 우리에게 분할된, 두 부분으로 나눠진 자아를 보여주는데, 그 중 하나는 다른 하나에 대해 몹시 화를 낸다. 이 다른 하나는 받아들임에 의해 변양되며 상실된 대상을 포함한다. 하지만 이처럼 가혹하게 작동하는 부분도 우리가 알지 못하는 것은 아니다. 그것

---

8) Sigmund Freud, "Massenpsychologie und Ich-Analyse," *Gesammelte Werke*, Bd.XIII, Frankfut: Fischer, 1999, p.120; "Psychologie des masses et analyse du moi," *Œuvres complètes*, t.XVI, Paris: PUF, 1991, p.47. [김석희 옮김, 「집단심리학과 자아분석」, 『문명 속의 불만』, 열린책들, 2003, 120쪽.]
9) Freud, "Massenpsychologie und Ich-Analyse," p.120; "Psychologie des masses et analyse du moi," p.47. [「집단심리학과 자아분석」, 120쪽.] 이 구절은 프로이트의 자기-인용이다. Sigmund Freud, "Trauer und Melancholie," *Gesammelte Werke*, Bd.X, Frankfut: Fischer, 1999, p.435; "Deuil et mélancolie," *Œuvres complètes*, t.XIII, Paris: PUF, 1994, p.270. [윤희기 옮김, 「슬픔과 우울증」, 『정신분석학의 근본 개념』, 열린책들, 2003, 252쪽.]

은 평소에도 자아에 비판적인 자세를 드러내지만 그렇다고 해서 무자비한 것도, 부당한 것도 아닌 양심, 즉 자아의 비판적 심급을 포함한다. 훨씬 전에 우리는 우리의 자아 안에서 전개되는 것, 즉 다른 자아로부터 분리되면서 다른 자아와 갈등에 빠지게 된다는 가설을 말했던 적이 있다(나르시시즘, 슬픔과 우울증). 우리는 이것을 '자아이상'Ichideal이라고 부르고, 이것에 자기 관찰, 도덕적 양심, 꿈의 검열, 억압에서 주요 영향력을 행사한다는 기능을 귀속시켰다.[10]

프로이트에 따르면, 우울증이 보여주는 것은 "분할된, 두 부분으로 나뉜 자아 …… 그 중 하나가 다른 하나에 대해 몹시 화를 낸다"는 구조이다. 이처럼 상실된 대상의 받아들임은 자아분열Ichspaltung을 산출하며, 그 반성성에 의해 자기를 감시하고 자기에게 폭력을 휘두르는 것이다. 이 분석에서 우리는 중요한 두 개의 논점을 도출할 수 있다. 첫째, 여기서 프로이트가 '자아이상'이라 부른 것은 자아의 상위 심급이다. 즉, 그것은 자아의 하위 심급을 '자기비판'과 '자기비난'의 대상으로써 **감시하는** 심급이다. 여기서 시사되는 것은 반성적 주체의 형성이며, 그 상위 심급은 하위 심급을 감시하고 통제한다. 프로이트가 나중에 '초자아'라고 불렀던 것은 이 상위 심급일 것이다. 프로이트의 설명에 따르면, '초자아'는 아버지를 내면화하거나 양심의 권위를 내면화함으로써 형성된다.[11] 둘째로, 만일 자아의 반성적 체

---

10) Freud, "Massenpsychologie und Ich-Analyse," pp.120~121; "Psychologie des masses et analyse du moi," pp.47~48. [「집단심리학과 자아 분석」, 120~121쪽.]
11) 프로이트는 「자아와 이드」(1923)에서 이 '초자아'(Über-ich)라는 용어를 처음으로 도입했다. 가령 초자아가 부모 권위의 받아들임과 맺는 관계에 관해서

계가 **상실된** 대상의 투입[받아들임]에서 유래하는 것이라면, 투입[받아들임]의 결과로, 이 반성성은 **현실의** 대상으로부터 독립해 내면화된 대상에 의존해 기능한다. 우리는 여기서 **내면화된 대상**에 의거한, 주체의 일종의 자율을 지적할 수 있다.

이 받아들임이라는 원리에서 출발해 프로이트는 군대나 교회에서의 '집단' 형성 메커니즘을 분석했다. 프로이트는 받아들임의 메커니즘을 "대상을 자아이상의 위치에 놓는 것"Einsetzung des Objekts an die Stelle des Ichideals이라고 정의한다.12) 이 경우에 대상은 자아에 받아들여져 그 상위 심급에 놓여지고, 그것이 하위 심급을 반성적으로 감시한다. 이런 분석은 우리를 곧바로 이데올로기적 국가장치들*에 관한 알튀세르의 분석으로 이끌 것이다. 알튀세르에게 대상의 받아들임은 이데올로기적 호명의 내면화에 상응한다. 이데올로기적 국가장치들

는 다음을 참조하라. "대상 투여[집중]는 폐기되고, 그 대신에 동일화가 일어난다. 자아에 투입된[받아들여진](introjiziert) 아버지의 권위, 또는 부모의 권위는 자아에 있어서 초자아의 핵심을 형성한다. 초자아는 아버지로부터 엄격한 성격을 계속 받아들이고, 근친상간의 금지를 영속화시킨다. 이것에 의해서 자아는 리비도적인 대상 투여[집중]를 두 번 반복하게 된다." Sigmund Freud, "Der Untergang des Ödipuskomlexes," *Gesammelte Werke*, Bd.XIII, Frankfut: Fischer, 1999, p.399; "La disparition du complexe d'Œdipe," *Œuvres complètes*, t.XVII, Paris: PUF, 1992, p.30. [김정일 옮김, 「오이디푸스 콤플렉스의 해소」, 『성욕에 관한 세 편의 에세이』, 열린책들, 2003, 296쪽.]

12) Freud, "Massenpsychologie und Ich-Analyse," p.145; "Psychologie des masses et analyse du moi," p.68. [「집단심리학과 자아 분석」, 145쪽.]

* 알튀세르의 'appareils idéologiques d'État'는 흔히 '이데올로기적 국가장치'로 번역된다. 이와 달리 일본의 경우 이것은 '국가의 이데올로기 장치'로 번역된다. 이 책에서는 우리의 용례대로 논문 제목만이 아니라 관련된 구절까지도 가급적 '이데올로기적 국가장치'로 옮겼지만, 원래 '복수형'이 갖는 중요한 의미를 살리기 위해 '이데올로기적 국가장치들'로 옮긴 곳도 있다.

에 의한 이데올로기적 호명을 내면화함으로써 주체는 지배적 이데올로기로 동일화한다. 그리고 이 동일화에 의해 주체는 복종화된 주체로서 '독립적으로 걷는다.'[13] 우리는 나중에 분석을 진행하는 과정에서 내면화된 권력에 관한 똑같은 문제구성을 푸코(『감시와 처벌』), 들뢰즈·가타리(『안티-오이디푸스』)에게서 발견하게 될 것이다. 이처럼 '구조주의적' 권력 이론은 프로이트적 의미의 대상의 받아들임을 권력의 내면화로 재독해한 것이다.

텍스트의 전개

이런 고찰로부터 '구조주의적' 권력 이론의 재해석이라는 문제를 우리는 더 정확하게 정식화할 수 있을 것이다. 주체는 '자기 자신'이 내면화하고 받아들인 권력에 어떻게 저항할 수 있는가?

우리는 이 책의 제1부에서 권력장치들에 의한 주체형성에 착목한 이론으로 푸코, 들뢰즈·가타리의 이론을 다루며, 이들 각자의 시도에 비추어 권력장치들에 대한 저항 가능성을 이들이 제시한 이론의 한복판에서 보여줄 것이다.

1장 「장소론 I」에서는 푸코가 근대적 주체의 구조로 정의한 '경험적-초월론적 이중체'(주체의 반성적 체계)에서 출발해, 푸코가 칸트적 '이중체'(우리는 그것을 '장소론적 주체'라고 부를 것이다)를 프리드리히 니체적인 '바깥의 사유'로부터 어떻게 탈구축하는지 고찰한

---

[13] 그리스도교적 종교 이데올로기에 관한 알튀세르의 유명한 정식화로는 다음을 참조하라. Althusser, "Idéologie et appareils idéologiques d'État," pp.310~311. [『이데올로기와 이데올로기적 국가장치』, 401~407쪽.]

다. 이 고찰 속에서 푸코의 권력 이론에서 일종의 아포리아, 즉 권력에 대한 저항 불가능성이라는 문제가 나타나게 될 것이다.

2장 「경제론」에서는 들뢰즈·가타리의 『안티-오이디푸스』가 이 푸코적 아포리아를 다른 각도에서 명확하게 한다는 점을 보여준다. 정신분석에 반대하고 옹호하는 들뢰즈·가타리의 싸움은 권력에 대한 저항의 한 가지 가능성을 제시한다. 우리는 정신분석 이론에 대한 들뢰즈·가타리의 내재적 비판에서 푸코적 주체 개념과는 완전히 다른 주체 개념을 찾아낼 수 있을 것이다. 그것은 비인칭적 역량에 의해 부단히 생성변화[되기]devenir하는 '경제론적 주체'이다. 이 주체 개념은 푸코의 『감시와 처벌』에서는 결여된 것, 즉 권력에 대한 저항을 사유할 가능성을 시사한다. 그 가능성은 자본주의 경제와 리비도 경제의 접합 속에 기입되어 있다.

3장에서는 푸코에게 돌아가, 『성의 역사』 1권(『지식의 의지』, 1976)에서 2권과 3권(『쾌락의 활용』과 『자기에의 배려』, 1984)으로 이뤄지는 '전회' 속에서 권력에 대한 저항 전략을 탐구한다.* 이를 위해 우리는 (주디스 버틀러의 『문제/물질적인 신체』**를 참조하면서) 신체와

---

* Michel Foucault, *Histoire de la sexualité, vol.1: La volonté de savoir*, Paris: Gallimard, 1976; *vol.2: L'usage des plaisirs*, Paris: Gallimard, 1984; *vol.3: Le souci de soi*, Paris: Gallimard, 1984. [이규현 옮김, 『성의 역사, 제1권: 지식의 의지』(3판), 나남, 2010; 신은영·문경자 옮김, 『성의 역사, 제2권: 쾌락의 활용』, 나남, 2004; 이혜숙·이영목 옮김, 『성의 역사, 제3권: 자기 배려』, 나남, 2004.]

** Judith Butler, *Bodies That Matter: On the Discursive Limits of "Sex,"* London/New York: Routledge, 1993. [김윤상 옮김, 『의미를 체현하는 육체: "성"의 담론적 한계들에 대하여』, 인간사랑, 2003. 다른 책들은 대체로 한국어판 제목을 존중해줬으나 이 책은 그 의미가 잘 드러나지 않아 영어 제목을 그대로 살렸다.]

자아형성의 문제에서 출발해 규율권력에 의해 형성된 '반동적 자아'(들뢰즈/니체)에 대한 저항의 거점이 후기 푸코의 신체, 자기, 나아가 특이성*에서 찾아질 수 있음을 보여준다. 이때 문제되는 것은 '경험적-초월론적 이중체'의 규제적[통제적] 구조를 지배와 저항이 교차하는 이질성^{hétérogénéité}으로 변용하는 것이다. 우리는 여기서 칸트적 주체 개념에 대한 푸코의 내적 비판의 귀결을 보게 된다.

이처럼 우리가 제1부에서 탐구하는 것은 유순한[순종적인] 주체를 형성하는 권력장치들에 대한 저항의 양태이다. 그러나 권력장치들은 복종화된 주체를 생산하고 재생산할 뿐만 아니라 구조, 사회구성체도 생산하고 재생산한다. 이 점을 둘러싸고 우리는 구조의 재생산에 저항하는 '단절'^{rupture}의 사유(우리는 이것을 구조변동의 이론이라고 부른다)에 관해 고찰한다. 구조변동의 이론은 '주체의 이론'과 함께 제시되어야만 한다. 왜냐하면 주체는 구조화된 최소한의 요소로서, 사회구성체의 구조 자체에 포함되어 있기 때문이다. 제2부에서 우리는 구조변동을 실현하기 위한 또 다른 저항의 양태를 데리다와 알튀세르의 사상 속에서 고찰한다.

4장에서는 데리다에게서 구조변동과 저항의 문제를 충동(특히 죽음충동)에 관한 데리다의 분석에 입각해 고찰한다. 그 고찰은 두 가지 측면을 지닌다. 첫째, 라캉과 정신분석 이론이 구조변동과 우발성의 문제를 사유하지 않았음을 데리다에 의거해 보여주고, 나아가 데

---

* 일본어판에서는 singularité의 번역어로 '단독성'과 '특이성'이 혼용되고 있는데, 한국어판에서는 모두 '특이성'으로 옮긴다. 그러므로 일본어판에서 두 용어를 병기한 부분도 모두 '특이성'이라고만 표기한다.

리다가 라캉의 이론을 변용시킴으로써 이 문제를 사유하려 했음을 보여준다. 둘째, 데리다는 권력을 '충동'('지배충동')의 문제에서부터 생각하는 동시에 저항과 구조변동의 문제를 '죽음충동' 개념과 관련지어 생각한다. 따라서 우리는 우선 프로이트의 텍스트들을 참조하면서 '죽음충동'이 지닌 이율배반적인 두 양태(인간의 생명을 위협하는 양태, 충동 자체의 잔혹성에 저항하는 양태)를 명확히 하고, 그 위에서 데리다적 저항(증여, 용서, 환대)이 죽음충동의 이 두 양태와 어떻게 결합되는지 보여준다. 최종적으로 그 고찰은 『맑스의 유령들』**에서의 사건, 단절의 문제에 대한 분석에 이를 것이다.

데리다에게서 우발성의 문제, 그리고 라캉 이론의 변용에 관한 우리의 분석을 참조하면서 5장과 6장에서는 알튀세르에게서 구조변동의 인과성과 우발성의 문제를 고찰한다. 5장에서는 복종화된 주체와 사회구성체를 생산·재생산하는 이데올로기적 호명 이론을 다룬 다음, 그런 이데올로기적 호명[받아들임]의 과정에 우발적 요인이 어떻게 (호명의 '일탈'[편위]déviation로서) 개입할 수 있는지 보여준다. 이렇게 논의되는 가운데 알튀세르가 라캉과 정신분석 이론에 개입해 라캉의 이론장치를 수정하고 **유물론화**했음이 분명해질 것이다.

6장에서 이데올로기적 호명의 우발적인 '일탈'에 관한 분석은 구조변동의 인과성 문제와 겹쳐진다. 우리는 구조변동의 인과성에 관한 알튀세르의 이론이 그만의 특이한 맑스 독해의 귀결이며, 우발성(법칙성의 교란과 일탈)과 관련된 형태로 구상되어 전개된다고 주장

** Jacques Derrida, *Spectres de Marx*, Paris: Galilée, 1993. [진태원 옮김, 『마르크스의 유령들』, 그린비, 2014.]

하고 싶다. 그때의 우리 목적은 권력장치들에 의해 반복적으로 재생산되는 구조가 '타자'가 재생산법칙에 침입함으로써 어떻게 변형[타자화]될 수 있는가를 보여주는 것이다.

제1부
장소론과 경제론

1장. 장소론 I

제1부의 서론

구조주의적 사유는 1960년대부터 1970년대에 권력 이론의 관점을, 특히 그 주체와의 관계를 둘러싸고 일변시켰다. 구조주의 이전의 권력 이론은 대체로 '억압가설'에 기초했다.[1] 여기서 권력은 국가의 **억압**장치와 동일시되는데, 이것은 주체가 '본래 지닌 본성/자연'을 소외시키고 억압한다. 다른 한편으로, 구조주의적 권력 이론은 권력의 **생산작용**에 착목했다. 권력은 사회체에 편재하는 미시적인 '장치'[2]에 의해 담지되며, 그것이 권력에 유순한 주체를 생산하고 재생산한다. 이런 '장치'는 '이데올로기적 국가장치들'(알튀세르)로, '규율권력'(푸

---

1) Michel Foucault, "L'hypothèse répressive," *Histoire de la sexualité, vol.1: La volonté de savoir*, Paris: Gallimard, 1976. [이규현 옮김, 「억압가설」, 『성의 역사 1: 지식의 의지』(3판), 나남, 2010.] 이 표현으로 우리가 지시하는 것은 맑스(특히 맑스의 정치적 저작)로부터 프랑크푸르트학파(특히 청년 맑스에게서의 소외론을 중시한 헤르베르트 마르쿠제)에 이르는 일련의 권력 이론이다.

2) '장치'(dispositif) 개념에 관해서는 다음을 참조하라. Gilles Deleuze, "Qu'est-ce qu'un dispositif?," *Deux régimes de fous*, Paris: Minuit, 2003. [박정태 옮김, 「장치란 무엇인가?」, 『들뢰즈가 만든 철학사』, 이학사, 2007.]

코)으로, '오이디푸스적 가족'(들뢰즈·가타리)으로 명명된다. '구조주의적' 권력 이론은 '억압가설'이 결여한 권력의 생산성을 권력이 주체를 '생산한다'는 테제에 의해 부각시켰다. 그런 의미에서 구조주의적 권력 개념은 권력 메커니즘 분석을 위한 훨씬 더 정교하고 치밀한 이론을 제공했다고 평가할 수 있다.

그러나 다른 한편으로, 이 권력 개념은 그 안에 일종의 아포리아를 품고 있는 것으로 생각된다. 주체가 권력[권력장치]에 의해 '생산'된다면, 그때 주체는 권력 메커니즘에 의해 철저하게 **수동적으로** 규정된다. 예를 들어 알튀세르는 어떤 텍스트에서 구조주의를 형식주의의 한 변종이라고, 주체가 말소되고 객체(형식적 구조)에 진리가 잠재함을 그 특징으로 한다고 정의한다.[3] 그것은 (주체=객체)=진리라는 불변식의 변종으로, 다음과 같이 정식화된다.

(=객체) = 진리(형식주의-구조주의적 변종)

위의 정식을 '구조주의적' 권력 이론에 적용하게 되면, 주체-권력관계에서 '주체'는 말소될 뿐만 아니라 권력이라는 '객체' 속에 모든 힘이 머물게 될 것이다.

(=객체) = 권력(권력에 관한 '구조주의적' 변종)

---

3) Louis Althusser, "Du côté de la philosophie (cinquième Cours de philosophie pour scientifiques)," *Écrits philosophiques et politiques*, t.II, Paris: Stock/IMEC, 1995, pp.278~280.

'주체'의 말소는 권력과의 관계에서 '주체'의 생산성의 말소, 또는 권력에 대한 '주체의 의존'과 동의어이며, 그때 [권력장치에 의해 생산된] '주체'는 권력의 생산적 메커니즘에 저항하기가 불가능해진다. **권력에 대한 [주체의] 저항을 사유하는 것의 불가능성** —— '구조주의적' 권력 이론은 이 아포리아를 어떤 방식으로 극복하면 좋을까?

제1부에서 우리는 권력에 대한 주체의 저항을 사유하는 것의 이런 불가능성을 분석하고, 이 아포리아를 극복할 가능성을 푸코와 들뢰즈·가타리 사유의 한복판에서 탐구한다. 그런 '사유의 극장'은 근대적 주체 개념을 대신한 새로운 주체 개념의 모색을 함축할 것이다. 우선 우리는 칸트적 주체 개념과 싸우면서 새로운 주체 개념을 구축하려 한 푸코의 시도를 고찰한다. 그리고 이어서 오이디푸스적 주체 개념과 싸우면서 푸코와 마찬가지로 새로운 주체 개념을 모색한 들뢰즈·가타리의 시도를 고찰한다.

1.1. 경험적-초월론적 이중성

푸코는 칸트적 주체를 니체화한다. 칸트의 **니체화**. 바로 이 점에 푸코의 권력 개념의 가능성과 불가능성이 교차한다. 어떤 뜻에서일까?

푸코는 『말과 사물』(1966)에서 칸트적 주체를 근대의 출발점으로 설정한다. 푸코가 그 해체를 목적으로 논한 칸트적 주체 개념은 다음과 같이 정의된다.

유한성의 분석론 안에서 인간은 기이한 경험적-초월론적 이중체이다. 왜냐하면 인간은 모든 인식을 가능하게 만드는 그런 인식을 그 자신 속에서 취하는 존재이기 때문이다.[4]

푸코는 칸트적 주체를 '경험적-초월론적 이중체'라고 부르며, 그것을 "모든 인식을 가능하게 만드는 그런 인식을 그 자신 속에서 취하는 존재"라고 규정한다. 이런 주체는 "앎의 대상이자 인식하는 주체라는 양의적 입장을 가지고 나타난다."[5] 이것은 인간이 인식의 주체인 동시에 인식해야 할 객체/대상이라는 것을 의미한다. 이 양의성을 어떤 의미로 파악하면 좋을까? 칸트의 『실용적 관점에서 본 인간학』을 참조해보자. 1960년대 초에 푸코 자신이 프랑스어로 번역한 이 텍스트에서 칸트는 다음과 같이 말한다.

> 만일 우리가 개념(사유)을 가능케 하는 내적 작용(자발성)을 표상하고(이것이 반성^{réflexion}이다) 지각, 즉 경험적 직관을 가능케 하는 감수성(수용성)을 표상한다면(이것이 파악^{appréhesion}이다), 그러나 우리가 의식을 수반해 이 두 가지 작동[반성과 파악]을 표상한다면, 자기의/에 관한 의식$^{la\ conscience\ de\ soi}$(**통각**^{apperceptio})은 반성의 의식과 파악의 의식으로 나눠질 수 있을 것이다. 전자는 지성[오성]의 의식이고, 후자는 내적 감각의 의식이다. 즉, 전자는 순수 통각이며, 후자는 경험적 통각이다. …… 여기서 자아는 이중적 존재처럼 보인다(이것은 모순적인 것처럼 보인다). (1) (논리학에서) 사유의 주체로서의 자아는 순수 통각(순수하게 반성적인 자아)을 의미하는데, 우리는 이것이 절대적으로 단순한 표상이라는 점을 빼면 결단코 아무것도 말할

---

4) Michel Foucault, *Les mots et les choses*, Paris: Gallimard, 1966, p.329. [이규현 옮김, 『말과 사물』, 민음사, 2012, 437쪽.]

5) Foucault, *Les mots et les choses*, p.323. [『말과 사물』, 429쪽.]

수 없다. (2) 지각 대상으로서의 자아는 내적 감각의 대상인데, 이것은 내적 경험을 가능케 하면서 결정[규정]의 다양체를 내포한다.[6]

칸트는 '자아는 이중적 존재처럼 보인다'고 말한다. 그 이중성이란 자아가 '반성'과 '파악,' '자발성'과 '수용성'이라는 성질을 동시에 취한다는 구조를 가리킨다. 이 성질은 각각 '사유 주체로서의 자아'와 '내적 감각의 대상으로서의 자아'에 상당한다. 『순수이성비판』에 따르면 자아는 외적 사물을 우선 직관으로서 받아들이며(수용성), 자신의 지성[오성]을 사용해 직관으로부터 개념을 만들어낸다(자발성). "우리의 인식은 정신의 두 가지 근본 원천에서 생겨난다. 첫 번째는 표상들을 수용하는 능력(인상의 수용성)에 있으며, 두 번째는 그런 표상에 입각해 대상을 인식하는 능력(개념들의 자발성)에 있다. 첫 번째에 의해 우리에게는 대상이 주어지며, 두 번째에 의해 대상은 그런 표상과 관련되어 (정신의 단순한 규정으로서) 사유된다. 그러므로 직관과 개념들은 우리의 모든 인식의 요소들을 구성한다."[7]

---

6) Immanuel Kant, "Anthropologie in pragmatischer Hinsicht," *Werkausgabe*, Bd. XI, Frankfurt: Suhrkamp, 1977, pp.416~417. Anmerkung; *Anthropologie du point de vue pragmatique et introduction à l'Anthropologie*, (trad. Michel Foucault), Paris: Vrin, 2008, p.95. 각주 1번 참조. [이남원 옮김, 『실용적 관점에서 본 인간학』, 울산대학교출판부, 1998, 29~30쪽.]

7) Immanuel Kant, "Kritik der reinen Vernunft," *Werkausgabe*, Bd.III, Frankfurt: Suhrkamp, 1974, p.97; *Critique de la raison pure*, Paris: Gallimard, 1980, pp. 117~118. ["우리 인식은 마음의 두 원천으로부터 유래한다. 그 가운데 첫 번째 원천은 표상들을 받아들이는 능력(곧, 인상들의 수용성)이고, 두 번째 원천은 이 표상들을 통해 하나의 대상을 인식하는 능력(즉, 개념들의 자발성)이다. 전자에 의해 한 대상이 우리에게 주어지고, 후자에 의해 이 대상이 (마음의 순전한 규정인) 저 표상

자아의 '자발성'은 자아의 '수용성'과 대립되는 '순수 통각'이라고 정의된다. 칸트의 설명에 따르면 모든 직관의 표상에는 주관에서의 "나는 생각한다"$^{\text{Ich denke}}$라는 의식이 수반된다. "나는 생각한다"라는 표상은 자기의식이며 자발성의 작용으로서, 직관에서의 다양한 표상은 이와 같은 자기의식에 의해서야 비로소 통일성을 획득한다. 칸트는 "나는 생각한다"라는 표상을 '순수통각'이라 부르며, 다양한 직관을 결합하는 이 '순수통각'의 작용을 '자기의식의 초월론적 통일'이라고 규정했다.[8] 그러므로 직관에서의 다양한 표상(경험적)은 "나는 생각한다"라는 표상(초월론적)에 의해 기초지어진다. 바로 이처럼 이중의 조작을 행하는 자아를 일컬어 푸코는 '경험적-초월론적 이중체'라고 정의한 것이다.

'초월론적'이라는 말에 관해서는 『순수이성비판』의 잘 알려진 정의를 참조하자. 칸트의 설명에 따르면 초월론적 인식이란 "대상들이 아니라 대상들에 대한 우리의 인식방식을 이것이 선험적으로 가능하다고 하는 한에서 일반적으로 다루는 모든 인식"[9]이다. 다시 말해서, 초월론적 인식은 외적 대상을 인식하는 것이 아니라 "우리의 인식방식"에 관한 인식이며, 자아 자체를 반성적으로 재인하는 것이다. 이런 조작에서 초월론적 자아는 경험적 자아의 상위에 있으며, 경험

과 관련해 사고된다. 그러므로 직관과 개념들은 우리의 모든 인식의 요소들을 이룬다." 백종현 옮김, 『순수이성비판 1』, 아카넷, 2006, 273쪽.]

8) Kant, "Kritik der reinen Vernunft," p.136; *Critique de la raison pure*, p.159. [『순수이성비판 1』, 347쪽.]

9) Kant, "Kritik der reinen Vernunft," p.63; *Critique de la raison pure*, p.83. ["대상들이 아니라 대상들에 관한 우리의 인식방식이 선험적으로 가능한 한에 있어서, 이런 인식방식에 일반적으로 관련된 모든 인식." 『순수이성비판 1』, 233쪽.]

적 자아를 '봄'으로써 인식을 형성한다. 이런 반성적 시선을 '초월론적 시선'이라고 부르자.

이런 이중조작에 의해 자아는 자신과 물자체 사이에 경계선을 그으며 대상을 표상으로 파악한다. 그럼으로써 자아는 자신 내부에 머무른 채 물자체를 재인할 수 있다. 물론 그때 '물자체'는 인식 불가능한 것으로서 자아의 외부에 머물러 있다. 그런 의미에서 칸트는 인식의 **외부**를 발견하지만 자아와 물자체 사이에 경계선을 그으며 자아가 직관을 매개로 개념을 내재화된 대상으로서 생산하는 구조를 만들어 낸다. 이 과정에 의해 칸트는 자아를 그 외부와 떼어낸다. 푸코가 '경험적-초월론적 이중체,' 즉 "모든 인식을 가능하게 만드는 그런 인식을 그 자신 속에서 취하는 존재"로 정의한 것은 바로 자아의 이런 구조였다. 이처럼 칸트적 주체는 경험적-초월론적 이중작용에 의해 자신의 외부를 내재화하고(직관과 개념의 상호연관), 자신 내부에서 모든 인식의 기반을 만든다. 이런 까닭에 칸트적 주체는 초월론적 시선에 의해 자신의 외부를 내부화하는 주체라고 정의될 수 있다.

칸트적 주체는 초월론적 시선에 특유한 이중작용에 의해 규정됐다. 그렇다면 푸코는 이런 칸트적 이중체의 이론에 대해 어떤 태도를 취했을까? 푸코는 『말과 사물』에서 '인간의 유한성'과 이것이 초래한 '한계'라는 칸트적 문제에 관해 언급한다.

인간의 유한성은 (그리고 정언명령적인 방식으로) 앎의 실정성 속에서 고지된다. 우리는 뇌의 해부, 생산비용의 메커니즘, 또는 인도-유럽어족의 활용체계를 알듯이, 인간이 유한하다는 것을 안다. 아니 오히려 견고하고 실정적이며 충만한 이런 모든 형상을 투과해 우리는 이런 형상들이 부과한 유한성과 한계를 지각하며, 이것들이 불가능하게 만드는 모든 것을 여백처럼 꿰뚫어본다.[10]

칸트적 이중체[주체]에는 '유한성'과 '한계'가 깊이 각인되어 있다. '유한성'과 '한계'란 '실정성'(인식의 장)을 확립해 대상의 인식을 가능케 하지만, 인식 불가능한 것을 '여백처럼' 떠오르게도 한다. '인간의 유한성'이라는 테제는 마르틴 하이데거로부터 차용됐다.[11] 그러나 주의해야 할 것은 푸코가 하이데거적 테제에 의거하면서도 결국 하이데거-칸트적 전략을 전면적으로 파탄시킨다는 점이다.

하이데거는 『칸트와 형이상학의 문제』(1929)에서 이렇게 말한다. "그러나 이에 대해 꼭 고수되어야 할 점이 있다. 직관이 인식의 본래적 본질을 형성[정의]하며, 직관과 사유 사이의 상호연관에도 불구하고 본래적 중심점[중요성]을 차지한다는 사실이다. …… 인식을 이처럼 해석할 경우에만, 인식에 관한 정의에서의 본질적인 사항, 즉 인식의 유한성에 대한 파악도 가능하다. 『순수이성비판』의 첫 문장은 결코 인식 일반에 관한 정의가 아니라, 이미 인간 인식에 관한 본질적인 정의였다."[12] 하이데거는 직관이 "인식의 유한성"의 본질을 구성한

---

10) Foucault, *Les mots et les choses*, pp.324~325. [『말과 사물』, 431쪽.]
11) 『말과 사물』과 하이데거적 사유의 상관관계에 관해서는 다음을 보라. Hubert L. Dreyfus and Paul Rabinow, *Michel Foucault: Beyond Structuralism and Hermeneutics*, Chicago: University of Chicago Press, 1983, pp.37~43; *Michel Foucault : Un parcours philosophique*, Pairs: Gallimard, 1992, pp.61~66. [서우석 옮김, 『미셸 푸코: 구조주의와 해석학을 넘어서』, 나남, 1989, 77~85쪽.]
12) Martin Heidegger, "Kant und das Problem der Metaphysik," *Gesamtausgabe*, Bd.III, Frankfurt: Vittorio Klostermann, 1991, pp.23~24; *Kant et le probl-*

다고 하며, 그것을 "인간 인식에 관한 정의에서의 본질적인 사항"이라고 규정한다. 유한성으로서의 인간은 물자체를 파악할 수 없으며, 직관이라는 매개를 통해서만 대상을 인식할 수 있다. 이런 유한성으로부터 경험적-초월론적 이중작용의 필연성이 도출된다.

"인식의 유한성은 직관에 대한 사유의 내적이고 고유한 의존성뿐 아니라, 또한 거꾸로 직관을 사유에 의해 규정할 필요가 있다는 것도 표명한다."[13] 따라서 인간의 유한성이라는 성질은 피하기 힘든 이중체의 구조(하이데거가 말한 '이중벽'^{Zwiefalt})[14]를 소환할 수밖에 없다. 즉, 유한성이라는 성질이 아로새겨진 인간은 그 성질 때문에 경험적-초월론적 이중체 속에 스스로를 가둬버릴 수밖에 없다.

칸트는 『실용적 관점에서 본 인간학』에서 세 가지 물음을 던졌다. "나는 무엇을 알 수 있는가?"$^{Was\ kann\ ich\ wissen?}$, "나는 무엇을 해야 하는가?"$^{Was\ soll\ ich\ tun?}$, "나는 무엇을 희망해도 좋은가?"$^{Was\ darf\ ich\ hoffen?}$ 이 물음들은 각각 『순수이성비판』, 『실천이성비판』, 『판단력비판』에 대응한다. 그런데 『논리학』에서 칸트는 이 세 가지 물음을 "인간이

ème de la métaphysique, Paris: Gallimard, 1981(1953), p.85. [이선일 옮김, 『칸트와 형이상학의 문제』, 한길사, 2001, 90쪽.]

13) Heidegger, "Kant und das Problem der Metaphysik," p.58; Kant et le problème de la métaphysique, p.117. 번역 수정. ["인식의 유한성은 실로 직관에 대한 사유의 독특한 내적 의존성뿐 아니라, 또한 그 역으로 사유에 의한 직관의 규정필요성도 표명한다." 『칸트와 형이상학의 문제』, 128쪽.]

14) 하이데거는 '이중벽'에 의해 존재와 존재자의 이중성, 즉 초월론적인 것과 경험적인 것의 이중성을 지시한다. "그것[이중벽]을 따라서 존재자는 존재 속에서 그 존재를 가지며, 존재는 존재자의 존재로서 그 존재를 갖게 된다." Martin Heidegger, Was heißt Denken?, Tübingen: Max Niemeyer, 1984, p.134. 번역 수정. [권순홍 옮김, 『사유란 무엇인가』, 길, 2005, 270쪽.]

란 무엇인가?"Was ist der Mensch?라는 네 번째 물음, 즉 '인간학적' 물음으로 돌려보낸다.15) 하이데거는 이 사태를 이성의 '유한성'이 초래한 필연적 귀결이라고 생각한다. "인간 이성은 단순히 이 세 가지 물음을 제기하기 때문에만 유한한 것이 아니다. 반대로 이런 물음을 제기하는 것은 인간 이성이 유한해서, 즉 이성적 존재에 유한성 자체가 달려 있을 만큼 근본적으로 유한해서이다. 이 세 물음들은 유한성이라는 이 하나의 대상에 관해 심문하기 때문에, [이 물음들은] 인간이란 무엇인가라는 네 번째 물음과의 관계를 수립할 수 있다."16) 인간은 유한하며 결여의 존재이기 때문에 자신이 품고 있는 '결여/필요'Bedürftigkeit에 관해 묻지 않을 수 없다. 이로부터 자신의 행위의 '가능'Können, '당위'Sollen, '허용'Dürfen에 관한 물음이 정당화된다. 전능한 존재자는 그런 물음을 제기할 필요도, 그럴 가능성도 없다. 이상으로부터 하이데거는 다음과 같은 결론을 이끌어낸다.

인간의 이성은 이 [세] 물음들에 의해 자신의 유한성을 누설할 뿐만 아니라, 자신의 가장 내밀한 관심이 유한성 그 자체로 향하고 있음

---

15) 푸코도 하이데거를 언급하지 않고 이 점을 다룬다. Foucault, *Les mots et les choses*, p.352. [『말과 사물』, 466쪽.]

16) Heidegger, "Kant und das Problem der Metaphysik," p.217; *Kant et le problème de la métaphysique*, pp.273~274. 번역 수정. ["인간 이성은 명명된 세 물음들을 제기하기 때문에 유한할 뿐 아니라 그 역도 성립한다. 인간 이성은 유한하기 때문에, 즉 더 정확히 말하자면 자신의 이성적 존재에서 이 유한성 자체가 관건이 될 정도로 그토록 유한하기 때문에, 이 물음들을 제기한다. 이 세 물음들은 이 하나의 것 즉 유한성에 관해 심문하기 때문에, '이 물음들은' '인간이란 무엇인가?'라는 네 번째 물음에 '관련된다'." 『칸트와 형이상학의 문제』, 297쪽.]

을 드러낸다. 인간의 이성에서 관건이 되는 것은 [세 물음에 있어서의] 가능, 당위, 허용을 제거하는 것, 따라서 유한성을 해소하는 것이 아니라, 오히려 그와 반대로 이 유한성을 확인하고 유한성 안에서 스스로를 견지하는 것이다.17)

하이데거는 인간 이성의 관심사를 "유한성을 확인하고 유한성 안에서 스스로를 견지하는 것"으로 규정한다. 이 점에서 푸코는 하이데거에 의거하면서 하이데거로부터 이반離反한다. 하이데거는 '인간의 유한성'을 '현존재의 유한성'으로 바꿔 말하며, 이것을 (철학사에서 항상 이미 망각됐던) '존재이해'의 가능성이라고 긍정한다. "현존재의 유한성(존재이해Seinsverständnis)은 망각에 빠졌다. 이 망각은 우발적인 것도 일시적인 것도 아니며, 오히려 필연적이고 항상적으로 형성된 것이다."18) 하이데거는 망각에 빠진 '존재'를 구축해야 하며, 그 돌파구를 칸트적 '유한성'에서 찾았다. 푸코는 하이데거의 칸트 독해에 의거하면서도 하이데거에 맞서 칸트적 '유한성'을 비판한다.

---

17) Heidegger, "Kant und das Problem der Metaphysik," pp.216~217; *Kant et le problème de la métaphysique*, p.273. ["인간의 이성은 이런 물음들을 통해 유한성을 누설할 뿐 아니라, 자신의 가장 내적인 관심이 유한성 자체를 향하고 있음을 드러낸다. 인간의 이성에서 관건이 되는 것은 가령 가능, 당위, 허용 등의 제거, 즉 유한성의 해소가 아니라, 오히려 그와 반대로 이 유한성을 솔직히 확인해 유한성 안에서 스스로를 견지하는 것이다."『칸트와 형이상학의 문제』, 296~297쪽.]

18) Heidegger, "Kant und das Problem der Metaphysik," p.233; *Kant et le problème de la métaphysique*, p.289. '존재'(Sein)가 지닌 이 구조, 즉 무한한 망각의 늪에 있으면서도 항상 가장 가까운 것으로 있다(현존재=여기에 있는 것[Dasein])는 구조를 푸코는 '기원의 후퇴와 회귀'라고 부른다. Foucault, *Les mots et les choses*, p.345. [『말과 사물』, 450쪽.]

칸트적 유한성에 관해서는 푸코의 박사 부논문인 「칸트의 《인간학》에 붙이는 서문」(1961)을 참고하자.[19] 여기서 푸코는 칸트의 『유고집』에 착목한다. 『실용적 관점에서 본 인간학』은 앞의 네 번째 물음, 즉 "인간이란 무엇인가?"라는 물음에 대한 해답을 스스로 보여주지 않는다. 그 해답은 『유고집』에서 제시된다. 자신의 초월론적 철학의 프로그램을 보여주기 위해 칸트는 신, 세계, 인간의 관계에 관한 정의를 반복적으로 전개한다. 거기서 '인간'은 신과 세계에 통일성을 부여하는 '매개항' 역할을 부여받는다. 그러나 유한한 존재로서 인간이 왜 신과 세계에 통일성을 부여하는 역할을 맡는 것일까?

만일 인간이 세계와 신에 통일성을 부여한다면, 그것은 인간이 사유하는 주체(세계를 사유하고 신을 사유하는 주체)라는 자신의 지고성을 행사하는 한에서이다. "매개항은 …… 여기서는 판단하는 주체^{das} Urteilende Subjekt(사유하는 세계존재, 인간……)이다."[20]

칸트의 해답은 극히 명쾌하다. 인간은 '사유하는 주체'로서 세계와 신을 사유한다. 즉, '매개항'으로서의 인간은 자신의 사유에 의해 세계와 신에 통일성을 부여한다는 것이다. "인간이란 무엇인가?"라는 물음에서 문제가 된 것은 인간 이성의 유한성이었다. 인간의 유한성

---

19) Michel Foucault, "Introduction à l'Anthropologie de Kant," *Anthropologie du point de vue pragmatique et introduction à l'Anthropologie*, Paris: Vrin, 2008. [김광철 옮김, 『칸트의 인간학에 관하여: 《실용적 관점에서 본 인간학》 서설』, 문학과지성사, 2012. 이하 『서설』로 표기한다.]
20) Foucault, "Introduction à l'Anthropologie de Kant," p.70. [『서설』, 95쪽.]

이라는 성격 때문에 앞의 세 가지 '비판적' 물음은 "인간이란 무엇인가?"라는 네 번째 물음으로 돌려보내지며, 그 물음에서 인간의 사유 속에 재현전화되며, 인간의 사유에 의해 통일성을 부여받는다. 이로부터 푸코는 이렇게 말할 것이다. "그것[세계]은 **모든 것**^{All}의 개시 속에서 주어진 것이 아니다. 그것은 자기에 대한 **전체**^{Ganz}의 굴곡^{flexion} 속에서 현전한다." 이리하여 세계는 인간의 사유 속에 주름진, 경험적 심급과 초월론적 심급 사이의 주름에 현전한다.[21] 이 '굴곡' 또는 주름의 구조가 칸트의 '인간학적' 물음을 정초하는 것이라면, 칸트적 '인간학'의 구조는 이렇게 요약될 수 있다. **세계의 외부성을 '인간의 사유'라는 내부성으로 재현전화하고 그 내부에 유폐하는 것.**

또한 이런 '인간학적' 물음은 '비판'에 의해 요청되며, '비판'의 반복으로서 정립된다. 푸코가 주체의 내부(유한성)에 자신을 가둬버리는 '인간학'을 그리도 문제삼은 까닭은 인간학이 칸트적 '비판,' 나아가 '비판'에 내재하는 경험적-초월론적 이중조작을 반복하고 있기 때문이다('인간학적-비판적 반복'[22]). 푸코는 그런 폐색閉塞을 '인간의 본질'로의 폐색이라고 표현할 것이다.

역설은 또한 다음과 같은 것에 있다. 인식에 관한 선결적 비판으로부터, 그리고 대상과의 관계에 관한 최고 물음으로부터 해방된다고 하더라도, 철학은 그 반성의 근본적 테제이자 출발점으로서의 주관성으로부터는 자유로워지지 못했다. 오히려 그와 반대로 철학은 두

---

21) Foucault, "Introduction à l'Anthropologie de Kant," p.73. [『서설』, 98쪽.]
22) Foucault, "Introduction à l'Anthropologie de Kant," p.76. [『서설』, 101쪽.]

께를 부여받은, 실체화된, '인간의 본질'의 넘을 수 없는 구조에 갇혀진 주관성을 스스로에게 부여함으로써 자신을 그 속에 가둬버렸다. 이런 '인간의 본질'에 있어서는 진리의 진리라는 기진맥진한 진리가 불침번을 서며 조용히 명상에 빠져든다.23)

'인간의 본질'이란 인간이 떠메고 있는 유한성의 각인을 의미한다. 그 각인 때문에 주체는 내부와 외부의 경계선을 설정하고, '경계/한계'limite의 안쪽에 스스로를 가둬버리며, 외부성을 내부로 재현전화할 수밖에 없다. 이 과정이야말로 '유한성 안에서 스스로를 견지하는 것'(하이데거)이라는 표현이 지시하는 것에 다름 아니다. 푸코가 '인간학'이라고 부른 것은 주체의 이런 폐색 구조이다. 이리하여 '인간학적' 사유는 '비판'이 들춰낸 사유의 외부성을 인간의 유한성(표상) 속에 유폐한다. 그리고 **그런 사유야말로 주체에 있어서의 외부성을 억압하는 것이다.** "이 사유는 지금까지 마치 우리들을 그것의 회귀로까지 끌고 가기 위해서인 양 어떤 우회를 거쳐 우리에게 현존했는데, 이 사유는 어떤 가능성으로부터 오는 것이며 어떤 불가능성으로부터 우리들에게 그 집요함을 간직하는가? 그것은 칸트가 여전히 수수께끼 같은 방식으로 형이상학적 담론과 이성의 한계에 관한 성찰을 분절한 바로 그 날, 서양철학 속에서 칸트에 의해 실행됐던 열림ouverture에서 유래한다고 의심할 여지 없이 말할 수 있을 것이다. [그러나] 그 열림을 칸트는 인간학적 물음 속에 가둬버렸으며, 결국 모든 비판적 물음을 이 인간학적 물음에 맡겨버렸다."24) 이렇게 '인간

---

23) Foucault, "Introduction à l'Anthropologie de Kant," p.126. [『서설』, 147쪽.]

학'은 '비판'이 절개한 인식의 개구부를 자신의 손으로 **봉합한다**. 이 봉합작용에 의해 경험적 자아는 초월론적 자아의 분신[이중체]이 되고, 주체[인식]에 있어서의 '다른 것'은 억압된다. 이 경험적-초월론적 이중체의 구조는 인식의 장의 '실정성'을 만들어내고, 필연적으로 이런 이중체의 외부에 위치하는 모든 권력관계를 부인한다.

> 사실상 문제가 되는 것은 …… 자연, 교환, 담론을 지닌 인간을 자기 자신의 유한성의 기초로서 평가하려고 노력하는 경험적-비판적 이중성^{redoublement}이다. 이 '주름'^{Pli}에 있어서 초월론적 기능은 그 강압적인 그물로 경험성의 내적 공간과 회색의 공간을 완전히 뒤덮어버린다. 거꾸로, 경험적 내용들은 생기를 얻고 조금씩 재생되고 스스로를 곧추 세우며, 초월론적 오만을 저 멀리 쫓아버리는 담론 속에 재차 포섭된다. 그리고 이 '주름'에서 철학은 새로운 잠에 빠져든다. 더 이상 독단론의 잠이 아니라, 인간학의 잠을.[25]

경험적인 것에 대한 초월론적 시선의 효과에 의해서 주체는 자신에게 있어서의 '다른 것'('경험성의 비활성 및 회색의 공간')을 억압한다. 그것은 사유에 있어서의 '타자'를 '동일자'로 환원하는 운동이다. "그것[근대의 사유]은 결코 완결되지 못했던 '차이'의 형성을 향하는 사유가 아니라 언제나 성취되어야 할 '동일자'의 폭로로 향하는 사

---

24) Michel Foucault, "Préface à la transgression," *Dits et écrits*, t.I: 1954~1969, Paris: Gallimard, 1994, p.239. [이규현 옮김, 「위반에 대한 서언」, 『미셸 푸코의 문학비평』, 문학과지성사, 1989, 100쪽.]

25) Foucault, *Les mots et les choses*, p.352. [『말과 사물』, 467쪽.]

유이다."[26] 사유의 외부를 억압하고 그것을 '동일자'로 환원하는 것, '한계'의 내부에 머물고 외부의 힘관계를 부인하는 것. 이 구조야말로 『말과 사물』에서 현저하게 나타난 '인간학적 잠'이며, 경험적-초월론적 이중조작의 귀결에 다름 아니다. 만일 하이데거-칸트적 사유가 이 이중조작의 전략을 근대 철학의 프로그램으로 제시했다면, 또한 그것이 외부의 내부화, 즉 경험적-사회적 장에 존재하는 권력관계를 부인하는 것이라면, 그때 푸코가 취하는 전략은 **외부에 의한 내부의 탈구축**, 즉 **칸트의 니체화**를 지향하는 것이다.

1.2. 니체와 바깥의 사유

푸코는 칸트적 주체의 구조를 '인간학적' 사유라 부르고, 주체 내부로 사유가 폐색되는 것을 철저하게 비판했다. 그렇다면 '인간학적' 사유의 닫힌 영역을 타파할 수 있는 것은 어떤 사유일까? 푸코는 그런 사유를 '바깥의 사유'라 부른다.

> 마치 외부로부터인 양 주체성의 한계를 노정시키기 위해, 주체성의 종언을 언표하기 위해, 주체성의 분산을 반짝거리게 하기 위해, 주체성의 난공불락의 부재만을 거둬들이기 위해 모든 주체성의 바깥에 자리잡은 이 사유, 그와 동시에 실정성의 기초나 정당화를 붙잡기 위해서가 아니라 실정성이 전개되는 공간을, 실정성의 장소로 사용될 공허를, 실정성이 그 속에서 구성되는 거리를, 또 사람들이 거기에 시선을 던지자마자 직접적인 확실성이 재빨리 모습을 감춰버리는 거리

---

[26] Foucault, *Les mots et les choses*, p.351. [『말과 사물』, 465쪽.]

를 다시 찾아내기 위해 모든 실정성의 문턱에 자리잡은 이 사유. 이 사유는 우리의 철학적 반성의 내면성과 앞의 실정성과의 관계에 의해, 한마디로 '바깥의 사유'라 불릴 수 있는 것을 구성한다.[27]

'바깥의 사유'는 주체의 외부에 머물며 주체성의 '한계'를 노정시키고 공허화한다. 그런 사유가 암묵적으로 외부성에 관한 니체적 사유를 지시한다면, 푸코는 그것을 통해 칸트적 주체를 탈구축하는 것이리라. 「진리와 그 사법적 형태」(1974)를 참조하자. 이 텍스트에서 푸코는 니체적인 '바깥의 사유'의 가능성에 관해 자세히 말한다. 단적으로, 그 가능성은 인식의 문제를 실천과 역사의 측면에서 생각하는 것에 있다. "인식의 주체는 그 자체로 하나의 역사를 가지며, 주체와 대상의 관계를 갖는다. 아니 더 명확하게 말하면, 진리 그 자체가 하나의 역사를 갖는다."[28] 그 때문에 '바깥의 사유'란 역사성이라는 외부에 의해 '인식'의 근거를 묻고자 하는 사유에 다름 아니다.

푸코는 우선 니체가 사용하는 '발명'Erfindung이라는 말의 의미에 주목하고, 이것이 '기원'Ursprung이라는 말에 대립되는 개념으로 사용된다고 생각한다.[29] 예를 들어 니체는 『즐거운 학문』에서 종교의 '기원'에 관해 말하는데, 종교란 '기원'을 갖지 않으며 오히려 종교가들

---

27) Michel Foucault, "La pensée du dehors," *Dits et écrits*, t.I: 1954~1969, Paris: Gallimard, 1994, p.521. [심재상 옮김, 「바깥의 사유」, 『미셸 푸코의 문학비평』, 문학과지성사, 1989, 190쪽.]
28) Michel Foucault, "La vérité et les formes juridiques," *Dits et écrits*, t.II: 1970~1975, Paris: Gallimard, 1994, p.539.
29) Foucault, "La vérité et les formes juridiques," p.543.

의 '발명'에 지나지 않는다고 결론짓는다.30) 또한 『도덕의 계보』에서는 '이상'이란 여러 가지 메커니즘에 의해 '만들어졌다'fabriziert고 지적한다.31) 이로부터 푸코는 인식이란 발명된 것이며 형이상학적 기원을 갖지 않는다고 생각한다. 이런 생각을 사물의 인식에 적용하면, 인식과 인식해야 할 사물 사이에는 어떤 동일성, 유사성도 존재하지 않게 된다. 그러므로 존재하는 것은 인식과 인식해야 할 사물 사이의 이질성뿐이다. 왜냐하면 인식이란 인간에 의해 만들어진 "작고 천하며 보잘것없고 수치스런 시작"32)에 의해 규정되기 때문이다. 인식이란 "인식해야 할 사물의 위반"33)인 것이다. 달리 말하면, 인식은 인식 대상과의 상동성에 기초를 둔 것이 아니다. 인식은 항상 인식해야 할 사물에 대한 폭력에 의해 '만들어진 것'이다.

인식이 인식 대상에 의해 규정되지 않는다면, 인식은 도대체 무엇에 의해 규정될까? 니체는 『즐거운 학문』에서 이렇게 말한다.

인식한다는 것은 무엇을 의미하는가? "조롱하는 것도, 탄식하는 것도, 또한 저주하는 것도 아니며, 이해하는 것!"이라고 스피노자는 그

---

30) Friedrich Nietzsche, "Die fröhliche Wissenschaft," *Kritische Studienausgabe*, Bd.III, Berlin: Walter de Gruyter, 1999, p.589; "Le gai savoir," *Œuvres philosophiques complètes*, t.5, Paris: Gallimard, 1982, p.251. [안성찬·홍사현 옮김, 『즐거운 학문 외』, 책세상, 2005, 337쪽.]
31) Friedrich Nietzsche, "Zur Genealogie der Moral," *Kritische Studienausgabe*, Bd.V, Berlin: Walter de Gruyter, 1999, p.281; "La généologie de la morale," *Œuvres philosophiques complètes*, t.7, Paris: Gallimard, 1971, p.243. [김정현 옮김, 『선악의 저편/도덕의 계보』, 책세상, 2002, 380쪽.]
32) Foucault, "La vérité et les formes juridiques," p.544.
33) Foucault, "La vérité et les formes juridiques," p.546.

답게 단순하고 숭고한 방식으로 말했다. 그렇지만 이 '이해하다'라는 것은, 사실상 앞의 세 가지가 단숨에 우리에게 느껴지게 되는 형식이 아니라면 무엇이란 말인가? 조롱하다, 탄식하다, 저주하다라는 의지인 상이하고 모순적인 충동들의 결과가 아닐까? 하나의 인식 행위가 가능해지기 전에, 이런 충동들 각각이 대상이나 사건에 관해 일면적인 견해를 선행적으로 제시해야만 한다. 그런 뒤에 그 부분성들 사이에 갈등이 산출되며, 이로부터 이따금 중간상태, 진정상태, 세 충동 사이의 상호 용인, 세 충동 사이의 일종의 공평성과 계약이 산출된다. 왜냐하면 공평성과 계약 덕분에 이 세 충동들은 자신의 실존을 주장할 수 있고, 서로 권리raison를 보존할 수 있기 때문이다. 우리는 이 긴 과정의 최후의 화해의 광경과 최후의 결산만을 의식할 수 있기 때문에, 우리는 이 '이해하다'라는 사실이 충동들에 본질적으로 대립하는 어떤 것을 구성한다고 생각해버린다. 그것이 **충동들 상호간의 어떤 억제**에 지나지 않음에도 불구하고.[34]

니체에게 인식이란 "충동들 상호간의 어떤 억제[관계]"에 지나지 않는다. 충동들 사이에는 각자가 서로를 정복하려고 하는 투쟁이 존재하며, 그것이 충동 상호간에 "일종의 공평성과 계약"을 성립시킨다. 니체에게는 바로 이 '화해'의 광경이야말로 인식의 모습인 것이다. 푸코는 인식에 관한 이 니체의 논의를 급진적인 방식으로 재독해한다. 첫째로, 철학적 전통에서 인식이란 대상에 접근하고 대상을 규

---

34) Nietzsche, "Die fröhliche Wissenschaft," pp.558~559; "Le gai savoir," p.251. 번역 수정. [『즐거운 학문 외』, 301쪽.]

정/동일화하는 것으로 생각되어왔다. 그렇지만 니체가 말하는 "조롱하다, 탄식하다, 저주하다" 같은 충동은 공통적으로 대상으로부터 거리를 두며, 대상으로부터 자기를 차이화하고, 대상과 자기를 단절하는 충동이다. 따라서 인식이란 대상과의 동일화가 아니라 오히려 대상을 지배하고 파괴하는 것이다. "인식의 배후에는 의심할 여지없이 하나의 어두운 의지가 있다. 그것은 대상을 자기 자신으로 끌어들이는 것도, 대상에 자기 자신을 동일화시키는 것도 아니다. 오히려 그와 반대로 대상으로부터 거리를 두고 그것을 파괴하는 어두운 의지이다." 따라서 인식이란 "유화적인 것"이 아니라 대상을 지배하는 "근원적 악의"의 소산이며, 거기에는 대상의 지배, 파괴라는 일종의 권력관계가 내포되어 있다.[35]

둘째로, 니체에게 인식이란 충동들 사이의 '투쟁'이다. 푸코는 주체에 내재하는 이 '투쟁'을 사회적 장에서 힘들 사이의 '투쟁'이라고 재독한다. 즉, 인식이란 칸트가 꿈꿨듯이 "즉자적 현실의 인식 가능성"이 아니라, 사회적 장에서의 힘들 사이의 투쟁의 **효과**이다.

칸트식 비판이 의문을 제기했던 것, 그것은 즉자의 인식, 즉 진리의 인식이나 현실réalité 그 자체의 인식 가능성이었다. 니체는 『도덕의 계보』에서 이렇게 말했다. "어이, 철학자 양반들, '순수이성,' '절대정신,' '즉자적 인식' 같은 모순된 개념들의 촉수로부터 우리 자신들을 지킵시다.' 또는 『힘에의 의지』에서 니체는 존재 자체 같은 것은 없으며, 이와 마찬가지로 즉자적 인식도 있을 수 없다고 단언한다. 그

---

35) Foucault, "La vérité et les formes juridiques," p.548.

리고 니체가 이렇게 말했을 때의 즉자적 인식은 칸트가 즉자적 인식이라는 말로 이해했던 것과는 완전히 상이한 어떤 것을 지시한다. 니체는 인식의 본성, 인식의 본질, 인식의 보편적 조건 따위란 없으며, 인식은 매번, 인식의 영역에 들어 있지 않은 조건들의 역사적이고 일시적인ponctuel 결과라고 말하고 싶었다. 실제로 인식은 활동이라는 기호 아래에 놓일 수 있는 하나의 사건이다.36)

이 재독해는 외적 힘들, 더 정확하게는 주체를 권력관계와 관련지어 파악할 수 있게 해준다. 푸코는 『말과 사물』에서 '인간학적 사유'가 경험적-초월론적 이중조작에 의해 주체의 외부를 내부화하고 외적 권력관계를 부인하는 것이라며 비판했다. 오늘날 이런 사유의 내적 폐색은 니체적 '바깥의 사유'에 의해 타파된다. 푸코에게 인식이란 사회적 관계들 속에서 생겨나는 '역사적 결과'이며, '하나의 사건'이다. 그래서 푸코는 이렇게 말하기까지 했다. "인식은 언제나 인간이 처해 있는 일종의 전략적 관계이다. 이런 전략적 관계야말로 인식의 효과를 정의할 것이다. 그리고 그 때문에 그 본성상 반드시 편파적이고 기울어져 있고 관점을 갖지 않은 인식을 상상한다는 것은 완전한 모순일 것이다."37) 따라서 인식이란 "일종의 전략적 관계"의 소산이며, 인식 주체는 사실상 권력관계에 의해 규정된다. 바로 그런 의미에서 푸코는 칸트적 주체의 '한계'를 니체적 사유를 통해 **위반한다**. 그리고 이 위반이 푸코를 주체의 탈구축으로 이끈다.

---

36) Foucault, "La vérité et les formes juridiques," pp.550~551.
37) Foucault, "La vérité et les formes juridiques," p.551.

너무 멀리 가지 않기 위해 데카르트로부터 출발하는 철학적 전통으로 거슬러 올라가면, 인간 주체의 통일성이 욕망에서 인식으로, 본능에서 앎으로, 신체에서 진리로 나아가는 연속성에 의해 보증됐음을 알 수 있다. 이 모든 것이 주체의 존재를 보증했다. 만일 한편으로 본능의 메커니즘, 욕망의 놀이, 신체의 작동과 의지의 작동 사이의 대립이 있고, 다른 한편으로 (완전히 상이한 성격의 수준에서) 인식이 있다는 것이 참이라면, 그러면 인간 주체의 통일성은 더 이상 필요가 없다. 우리는 주체를 인정할 수 있다. 아니, 주체는 더 이상 존재하지 않는다는 것을 인정할 수 있다.[38]

주체의 경험적 심급 속에 "본능의 메커니즘, 욕망의 놀이, 신체의 작동과 의지의 작동 사이의 대립"이 존재한다고 한다면, 그때 경험적 심급은 **여럿**이다. 경험적 심급의 다양성과 초월론적 심급의 단수성 사이의 **간극**décalage에 기초해 푸코는 주체의 통일성의 해체destruction를 선포한다. 푸코는 자아의 경험적 심급에서의 힘들 사이의 투쟁을 사회관계에서의 권력들 사이의 투쟁으로 해석한다. 그때 사회적 장에서의 이 투쟁은 주체의 초월론적 심급을 형성하며, '주체'는 권력관계의 외부성에 의해 폭로된 "공허한 형식"[39]으로서 모습을 나타

---

38) Foucault, "La vérité et les formes juridiques," p.547.
39) "그것[위반]은 우리의 문화가 우리의 몸짓과 우리의 언어에 부여했던 공간 속에서, 성스러운 것을 그 직접적인 내용에 있어서 찾아내는 유일한 방법을 처방하는 게 아니라, 그것을 공허한 형식 속에서, 부재 그 자체를 반짝거리게 만드는 부재 속에서 재구성하는 방식을 처방한다." Foucault, "Préface à la transgression," p.234. [『위반에 대한 서언』, 93쪽.]

낸다. 푸코는 인식을 힘들 사이의 투쟁으로 파악하는 니체적 '앎에의 의지'라는 이론을 가지고 칸트적 주체를 파괴한다. "비판이라는 의미에서 볼 때, 이는 진리의 의지가 인식의 유한성에 의해 한정된다는 말이 아니다. 진리의 의지는 모든 한계를 잃는다. 진리의 의지가 인식 주체로 되기 위해 희생을 겪을 수밖에 없다는 그 어떤 진리의 의도도 잃어버리는 것이다."[40] 바로 이것이 니체적 '바깥의 사유'가 칸트적 경험적-초월론적 이중체를 탈구축하는 순간이자, 칸트적 '한계'를 위반하는 순간이다. 그러나 푸코의 사유가 지닌 가능성과 불가능성은 바로 이 사유 속에서 교차한다.

1.3. 푸코의 권력 이론이 맞닥뜨린 아포리아

푸코는 '바깥의 사유'에 의해 칸트적 경험적-초월론적 이중체를 탈구축했다. 그러나 이 전략에는 일종의 아포리아가 내포되어 있다. 푸코의 권력 이론에서 무엇이 그 아포리아를 형성하는 것일까? 이 점을 분석하기 위해 우선 푸코의 권력 개념을 검토해보자. 『지식의 의지』에서 푸코는 권력을 "힘관계들의 다양체"로 정의한다.

> 내가 보기에 권력이라는 말에 의해 우선 이해되어야만 하는 것은 그 자신이 행사되는 영역에 내재적이며 자기 조직화의 구성요소인 관계들, [즉] 힘관계들의 다양체multiplicité des rapports de force이다. 즉, 끊

---

[40] Michel Foucault, "Nietzsche, la généalogie, l'histoire," *Dits et écrits*, t.II: 1970~1975, Paris: Gallimard, 1994, p.156. [이광래 옮김, 「니체, 계보학, 역사」, 『미셸 푸코: '狂氣의 역사'에서 '性의 역사'까지』, 민음사, 1989, 358쪽.]

임없는 투쟁과 대립에 의해 이것들[힘관계들]을 변형시키고 강화하고 역전시키는 놀이이다.41)

푸코에게 권력관계란 '다양체'이며, 그것은 힘들 사이의 끊임없는 투쟁, 대결을 내포한다. 권력에 관한 이런 정의는 이미 『감시와 처벌』(1975)에서 제시됐다. "그것[권력관계들]은 일의적이지 않다. 그것은 셀 수 없는 대결의 지점들, 불안정성의 발생지를 규정한다. 그 발생지 각각은 갈등, 투쟁과 힘관계들의 최소한 일시적인 역전이라는 위험을 포함한다."42) 쉽게 알아차릴 수 있듯이, 여기서 니체적 사유의 반향을 들을 수 있다. 니체는 『도덕의 계보』에서 이렇게 말한다. "어떤 사물, 어떤 관행, 어떤 기관의 '발전'이란 결코 하나의 목적으로 향하는 진보가 아니며, 또한 최소한의 힘과 최소한의 지출로 얻어낸 논리적이고 최단거리의 진보도 결코 아니다. 오히려 그것은 이런 사물, 관행, 기관에서 행해지는, 많든 적든 서로가 서로에 대해 독립적이고 많든 적든 깊은 제압과정의 연속이며, 이런 제압과정들이 끊임없이 마주치게 되는 저항을, 방어라는 반작용에 의해 지탱되는 형태변화를, 그리고 또한 결국에는 성공한 역-작용을 더욱 견고하게 하는 과정이다."43) 니체는 '끊임없는 투쟁과 대립'을 '제압'과 '저항'의 길항拮抗관계로 묘사한다. 그런 의미에서 푸코의 권력 개념은 분

---

41) Foucault, *La volonté de savoir*, pp.121~122. [『지식의 의지』, 101쪽.]
42) Michel Foucault, *Surveiller et punir*, Paris: Gallimard, 1975, p.32. [오생근 옮김, 『감시와 처벌』(개정판), 나남, 2016, 58쪽.]
43) Nietzsche, "Zur Genealogie der Moral," pp.314~315; "La généologie de la morale," p.269. [『선악의 저편/도덕의 계보』, 422쪽.]

명히 니체적이다. 권력은 결코 어떤 실체로 환원될 수 있는 것이 아니라 유동적이고, 항상 힘관계가 뒤집힐 위험을 품고 있는 전략적 관계의 총체로 정의될 수 있다("불안정성의 발생지," "힘관계의 흔들리는 기반"[44]). 그래서 푸코는 "정치란 다른 수단으로 지속되는 전쟁이다."[45]라고 말했던 것이다. 권력은 이런 점에서 바로 힘관계의 '다양체'로서 존재한다. 우리는 '다양체'로서의 권력관계를 지배와 저항의 다이어그램적 이질성으로 정의한다.

푸코는 『지식의 의지』에서 권력에 관한 니체적 정의에 입각해 저항의 문제를 제기한다.

권력이 있는 곳, 거기에는 저항이 있다. 그리고 …… 그럼에도 불구하고, 아니 오히려 바로 그 때문에, 저항은 권력에 대해 외재적인 위치에 있지 않다. 이렇게 말해야만 할까? 즉, 우리는 필연적으로 권력 '안'에 있으며, 우리는 권력으로부터 '도망치지' 못하며, 권력에 대해서는 절대적 외부란 없다고. 왜냐하면 우리는 반드시 법에 종속되기 때문이라고 말이다. 아니, 역사는 이성의 간계이며, 권력은 역사의 간계라고 말이다 — 권력이 언제나 이기기 때문이라고 말이다. 이것[이런 말들]은 권력관계가 지닌 엄격하게 관계적인 성격을 오인하

---

44) Foucault, *Surveiller et punir*, p.32. [『감시와 처벌』, 58쪽]; *La volonté de savoir*, p.122. [『지식의 의지』, 102쪽.]

45) Foucault, *La volonté de savoir*, p.123. [『지식의 의지』, 102쪽.] 다음도 참조하라. Michel Foucault, *"Il faut défendre la société": Cours au Collège de France 1975-1976*, Paris: Gallimard/Seuil, 1997, p.16. [김상운 옮김, 『"사회를 보호해야 한다": 콜레주드프랑스 강의, 1975~76년』, 도서출판 난장, 2015, 34쪽.]

는 것이다. 권력관계들은 저항 지점들의 다양체와 관련하지 않고서는 존재할 수 없다. 저항의 지점들은 권력관계 속에서 경쟁자, 표적, 버팀목, 장악을 위한 돌출부라는 역할을 맡는다. 이런 저항의 지점들은 권력의 그물망 속에서 도처에 현전한다. 그러므로 권력과 관련해 **하나의** 위대한 '거부'의 장소(반란의 혼, 모든 반역의 발생지, 혁명가의 순수한 법)란 존재하지 않으며, 특별한 경우들인 …… 저항들의 장소가 존재한다. 정의상 저항들은 권력관계의 전략적 장 속에서만 존재한다. …… 그것들은 권력관계 속의 또 다른 항이다. 그것들은 축소할 수 없는 대면으로서 거기[권력관계]에 기입되어 있다.[46]

푸코는 "권력이 있는 곳, 거기에는 저항이 있다"며, 저항은 권력관계의 "축소[배제]할 수 없는" "또 다른 항"으로 권력관계 속에 기입되어 있다고 말한다. 나아가 이것은 우리가 권력 '속에' 있고 이로부터 '도망칠 수 없다'는 의미가 아니라 덧붙인다. 그러나 바로 여기에 푸코가 제시한 권력 이론의 아포리아가 존재하는 것처럼 보인다. 푸코가 서술한 권력 메커니즘은 **항상 완벽하게 작용하며**, 주체에 저항의 여지를 남기지 않는다. 그때 푸코의 이론에서 권력에 대한 저항 가능성을 발견하기란 극히 어렵다.[47] 이에 관해 고찰하기 위해 『감시와 처벌』에서 제시된 벤담적 '판옵티콘'에 관한 분석을 다뤄보자.

---

46) Foucault, *La volonté de savoir*, pp.125~127. [『지식의 의지』, 104~105쪽.]
47) 예를 들어 에드워드 사이드는 우리와 가까운 관점에서 푸코의 권력 이론에서 저항이 개입하기 어렵다는 점을 지적한다. Edward W. Said, "Foucault and the Imagination of Power," *Foucault: A Critical Reader*, ed. David Couzens Hoy, Oxford: Blackwell, 1986; "Foucault et l'image du pouvoir," *Michel Foucault: Lectures critiques*, Bruxelles: De Boeck, 1989.

판옵티콘이란 감시를 더 효율화하기 위해 고안된 건축양식이다. 중심에는 탑이 놓여 있고 주위에는 독방으로 분할된 건물이 원형으로 배치되어 있다. 감시탑에서는 각 독방을 완전히 감시할 수 있다. 그러나 독방 수감자는 감시탑 속의 교도관을 볼 수 없다. 그 때문에 독방에 수감된 사람은 끊임없이 감시당하고 있다는 의식을 갖게 되고, 그리하여 자신의 행동을 억제한다. "감시당하지 않는데도 감시된다"는 원리야말로 비할 데 없는 규율 메커니즘을 산출한다. 푸코는 판옵티콘이 "권력을 자동화하고 탈개인화하는"[48] 것이라며, 다음과 같이 말한다. "그것은 가시성의 장 아래에 놓여 있으며, 이것[이 사실]을 알고 있는 자는 스스로 권력의 제한[구속]을 받아들이게 된다. 그는 그것을 자기 자신에 대해 자발적으로 작동시킨다. 그는 자기 속에 권력관계를 각인하며, 그 속에서 동시에 이중의 역할을 맡는다. 그는 자기 자신의 복종화assujettissement의 원리가 된다."[49]

여기서 주체는 '권력의 강제'를 '받아들이는' 상위의 자아와 그에 복종하는 하위의 자아라는 두 개의 심급으로 분할된다. 주체는 '권력관계'를 '내면화'하고,[50] 그 대행자로서 하위의 자아를 규율화한다.

---

[48] Foucault, *Surveiller et punir*, p.203. [『감시와 처벌』, 313쪽.]
[49] Foucault, *Surveiller et punir*, p.204. [『감시와 처벌』, 314쪽.]
[50] "시선은 감시하며, 각자는 이것이 자신에게 가해지는 것을 느끼며, 그것을 내면화함(intérioriser)으로써 자기 스스로를 관찰하기에 이른다. 그리하여 각자는 자기 자신에 대해서, 그리고 자기 자신에 맞서서 감시를 행할 것이다." Michel Foucault, "L'oeil du pouvoir," *Dits et écrits*, t.III: 1976~1979, Paris: Gallimard, 1994, p.198. [홍성민 옮김, 「시선의 권력」, 『권력과 지식』, 나남, 1991, 192쪽.] 푸코는 '내면화'(Verinnerlichung/Introjektion)라는 개념을 프로이트의 제2장소론(topique)에서 차용했다. 프로이트에 따르면, '자아'는 '초자아'(상위의 자아)에 의해 감시당하고 통제받으며, 이 초자아는 부모의 권위

푸코가 여기서 반복하고 있는 것은 칸트적인 경험적-초월론적 이중체의 구조이다.51) 하지만 이와 동시에 푸코는 칸트적 '경계/한계'를 무화하고 있기도 하다. 왜냐하면 푸코에게 경험적-초월론적 이중체는 사회적 장에서의 권력관계에 의해 형성되기 때문이다. 즉, 이런 이중체의 반성적 구조를 작동시키는 것은 외적인 힘들이다. 여기서 다시 칸트 철학을 참조하자. 칸트는 『실천이성비판』에서 '규율'이라는 말을 사용해 이렇게 서술한다. "우리는 이성의 규율$^{\text{Disziplin der Vernunft}}$ 아래 놓여 있으며, 우리의 모든 격률 속에서 그런 복종^{soumission}[아래에 놓임]을 잊어서도 안 되고, [이성의 힘을] 빼앗겨서도 안 된다."52) 칸트에게 '규율'이란 '이성의 규율'이며, 그 원리는 자아의 초월론적 심급에 있다. 반대로 푸코에게 '규율'을 부과하는 것은 이성이 아니라 외적 힘들로서의 권력관계이다. 이리하여 푸코는 외부의 힘들에 의해 칸트적 경험적-초월론적 이중체를 탈구축한다.

의 '내면화' 또는 '받아들임'에 의해 형성된다. 이 구조는 칸트의 '경험적-초월론적 이중체'와 매우 닮았는데, 프로이트의 경우는 라캉과 달리, 상위 심급은 외적인 힘관계에 의해서, 즉 오이디푸스 관계에 의해서 수립된다.

51) 벤담은 경험적-초월론적 이중성에 관해, 판옵티콘이 "정신에 대한 정신의 권력을 부여하는 새로운 방법"이라고 말하는 데 머물러 있다. 그 이상의 정식화는 벤담의 텍스트에 존재하지 않는다. 따라서 이중체와 자기감시의 이론은 벤담의 텍스트에 대한 푸코의 (칸트적) 해석에 기초하고 있다. Jeremy Benthan, "Panopticon," *Works*, vol.IV, New York: Russel & Russell, 1962, p.39; Foucault, *Surveiller et punir*, p.208. 재인용. [『감시와 처벌』, 320쪽.]

52) "우리는 이성의 규율 아래 놓여 있으며, 우리의 모든 격률에 있어서 이성의 규율에 복종하며, 이성의 힘을 빼앗길 수 없다는 것을 잊어서는 안 된다." Immanuel Kant, "Kritik der praktischen Vernunft," *Werkausgabe*, Bd. VII, p.204; *Critique de la raison pratique*, Paris: Gallimard, 1985, p.118. [백종현 옮김, 『실천이성비판』(개정판), 아카넷, 2009, 165쪽.]

푸코는 권력관계를 지배와 서항의 복잡한 뒤얽힘으로, 시배와 피지배 사이의 힘관계가 역전될 가능성까지도 품고 있는 불안정한 유동성으로 묘사했다. 그 때문에 권력관계란 "힘관계들의 다양체"이며, 권력관계의 장으로서의 경험적 장은 다양체로서 존재한다.

그러나 푸코는 주체 내부의 초월론적 심급을 다양체로 정의하지 않는다. 앞의 인용 대목에서 푸코는 이렇게 말했다. "그것은 가시성의 장 아래에 놓여 있으며, 이것[이 사실]을 알고 있는 자는 스스로 권력의 제한[구속]을 받아들이게 된다. 그는 그것을 자기 자신에 대해 자발적으로 작동시킨다. 그는 자기 속에 권력관계를 각인하며, 그 속에서 동시에 이중의 역할을 맡는다. 그는 자기 자신의 복종화의 원리가 된다."[53] 푸코는 주체가 "자기 속에 권력관계를 각인"함으로써, 주체 속에서 자기감시 체계를 기능시키는 것이 가능해진다고 말한다. 즉, 초월론적 자아는 권력의 대행자로서 경험적 자아를 감시하고 규율화한다. 그런 의미에서 푸코가 말하듯이 '권력관계'는 주체에 내면화된다. 그러나 초월론적 자아(권력의 대행자)와 경험적 자아(피지배의 심급)의 관계는 완전히 고정적이며, 힘관계의 역전 가능성을 갖고 있지 않다. 즉, 이 권력관계는 지배의 체계로서만 기능한다. 푸코에 따르면 그때 판옵티콘은 "그 이상적 형태로 되돌려진 권력 메커니즘의 다이어그램이다. 그것의 기능작용[은] **저항이나 마찰 등의 모든 장애에서 벗어나 있다.**"[54] 주체는 바로 권력의 투여의 대상이며, 그 저항은 규율권력의 효과들에 의해 무력화될 것이다.[55]

---

53) Foucault, *Surveiller et punir*, p.204. [『감시와 처벌』, 314쪽.]
54) Foucault, *Surveiller et punir*, p.207. [『감시와 처벌』, 318쪽.] 강조는 지은이.

『지식의 의지』의 푸코에 따르면, 권력관계는 지배와 저항의 다이어그램적 뒤얽힘을 구성한다. 그런 의미에서 저항 가능성은 경험적 장에 내재적인 방식으로 기입되어 있다. 그러나 『감시와 처벌』에 따르면 규율권력에 의해 만들어진 초월론적 심급은 주체 안에 자기감시 체계를 기능시키는 권력의 대행자일 수밖에 없다. 경험적 심급이 지배와 저항이 교차하는 다양체로서 나타나는데 반해, 초월론적 심급은 그것이 지배의 체계로 환원될 수 있는 한에서 하나의 힘만 있는 장un champ de force unique일 수밖에 없다. 경험적 장의 다양성과 초월론적 심급의 단수성 사이의 이런 **간극**이야말로, 전기 푸코의 권력 이론(『지식의 의지』까지)에서 저항의 개입을 곤란하게 만든다. 달리 말하면, 이와 같은 간극은 『감시와 처벌』과 『지식의 의지』 사이의 이론적 간극으로서 등장한다. 그리고 저항에 관한 바로 이 간극이야말로 후기 푸코를 어떤 사유의 전회로 이끌 것이다.

---

55) "또한 그것[규율]은 조직화된 다양체의 구성 자체로부터 출발해 형성되는 모든 힘들을 제압해야만 한다. 즉, 조직화된 다양체 속에서 생겨나고, 또 지배하고 싶어 하는 권력에 맞서 저항을 일으키는 반-권력의 효과들을 무력화해야만 한다. 폭동, 반란, 자연발생적인 조직, [그렇게 조직화된 다양체들 사이의] 동맹 등 수평적인 결합에 해당될 수 있는 모든 것을 말이다." Foucault, *Surveiller et punir*, p.221. [『감시와 처벌』, 337쪽.]

2장. 경제론

2.1. 기관 없는 신체와 죽음의 본능

규율권력에 의한 주체형성을 고찰하며 푸코는 주체를 철저한 수동성으로 규정했다. 거꾸로 들뢰즈·가타리는 철저한 능동성에서 출발한다. 『안티-오이디푸스』는 푸코의 『감시와 처벌』보다 3년 전에 쓰여졌다. 그러나 그들의 이론은 어떤 의미에서 푸코의 권력 이론이 지닌 아포리아에 대한 해답을 앞서 보여준다. 그들은 푸코가 제시한 문제 구성의 바깥, 즉 칸트적 주체의 탈구축의 바깥에서 그 해답을 정식화한다. 이 이론적 투쟁의 궤적을 추적함으로써 우리는 푸코의 이론이 빠져든 난점을 명확히 하고 권력에 대한 저항 이론을 제시할 수 있을 것이다. 이 문제를 고찰하기 위해 2장에서는 푸코의 이론에 관한 분석에서 벗어나 들뢰즈·가타리에게서 저항의 문제를 검토한다.

『안티-오이디푸스』에서의 들뢰즈·가타리는 자본주의 사회에서 복종화는 사회적 장 속에 편재하며, 주체에 권력을 내면화시키는 오이디푸스적 가족이라는 '장치'에 의해 생산·재생산된다고 생각하며, 그 주요 받침대인 정신분석이라는 제도를 비판 대상으로 설정한다. 따라서 그들은 권력에 대한 저항 수단으로 문자 그대로 '반反-오이디푸스'라는 전략을 선택한다. 그 투쟁의 목표는 프로이트-라캉적 정신분석의 오이디푸스적 핵을, 프로이트와 라캉에게 잠재하는 반-오이디푸스적 이론을 통해 **내재적으로** 비판하는 데 있다. 그런 의미에서 『안티-오이디푸스』는 **정신분석 이론에 의거하면서** 정신분석에 저항한다. 이로부터 저자들은 '분열분석'이라는 그들 고유의 이론을 전개한다. 그 이론적 궤적을 따라가려면 프로이트-라캉적 정신분석 이론을 세밀하게 참조할 수밖에 없다. 『안티-오이디푸스』는 '기관 없는 신체'라는 얼핏 보기에 기묘한 개념을 제시한다. 가령 다음과 같다.

> 기관 없는 충만한 신체는 비생산적·불모적·비발생적이고 소비할 수 없는 것이다. 앙토냉 아르토는 어느 날, 그 어떤 형태도 형상도 없이 이것이 존재하는 바로 그곳에서 이것을 발견했다. 죽음의 본능, 이것이 그 이름이며, 죽음은 모델 없이는 있을 수 없다. 왜냐하면 죽음의 충만한 신체는 욕망의 부동의 동자moteur immobile이기 때문에 욕망은 그것, 즉 죽음 **또한** 욕망하기 때문이다. 마찬가지로 욕망은 생명의 기관들이 작동하는 기계이기 때문에, 욕망은 생명을 욕망한다.[1]

'기관 없는 신체'를 정의한 이 구절에서 들뢰즈·가타리는 아르토를 언급한다. 그러나 그들의 이 개념이 전면적으로 아르토에게 귀속되는 것은 아니라는 점에 주의하자. 여기서 그들은 '기관 없는 신체'를 '죽음의 본능'[2]이라 부른다. 어떤 의미로 그렇게 쓴 것일까?

---

1) Gilles Deleuze et Félix Guattari, *L'Anti-Œdipe*, Paris: Minuit, 1972, p.14. [김재인 옮김, 『안티-오이디푸스: 자본주의와 분열증』, 민음사, 2014, 32쪽.]

프로이트의 「쾌락 원칙을 넘어서」를 참조하자. 1920년에 쓰여진 이 텍스트는 『안티-오이디푸스』를 독해하기 위한 중요한 열쇠를 제공한다. 첫째로, 「쾌락 원칙을 넘어서」와 오이디푸스 콤플렉스 개념의 관계에 대해 검토하자. 프로이트가 오이디푸스 콤플렉스 개념에 대한 실마리를 처음으로 제공한 것은 1897년 10월 15일 빌헬름 플리스에게 보낸 편지이다.* 하지만 프로이트에게 이 개념은 1923년 출간된 『자아와 이드』 전만 해도 이론의 중심에 놓여 있지 않았고, 오히려 "난외적 존재"에 머물러 있었다.[3] 따라서 「쾌락 원칙을 넘어서」에서 '죽음충동'이 제시됐을 때, 그것은 아직 오이디푸스적 개념에 의해 '오염'되지 않았다. 그런데 『자아와 이드』에서 '죽음충동'이 다시 사용될 때, 그것은 '초자아'와 접합되고, 고유하게 오이디푸스적 의미로 사용된다. 이것은 '죽음충동'이 「쾌락 원칙을 넘어서」에서만 모든 오이디푸스적 함의로부터 자유로워진다는 것을 의미한다.

---

2) 프로이트의 'Todestrieb'라는 말은 오늘날 흔히 '죽음충동'(pulsion de mort)으로 번역된다. 그러나 우리는 이 장에서 'instinct de mort'라는 들뢰즈적 개념을 인용하기 위해, '죽음의 본능'이라는 번역어를 사용한다. 『자흐-마조흐 소개』(1967), 『차이와 반복』(1968) 이후, '죽음의 본능'은 단순히 'Todestrieb'의 번역어가 아니라 늘 들뢰즈 자신의 개념으로 사용되어왔다. 이 점에 관해서는 아래에서 논한다. [지은이는 일본에서의 관례대로 'trieb'를 '충동'으로 표기한다. 그러나 국내에서는 주로 '충동'으로 옮겨지기에 이쪽 관례를 따랐다.]

* Sigmund Freud, "Brief 71, 15 Oktober 1887," *Briefe an Wilhelm Fließ, 1887-1904*, Ungekürzte Ausgabe, Frankfut: Fischer, 1999; *The Complete Letters of Sigmund Freud to Wilhelm Fliess, 1887-1904*, Cambridge, MA: The Belknap Press, 1985. [임진수 옮김, 『정신분석의 탄생』, 열린책들, 2005, 164~168쪽.]

3) Deleuze et Guattari, *L'Anti-Œdipe*, p.62. [『안티-오이디푸스』, 102쪽.] 또한 다음을 참조하라. Jean Laplanche et Jean-Bertrand Pontalis, *Fantasme originaire, fantasme des origines, origine du fantasme*, Paris: Hachette, 1985, p.63.

둘째로, 경제론적 관점과의 관계에 대해. 프로이트의 이론에서 사유의 활동은 심적 에너지가 목적 표상^{Zielvorstellung}에 투여[집중]되는 것에 기초하고 있다. 프로이트는 요제프 브로이어에게서 '자유 에너지'와 '구속 에너지'라는 개념을 빌려와 새로운 의미를 부여한다. 1차 과정(무의식 체계)에서 심적 에너지는 완전히 자유롭게 이동한다. 따라서 에너지 투여는 "쉽게, 완벽하게 전이, 전치, 압축될 수 있다."[4] 예를 들어 꿈의 현시된 내용은 어떤 표상의 다른 표상으로의 전위, 표상들의 압축이라는 심적 가공을 수반해 형성된다. 이와 달리 2차 과정(전의식-의식 체계)에서 에너지 투여는 뉴런 사이의 '접촉장벽'^{Kontaktschranken}의 저항에 가로막혀 자유롭게 이동하지 못하며, 구속된 상태에 있다. 프로이트는 완전히 자유로운 형태로 이동 가능한 1차 과정의 에너지를 '자유 에너지,' 이동할 때 항상 구속을 겪는 2차 과정의 에너지를 '구속 에너지'라 불렀다. 프로이트는 이렇게 신경학적 모델에 의해 심적 장치의 메커니즘을 설명하려고 했다. 이런 신경학적 이론은 「과학적 심리학 초고」(1895)*에서 이미 존재하며, 『꿈의 해석』(1900)을 거쳐 「쾌락 원칙을 넘어서」에서 다시 나타난다.[5] 따

---

[4] Sigmund Freud, "Jenseits des Lustprinzips," *Gesammelte Werke*, Bd.XIII, Frankfurt: Fischer, 1999, p.35; "Au-delà du principe de plaisir," *Essais de psychanalyse*, Paris: Payot, 2001, pp.85~86. [박찬부 옮김, 「쾌락 원칙을 넘어서」, 『정신분석학의 근본 개념』, 열린책들, 2003, 305쪽.]

* Sigmund Freud, "Entwurf einer Psychologie," *Gesammelte Werke*, Nachtragsband: Texte aus den Jahren 1885-1938, Frankfurt: Fischer, 1999. [임진수 옮김, 「과학적 심리학 초고」, 『정신분석의 탄생』, 열린책들, 2005.]

[5] Jean Laplanche et Jean-Bertrand Pontalis, *Vocabulaire de la psychanalyse*, Paris: PUF, 1997, pp.133~136. [임진수 옮김, 『정신분석 사전』, 열린책들, 2005, 373~376쪽.] 단, 「과학적 심리학 초고」에서 1차 과정과 2차 과정은 둘 모두 기억 체

라서 이런 텍스트는 에너지론 모델에 중요한 역할을 부여했다는 점에서 프로이트의 다른 텍스트와 구별될 수 있다.

이런 전제에서 출발해 「쾌락 원칙을 넘어서」를 검토하자. 이 텍스트에서 프로이트는 반복강박Wiederholungszwang이라는 개념을 고찰한다. 반복강박이란 과거에 일어난 외상체험을 반복하고, 고통으로 가득 찬 상황 속에 스스로 위치하는 상황을 가리킨다.6) 반복강박에서 환자는 "억압된 것을 [과거에 속한 것으로] **기억하는**erinnern 대신에 현재 속에서 체험된 경험으로서 **반복하지**wiederholen 않을 수 없게 된다."7) 예를 들어 전쟁 신경증 환자는 자신의 고통으로 가득 찬 체험을 꿈속에서 반복한다. 즉, 반복강박은 "쾌락의 가능성을 전혀 포함하고 있지 않은 과거의 경험, 그리고 과거의 그 시점에서도 만족을 가져올 수 없었던 과거의 경험을 다시 환기시키는" 것이다.8) 이것은 명확히 쾌락 원칙을 거스르는[모순적인] 사태이며, 프로이트는 그 때문에 '쾌락 원칙을 넘어서'는 다른 원칙을 찾을 수밖에 없었다. 이래서 '죽음충동'이라는 개념이 요청된다.

계에 속하며, 접촉장벽을 지닌 '불투과 뉴런'에 상응한다. 그러므로 「과학적 심리학 초고」에서 「쾌락 원칙을 넘어서」에 이르는 프로이트 이론을 통해 '1차 과정' 또는 '2차 과정' 같은 용어는 보존되어 있지만, 그런 정의가 끊임없이 수정을 겪는다는 점에는 유의할 필요가 있다.

6) Freud, "Jenseits des Lustprinzips," p.35; "Au-delà du principe de plaisir," p.86. [「쾌락 원칙을 넘어서」, 306쪽 이하.]

7) Freud, "Jenseits des Lustprinzips," p.16; "Au-delà du principe de plaisir," p.64. [「쾌락 원칙을 넘어서」, 284쪽 이하.]

8) Freud, "Jenseits des Lustprinzips," p.18; "Au-delà du principe de plaisir," p.66. [「쾌락 원칙을 넘어서」, 287쪽. 4장 3절의 각주 66번과 같은 내용이지만, 두 번역이 다르다. 지은이의 의도를 존중하기 위해서이다.]

프로이트에 따르면 모든 충동은 '소급적' 성격을 갖고 있는데, 그것은 반복강박이라는 "관찰된 자료"[9]에 기초한다. 반복강박이 과거의 외상체험을 반복하는 것이라면, 충동은 과거로 소급해가는 것일 수밖에 없다. 이로부터 프로이트는 '사변'을 전개한다. 유기체인 모든 생물의 기원이 무기적인 것이라면, 모든 충동은 "옛 상태를 회복코자 하는 경향"[10]을 지닐 것이며, 그 소급적 성격은 충동을 무기적인 것으로 되돌리는 것이다. 그래서 프로이트는 이렇게 단언한다.

모든 생명체가 **내적인** 이유 때문에 죽으며 무기적인 것으로 회귀한다는 것이 예외없는 경험으로서 받아들여질 수 있다면, 우리는 이렇게 말할 수밖에 없다. 즉, **모든 생명의 목표는 죽음이며**, 거꾸로 거슬러 올라가면, **비생명체는 생명체보다 먼저 존재했다고**.[11]

죽음이란 "무기적인 것으로[의] 회귀"이며, 그것은 "모든 생명의 목표"이다. 그 때문에 '죽음충동'이란 "무기적인 것으로 회귀"하려는 충동이다. 프로이트는 죽음충동을 생명충동과 대립시켰다. 죽음충동은 무기적인 것으로 회귀하려고 하는 충동이며, 다른 한편으로 생명충동은 유기적인 생을 보존하려고 한다. 생명/삶은 생명충동과 죽음

---

9) Freud, "Jenseits des Lustprinzips," p.64; "Au-delà du principe de plaisir," p.120. [『쾌락 원칙을 넘어서』, 337쪽.]
10) Freud, "Jenseits des Lustprinzips," p.39; "Au-delà du principe de plaisir," p.90. [『쾌락 원칙을 넘어서』, 310쪽.]
11) Freud, "Jenseits des Lustprinzips," p.40; "Au-delà du principe de plaisir," p.91. [『쾌락 원칙을 넘어서』, 310쪽.]

충동이라는 두 충동 사이의 대립에 기초하고 있으며, 이런 충동 사이의 긴장관계야말로 주체를 구성한다.

『안티-오이디푸스』로 돌아가자. 들뢰즈·가타리는 '기관 없는 신체'를 '죽음의 본능'이라고 바꿔 불렀다. '유기체'organisme가 '기관들'organes로 이뤄진 통합적 신체를 의미한다면, '기관 없는 신체'는 반反**유기체**를 뜻한다고 이해될 수밖에 없다. 유기적인 것을 철저히 거부하고 무기적인 것에 머문 상태. 그들은 이런 상태를 '기관 없는 신체'라고 부른다. 그러나 그들이 '기관 없는 신체'를 프로이트가 죽음충동에 부여한 형이상학적-생물학적인 함의와 더불어 사용하고 있는 것이 아니다.[12] 그들은 '기관 없는 신체'를 완전히 **구조론적인** 의미에서 사용한다.[13] 그때 '기관 없는 신체'는 어떤 표상으로도 환원될 수 없다. "기관 없는 신체는 기원적 무無의 증인이 아니며, 더욱이 상실된 전체성의 잔여도 아니다. 특히 그것은 투사projection가 아니다. 즉, 그것은 **고유한 신체나 신체의 이미지와는 아무런 관계도 없다**."[14] 그것은

---

12) 죽음충동에 관한 '사변'을 펼치기 위해 프로이트는 진화론적 생물학, 특히 아우구스트 바이스만의 이론과 더불어 아르투르 쇼펜하우어의 철학을 사용한다. 「쾌락 원칙을 넘어서」 제6절을 참조.

13) "죽음은 무기적인 것으로의 회귀이다"라는 프로이트적 정의에 주목하면서 들뢰즈는 『차이와 반복』에서 죽음의 본능을 '순수형식'으로 해석한다. Gilles Deleuze, *Différence et répétition*, Paris: PUF, 1968, p.148. [김상환 옮김, 『차이와 반복』, 민음사, 2004, 254쪽. "죽음은 생명체가 곧 '되돌아갈'[회귀할] 어떤 무차별적이고 생명이 없는/무기적인 물질의 객관적 모델 안에서는 나타나지 않는다. 오히려 죽음은 생명체 안에서 어떤 전형을 갖춘 주관적이고 분화된 경험으로 현전한다. 죽음은 어떤 물질적 상태에 응답하지 않는다. 거꾸로 죽음은 모든 물질을 전적으로 포기한 어떤 **순수한 형식**(시간의 텅 빈 형식)에 상응한다."]

14) Deleuze et Guattari, *L'Anti-Œdipe*, p.14. [『안티-오이디푸스』, 33쪽.]

어디까지나 표상 불가능하고, 표상에 대항하는 신체이며, 그런 의미에서 기관 없는 신체란 '현동적'actuel이 아니라 '잠재적'virtuel이다. 그것은 바로 **구조론적 기능**으로서만 존재한다.

이런 구조론적 의미에서 『안티-오이디푸스』는 '죽음충동'이 아니라 '죽음의 본능'을 선택한다. 이런 두 개념을 차이화시키면서 들뢰즈는 『자흐-마조흐 소개』에서 이렇게 말한다.

「쾌락 원칙을 넘어서」에서 프로이트는 생명충동과 죽음충동, 에로스와 타나토스를 구별한다. 그러나 이 구별은 또 다른, 보다 심오한 구별에 의해서만 이해될 수 있다. 즉, 죽음충동 또는 파괴충동 그 자체, 그리고 죽음의 **본능**이라는 구별이 그것이다. 왜냐하면 죽음충동과 파괴충동은 무의식 속에 잘 주어지거나 잘 제시될 수 있지만, 언제나 생명충동과 혼합된 가운데서 그렇기 때문이다. 에로스와의 결합은 타나토스의 '현전'의 조건으로서이다. [따라서 파괴, 파괴에서의 부정적인 것은 필연적으로 쾌락 원칙에 복종한 구축 또는 통합의 이면으로서 나타난다. 이런 의미에서 프로이트는 무의식에는 '부정'(순수부정)이 존재하지 않는다고 주장할 수 있었다. 왜냐하면 무의식에서는 반대물이 일치하기 때문이다.] 정반대로, 우리가 죽음의 본능을 말할 때, 우리가 지시하는 것은 순수 상태에서의 타나토스이다. 그런데 이때의 타나토스는 정신적 삶뿐만 아니라 무의식에서조차 **주어지지 않는**다. 프로이트가 존경할 만한 텍스트들에서 말했듯이, 그것은 본질적으로 침묵하고 있다. 하지만 우리는 그것에 관해 말해야만 한다. 우리는 그것에 관해 말해야만 한다. 나중에 보겠지만, 그것이 정신적 삶을 기저fondement로서, 그리고 기저 이상의 것으로서 결정하기 때문이다.

우리는 그것에 관해 말해야만 한다, 왜냐하면 모든 것이 그것에 의존하기 때문이다. 하지만 프로이트가 정확하게 말했듯이, 우리는 사변적이거나 신화적인 방식으로만 그렇게 할 수 있다. 그것을 지시하기 위해서 우리는 프랑스어에서 본능이라는 단어를 지켜야만 한다. 이 단어만이 이런 초월성을 암시할 수 있기 때문이다. 또는 이런 '초월론적' 원리principe 'transcendantal'를 지시할 수 있기 때문이다.[15]

죽음충동과 생명충동은 언제나 무의식 안에서 '혼합되어' 있으며 (구축과 파괴라는 반대물의 일치), 거기서 심적 **소여**[조건]로서 존재한다. 그런 의미에서 생명충동과 죽음충동은 "에로스와 타나토스라는 소여에서 나타나는 **대리물**[재현물]représentants"[16]이며, 정신적 삶에 있어서 본질적으로 경험적인 것이다. 반대로 죽음의 본능은 "순수 상태의 타나토스"를 의미하며 정신적 삶의 초월론적 원리를 구성한다. 들뢰즈는 그것을 "기저" 또는 더 정확하게는 "무-바탕[바닥-없음],"[17] 즉, "모든 형식에 저항하고 재현을 허락하지 않는 근거 저편"[18]이라

---

15) Gilles Deleuze, *Présentation de Sacher-Masoch*, Paris: Minuit, 1967, pp.27~28. [이강훈 옮김, 『질 들뢰즈: 매저키즘』, 인간사랑, 1996, 32~33쪽. 인용문에서 괄호 안의 내용은 일본어판에서 추가된 것이다.]
16) Deleuze, *Présentation de Sacher-Masoch*, p.100. [『매저키즘』, 131~132쪽. 일본어판에는 "에로스와 타나토스라는 조건에서의 **대리물**"로 되어 있다. 여기서 '조건'은 donné를 옮긴 것인데, 맥락상 '조건'이 더 타당해 보이기는 하지만 한국어판에서는 프랑스어판에 따라 '소여'로 옮긴다.]
17) Deleuze, *Différence et répétition*, p.151. [『차이와 반복』, 259쪽. 이 각주는 일본어판에서는 삭제되어 있다. 일본어판은 fondement를 '기저'(基底)로, sans-fond를 '무저'(無低, 바닥-없음)로 옮기고 있다. 한국어판『차이와 반복』의 옮긴이가 이를 다르게 옮긴 이유에 관해서는 같은 책 189쪽의 옮긴이 주 18번을 참조.]

고 규정한다. 이처럼 죽음의 본능은 사변적인 방식으로, 즉 **초월론적인** 방식으로 말해진다.

그 때문에 들뢰즈·가타리가 기관 없는 신체를 '죽음의 본능'이라고 정식화할 때, '죽음'은 결코 생물학적 의미로 이해되어서는 안 된다. 그들이 말하는 '죽음'은 어디까지나 구조론적·초월론적 원리로서의 '죽음'이며, 라캉이 말한 '제2의 죽음'으로 이해될 필요가 있다. 1959~60년의 세미나 『정신분석의 윤리』를 참조하자. 거기서 라캉은 생물학적 의미의 죽음과는 완전히 상이한 '제2의 죽음'을 언급한다. 그것은 "죽음이 찾아온 뒤에도 더욱 추구되는 죽음"으로, 사드 후작의 텍스트에서는 끊임없이 무한정 이어지는 고문 속에서 생기는 "죽음을 넘어선 고통"으로 출현한다. 생물학적 죽음의 너머에 위치한 이 '제2의 죽음'은 바로 '죽음의 본능'을 가리킨다. 나아가 이런 '제2의 죽음'이야말로 욕망을 역동적이게 한다. "욕망의 실현이라는 주제를 정식화하려고 할 때 모든 물음에 역동성을 부여하는 것은 생명에 대한 죽음의 침식이다."[19] 이런 의미에서 제2의 죽음은 "생명이 실어나르는 죽음"이 아니라 "생명을 초래하는 죽음"일 수밖에 없다.[20]

들뢰즈·가타리는 "죽음의 충만한 신체는 욕망의 부동의 동자이다"라고 말했다. 이것은 '죽음'이 부동의 동자로서 욕망에 역동성을

---

18) Deleuze, *Différence et répétition*, p.352. ["모든 형식에 저항하고, 표상되는 채로 있지 않는 기저의 저편." 『차이와 반복』, 577쪽.]
19) Jacques Lacan, *Le séminaire livre VII: L'éthique de la psychanalyse*, Paris: Seuil, 1986, p.341.
20) Jacques Lacan, "Subversion du sujet et dialectique du désir dans l'inconscient freudien," *Écrtis*, Paris: Seuil, 1966, p.810.

부여하고, 욕망하는 기계들을 작동시킨다는 것을 의미한다. 그 때문에 "죽음은 욕망되지 않는다. 기관 없는 신체 또는 부동의 동자라는 자격으로, 욕망하는 죽음만이 있을 뿐이다."21) 죽음의 본능은 구조론적 개념으로만 존재하며, 라캉적 의미에서 욕망을 역동적이게 한다. 그들은 그런 '죽음'에 '죽음의 모델'이라는 이름을 부여한다. "기관 없는 신체란 죽음의 모델이다."22)

프로이트에게 '죽음충동'은 '생명충동'과 대립하는 것이며, 그런 충동의 대립이 주체에게 욕망의 역동성을 부여했다. 들뢰즈·가타리는 '기관 없는 신체'에 '욕망하는 기계들'을 대립시킨다. '기관 없는 신체'는 욕망을 작동시키는 '제2의 죽음,' '죽음의 모델'이며, 동시에 유기체화를 거부하는 '반反-생산'이다.23) 반대로 '욕망하는 기계들'은 '생산의 생산'에 대응한다.24) 이 '생산의 생산'이라는 기능에 의해 '욕망하는 기계들'은 "우리를 하나의 유기체로 형성한다."25) 그 때문에 '기관들 없는 신체'와 '욕망하는 기계들'이란 반反-유기체화와 유기체화라는 '반발'répulsion의 관계에 있다.26)

이처럼 프로이트의 이론과 비교함으로써 이해될 수 있듯이, 들뢰즈·가타리는 프로이트적 경제론을 자기네 이론의 모델로 채택했다. 그들은 프로이트적 장소론, 특히 자아-초자아 관계를 포함한 오이디

---

21) Deleuze et Guattari, L'Anti-Œdipe, p.393. [『안티-오이디푸스』, 546쪽.]
22) Deleuze et Guattari, L'Anti-Œdipe, p.393. [『안티-오이디푸스』, 546쪽.]
23) Deleuze et Guattari, L'Anti-Œdipe, p.15. [『안티-오이디푸스』, 33쪽.]
24) Deleuze et Guattari, L'Anti-Œdipe, p.13. [『안티-오이디푸스』, 31쪽.]
25) Deleuze et Guattari, L'Anti-Œdipe, p.14. [『안티-오이디푸스』, 32쪽.]
26) Deleuze et Guattari, L'Anti-Œdipe, p.15. [『안티-오이디푸스』, 35쪽.]

푸스적 제2장소론을 거부한다. 달리 말하면, 그들은 상위 심급에 의한 하위 심급의 통제라는 '경험적-초월론적 이중체'를 거부하는 것이다. 그것은 그들이 칸트적 주체의 탈구축에 스스로를 한정하는 푸코와는 다른 길을 선택했다는 의미이다. 이리하여 우리는 푸코의 사유에서는 장소론적 문제구성을, 들뢰즈·가타리의 사유에서는 경제론적 문제구성을 찾아낼 수 있다.27) 푸코는 경험적-초월론적 이중체를 상대화하는 것에 스스로를 한정하고, 들뢰즈·가타리는 자신들을 반-오이디푸스적 경제론에 스스로 위치짓는다. 푸코와 들뢰즈·가타리 사이의 이런 문제구성의 차이가 권력에 대한 저항을 이론화하기 위한 근본적 차이를 구성할 것이다.

2.2. 타자로의 생성변화

[『안티-오이디푸스』에서] 들뢰즈·가타리는 프로이트적 경제론에서 출발한다. 그들은 왜 그런 관점을 택한 것일까? 단적으로 말하면 그 목적은 욕망의 흐름을 긍정하는 것이며, "메커니즘 속에 욕망을 도입하는 것, 욕망 속에 생산을 도입하는 것"28)에 다름 아니다. 정신분

---

27) 프로이트에게 경제론적 관점이란 "심적 과정은 양화할 수 있는 에너지(충동 에너지)의 순환과 분배로 이뤄진다"는 가설이다. Laplanche et Pontalis, *Vocabulaire de la psychanalyse*, p.125. [『정신분석 사전』, 49쪽.] 여기서 '경제론적,' '장소론적'이라는 용어는 그저 정신분석 이론의 틀 안에서 사용되는 것이 아니다. 가령 프로이트의 제2장소론인 '이드-자아-초자아'는 그 기능에 있어서 칸트적인 '물자체-경험적 자아-초월론적 자아'에 대응할 것이다.

28) Deleuze et Guattari, *L'Anti-Œdipe*, p.29. [『안티-오이디푸스』, 55쪽.] 예컨대 들뢰즈·가타리에게서의 '욕망의 철학'에 관해서는 다음을 참조하라. Philip Goodchild, *Deleuze & Guattari: An Introduction to the Politics of Desire*, London: Sage Publications, 1996. 이 책은 「쾌락 원칙을 넘어서」가 『안티-오

석의 맥락에서 고찰해보자. 가타리의 분열분석 지도그리기에 따르면, 프로이트의 에너지론은 "추상적인 양을 도입해 심리학에 과학적 기초를 부여하는 것"[29]을 목적으로 했다. 프로이트는 심적 장치를 1차 과정(무의식 체계)과 2차 과정(전의식-의식 체계)으로 나누고, 각 에너지의 흐름에 관해 생각했다. 2차 과정에서 에너지 이동은 구속되지만, 1차 과정에서 에너지 이동은 완전히 자유롭다. 따라서 무의식에 있어서 심적 에너지의 흐름은 동적이고 가변적이며 완전히 자유로운 것, 말하자면 '다양체'로서 존재한다. 다른 한편, 라캉은 1차 과정에서의 에너지의 흐름을 시니피앙 연쇄로 파악했다.[30]

프로이트가 1차 과정의 메커니즘으로 기술했던 것(무의식은 이 메커니즘에서 자신의 체제를 발견한다)은 이 학파[구조주의 언어학]가 랑가주의 효과 중에서 가장 근본적인 측면을 규정한다고 간주했던 바로 그 기능들을 되찾는데, 그것이 바로 은유와 환유이다. 달리 말해서

이디푸스』에 끼친 영향을 언급하고 있지만(122~123쪽), '기관 없는 신체' 개념을 표상으로 평가하고, '죽음충동'과의 본질적인 관련을 놓치고 있다.
29) Félix Guattari, *Gartographies schizoanalytiques*, Paris: Galilée, 1989, p.42.
30) "시니피앙의 구조는 리비도를 초월하지 않는다. 우리는 이 점에 관해 라캉이 리비도 개념을 점차 시니피앙 개념으로 대체했다는 것을 손쉽게 증명할 수 있다." Guattari, *Gartographies schizoanalytiques*, p.36. 따라서 라캉이 「〈도둑맞은 편지〉에 관한 세미나」(1957)에서 「과학적 심리학 초고」와 「쾌락 원리를 넘어서」를 특히 중시했다는 것은 우연이 아니다. 이 논문의 서론에서 라캉은 프로이트적 에너지론을 재편성하며 그것에서 팔루스['근본적으로 상실된 대상'으로서의 '편지/문자'(lettre)]를 초월적 심급에 놓았던 시니피앙 연쇄의 체계를 찾아내고자 한다. Jacques Lacan, "Le séminaire sur 'La Lettre volée,'" *Écrits*, Paris: Seuil, 1966, pp.44~46.

이 은유와 환유는 담론 속에서 각각 공시적 차원과 통시적 차원으로 나타나게 되는 시니피앙의 결합과 대체라는 효과들이다.31)

라캉은 1차 과정의 에너지 투여를 "시니피앙의 결합과 대체라는 효과들" 속에서 발견한다. 예를 들면 그 각각은 꿈에서의 시니피앙의 압축과 전위에 대응한다.32) 프로이트에 따르면, 1차 과정에서의 투여는 "쉽게, 완벽하게 전이, 전위, 압축될 수 있다." 그러나 라캉은 시니피앙 연쇄를 하나의 시니피앙('팔루스')으로 향하게 하며, 유일한 초월적 시니피앙에 의한 절대적 지배의 체계를 확립하고자 한다. 그렇게 함으로써 시니피앙의 다양성은 **하나의** 절대적 시니피앙으로 환원되며, 시니피앙 연쇄는 단일한 오이디푸스적 코드에 포섭될 것이다. 라캉은 시니피앙들의 체계를 이렇게 정의한다.

우리로서는 기호 S(Ⱥ)가 분절하는 것, 무엇보다 우선 하나의 시니피앙인 것으로부터 출발하도록 하자. 시니피앙에 관한 우리의 정의는 이렇다(다른 정의는 없다). 즉, 하나의 시니피앙은 다른 시니피앙에 대해 주체를 대리하는 것이다. 그러므로 이 다른 시니피앙은 다른 모든 시니피앙들이 이 다른 시니피앙에 대해 주체를 대리하게 되는 시니피앙일 것이다. 이것은 이 시니피앙이 결여되어 있다면 다른 모든

---

31) Lacan, "Subversion du sujet……," pp.799~800.
32) Jacques Lacan, "L'instance de la lettre dans l'inconscient ou la raison depuis Freud," *Écrits*, Paris: Seuil, 1966, p.511. 라캉은 '압축'(Verdichtung)을 "은유가 그 장을 차지하는, 시니피앙들의 중첩"으로, '전위'[전치](Verschiebung)를 "환유가 증명하는, 의미작용의 위치이동"으로 정의한다.

시니피앙들은 아무것도 대리하지 않는다는 것을 뜻한다. 왜냐하면 무엇인가로 대리되지 않는 것은 없기 때문이다.[33]

기호 S(Ⱥ)는 "'타자'에게 있어서의 결여의 시니피앙"을 의미하기 때문에, '하나의 시니피앙'이란 곧 '팔루스'를 의미한다. '다른 모든 시니피앙들'은 '하나의 시니피앙'인 팔루스로 향하며, 그것에 의해 순서가 매겨진다. 그런 의미에서 라캉은 팔루스를 '특권적 시니피앙'[34]이라고 부를 것이다. 들뢰즈·가타리가 거부하는 것은 바로 팔루스의 이런 초월성이다. "시니피앙의 연쇄 또는 연쇄들을 감싸고 있는, 무의식의 한 가지 코드의 풍부한 영역을 발견했던 것은 라캉의 공적이다. 그리고 분석을 변형시켰던 것도 라캉의 공적이다. …… 하지만 그 영역은 그 다양체 덕분에 [시니피앙의] **하나의** 연쇄나 **하나의** 욕망하는 코드조차 거의 말할 수 없다는 점에서 얼마나 기묘한가."[35]

'팔루스'란 다른 모든 시니피앙들에 의미를 부여하고 통제하는 초월적 시니피앙인 동시에 '결여'의 시니피앙이다. 라캉에 따르면, 주체는 거세의 효과에 의해 욕망 충족의 단념을 받아들이게 된다. 달리 말하면, 거세에 의해 주체는 결여를 받아들이는 동시에 욕망의 징표인 팔루스를 **억압한다**(원-억압). 그러므로 팔루스는 주체에게 항상 이미 "모호할"[36] 수밖에 없으며, 그런 의미에서 '상실된 시니피앙'[37]일 수

---

33) Lacan, "Subversion du sujet……," p.819.
34) "팔루스란 로고스의 기여가 욕망의 출현과 서로 연결되어 있는 상징의 특권적 시니피앙이다." Jacques Lacan, "La signification du phallus," *Écrits*, Paris: Seuil, 1966, p.692.
35) Deleuze et Guattari, *L'Anti-Œdipe*, p.46. [『안티-오이디푸스』, 77쪽.]

밖에 없다. 주체의 '결여'를 의미하는 이 시니피앙의 **억압**은 다른 모든 시니피앙, 즉 모든 욕망의 흐름을 통제한다. 라캉은 '팔루스'를 '제로 기호$^{\text{un symbole zéro}}$라는 결여의 시니피앙'으로 규정한다.

그러므로 우리의 시니피앙 S(A̸)에 **마나**[물건이나 사람에 내재하는 초자연적 힘]의 의미, 또는 이것과 동류의 어떤 의미를 부여하는 것에 대해 누가 반대하는지 잘 살펴보자. …… 의심할 여지없이 클로드 레비-스트로스는 마르셀 모스에 관해 논평하며 거기서 제로 기호의 효과를 재인하고 싶어했다. 하지만 우리의 경우에 문제로 보이는 것은 오히려 이 제로 기호라는 결여의 시니피앙이다.[38]

이로부터 명확해지듯이, 팔루스란 레비-스트로스가 말한 "순수 상태에서의 기호이며, 따라서 어떤 상징적 내용이라도 떠맡을 수 있는"[39] 제로 기호, 이른바 모든 다른 시니피앙들을 대리하는 기호로서의 제로 기호일 수밖에 없다. 팔루스는 제로 기호로서 시니피앙 연쇄

---

36) Lacan, "La signification du phallus," *Écrits*, p.693. 또한 '모호한'(voilé)이라는 말의 하이데거적 함의(Verborgenheit-Unverborgenheit=voilement-dévoilement, 은폐성-비은폐성)에 주의하라. [이 말은 '베일에 가려져(숨겨져) 있는'이라는 뜻으로, 하이데거 식으로 말하면 '은폐되어 있는'의 의미이다. 또 이 구절 뒤에 프랑스어판에는 이런 구절이 추가되어 있다. "'존재'(Sein)가 언제나 이미 '망각되어' 있듯이, 팔루스는 언제나 이미 주체에 대해 '망각되어' 있다. '팔루스'와 '존재' 속에서 라캉과 하이데거는 부정성의 핵심을 나누어 갖고 있다."]
37) Lacan, "Remarque sur le rapport de Daniel Lagache," *Écrits*, p.683.
38) Lacan, "Subversion du sujet……," p.821.
39) Claude Lévi-Strauss, "Introduction à l'œuvre de Marcel Mauss," *Marcel Mauss, Sociologie et anthropologie*, Paris: PUF, 1950, p.L.

를 확립하고, '결여의 시니피앙'(억압된 시니피앙)으로서 욕망의 흐름을 통제·지배한다. 이 결여의 체계에 의해 팔루스는 '전능한 징표'[40]가 될 수 있다. 이런 식으로 라캉은 억압의 **효과**를 실체화하고 이것을 '결여'라 부른다. 이런 조작에 의해 팔루스는 그 '결여'로 인해 다른 모든 시니피앙들을 지배하는 "부정 신학에서의 '일자'"[41]가 된다. 시니피앙 연쇄와 팔루스라는 라캉적 개념은 자유로운 욕망의 흐름에 결여를 도입하고 욕망의 생산을 억압한다. 들뢰즈·가타리가 거부하는 것은 '결여'에 의해 만들어진 욕망의 이 억압이다. 그들은 욕망을 생산, 순수한 흐름, 다양체로 파악함으로써 라캉적 시니피앙 개념을 비판하는 동시에 무의식적 욕망을 다양체로서 전개한다. 그들의 전략은 욕망을 철저한 생산성, 능동성으로 파악하는 것이다.

프로이트는 에너지의 흐름을 심적 장치, 즉 주체의 틀 안에서 규정했다. 반대로 들뢰즈·가타리는 에너지의 흐름을 주체 외부로 확장한다. 흐름이란 프로이트적 의미에서 리비도의 흐름이며, 동시에 맑스적 의미에서 자본의 흐름이기도 하다. 그들에게 '흐름'이란 [경험적 장에서] '추상적인 양'으로서의 에너지 일반을 의미한다. 이런 욕망의 흐름의 다양성은 욕망하는 생산에 있어서 불가결하다.

다시 『안티-오이디푸스』로 돌아가자. 다양한 욕망의 흐름은 일종의 '주체'를 산출한다. 그러나 그것은 어떤 주체일까? 욕망하는 기계들과 기관 없는 신체 사이의 관계가 모든 생산의 기반을 형성한다. 그들은 욕망하는 기계들에서 출발한다.

---

40) Lacan, "Subversion du sujet……," p.808.
41) Deleuze et Guattari, *L'Anti-Œdipe*, p.70. [『안티-오이디푸스』, 114쪽.]

언제나 생산하기의 생산의 규칙, 생산하기를 생산물에 접목하는 규칙은 욕망하는 기계의 특징, 또는 생산의 생산이라는 근원적 생산의 특징이다.[42]

욕망하는 기계들은 언제나 "이항적 기계들이며, 이항적 규칙이나 연합적 체제를 따르는 기계들이다. 언제나 어떤 기계는 다른 어떤 기계와 연동된다."[43] 욕망하는 기계들은 '생산의 작동'을 생산하고, 이것을 다른 욕망하는 기계들에 접속시킨다. 다른 기계들은 생산된 흐름을 절단·채취하고, 나아가 다른 흐름을 생산한다(예를 들어 젖가슴-입의 연결). 그러므로 여기에는 부분 대상들, 그리고 생산·채취된 흐름들밖에는 존재하지 않는다. 이렇듯 들뢰즈·가타리는 욕망하는 기계들에 의한 '생산의 생산'이라는 개념을 통해 욕망을 철저한 생산성으로 정의한다.

생산으로서의 욕망하는 기계들은 반-생산으로서의 기관 없는 신체와 대립한다. 욕망하는 기계들이 생산적이고 유기체를 구성하는 반면에, '기관 없는 신체'는 반-생산적·반-유기체적이다. 그 때문에 기관 없는 신체는 욕망하는 기계에 대해 '반발'répulsion 관계에 있으며, 욕망하는 기계의 유기체화 작용에 자기 자신을 맞세운다.

더구나 기관 없는 신체는 "욕망의 생산과정 전부를 등록하기 위한 표면"이 된다.[44] 욕망하는 기계들은 기관 없는 신체의 표면에 접

---

42) Deleuze et Guattari, *L'Anti-Œdipe*, p.13. [『안티-오이디푸스』, 31쪽.]
43) Deleuze et Guattari, *L'Anti-Œdipe*, p.11. [『안티-오이디푸스』, 28쪽.]
44) Deleuze et Guattari, *L'Anti-Œdipe*, p.17. [『안티-오이디푸스』, 38쪽.]

속되며, 상호간에 접속하면서 생산하기를 생산한다. 그것들은 결코 초월적 시니피앙 같은 특권적 요소에 의해 통제되는 것이 아니다(라캉적 시니피앙의 연쇄와의 차이). "기계들은 같은 수의 이접의 점들로서 기관 없는 신체 위에 꼭 달라붙어 있으며, 그런 이접의 점들 사이에는 새로운 종합의 그물이 전체적으로 짜여지며, 그런 이접의 점들은 표면을 바둑판 모양으로 구획한다."45) 다양한 욕망하는 기계들이 그들의 차이를 지키면서 공존하는 이런 종합을 들뢰즈·가타리는 '이접적 종합'synthèse disjonctive이라 부른다.

이런 이접적 종합은 어떤 종류의 '주체'를 생산한다. '주체'는 통합된 신체를 지닌 '유기체'이며, 기관 없는 신체는 이런 유기체에 반발한다. 이접적 종합은 기관 없는 신체 위에서, "욕망하는 생산의 곁"에 '잔여' 또는 '잔해'로서 산출된다("억압된 것의 회귀"46)). 들뢰즈·가타리는 이 과정을 '소비의 생산'이라고 부른다.

소비의 생산은 등록의 생산에 의해서, 등록의 생산 속에서 산출된다. **주체**의 질서에 속하는 어떤 것이 자기가 어디에 있는지를 알도록 내버려두는 것은 바로 기입의 표면 위에서이다. 이 어떤 것은 낯선 주체로, 고정된 동일성을 갖지 않은 채 기관 없는 신체 위를 떠돌아다

---

45) Deleuze et Guattari, L'Anti-Œdipe, p.18. [『안티-오이디푸스』, 39쪽.]
46) Deleuze et Guattari, L'Anti-Œdipe, pp.23~24. [『안티-오이디푸스』, 46~47쪽.] '억압된 것의 회귀'(retour du refoulé), '잔여'(reste), '잔해'(résidu)는 어쨌든 라캉 이론의 핵심어이다("징후란 억압된 것의 회귀이다," "상징화는 환원 불가능한 잔여를 남긴다" 등). 그러나 들뢰즈·가타리는 이런 라캉적 용어를 일관되게 생산적 의미로, 적어도 라캉적 용어를 가장 반라캉적 의미로 사용한다.

니며, 언제나 욕망하는 기계들의 곁에 있고, 생산물에서 징수한 부분에 의해 규정된다. 그것은 도처에서 생성변화나 변모^{avata}의 프리미엄을 거둬들이며, 그것이 소비하는 상태들로부터 생겨나며, 각각의 상태로 재탄생한다. "그러므로 이것이 나이다, 그러므로 이것은 나의 것이다……."[47)]

욕망하는 기계는 다른 욕망하는 기계가 생산한 생산물을 소비한다. 그리고 그 소비의 과정에서 '잔여,' '잔해'처럼 '주체'가 산출된다. 소비해야 할 생산물이 매 순간마다 달라지는 까닭에 그 소비에 의해 산출된 '주체'도 매 순간마다 시시각각 그 모습을 바꾼다. 달리 말하면, 그 '주체'는 끊임없이 **생성변화**를 반복하며, '고정적인 동일성'을 갖지 않는, 문자 그대로 **다양체**로서의 존재일 수밖에 없다.

'주체'는 소비의 잔여로서 "욕망하는 기계들의 **곁**"에서 산출되며, 줄곧 "탈중심화되어 있다." "주체 자체는 중심에 있지 않다. 중심은 기계가 차지하고 있다. 주체는 가장자리에 있으며, 고정적인 동일성을 갖고 있지 않을 뿐더러, 언제나 탈중심화되어 있으며, 자신이 거쳐가는 상태들로부터 **귀결된다**."[48)] 따라서 중심을 차지하는 것은 욕망하는 생산이며 무의식적 욕망이다.[49)] 들뢰즈·가타리의 이런 논의를 라캉의 논의와 비교해보자. 라캉은 「〈도둑맞은 편지〉에 관한 세미

---

47) Deleuze et Guattari, *L'Anti-Œdipe*, p.23. [『안티-오이디푸스』, 45쪽.]
48) Deleuze et Guattari, *L'Anti-Œdipe*, p.27. [『안티-오이디푸스』, 51쪽.]
49) 무의식적 욕망들은 그저 무질서하게 있는 게 아니다. '초월론적 무의식' 속에서 무의식적 욕망들은 항상 "그 기준들의 내재성"에 의해 질서지어진다. Deleuze et Guattari, *L'Anti-Œdipe*, p.89. [『안티-오이디푸스』, 139쪽.]

나」에서 '탈-재'ex-sistence라는 말을 사용한다. 하이데거 철학에서 유래한 이 말은 여기서는 '중심을 벗어난 곳'place excentrique을 가리킨다. 그 때문에 '무의식의 주체'는 '탈중심화된' 장소에 위치지어진다. 이것은 얼핏 보기에 들뢰즈·가타리가 말한 '탈중심화된 주체'와 일치하는 듯하다(라캉은 '중심을 벗어난'excentrique이라는 말을 '탈중심화된' décentré이라는 말과 거의 같은 의미로 사용한다50)). 그러나 라캉에게 중심을 차지하는 것은 무의식적 욕망이 아니다.

우리의 탐구는 반복자동증('반복강박')이 우리가 시니피앙의 연쇄의 **집재**(집요하게 있음)insistance라고 부른 것 안에서 그 원리를 취한다는 점을 재인식하는 지점에 이르게 한다. 이 개념 자체는 우리가 **탈재**(즉, 중심을 벗어난 곳)의 상관 개념으로서 추출해냈던 것이며, 만일 우리가 프로이트의 발견을 진지하게 받아들여야만 한다면, 우리는 무의식의 주체를 탈재에 위치시켜야만 한다.51)

---

50) "프로이트는 다음과 같이 말한다. 주체, 그것은 주체의 지성이 아니다. 그것은 [지성과] 똑같은 축 위에 있는 것도 아니다. 그것은 중심을 벗어나 있다(excentrique). 그런 것으로서의 주체, 주체로서 기능하는 주체는 [무엇인가에] 적응하는 유기체와는 다른 것이다. 주체는 다른 것이며, 듣기를 아는 자에게 있어서 주체의 모든 행실(conduire)은 우리가 한 개체 안에 있는 기능으로서 생각했을 때 —— 즉, 개체의 '아레테'에 관해 고안된 몇몇 관심을 갖고서— 알 수 있는 그 축과는 다른 축에서 말한다. 지금으로서는 다음과 같은 장소론적 은유로 만족하자. 주체는 개체에 대한 관계에 의해 탈중심화되어 있다(décentré). '나는 하나의 타자이다'라고 말할 수 있게 하는 것이 바로 이것이다." Jacques Lacan, *Le séminaire livre II: Le moi dans la théorie de Freud et dans la technique de la psychanalyse*, Paris: Seuil, 1978, p.17.
51) Lacan, "Le séminaire sur 'La Lettre volée,'" p.11.

라캉에게 주체를 규정하는 것은 '시니피앙'인데, 그것은 '결여의 시니피앙'으로서의 팔루스를 의미한다. 따라서 주체의 중심을 차지하는 것은 '결여'이며, 중심이란 공허('구멍'trou)[52]일 수밖에 없다. 결여의 시니피앙에 의해 규정된 라캉적 주체는 **절대적 수동성**에 의해 탈중심화되어 있다. 반대로 들뢰즈·가타리에게 중심을 차지하는 것은 생산적 욕망들이다. 그 때문에 주체는 항상 욕망하는 생산에 의해 관통되어 있다. 그들에게 '탈중심화된 주체'는 결코 비생산적 수동성으로 환원되지 않는다. 주체는 [다양한] 욕망들, 그 욕망들의 소비에 의해 생산된다. 이 점이 라캉 이론과의 근본적 차이를 구성한다.

'주체'의 다양체는 욕망하는 생산의 다양체의 귀결이다. 욕망하는 생산이란 기계들 사이를 오가는[소통하는] 다양한 흐름이었다. 추상적 양으로서의 흐름들은 물질적이고 신호적이다.[53] 즉, 그것은 경험적 장에서 오가는[교환되는] 에너지에 상응한다. '주체'가 경험적 장에서의 흐름들을 소비하면서 끊임없이 생성변화를 반복한다면, 이런 주체는 **다양체**로 규정될 것이다. 달리 말하면, 다양한 생산의 귀결로서 '주체'(초월론적 장)는 다양체로 되는 것이다. 그때 '주체'는 끊임없이 생성변화 속에서 자신을 발견하게 된다. 따라서 들뢰즈·가타리에게 초월론적 장의 다양체란 '타자로의 생성변화'[타자-되기] devenir-autre를 의미한다.[54]

---

[52] Lacan, "Le séminaire sur 'La Lettre volée,'" p.50.
[53] Guattari, Cartographies shcizoanalytiques, p.44.
[54] Gilles Deleuze et Félix Guattari, Qu'est-ce que la philosophie?, Paris: Minuit, 1991, pp.107, 168. [이정임·윤정임 옮김, 『철학이란 무엇인가?』, 현대미학사, 1995, 164~165, 255~256쪽.]

2.3. 비인칭적 역량

들뢰즈·가타리는 경제론적 문제구성에 의해 초월론적 장을 다양체화한다. 그러나 그들의 이론적 혁신은 이 점에 한정되지 않는다. 오히려 이런 문제구성에 의해 권력에 대한 저항이라는 문제에 대한 돌파구가 열리게 된다. 그렇다면 그들의 이론에서 무엇이 권력에 대한 저항 가능성을 부여하는 것일까?

들뢰즈·가타리의 출발점은 욕망의 절대적 생산성이다. 무의식적 욕망은 언제나 생산적이며, 생산의 작동을 멈추지 않는다.[55] 그런 의미에서 "욕망은 하부구조의 일부이다." 그러나 동시에 무의식의 생산의 작동은 항상 "억압되어 있다." 왜냐하면 욕망의 전면적 해방은 사회질서의 붕괴를 의미하기 때문이다. "만일 욕망이 억제되어 있다면, 그것은 제아무리 사소한 것이라 하더라도 욕망의 모든 위치가 한 사회의 기성 질서를 의문에 부치기 때문이다. 그렇다고 욕망이 비-사회적이라는 것은 아니다. 오히려 욕망은 전복적이다. 사회의 전 부문을 폭발시키지 않는 욕망하는 기계 따위는 생각조차 할 수 없다. 몇몇 혁명가들이 어떻게 생각하든, 무의식은 그 본질에 있어서 혁명적이다. …… 진정한 욕망의 정립을 허용하는 사회는 어떤 곳이든 그것의 착취, 예속, 위계구조가 위태로워지기 마련이다."[56] 그렇다면 그때 욕망의 억압 메커니즘은 어떻게 기능하는 것일까?

그 메커니즘을 생각하기 위해 들뢰즈·가타리는 '억압'répression과 '억제'refoulement라는 개념을 구별한다. '억압'은 사회적 개념으로, 순

---

55) Deleuze et Guattari, *L'Anti-Œdipe*, p.124. [『안티-오이디푸스』, 187~188쪽.]
56) Deleuze et Guattari, *L'Anti-Œdipe*, p.138. [『안티-오이디푸스』, 208쪽.]

종적인 주체를 확보하고 사회질서를 재생산한다. 다른 한편으로 '억제'는 정신분석적 개념으로, 심적 장치에 있어서의 욕망의 흐름을 막고 욕망을 일정한 표상에 종속시킨다. 그러나 이런 구별은 용어에 대한 일반적 정의를 따른 것일 뿐이다. 들뢰즈·가타리의 독자성은 거기에 있는 게 아니다. 오히려 그들의 독자성은 심적 '억제'가 사회적 '억압'과 분리되기 힘들다고 생각한 점에 있다. "순종적인 주체를 형성하기 위해, 그리고 억압적 구조들도 포함된 사회구성체의 재생산을 보증하기 위해 억압은 억제를 필요로 한다. 하지만 사회적 억압은 문명과 외연을 같이하는 가족적 억제로부터 이해되어야만 하는 게 아니며, 오히려 가족적 억제야말로 일정한 사회적 생산형태에 고유한 억압에 따라 이해되어야만 한다."[57] 그 때문에 '가족적 억제'는 사회질서를 재생산하는 사회적 억압의 대행자/동인agent으로서 기능한다. 가족적 억제는 바로 가족적 오이디푸스화이며, 오이디푸스적 가족이야말로 사회질서의 재생산을 대행한다. 이런 권력 이론은 권력장치들이 주체에 권력을 내면화시키고 사회적 재생산을 보증한다는 점에 있어서 푸코도 공유하고 있다. 푸코의 표현을 빌리면 "오이디푸스란 권력의 도구 중 하나"이다.[58]

그렇다면 오이디푸스적 가족은 어떻게 사회적 재생산의 대행자/동인이 될까? 고대 사회, 전제군주 사회에서 경제적·사회적 재생산은 가족에서의 인간의 재생산과 독립되어 있지 않다. 사회적 재생산

---

57) Deleuze et Guattari, *L'Anti-Œdipe*, pp.140~141. [『안티-오이디푸스』, 211쪽.]
58) Michel Foucault, "La vérité et les formes juridiques," *Dits et écrits*, t.II: 1970~1975, Paris: Gallimard, 1994, p.554.

에서 각자가 차지하는 장소는 '태생,' '결연'이라는 가족적 요소에 의존하며, 바로 그 때문에 가족은 사회체와 "외연을 같이한다."59) 그런데 자본주의에서는 화폐, 자본, 추상적 노동 등의 '추상적인 양'이 사회체社會體에 등록됨에 따라 사회적 장은 순전히 경제적 성질을 갖게 된다. 따라서 자본주의에서 가족은 오히려 사회체로부터 분리되며, 사회적 장의 바깥에 놓이게 된다('가족의 사적 영역화'privatisation de la familie). 그러나 그렇다고 해서 가족이 사회적 재생산에 대해 역할을 상실하는 것은 아니다. 오히려 가족을 사회적 장의 바깥에 놓는 것은 "모든 사회적 장이 가족에 **끼워 맞춰지기**s'appliquer 위한 조건"이다.60) 이렇게 사회적 장 전체는 가족이라는 오이디푸스 극장에 맞게 포개지며(오이디푸스적 포갬 또는 사영射影), 각자의 무의식적 욕망을 억압한다. 이런 조작opération에 의해 오이디푸스적 가족은 사회적 재생산의 대행자/동인이 된다. 그렇다면 이 오이디푸스적 포갬에 의해 욕망하는 생산은 어떻게 될까? 바꿔 말하면, 다양체로서의 '주체'는 이 가족적 억제에 의해 어떻게 변화할까?

사회적 장에서 각자는 언표행위의 집단적 대행자/동인으로서, 또한 생산과 반-생산의 동인으로서 행위[작동]하고 행위를 겪는데[작동을 당하는데], 이 사회적 장이 오이디푸스 위에 포개진다. 오이디푸스에서 각자는 이제 저마다 구석에 처박힌 채, 각자를 개별적인 언표의 주체sujet d'énoncé와 언표행위의 주체sujet d'énonciation로 분할하는

---

59) Deleuze et Guattari, *L'Anti-Œdipe*, p.313. [『안티-오이디푸스』, 442쪽.]
60) Deleuze et Guattari, *L'Anti-Œdipe*, p.314. [『안티-오이디푸스』, 444쪽.]

선에 따라 절단된다. 언표의 주체는 사회적 인물이며, 언표행위의 주체는 사적 인물이다.[61]

오이디푸스화에 의해 주체는 '언표의 주체'와 '언표행위의 주체'로 분할된다. '언표의 주체,' '언표행위의 주체' 개념에 관해서는 다시 라캉을 참조해야만 한다. 라캉에게 영향을 준 로만 야콥슨의 언어학에 따르면, '언표의 주체'는 언표 속에 등장하는 주어인 '나'를 가리키지만, '나'의 지시대상은 그 언표를 누가 발화하는지에 따라 변한다('전환사'[62]). 따라서 '언표의 주체'는 그 언표를 발화하는 '언표행위의 주체'에 의해 규정된다. 이 언어학적 정의에 의거해 라캉은 분석과정에서의 언표에 관해 생각한다. 라캉에 따르면, '나'는 언표행위의 주체를 지시하지만, "그것을 의미하지는 않는다." "거기에는 '나'와는 다른 자가 있다."[63] 라캉은 프로이트가 해석한 꿈의 예를 인용한다. 불치병으로 한동안 고생하다가 죽은 아버지를 수발한 적이 있는 한 남자가 반복적으로 아버지 꿈을 꾼다. 꿈속에서 "그의 아버지는 되살아나 예전처럼 그와 얘기를 나눈다. 하지만 동시에 자기 아버

---

61) Deleuze et Guattari, *L'Anti-Œdipe*, p.316. [『안티-오이디푸스』, 446쪽.]
62) Roman Jakobson, *Essais de linguistique générale*, t.I, Paris: Minuit, 1963, pp.178~180. [프랑스어판에서 야콥슨은 shifter를 embrayeur와 같은 의미로 사용한다. shifter는 언어학에서 흔히 '전환사'나 '전이사'로 옮겨진다. 야콥슨이 말하는 전환사란 '나,' '너,' '우리,' '너희' 같은 1인칭·2인칭 대명사나 '지금,' '여기,' '거기' 같은 지시사인데, 언어기호의 체계 속에서 그 의미작용이 정해진다는 점에서 C. S. 퍼스가 말하는 상징기호이자 지시대상과는 경험적인 지시관계에 의해 묶인다는 의미에서 지표기호이기도 한 이중적 성격의 기호를 가리킨다. 흔히 '연동소'(連動素)로 옮기는 embrayeur도 같은 의미로 보면 된다.]
63) Lacan, "Subversion du sujet……," p.800.

지가 이미 죽었다는 사실과 아버지가 그것을 알지 못한다는 것을[것 때문에] 지극히 괴로워한다." 프로이트는 이 언표를 무의식적 욕망의 수준에서 재독해한다. 그러자 그의 아버지는 "그가 바란 대로" 죽었 지만, "그가 그것을 바랐다"는 것을 알지 못했다는 의미로 해석된다. 따라서 이 언표는 병수발에서 벗어나기 위해 아버지가 죽기를 바랐 다는 그의 자기비난을 나타낸다.[64] 여기서 언표와 그것에 나타난 무 의식적 욕망의 불일치, 또는 언표의 '지향적 양의성'ambiguïté intentionelle 에 주목하자.[65] 피분석가의 언표는 '나'(의식 주체)가 말하는 의미로 해석되는 것이 아니라 '무의식의 주체,' 즉 '타자'와의 관계에서 해석 되어야만 한다("무의식은 '타자'의 담론이다"). 이처럼 '타자'의 언표 행위(무의식적 언표행위)는 주체의 언표를 규정한다. 따라서 라캉에 게 언표의 주체는 의식의 심급에 상응하며, 언표행위의 주체는 무의 식의 심급에 상응한다. 이때 무의식적 언표행위의 주체는 언표의 주

---

64) Sigmund Freud, "Formulierungen über die zwei Prinzipien des psychischen Geschehens," *Gesammelte Werke*, Bd.VIII, Frankfurt: Fischer, 1999, pp.237 ~238. [윤희기 옮김, 「정신적 기능의 두 가지 원칙」, 『정신분석학의 근본 개념』, 열린책들, 2003, 21~22쪽. 이어지는 구절은 다음과 같다. "이 꿈을 이해하는 한 가지 방법은 '(자기 아버지가) 실제로 이미 죽었다'는 말 앞에 '자기(꿈꾸는 자) 가 바랐듯이' 혹은 '그의 소망의 결과로'를 추가하고, '그 사실도 모른 채'라는 말 앞에는 '그(꿈꾸는 자)가 바랐던 대로'라는 말을 덧붙이는 방법일 것이다. 그러면 그의 꿈-사고는 이렇게 풀이될 수 있을 것이다. 즉, 아버지가 살아 계시는 동안에 차라리 자기 아버지가 죽었으면 하고 바랐던 그의 어쩔 수 없었던 소망이 그에게 는 고통스러운 회한으로 남아 있으며, 혹 그런 자기 바람을 아버지가 눈치라도 챘 다면 정말 얼마나 끔찍한 일이었겠는가! 하고 그가 생각했던 것이다."]
65) Jacques Lacan, "La direction de la cure et les principes de son pouvoir," *Écrits*, Paris: Seuil, 1966, pp.592~593; Roland Chemama et al. dir., *Dictionnaire de la psychanalyse*, Paris: Larousse, 1998, pp.120~121.

체보다 상위에 있으며 그것을 규정한다. 여기서 우리는 다시 **장소론적 문제구성**으로 되돌아가게 된다.

들뢰즈·가타리는 언표의 주체를 '사회적 인물'이라고 부르고, 언표행위의 주체를 '사적 인물'이라고 부른다. 자본주의 체제에서 개개인은 우선 사회적 인물이며("기호-점, 절단-흐름에 의해 생산된 이마주, 자본주의 순수한 '형상'"), 그 다음으로 사적 인물이기도 하다("이미지들의 이미지들, 즉 시뮬라크르들은 사회적 인물이라는 첫 번째 순서의 이미지를 대리[표상]하는 능력을 부여받는다"66)). 가족적 오이디푸스화는 이렇게 사회적 인물을 사적 인물에 포개는 것을 가리킨다. 욕망하는 생산은 그때 오이디푸스화에 의해 고정적인 표상(이미지들 중의 이미지들, 시뮬라크르들)으로 바뀐다. "이미지들의 지배[군림], 이것이야말로 자본주의가 분열증을 이용하고 흐름을 횡령하는 새로운 방법이다. 즉, 이미지들을 합성하고, 이미지들을 이미지들에 포개는 그런 조작이 이뤄지며, 그런 조작이 끝난 뒤 아빠-엄마에 관련된 각자의 작은 자아가 참으로 세계의 중심이 된다."67) 욕망하는 생산에 의해 탈중심화된 다양체로서의 '주체'는 "아빠-엄마에 관련된 …… 작은 자아"를 중심으로 한 단수적[통합적]unitaire 주체로 변화한다. 이리하여 오이디푸스화는 '주체'의 다양성을 억압하고, 그것을 경험적 자아와 초월론적 자아라는 고정된 쌍, 즉 오이디푸스화된 장소론적 주체로 환원해버린다. 달리 말하면 그런 주체는 '타자'의 쪽에서 철저한 수동성에 의해 규정된다. 이런 의미에서 결여에 의해 탈

---

66) Deleuze et Guattari, *L'Anti-Œdipe*, p.315. [『안티-오이디푸스』, 444~445쪽.]
67) Deleuze et Guattari, *L'Anti-Œdipe*, pp.316~317. [『안티-오이디푸스』, 447쪽.]

중심화된 라캉적 주체는 항상 장소론적 주체, 즉 고정화된 단수적[통합적] 주체일 수밖에 없다.

오이디푸스화에 의해 '언표의 주체'(경험적 자아)는 '언표행위의 주체'(초월론적 자아, 오이디푸스적 표상)에 복종화되는데, 자본주의 체제는 이 오이디푸스화를 도입한다. 자본주의는 자신이 탈코드화하고 해방시킨 욕망의 흐름을 자신의 힘으로 재영토화하며, 분열증적인 '절대적 극한'을 내면화된 '상대적 극한'으로 치환한다. 절대적 극한이란 욕망의 절대적 해방이며, 상대적 극한이란 그 해방의 제한이다. 자본주의는 먼저 해방된 욕망의 흐름을 밀어내고, 욕망의 흐름의 자유로운 운동을 억압한다. 그리고 이 내재화된 극한이야말로 가족적인 오이디푸스화를 의미한다. "오이디푸스는 치환되거나 내면화된 극한이며, 욕망은 이 극한에 붙잡힌다. 오이디푸스 삼각형은 친밀하고 사적인 영토성으로, 이것은 자본주의의 사회적 재-영토화의 모든 노력에 상응한다."[68] 이리하여 다양체로서의 주체는 자본주의 체제에서의 오이디푸스화에 의해 단수적[통합적]인 '작은 자아'로 환원된다. 따라서 자본주의 체제야말로 다양체로서의 경제론적 주체를 억압하며, 단수적[통합적]인 장소론적 주체로 환원한다.

그러나 들뢰즈·가타리에게 오이디푸스적 권력에 대한 저항 수단은 항상 자본주의 자체 속에서 주어진다. 그들에 따르면 자본주의는 극한에 있어서는 욕망의 흐름의 '탈코드화,' 또는 욕망의 흐름의 해방이라는 운동에 의해 정의된다. 그러나 다른 한편으로 자본주의는 자신이 탈코드화한 흐름들을 재영토화하며, 내면화된 극한으로 돌려

---

68) Deleuze et Guattari, *L'Anti-Œdipe*, p.317. [『안티-오이디푸스』, 448쪽.]

보낸다. 따라서 자본주의적 권력에 대한 저항 수단은 자본주의에 내재한다. 자본주의에 내재하는 분열증적 계기로서의 '탈코드화'의 운동을 가속화하고 그것을 절대적 극한으로까지 몰아붙이는 것이 그들에게는 권력에 대한 저항 전략을 구성한다. 들뢰즈·가타리는 이 전략을 '과정으로서의 분열증'이라고 부른다. 절대적 극한에서는 자본주의에 의해 억압된 무의식적 욕망의 생산성이 회귀할 것이다. "과정으로서의 분열증, 그것은 욕망하는 생산이다. 그러나 그것은 자본주의의 조건들 속에서 규정된 **사회적 생산의 극한**으로서, 최종적으로 존재하는 욕망하는 생산이다."[69] 자본주의 체제에서 '욕망하는 생산'은 가족적 오이디푸스화에 의해 억압된다. 그러나 자본주의 운동이란 그 자체로 '흐름의 탈코드화'이며, '과정으로서의 분열증'이란 이 탈코드화를 극한으로까지 몰아붙이는 운동이다. 따라서 자본주의적 권력에 대한 저항 수단은 **자본주의 자체에 내재한다**.

이렇게 명확해진 저항 전략은 자본주의의 분열증화라는 운동이다. 그러나 그것은 자본주의 운동의 단순한 긍정이 아니다. 자본주의적 생산은 "그럼에도 불구하고 그 자신의 현실, 즉 탈코드화된 흐름들을 구성하는 것에 견주어 억제-억압의 거대한 기계를" 형성한다.[70] 이런 "억제-억압의 거대한 기계"는 '공리계'라고 불리는데, 이것은 욕망의 탈코드화된 흐름을 재영토화하고 억압하는 것이며, 자본주의 운동 자체와 긴밀하게 연결되어 있다. 자본주의는 자신이 위기에 처했을 때 자신의 극한을 확장하기 위해 새로운 공리를 덧붙여

---

69) Deleuze et Guattari, *L'Anti-Œdipe*, p.155. [『안티-오이디푸스』, 232쪽.]
70) Deleuze et Guattari, *L'Anti-Œdipe*, p.292. [『안티-오이디푸스』, 415~416쪽.]

왔다. "자본주의는 오래된 공리들에 내해 노동계급을 위한 공리, 노동조합을 위한 공리 등 새로운 공리를 끊임없이 덧붙임으로써만 러시아 혁명을 소화할 수 있었다."[71] 근대 국가(자본주의 국가, 사회주의 국가, 파시즘 국가) 자체도 자본의 공리계를 조절하는 한에서만, 이 '공리계'로부터 생겨난다.[72] 자본주의 기계가 공리화하고 재영토화하는 흐름들을 해방하려면 하나의 '절단'coupure이 필요하다.[73] 즉, "욕망하는 생산이 사회적 생산을 자신에게 종속시키지만 그럼에도 불구하고 그것을 파괴하지 않는 역량의 전도renversement de puissance"[74]가 필요한 것이다. 따라서 자본주의의 분열증화란 이런 '역량의 전도'를 의미한다. 그것은 바로 **자본주의적 운동의, 또는 사회-리비도 경제의 '역량의 전도'**이며, 그것에 의해 욕망의 탈코드화된 흐름(그것은 자본주의의 운동에 내재한다)이 해방된다. 그리고 이 해방이 사회적인 생산을 파괴하지 않는 '역량의 전도'이다.[75]

---

71) Deleuze et Guattari, *L'Anti-Œdipe*, p.301. [『안티-오이디푸스』, 427쪽.]
72) Deleuze et Guattari, *L'Anti-Œdipe*, p.300. [『안티-오이디푸스』, 425~426쪽.] 이런 의미에서 사회주의 체제와 파시즘 체제는 '자본주의'의 두 가지 변종(두 개의 정반대 극에 위치한 국가자본주의)이다.
73) 들뢰즈·가타리는 이것을 "리비도의 무의식적, 혁명적 절단"이라고 부른다. Deleuze et Guattari, *L'Anti-Œdipe*, p.452. [『안티-오이디푸스』, 620쪽.]
74) Deleuze et Guattari, *L'Anti-Œdipe*, pp.456~457. [『안티-오이디푸스』, 625쪽.]
75) 자본주의적 운동의 '역량의 전도'는 국가의 전면적 폐지를 뜻하지 않는다. 그런 국가의 폐지는 사회체의 자살적 자기파괴를 초래할 것이다. 슬라보예 지젝의 강조처럼 "몰적인 국가만이 욕망의 흐름을 질식시킨다는 점에서 억압적이며, 국가의 전면적 폐지 같은 정반대의 극단은 욕망의 순수한, 전-오이디푸스적 흐름의 정신증적이고 자기파괴적인 격분으로 '퇴행'하는 것을 의미할 것이다." Slavoj Žižek, *Organs without Bodies*, London: Routledge, 2004, pp.72~73. [김지훈·박제철·이성민 옮김, 『신체 없는 기관: 들뢰즈와 결과들』, 도

들뢰즈·가타리는 욕망의 철저한 생산성·능동성에서 출발했다. 저항 전략은 그런 생산성을 극한에까지 이르게 하는 운동에 있다. 이 운동이야말로 단수적[통합적]인 장소론적 주체를 다양체로서의 경제론적 주체로 변용시킬 수 있다. 또한 욕망의 능동성은 주체의 능동성과 같은 뜻이 아니다. 그들에게 주체는 생산적 무의식에 의해 탈중심화되어 있기 때문이다. 따라서 욕망하는 생산의 능동성은 주체(전의식-의식의 체계)의 능동성이 아니라 무의식적 욕망의 능동성이다. 다만 유의해야 할 것은 무의식에 관한 그들의 정의가 라캉의 정의와는 근본적으로 다르다는 점이다. 라캉에게 무의식은 "'타자'의 담론"이며 그것은 '타자'라는 인칭적 장의 한가운데서 발견된다. 라캉은 자아를 탈중심화했지만, '타자'라는 인칭적 장을 제거할 수는 없었다. 다른 한편, 들뢰즈·가타리에게 무의식이란 나나 '타자' 등의 인칭에 의해서는 결코 규정되지 않는 '특이성들'의 장이며, 그것은 '비인칭적인 초월론적 장'을 의미한다.[76] 따라서 무의식에 속하는 '특이성들'이란

서출판b, 2006, 145쪽.] '역량의 전도'란 오히려 권력에 복종화되고 싶어 하지 않는 주체의 새로운 배치를 창조하는 것이다[예속집단(groupe assujetti)의 전도와 주체집단(groupe-sujet)의 창조]. 『안티-오이디푸스』의 논의가 "왜 인간은 그것이 자신의 구원인 양 자신의 예속을 위해 싸우는 것일까?"라는 (스피노자가 제기하고 빌헬름 라이히가 재발견한) 물음에서 출발했음을 상기하자. Deleuze et Guattari, *L'Anti-Œdipe*, pp.36~37. [『안티-오이디푸스』, 64쪽.]

76) "우리는 **비인칭적이고 전-개체적인 초월론적 장**(champ transcendantal impersonnel et pré-individuel)을 규정하고자 하는데, 이것은 [이것에] 대응하는 경험론적인 장과 닮지 않았으며 미분화된 심층과 혼동되지도 않는다. 이 장[초월론적 장]은 의식의 장으로 규정할 수 없다. 사르트르의 시도에도 불구하고, 우리는 인칭의 형식과 개체화의 관점을 기피하면서 의식을 환경으로서 보존할 수는 없다. 의식은 통일화의 종합이 없다면 아무것도 아니며, 하지만 '나'의 형식도, '자아'의 관점도 없다면 의식의 통일화의 종합도 없다. 반대로, 개체적이지

주체의 능동성이 아니라 비인칭적 역량의 능동성이다. 『안티-오이디푸스』에서 이 역량은 '전(前)인칭적인 특이성들'이라 명명된다.

> 분열자-분석의 임무는 자아와 그 전제를 지칠 줄 모르고 부숴뜨리기, 자아가 가두고 억압하는 전인칭적 특이성들 singularités prépersonnelles 을 해방하기, 자아가 방출·수용·차단할 수 있는 흐름들을 흐르게 하기, 바로 동일성의 조건 아래에서 분열들과 절단들을 언제나 가장 멀리 그리고 가장 세련되게 확립하기, 각각을 다시 자르고 다른 것들과 집단을 이루게 하는 욕망하는 기계들을 조립하기.[77]

여기서 주체는 확실히 탈중심화되어 있는데, 능동적 역량은 '특이성들'로서의 무의식적 욕망 속에 보존되어 있다. 자본주의는 비인칭적 역량의 흐름을 탈코드화하고 해방한다는 원리를 내포한다. 따라서 저항의 수단은 자본주의에 내재한다. 이런 전략은 욕망과 생산에 의거한 경제론적 문제구성의 귀결이다. [『감시와 처벌』에 나오는] 푸코의 주체 개념에는 그런 저항의 능동성[역량]이 빠져 있다. 푸코에게 초월론적 심급[자아]은 단순히 권력의 대행자일 수밖에 없으며, 그 귀결로서 권력에 대한 저항의 역량을 지워버린다. 우리는 이것을

도 않고 비인칭적이지도 않은 것, 그것은 **특이성들**의 방출이다. 그런 방출은 무의식의 표면에서 일어나며, 노마드적 배분에 의한 자기통일화에 내재하는 동적 원리를 향유한다. 이 노마드적 배분은 의식의 종합의 조건인 고정적이고 정주적인 배분과는 근본적으로 구별된다." Gilles Deleuze, *Logique de sens*, Paris: Minuit, 1969, p.124. 강조는 인용자. [이정우 옮김, 『의미의 논리』, 한길사, 1999, 193~194쪽.]

[77] Deleuze et Guattari, *L'Anti-Œdipe*, p.434. [『안티-오이디푸스』, 598쪽.]

초월론적 심급의 단수성이라고 불렀다. 권력관계의 우위에 기초한 칸트적 주체(장소론적 주체)의 탈구축은 사실상 주체의 능동적 역량을 삭제해버린다. 이와 대조적으로 들뢰즈·가타리에게 경제론적 주체는 욕망의 절대적 생산성에 기초한다. 경제론적 주체의 이 생산성이야말로 권력에 대한 저항을 이론화할 길을 연다. 그때 저항을 가능케 하는 것은 주체의 능동성이 아니라 탈중심화된 주체에서의 **비인칭적 역량의 능동성**이며, 그 귀결로서의 초월론적 장의 다양성, 달리 말하면 '다른 것으로의 생성변화'[타자-되기]이다.[78]

---

[78] 우리는 이 장에서 앞뒤 장과의 관계 때문에, 분석대상이 된 들뢰즈·가타리의 텍스트를 거의 『안티-오이디푸스』에 한정할 수밖에 없었다. 『천 개의 고원』에서의 저항 문제에 관해서는 다음의 시론을 참조하라. 小泉義之·鈴木泉·檜垣立哉,「器官なき身体から抵抗へ:《千のプラト-》における主体化と抵抗」, 『ドゥルーズ/ガタリの現在』, 東京: 平凡社, 2008.

3장. 장소론 II, 또는 이질성의 사유

3.1. 저항 전략으로서의 실존의 기법

푸코의 이론에는 『지식의 의지』와 『쾌락의 활용』·『자기에의 배려』 사이에 일종의 전회가 있다고들 한다. 이 전회는 일반적으로 권력의 계보학에서 실존의 미학으로의 이행으로 요약된다. 가령 폴 벤느에 따르면, 후기 푸코의 전회는 '실존 스타일의 이념 l'idée de style d'existence* 의 탐구를 목적으로 한다.[1] 또한 리처드 로티는 푸코의 이 전회에서 "사적인 자율의 추구"를 중시하는 "낭만주의적 지식인"의 모습을 본다.[2] 그러나 우리는 이런 종류의 독해를 받아들이지 않는다. 푸코의

---

* 지은이는 이 표현을 일본어로 '생존 기법의 사상'으로 옮기고 있다.
[1] Paul Veyne, "Le dernier Foucault et sa morale," *Critique*, no.471/472, 1986. 다만 덧붙여 둔다면, 벤느는 '미학'이라는 말을 사용하길 거부한다. 또한 같은 잡지의 같은 호에 실린 또 다른 논고(Mario Vegetti, "Foucault et les Anciens")는 '계보학적 탐구'로부터 '실존의 미학'으로의 푸코의 전회에 관해 논한다.
[2] Richard Rorty, "Moral Identity and Private Autonomy: The Case of Foucault," *Essays on Heidegger and Others*, London: Cambridge University Press, 1991. 또한 크리스토퍼 노리스는 로티의 논문에 대해 비판적인 입장을 취하지만, 역시 후기 푸코에게 (권력 이론상의) 유명론적 입장과 니체적인 계보학적 사유의

전회의 의미를 상세하게 검토한다면, 그것은 권력에 대한 저항이라는 문제를 자신의 이론에 도입하려는 시도로 파악할 수 있다. 예를 들어 푸코는 『쾌락의 활용』의 서문에서 이렇게 서술한다.

> 그러나 [어떻게, 왜, 어떤 형식으로 성행위가 도덕적 영역으로서 구성됐는가라는] 이처럼 매우 일반적인 문제를 제기하면서, 그리고 그것을 그리스와 그리스-라틴 문화에 대해 제기하면서 내게는 이런 [성행위에 관한 도덕적] 문제구성이 우리 사회에서 분명 대단한 중요성을 지녔던 실천들의 총체와 관련되어 있는 것처럼 보였다. 이것은 '실존의 기법'arts de l'existence이라고 불릴 수 있을 것이다. 이것은 숙고되고 자발적인 실천으로 이해되지 않으면 안 되며, 그런 실천에 의해 인간들은 스스로 행동의 규칙들을 정할 뿐만 아니라 자기 자신을 변형하고 자신들의 특이한 존재 속에서 자신을 변양시키며, 자신들의 삶을 어떤 미학적 가치를 담지한, 그리고 어떤 양식의 기준에 부합하는 하나의 작품으로 만들려고 하는 노력인 것이다.[3]

'실존의 기법'이란 "어떤 양식의 기준에 부합하기" 위해 자기를 변용시키려는 실천이다. 푸코는 다른 대목에서 이것을 '윤리적' 실천

폐기를 본다. Christopher Norris, "What Is Enlightenment?: Kant According to Foucault," *The Cambridge Companion to Foucault*, ed. Gary Gutting, London: Cambridge University Press, 1994.

3) Michel Foucault, *Histoire de la sexualité, vol.2: L'usage des plaisirs*, Paris: Gallimard, 1984, pp.16~17. [신은영·문경자 옮김, 『성의 역사, 제2권: 쾌락의 활용』, 나남, 2004, 25쪽.]

이라고 정의한다.4) 로티가 "사적인 자율의 추구"라고 간주한 것은 이런 실천이다. 그러나 이런 식으로 간주하면 무엇을 위해 자신의 삶을 변용하는가, 또 어떤 '양식 기준'에 부합하기 위해 삶을 변용시키는가 라는 물음을 놓치게 된다. 이 문제를 생각해야만 여기서 문제되고 있는 윤리적 실천이 직접적으로 정치적 실천과 연결되어 있음을 이해할 수 있을 것이다. 「주체와 권력」(1982)에서 푸코는 "권력관계의 새로운 경제로 나아가기" 위해 "그 출발점으로서 권력에 대한 상이한 유형의 저항 형태를 선택한다"고 지적하며,5) 이렇게 덧붙인다.

어쩌면 오늘날 주요 목표는 우리가 누구인가를 발견하는 것이 아니라 우리가 존재하는 현재의 방식을 거부하는 것이지 않을까? 개별화인 동시에 전체화이기도 한 근대적 권력 구조의 정치적 '이중구속'으로부터 우리를 해방하기 위해서, 우리가 누구일 수 있는가를 상상하고 구축해야만 한다. 결론적으로 이렇게 말할 수 있을 것이다. 오늘날 우리에게 제기되는 정치적, 윤리적, 사회적, 철학적 문제는 국가와 그 제도들로부터 개인을 해방시키려는 데 있는 것이 아니라 국가와 국가에 연결되어 있는 개별화의 형태로부터 우리를 해방하는 것이다. 우리는 수 세기에 걸쳐서 우리에게 부과되어왔던 개별성의 유형을 거부함으로써 새로운 형태의 주체성을 촉진해야만 한다.6)

---

4) 특히 다음을 보라. Foucault, *L'usage des plaisirs*, p.34. [『쾌락의 활용』, 48쪽.]
5) Michel Foucault, "Le sujet et le pouvoir," *Dits et écrits*, t.IV: 1980~1988, Paris: Gallimard, 1994, p.225. [정일준 옮김, 「주체와 권력」, 『미셸 푸코의 권력 이론』, 새물결, 1994, 89~90쪽.]
6) Foucault, "Le sujet et le pouvoir," p.232. [「주체와 권력」, 97~98쪽.]

"우리가 존재하는 현재의 방식을 거부"하는 실천이란, 바로 "권력관계의 새로운 경제"를 만들어내기 위해 자기를 변용시키는 실천이다. 이런 실천은 근대적 권력 체계(개별화와 전체화라는 '이중구속')로부터 주체를 해방하고, "새로운 형태의 주체성"으로 변용시키는 것이다. 바꿔 말하면, 윤리적 실천이란 "우리가 존재하는 현재의 방식"으로부터, 즉 현재의 권력관계로부터 개인을 해방하기 위한 "다양한 유형의 권력에 대한 저항의 형태"를 가리키는 것이다. 따라서 윤리적 실천은 단순히 "사적인 자율의 추구"인 것이 아니라 권력에 대한 저항이라는 빼어난 정치적 전략인 것이다.

3.2. 윤리의 문제계로의 전회

이런 관점에서 푸코의 전회의 의미를 해석해보자. 우선 『지식의 의지』가 명백히 정신분석 비판의 의도를 갖고 있었다는 데 주의할 필요가 있다. 푸코는 이 책에서 고백이라는 실천에 관해 논한다. 가톨릭의 제도화 이래 고백은 줄곧 회개의 실천과 결합되어 기능해왔다. 그러나 "프로테스탄티즘, 반종교개혁, 18세기의 교육학, 19세기의 의학 이래 그것은 서서히 의례적이고 독점적인 그 국지화[라는 성격]를 잃어버렸다."[7] 고백은 "자녀와 부모, 학생과 선생, 환자와 정신과 의사, 비행자와 감정인 사이"로 그 영역을 확대하고,[8] 이른바 '세속화' laïcisation됐다. 푸코에 따르면 정신분석은 이런 고백의 세속화의 역사

---

[7] Michel Foucault, *Histoire de la sexualité, vol.1: La volonté de savoir*, Paris: Gallimard, 1976, p.84. [이규현 옮김, 『성의 역사, 제1권: 지식의 의지』(3판), 나남, 2010, 72쪽.]

[8] Foucault, *La volonté de savoir*, pp.84~85. [『지식의 의지』, 72쪽.]

에 위치지어질 수 있다. 그때 정신분석이라는 이 실천은 도대체 어떤 것으로 간주됐을까?

고백은 말하는 주체가 언표의 주체와 일치하는 담론의 의례이다. 또한 그것은 권력관계 속에서 전개되는 의례이기도 하다. 왜냐하면 적어도 잠재적으로나마 상대방이 현전하지 않으면 고백은 이뤄지지 않기 때문이다. 여기서 상대방이란 단순한 대화자가 아니라 고백을 요구하고 강요하며 평가하고, 그리고 재판하고 처벌하고 용서[사면]하고 위로하며 화해시키기 위해 개입하는 결정심급이다.[9]

고백에서 언표행위의 주체('말하는 주체')와 언표의 주체의 일치는 고백에 '권력관계'가 개입함으로써, 말하는 자와 그 언표를 '결정심급'으로 해석하는 자 사이에 권력관계가 개입함으로써 보증된다. 정신분석의 경우에 이 권력관계는 피분석자와 분석자 사이의 권력관계에 대응하며, 그것이 피분석자의 언표의 '진리'를 보증한다.

진리는 고백함으로써 진리를 완전히 환하게 드러내는 주체 속에서만 존재하는 게 아니다. 진리는 복식複式으로 구성된다. 즉, 진리는 말하는 자에게 현전해 있으나 불완전하고 자기 자신에 대해 맹목적이며, [따라서] 그것을 받아들이는 자에게서만 완성될 수 있다. 이 후자야말로 이 모호한 진리의 진리에 관해 말하는 자이다. 즉, 고백으로 드러난 것은 말해진 것의 해독에 의해 보강되어야만 한다. 듣는 자는

---

[9] Foucault, *La volonté de savoir*, pp.82~83. [『지식의 의지』, 70쪽.]

단순히 용서의 주인, 유죄판결을 내리거나 석방하는 재판관이 아니라 진리의 주인일 것이다. 그의 기능은 해석학적인 것이다. 고백과 관련해 그의 권력은 단순히 고백이 행해지기 전에 고백을 요구하거나 고백이 토로된 뒤에 판결을 내리는 것이 아니다. 고백을 가로지르고 고백을 판독함으로써 진리의 담론을 구성하는 것이다.[10]

고백을 듣는 자(분석가)는 '진리의 주인'의 입장을 차지한다. 따라서 고백하는 자(피분석자)는 자신이 행한 고백의 의미를 스스로 결정하지 못한다. 만일 고백이라는 실천이 언표행위의 주체와 언표의 주체가 일치하는 장이라고 한다면, 피분석자가 발화한 언표의 '진리'를 결정하는 것은 듣는 자인 분석가이다. 그런 의미에서 주체는 자신이 말하는 바의 '진리'를 결여한다. 언표의 진리는 피분석자의 '타자'인 분석가의 해석에 의해 결정된다. 그때 주체의 진리는 주체의 외부에 놓이게 된다. 즉, 주체의 진리는 '타자'를 향해 탈중심화(또는 전위)된다. 이런 주체-'타자' 관계에 대한 가장 근본적인 이론화 작업은 라캉의 이론에서 찾아볼 수 있다.

해석이란 말 그대로 욕망에 점을 찍는 것^{pointer}이며, 어떤 의미에서는 욕망과 동일한 것이다. 요컨대 욕망이란 해석 그 자체이다.[11]

---

10) Foucault, *La volonté de savoir*, p.89. [『지식의 의지』, 76쪽.]
11) Jacques Lacan, *Le séminaire livre XI: Les quatre concepts fondamentaux de la psychanalyse*, Paris: Seuil, 1973, p.161. [맹정현·이수련 옮김, 『세미나 11: 정신분석의 네 가지 근본 개념』, 새물결, 2008, 266쪽.]

라캉에게 주체의 욕망은 더 이상 주체에 귀속되지 않는다. 주체의 욕망은 "'타자'의 욕망"이며 분석가의 해석에 의해 출현한다. 말하자면 그것은 분석 속에서만 존재하는 것이다. 라캉은 '단락'scansion이라 불리는 기법을 도입해 피분석자의 언표를 분절화하려고 했다. 단락이란 피분석자가 자신의 무의식에 관해 무언가 중요한 것을 말한 시점에서 분석가가 분석과정을 중단하는 기법이다. "욕망에 점을 찍는다"라는 표현은 피분석자의 언표를 분석가가 이런 종류로 분절화한다는 것을 보여준다. 이런 '단락'을 통해 분석가는 욕망의 '진리'를 분절한다. 욕망이 "해석 그 자체"라는 것은 이런 의미에서이다. 여기서 욕망의 '진리'는 '타자'의 심급(분석가)으로 급격하게 위치이동된다. 푸코가 비판했던 것은 '타자'를 '진리의 주인'으로 간주하는 이런 권력관계의 개입이다. 달리 말하면, 주체는 고백의 실천에 의해 '타자'에게 복종화된다. 이 도식은 푸코가 『감시와 처벌』에서 제시했던 그 것과 동일한 구조를 갖고 있다. 즉 주체는 권력장치들에 의해 권력에 복종화된다는 것이다. 바로 이런 의미에서 고백은 인간의 복종화를 산출하기 위한 '거대한 산물'이다.[12] 고백의 실천은 주체를 '타자'에 복종화시킨다. 그리고 이 메커니즘이야말로 권력에의 복종화를 보증한다. 푸코는 이렇게 정신분석이라는 실천에 있어서의 고백의 실천과 복종화의 구조를 비판한다. 그러나 이런 성찰에도 불구하고 푸코는 아직 그것을 대신할 새로운 주체 개념을 제시할 수 없었다.

권력관계에 의해 관통된 '성의 역사'를 고찰하기 위해 푸코는 '섹슈얼리티의 장치'dispostif de sexualité라는 개념을 사용한다. 섹슈얼리티

---

12) Foucault, *La vonlonté de savoir*, p.81. [『지식의 의지』, 69쪽.]

의 장치는 "앎의 대상으로서의, 또한 권력관계에서 요소로서의 신체의 평가"와 "인구"의 통제를 목적으로 한다.13) 이런 권력관계의 배치configuration는 각각 '인간 신체의 해부정치,' '인구의 생명정치'에 대응한다.14) 이런 권력장치들은 성을 억압하는 것이 아니라 성에 관해 말하기 시작하고 성에 관한 담론을 막대하게 생산한다("성에 관한 담론의 증식"15)). 따라서 성은 억압되어 있는 것이 아니다. 거꾸로 성은 막대하게 "생산되고" 말해지고 있다. 이 이론은 권력에 의한 성의 억압이라는 프로이트-맑스주의적 이론을 비판한다는 점에서 들뢰즈·가타리의 『안티-오이디푸스』를 상기시킨다.

그런 의미에서 들뢰즈·가타리의 작업에 관한 푸코의 지적은 (저항 문제와 깊이 연결된) 윤리 문제로의 전회와 관련지어 볼 때 징후적이다. 『안티-오이디푸스』의 영어판 「서문」(1977)에서 푸코는 특이한 견해를 제시한다. 푸코에 따르면, 『안티-오이디푸스』는 반파시즘의 책이다. 여기서 파시즘이란 단순히 1930~40년대의 역사적 상황을 가리키는 것이 아니다. 그것은 미시 파시즘, 즉 "우리 모두의 속에 있으며 우리의 정신, 일상 행동을 흘리고 [일상 행동에서] 분리할 수 없는 파시즘, 우리에게 권력을 사랑하게끔 강요하고 우리를 지배하고 착취하는 것 자체를 우리더러 욕망하게끔 만드는 파시즘"16)을

---

13) Foucault, *La vonlonté de savoir*, p.141. [『지식의 의지』, 117쪽.]
14) Foucault, *La vonlonté de savoir*, p.183. [『지식의 의지』, 150쪽.]
15) Foucault, *La vonlonté de savoir*, p.26. [『지식의 의지』, 22쪽.]
16) Michel Foucault, "Préface," *Dits et écrits*, t.III: 1976~1979, Paris: Gallimard, 1994, p.134. [조형근 옮김, 「《앙티-오이디푸스》 영역판 서문」, 『탈주의 공간을 위하여』, 푸른숲, 1997, 357쪽.]

의미한다. 따라서 반파시즘이란 **권력에 대한 복종화를 욕망하지 않는 것**을 의미한다. 들뢰즈·가타리의 개념을 사용해, 푸코는 이 점을 다음과 같이 표현한다. "다양체화와 전위를 통해 다양한 배치를 '탈개체화하기.'"17) 푸코는 『안티-오이디푸스』를 바로 저항의 이론으로 읽는다. 그리고 그 이론을 '윤리'라고 부른다.

> (저자들이 아무쪼록 나를 용서한다면) 『안티-오이디푸스』는 윤리의 책이며, 상당히 오랜 시간을 거쳐 프랑스에서 쓰인 최초의 윤리책이라고 말해두자. …… 반-오이디푸스라는 것은 삶의 양식, 사유와 삶의 양태가 됐다.18)

푸코에게 윤리란 "삶의 양식, 사유와 삶의 양태"를 의미한다. 그런 "사유와 삶의 양태"가 권력에 대한 저항의 전략을 의미한다고 한다면, 우리는 푸코가 '윤리'의 문제계로 전회한 것은 저항 전략을 탐구하기 위한 것이었음을 확인할 수 있다. 푸코는 **들뢰즈·가타리의 작업에 촉발된 것 마냥** 저항의 문제계로 이행한다.

3.3. 혼은 신체의 감옥이다

『지식의 의지』가 출판되고 1년 뒤(1977)에 푸코에게 쓴 편지에서 들뢰즈는 권력에 대한 저항이라는 문제에 주목하고, 다음과 같은 비판적 관점을 제시하고 있다.

---

17) Foucault, "Préface," pp.135~136. [「영역판 서문」, 359쪽.]
18) Foucault, "Préface," pp.134~135. [「영역판 서문」, 357~358쪽.]

1) 『지식의 의지』(126~127쪽)의 방향. 여기서 저항의 현상은 [권력]장치들의 역전된 이미지와 같을 것이다. 둘은 동일한 특성, 확산, 이질성 등을 지닐 것이다. 둘은 '서로 마주하게 될' 것이다. 그러나 내게 이 방향은 하나의 출구를 찾아낸 것과 똑같이 그 출구를 닫아버리는 것처럼 보인다. 2) 『폴리티크 엡도』[1970년 창간된 좌파 주간지]의 인터뷰에서 보여준 방향. 만일 권력장치들이 진리를 구성하는 것이라면, 권력에 관한 하나의 진리가 있다면, 일종의 진리의 권력이 권력들에 맞서 대항전략으로 존재해야만 한다. 이로부터 미셸에게서 지식인의 역할이라는 문제, 진리의 범주를 재도입하는 미셸의 방법이 지닌 문제가 나온다. [푸코는] 진리를 권력에 종속적인 것으로 만듦으로써 이 범주를 완전히 혁신할 수 있었는데, 이런 혁신 속에서 권력에 대항할 수 있는 재료를 발견할 수 있을까? 하지만 여기서, 나는 그 방법을 모르겠다. 미셸이 진리의 이 새로운 개념구성을 자신의 미시분석 수준에서 말할 때까지 기다려야만 할 것이다. 3) 세 번째 방향, 이것은 쾌락들, 신체와 그 쾌락들일 것이다. 여기서도 마찬가지로 기다려야만 할 것이다. 쾌락들은 어떻게 대항권력들을 활성화하는가? 그리고 미셸은 이 쾌락 개념을 어떻게 구상하는가?[19]

들뢰즈는 여기서 두 가지 문제를 제기한다. 첫째로, 주체의 '진리'를 생산하는 권력장치들에 저항할 수 있는 '진리의 새로운 개념'이란

---

19) Gilles Deleuze, "Désir et plaisir," Deux Régimes de fous, Paris: Minuit, 2003, pp.117~118. [이호영 옮김, 「욕망과 쾌락」, 『탈주의 공간을 위하여: 들뢰즈·가타리의 정치적 사유』, 푸른숲, 1997, 108~109쪽.]

무엇인가? 둘째로, "신체와 그 쾌락들"을 사용함으로써 어떻게 그런 권력장치들에 저항할 수 있는가? 들뢰즈가 푸코에게 제기한 이 두 물음을 둘러싸고 푸코의 전회에 관한 고찰을 시작해보자.

우리는 우선 신체와 자아의 문제계로부터 이 문제를 논하고 싶다. 이런 관점에서 『감시와 처벌』의 초반부에 있는 중요한 한 구절로 돌아갈 필요가 있다. "혼은 정치적 해부의 효과이자 도구이다. 혼은 신체의 감옥이다."[20] 이 수수께끼 같은 표현에는 『감시와 처벌』의 본질을 이루는 이론장치가 응축되어 있다. 그렇다면 "혼은 신체의 감옥이다"라는 표현은 도대체 무엇을 의미하는가?

『감시와 처벌』에서 푸코가 집요하게 말했던 것은, 규율권력이 신체에 "권력을 투여"해 실현된다는 것이다. 그 때문에 푸코는 이 책을 "수형자의 신체"라는 장에서 시작하는데, 거기서 이렇게 말한다.

우리는 어쩌면 현대 사회에서 형벌제도가 신체에 관한 일종의 '정치경제학' 속에서 자리매김되어야 한다는 일반적인 주제를 받아들일 수 있을 것이다. 그 제도가 폭력적이거나 핏빛의 징벌에 호소하지 않을 경우에도, 아니면 감금하거나 교정을 하는 '온건한' 수단을 사용할 경우에도, 문제가 되는 것은 언제나 신체(신체와 그 체력, 신체의 이용과 온순함, 체력의 배분과 복종)이다.[21]

---

20) Foucault, Surveiller et punir, Paris: Gallimard, 1975, p.34. [오생근 옮김, 『감시와 처벌』(개정판), 나남, 2016, 62쪽.] 이 구절에 관한 비판적 해석으로는 다음을 보라. Warren Montag, "'The Soul is the Prison of the Body': Althusser and Foucault, 1970-1975," Yale French Studies, no.88, 1995.

21) Foucault, Surveiller et punir, p.30. [『감시와 처벌』, 55쪽.]

따라서 규율권력이 목표로 하는 것은 '신체'이며, "문제가 되는 것은 항상 신체"이다. 규율권력은 개개인의 신체와 그 힘에 대해 작동되며, 그 이용, 순종, 배분, 복종을 확보하는 것이며, 이 총체가 '순종적인 신체'를 구성한다. 이런 과정에 의해 규율권력은 "(효용이라는 경제적 관계에서 보았을 때는) 신체의 힘을 증가시키고, (복종이라는 정치적 관계에서 보았을 때는) 동일한 그[신체의] 힘을 감소시킨다."[22] 신체에 대한 이런 힘의 투여의 그물망을 푸코는 '권력의 미시물리학[신체학]microphysique'[23]으로 표현한 것이리라.

그렇다면, 만일 규율권력이 신체를 목표로 하고 신체에 일종의 힘의 투여를 통해 행사된다고 한다면, 왜 "혼은 신체의 감옥"일까? 이 표현이 의미하는 것은 "혼," 즉 정신이 신체를 유폐하고 신체를 관리한다는 것이다. 여기서 신체에 대한 규율권력의 행사에 정신이 어떻게 개입하느냐 하는 문제를 생각해야만 한다.

주디스 버틀러의 『문제/물질인 신체』를 참조하자.[24] 그녀는 이 책의 1장에서 푸코의 "혼은 신체의 감옥이다"라는 정식을 아리스토텔레스적인 물질, 혼이라는 개념으로부터 분석한다. 버틀러에 따르면 "아리스토텔레스에게 혼은 물질의 현실화[현세화]를 가리키는데, 여기서 물질은 완전히 잠재적이고 현실화되지 않은 것으로서 이해

---

22) Foucault, *Surveiller et punir*, p.140. [『감시와 처벌』, 217쪽.]
23) Foucault, *Surveiller et punir*, p.31. [『감시와 처벌』, 57쪽.]
24) Judith Butler, *Bodies That Matter*, London: Routledge, 1993. [김윤상 옮김, 『의미를 체현하는 육체』, 인간사랑, 2003. 'Bodies That Matter'라는 표현은 '물질인 신체'로도, '문제는 신체이다'로도 번역할 수 있다. 후자는 (앞서 인용한) 『감시와 처벌』에서 "문제인 것은 항상 신체이다"라고 한 푸코의 표현을 상기시킨다.]

된다."25) 바꿔 말하면, 물질은 그것을 규정하는 도식 없이는 출현하지 않는다. 이런 도식은 푸코에게서 '혼'에 상응한다. 이로부터 버틀러는 다음과 같은 명제를 이끌어낸다.

푸코는 『감시와 처벌』에서 '혼'이 규범적이고 규범화하는 관념이 되며, 그 관념을 따라 신체가 단련되고 형성되며 계발되고 투여된다고 주장한다. '혼'은 역사적으로 특정한 사변적 관념idéal spéculatif인 바, 이 관념 아래에서 신체는 효과적으로 물질화된다.26)

버틀러에 따르면, 푸코가 말하는 '혼'이란 신체를 규율화[규범화]하고, 신체를 사회적 존재로 '물질화'하는 역사적으로 특정한 사변적 관념"이다. 이로부터 버틀러는 푸코의 정식을 아리스토텔레스적 개념의 재정식화라고 단정한다.

그러나 버틀러를 참조해, 푸코의 정식을 다른 식으로 해석할 수도 있다. 버틀러는 『문제/물질인 신체』에서 프로이트의 『자아와 이드』의 한 절에 주목한다. 거기서 프로이트는 "자아는 무엇보다도 먼저 신체적인 자아이며, 표면의 존재일 뿐만 아니라 그 자체로 표면의 투영이다"27)라고 하며, 자아형성의 메커니즘에 관해 이렇게 말한다.

---

25) Butler, *Bodies That Matter*, p.32. [『의미를 체현하는 육체』, 74쪽.]
26) Butler, *Bodies That Matter*, p.32. [『의미를 체현하는 육체』, 74쪽. 버틀러의 글은 모두 지은이(사토 요시유키)의 번역을 따른 것으로 원문과는 차이가 크다. 가령 ideal을 '이상'이 아니라 '관념'이라고 했는데, 지은이의 의도를 존중해 뒤에서도 '관념'이라는 번역어를 그대로 사용했다. normative나 normalizing 또한 비록 푸코적인 의미에서 '규율'과 밀접한 관련을 맺고 있기는 하지만, 그래도 '정상적'이라는 의미로 번역되는 편이 정확할 것이다.]

자아가 탄생하고 자아가 이드로부터 분화되게 하기 위해서는 지각 체계의 영향 외에 다른 요인이 일정한 역할을 맡는 것처럼 보인다. 자신[사람]의 신체, 특히 그 표면은 외부지각과 내부지각이 동시에 생겨날 수 있는 장소이다. 신체는 다른 대상과 같아 '보인다.' 그러나 그것이 다른 것과 접촉할 경우 두 종류의 감각을 지어내는데, 그중 하나는 내부지각과 유사할 수 있다. 정신생리학은 어떻게 해서 자기[사람]의 신체가 지각의 세계에서 다른 대상과는 다른 [특별한] 위치를 차지하게 됐는가를 충분히 검토해왔다. 고통 역시 그 과정에서 어떤 역할을 맡는 것처럼 보인다. 그리고 우리가 고통스럽게 아플 때에 우리의 신체 기관에 대한 새로운 지식을 획득하는 방법은 아마도 우리 신체에 대한 표상에 도달하는 전형적인 방법인 것이다.[28]

자아가 이드로부터 분화되기 위해서는 외부지각(외부 세계로부터 신체에 가해지는 자극)과 동시에 신체의 내부지각(특히 '고통')이 필요하다. 버틀러에게 금지와 죄책감에 의해 심적으로 투여된 신체적 '고통'은 신체 표면을 확정하는 신체 관념을 생산하는 역할을 맡는다.[29] 우리는 프로이트로부터 인용한 위의 문장을 규제적^{régulateur} 권

---

27) Sigmund Freud, "Das Ich und das Es," *Gesammelte Werke*, Bd.XIII, Frankfut: Fischer, 1999, p.253; "Le moi et le ça," *Essais de psychanalyse*, Paris: Payot, 2001, p.264. [박찬부 옮김, 「자아와 이드」, 『정신분석학의 근본 개념』, 열린책들, 2003, 365쪽.]; Butler, *Bodies That Matter*, pp.58~59. [『의미를 체현하는 육체』, 74쪽.]
28) Freud, "Das Ich und das Es," p.253; "Le moi et le ça," pp.263~264. [「자아와 이드」, 364~365쪽.]
29) Butler, *Bodies That Matter*, pp.63~64. [『의미를 체현하는 육체』, 129~131쪽.]

력이 신체에 투여됨으로써 내면 또는 초월론적 자아가 생산된다는 것으로 독해하기로 한다.

프로이트의 설명을 재해석함으로써 우리는 푸코의 정식을 다른 모습으로 해석할 수 있을 것이다. 즉, 신체를 통제하는 자아, 즉 신체로 되돌려진 '혼'은 규율권력이 신체에 투여(외적 세계의 자극, 즉 감시, 훈육, 교정)됨으로써, 그리고 그것에 대한 신체의 반작용(신체의 내적 감각, 즉 신체에 기입된 심적 고통)에 의해 형성된다. 바꿔 말하면, 자아의 반성적 의식은 신체의 훈육을 통한 고통의 심적 기입에 있어서 형성된다. 『감시와 처벌』에서 푸코는 다음과 같이 설명한다. "그것[혼]은 끊임없이 신체의 주위, 그 표면, 그 내부에서 권력의 기능작용에 의해 생산된다. 그 권력은 처벌받은 자에 대해서, 더욱 일반적으로는 감시당하는 자, 훈육당하고 교정당하는 자에 대해서, 광인, 아이, 학생, 피식민지인, 생산도구에 묶여 있는 자, 살아 있는 동안 내내 계속 통제당하는 자에 대해서 행사되는 것이다."[30] 규율권력은 개개인의 신체를 감시, 관리, 훈육하고, 자신의 신체를 자신이 통제하는 반성적이고 규제적 자아를 만들어낸다. 달리 말하면, 이런 규율권력의 투여는 신체에 심적으로 고통을 기입하면서, 자아의 반성성, 즉 '경험적-초월론적 이중체'를 만들어낸다. 이 이중체에 있어서 상위의 자아(초월론적 자아, 혼)는 하위의 자아(경험적 자아, 신체)를 감시하고 통제한다. 우리는 신체를 통제하는 이 반성적·규제적 시

---

30) Foucault, *Surveiller et punir*, p.34. [『감시와 처벌』, 61쪽.] 버틀러는 이런 권력의 투여를 동성애의 금지라는 관점에서 재해석하고, 이것이 산출한 죄책감과 고통이 이성애적인 신체 '개념'을 만들어낸다고 서술한다. Butler, *Bodies That Matter*, pp.63~65. [『의미를 체현하는 육체』, 129~132쪽.]

선을 '초월론적 시선'이라고 부른다. 이미 살펴봤듯이, 이런 이론장치 속에서 저항의 가능성을 발견하기란 어렵다.31)

만일 푸코의 전회가 권력에 대한 저항이라는 문제를 둘러싸고 나온 것이라 한다면, 우리는 이를 "혼은 신체의 감옥이다"라는 정식의 역전으로 해석할 수 있다. 푸코는 도래할 전회를 예고하듯이, 『지식의 의지』에서 다음과 같이 서술한다.

> 만일 우리가 권력의 장악에 맞서 섹슈얼리티의 다양한 메커니즘의 전술적 역전에 의해 신체·쾌락·앎을 이것들의 다양체와 저항 가능성 속에서 가치평가하려고 한다면, 바로 성이라는 결정심급에서 자유로워져야만 한다. 섹슈얼리티의 장치에 맞서는 반격의 거점은 욕망으로서의 성$^{sexe\text{-}désir}$이 아니라 신체와 쾌락이어야만 한다.32)

"섹슈얼리티의 장치"는 "욕망의 진리"의 고백에 의해 각 개인의 섹슈얼리티를 규범화[규율화]하는 것이다. 『지식의 의지』에 따르면, 이 장치에 맞서는 저항의 거점은 신체와 쾌락에서 찾아내지 않으면 안 된다. 그러나 왜 "신체와 쾌락"인가?

푸코의 권력 개념이 극히 니체적이라는 점을 떠올리며 『니체와 철학』에서 들뢰즈가 보여준 니체 해석을 참조하자. 들뢰즈는 스피노자를 인용하며 "우리는 신체가 무엇을 할 수 있는지에 대해서조차 알지 못한다"고 말한다. "의식과 정신에 관해 말하고 이 모든 것에 관해

---

31) 본서의 1장과 3장을 참조하라.
32) Foucault, *La volonté de savoir*, p.208. [『지식의 의지』, 170쪽.]

쉴 새 없이 떠들고 있지만, 우리는 신체가 무엇을 할 수 있는지, 어떤 힘들이 그것에 속하는지, 그 힘이 무엇을 준비하고 있는지에 대해서는 알지 못한다."33) 이것은 "의식과 정신"의 문제를 무시하는 것이 아니다. 반대로, 들뢰즈에게는 신체의 잠재적 역량을 통해 의식과 정신에 관해 생각하는 것이 문제인 것이다.

이로부터 들뢰즈는 의식이란 무엇인가를 정의한다. "프로이트처럼 니체도 의식을 외부 세계에 의해 촉발된 자아의 영역이라고 생각한다."34) 이 정의는 앞서 참조한 프로이트적 문제, 즉 외부 세계의 자극과 그 자극에 대한 신체의 반작용에 의한 자아의 형성이라는 문제와 겹쳐진다. 니체도 의식의 형성에 관해 동일한 것을 말한다.

'의식'의 역할. '의식'의 역할을 오해하지 않는 것이 본질적으로 중요하다. **의식을 발달시킨 것은** 우리가 '**외부 세계**'와 **맺은 관계**이다. 이에 반해 신체 기능들의 공동작동 jeu synthétique을 고려하는 **감독**[통솔], 또는 감시와 예견은 우리의 의식에 도달하지 **못한다**. 마찬가지로 정신의 **기억작용**에도 도달하지 못한다. 하지만 최고심급이 존재한다는 것은 의심할 수 없다. 그것은 상이한 주요 욕망들이 그 목소리와 역량을 듣고 가치평가하는 일종의 감독위원회이다. '쾌락,' '불쾌'는 이 영역으로부터 오는 신호와도 같다. 자발적 행위 자체의 신호 말이다. [의식작용에 관해서도 똑같이 말할 수 있으며], 관념도 마찬가지이다.

---

33) Gilles Deleuze, *Nietzsche et la philosophie*, Paris: PUF, 1997, p.44. [이경신 옮김, 『니체와 철학』, 민음사, 1998, 85쪽.]
34) Deleuze, *Nietzsche et la philosophie*, p.44. [『니체와 철학』, 85쪽.]

…… 흔히 습관적으로 의식 자체가 전반적인 감각중추라고, 최고심급이라고 간주된다. 하지만 의식은 **의사소통[교통]**communicabilité**의 수단**일 뿐이다. 즉, 의식은 교통rapports 속에서 발달한 것이고, 그 교통에 대한 관심을 참작해 발달한 것이다. 여기서 '교통'Verkehr은 외부 세계에 의해 우리에게 행사된 작용이자 우리 쪽에서의 필요한 반작용이라는 의미이다. 또한 외부[세계]에 대한 우리의 작용이라는 의미이다. 의식은 감독[통솔]이 **결코 아니라, 감독의 한 기관**이다.35)

따라서 의식이란 "외부 세계의 작용," 즉 외적 힘들의 관계와 "우리 쪽에서의 필요한 반작용"에 의해 형성된다. 그리고 이 힘관계란 바로 우월한 힘들과 열등한 힘들, 달리 말하면 '능동적 힘들'과 '반동적 힘들' 사이의 관계에 다름 아니다. 들뢰즈는 이렇게 쓴다.

의식은 외재성과의 관계에 의해, 현실의 용어로 정의된다기보다는 오히려 우월성과의 관계에 의해, 가치의 용어로 정의된다. 이 차이는 의식과 무의식에 관한 일반적인 생각에 있어 매우 중요하다. 니체에게 의식은 언제나 우월한 자에 대한 열등한 자의 의식인데, 열등한 것은 우월한 것에 종속되거나 '병합된다.' 의식은 결코 자기soi의 의식이 아니라, 자기(이것은 의식적이지 않다)에 대한 자아moi의 의식이다. 그것은 주인의 의식이 아니라 주인에 대한 노예의 의식으로, 주인은 의식적일 필요가 없다.36)

---

35) Friedrich Nietzsche, "Nachlaß 1887~1889," *Kritische Studienausgabe*, Bd. XIII, New York and Berlin: Walter de Gruyter, 1999, pp.67~68.

의식이란 '가치의 용어로' 정의되며, "언제나 우월한 자에 대한 열등한 자의 의식"이다. 열등한 자만이 우월한 자에 대해 '의식'을 가지며, 그것은 '노예의 의식'이다. 따라서 "의식은 본질적으로 반동적이다."[37] 들뢰즈가 '자아'라고 부르는 이 반동적 의식은 본질적으로 무의식적인 '자기'와 구별된다. 이 '자아'야말로 『도덕의 계보』에서 '나쁜[병든] 양심'이라 불리는 자아의 반성성에 상응한다. 그것은 반동적 힘들에 의해 "억압되고 되돌아오며 내부에 유폐된, 자기 자신에 대해서만 표출되고 격노하게 되는 자유의 본능"[38]이다.

자아로서의 의식이 본질적으로 '나쁜[병든] 양심'이라고 한다면, 그것에 대해 신체는 어떻게 정의될 수 있을까? 이 점에 관해 들뢰즈는 다음과 같이 말한다.

모든 힘은 복종하기 위해서든 명령하기 위해서든 다른 힘들과 관계를 맺고 있다. 신체를 규정하는 것은 지배하는 힘들과 지배당하는 힘들 사이의 관계이다. 힘들의 모든 관계는 하나의 신체, 즉 화학적, 생물학적, 사회적, 정치적 신체를 구성한다. 임의의 두 힘들은 불균등하기에 이것들이 관계 속에 진입하자마자 하나의 신체를 구성한다. 그래서 신체는 언제나 니체적 의미에서 우연의 결실이며, 가장 '놀라운' 것, 사실상 의식과 정신보다 훨씬 놀라운 것으로 나타난다.[39]

---

36) Deleuze, *Nietzsche et la philosophie*, pp.44~45. [『니체와 철학』, 86~87쪽.]
37) Deleuze, *Nietzsche et la philosophie*, p.47. [『니체와 철학』, 89쪽.]
38) Friedrich Nietzsche, "Zur Genealogie der Moral," *Kritische Studienausgabe*, Bd.V, New York and Berlin: Walter de Gruyter, 1999, p.325.
39) Deleuze, *Nietzsche et la philosophie*, p.45. [『니체와 철학』, 87쪽.]

신체는 임의의 불균등한 힘들, 지배적 힘들과 피지배적 힘들에 의해 구성된다. 그리고 그런 신체는 '우연의 결실'이다. 왜냐하면 힘들이 어떤 형태로 관계를 맺고 신체를 구성하는가는 역사적 우발성에 맡겨져 있기 때문이다. 그런 의미에서 "신체란 다양한 현상이며, 환원 불가능한 다수의 힘으로 구성되어 있다." '의식'은 본질적으로 반동적인/반작용적인 것인데, 왜냐하면 의식은 '항상 우월한 자에 대한 열등한 자의 의식'이기 때문이다. 그와 반대로, 신체는 "그것을 구성하는 힘들의 '자의적인' 산물"이며, 힘들 사이의 관계의 우발성에 있어서 구성된다.[40] 그 결과, 신체를 관통하는 힘들은 환원 불가능한 다양체로서 존재한다. 그런 의미에서 신체는 "의식이나 정신보다 훨씬 놀라운 것으로서 나타난다."

들뢰즈는 『스피노자: 실천의 철학』에서 이 문제를 더욱 전개하며, 이로부터 놀라운 결론을 이끌어낸다. "우리가 신체가 지닌 역량들에 관한 인식을 획득하고자 하는 것은, 그와 평행하게 의식을 벗어나는 정신의 역량들을 발견하기 위해서이다."[41] 즉, 신체가 지닌 미지의 역량을 발견하는 것은 동시에 정신이 지닌 미지의 역량을 발견하는 것이기도 하다. 그리고 이런 미지의 역량을 발견함으로써 "본질적으로 반동적인" 의식은 능동적 힘들과 마주치는, 능동적 의식으로 생성 변화할 것이다. 반동적 힘들도 역량이길 결코 그쳐서는 안 된다. 왜냐하면 반동적 힘들과 능동적 힘들을 구별하는 것은 순수하게 힘의

---

40) Deleuze, *Nietzsche et la philosophie*, p.45. [『니체와 철학』, 88쪽.]
41) Gilles Deleuze, *Spinoza: Philosophie pratique*, Paris: Minuit, 1981, p.29. [박기순 옮김, 『스피노자의 철학』, 민음사, 1999, 33쪽.] '평행하게'(parallèlement)라는 말은 스피노자의 이른바 심신평행론(parallélisme)을 염두에 두고 있다.

질적 차이일 수밖에 없기 때문이다. 따라서 신체의 능동적 힘들을 발견하는 것은 의식을 벗어난 능동적 힘들을 발견하는 것이며, 그렇게 함으로써 "본질적으로 반동적인" 의식에 의해 지배된 사유의 경제를 변용하는 것이다. 들뢰즈는 다음과 같이 서술한다.

> 진정한 문제는 능동적 힘을 발견하는 것인데, 이 힘이 없으면 반동 자체는 힘이 아닐 것이다. 힘들의 능동성activité은 필연적으로 무의식적이다. 그렇기에 이것은 신체를 모든 반동보다, 특히 의식이라 불리는 자아의 반동보다 우월한 어떤 것으로 만든다. "신체의 모든 현상은 지적인 관점에서 보면, 대수가 곱셈표보다 우월하듯이 우리의 의식보다, 정신보다 우월하며, 우리가 사유하고 느끼고 의욕하는 의식적인 방식보다 우월하다." 신체의 능동적인 힘들은 바로 신체를 하나의 자기로 만들며, 자기를 우월하고 놀라운 것으로 정의한다. "더 강력한 역량을 가진 존재, 알려지지 않은 현자. 그것이 자기라는 이름을 갖는다. 그는 너의 신체 속에 살며, 너의 신체이다."[42]

신체에 머무는 '자기'를 발견하는 것. '자기'란 "의식이라 불리는 자아의 반동"과는 완전히 다른 능동적 힘이며, 그것을 신체에서 발견한다는 것은 정신의 반동성을 능동성으로 변용하는 것이리라. '자아의 의식'은 의식을 벗어난 능동적 힘들을 발견함으로써 비로소 '자기

---

42) Deleuze, *Nietzsche et la philosophie*, p.47. [『니체와 철학』, 90~91쪽. action-active와 reaction-reactive는 보통 '작용-적극적[작용적]'과 '반작용-반작용적'으로 옮기지만, 여기서는 일본에서 사용되는 용어대로 옮겼다. 이 글의 맥락상 이런 식으로 옮기는 것도 나쁘지 않다는 판단에서이다.]

의 의식'으로 생성변화한다. 니체 식으로 말하면 그것은 내부로 향하고 자기에 대해 폭력을 휘두르는 '나쁜[병든] 양심'을 "자기 자신과만 닮은 것," "자신의 고유하고 독립적이며 지속적인 의지를 지닌 인간," 즉 "약속할 수 있는 인간"[43)]으로 변용하는 것이다.

   푸코로 돌아가자. 푸코는 『지식의 의지』에서 섹슈얼리티의 장치에 대한 저항의 거점은 신체와 쾌락에 위치지어지지 않으면 안 된다고 서술했다. 그리고 푸코는 자신의 전회 이후 바로 '자아'와는 구별되는 '자기'의 문제계와 신체, 쾌락의 활용에 관해 논하게 됐을 것이다. 예를 들어 『쾌락의 활용』에서 푸코는 이렇게 말한다. 그리스인들에게 성행위에 관한 성찰의 주요 관심은 "자신의 신체를 돌보는 어떤 방식과 관련해 쾌락의 활용을 …… 정의하는 것"[44)]이며, "신체 중심의 양생養生/régime physique …… 은 일반적인 실존의 미학의 원칙에 의해 질서를 부여받아야만 하는데, 이 원칙에서 신체적 균형은 혼이 지닌 올바른 위계질서의 조건 중 하나가 될 것이다."[45)] 여기서는 신체와 쾌락의 활용에 대한 배려가 혼에 "올바른 위계질서"를 부여하고 혼을 변용·해방하는 실천으로 정의된다. 그것은 쾌락과 신체의 새로운 경제를 발견함으로써 반동적인 자아를 능동적인 '자기'로 변용시키는 것이며, 또한 "본질적으로 반동적인" 의식의 양태("혼은 신체의

---

43) Nietzsche, "Zur Genealogie der Moral," p.293. 우리의 니체 해석은 버틀러의 논문에서 크게 시사점을 얻었다. Judith Butler, "Circuits of Bad Conscience: Nietzsche and Freud," *The Psychic Life of Power: Theories in Subjection*, Stanford, CA: Stanford University Press, 1997; "Ethical Ambivalence," *The Turn to Ethics*, eds. Marjorie Garber et al., London: Routledge, 2000.
44) Foucault, *L'usage des plaisirs*, p.112. [『쾌락의 활용』, 120쪽.]
45) Foucault, *L'usage des plaisirs*, p.118. [『쾌락의 활용』, 126쪽.]

감옥이다")를, 의식을 벗어나 신체에 머무르는 특이성, 즉 자기의 발견에 의해 변용시키는 것이다. 전회 이후에 푸코의 사유는 이 점을 둘러싸고 전개됐을 것이다.

3.4. 윤리적 주체화와 특이성

도식적으로 말하면 『감시와 처벌』과 『지식의 의지』에서 푸코는 주체의 탈중심화 구조를 비판했다. 그런 탈중심화에 있어서 주체는 '타자'로서의 규율권력에 의해 수동적으로 규정될 수 있다('복종화'). 다른 한편, 『쾌락의 활용』과 『자기에의 배려』에서 문제된 것은 '자기에의 관계,' 즉 주체 자신에 의한 자기의 생성이다('주체화'). 그때 이런 '자기에의 관계'를 구축하는 데 있어서 관건이 되는 것은 무엇인가? 푸코는 『쾌락의 활용』 서문에서 몇 가지 도덕을 구별한다.

> 어떤 '도덕'의 역사를 쓰려고 [갈망]하는 자는 이 단어가 포함하는 상이한 현실들을 고려해야만 한다. [예를 들어] [1] '도덕성'moralités의 역사, 즉 이런저런 개인의 행동이나 이런저런 집단의 행동이 상이한 심급들에 의해 제안된 규칙과 가치에 대해 어느 정도로 순응하는가 순응하지 않는가를 연구하는 역사. [2] '법규'codes의 역사, 즉 어떤 사회나 집단 속에서 작동하는 규칙과 가치의 상이한 체계, 그 체계를 활용하는 심급들이나 구속장치, 그리고 그 체계의 다양성, 불일치, 모순이 띤 형식들을 분석하는 역사. [3] 마지막으로 개인들이 도덕적 처신의 주체로서 스스로를 내세우게끔 요구하는 방식의 역사. 이 역사는 자기에 대한 관계를 설립하고 전개하기 위해, 자기에 관해 성찰하기 위해, 자기에 의한 자기의 인식·검토·해독을 위해, 자기 자신에게

변용을 초래하기 위해 제안된 모델들의 역사가 될 것이다. 바로 이것이 '윤리'éthique의 역사와 '금욕'의 역사로 불릴 수 있을 것이며, 도덕적 주체화의 형식들에 관한 역사, 그리고 이런 주체화를 확보하기 위한 자기의 실천에 관한 역사로 이해될 수 있을 것이다.[46]

여기서는 세 종류의 '도덕,' 즉 '도덕성,' '법규,' '윤리'가 거론된다. 첫 번째의 '도덕성'과 두 번째의 '법규'가 공동체에 대한 개인의 순응이나 (경우에 따라서는 처벌을 수반한) 순응의 강제를 의미하는 것이라면, 세 번째의 '윤리'에서는 자기의 자기에 대한 관계(자기에 관한 성찰, 자기에 의한 자기인식, 검토, 독해)가 문제된다. 편의상 공동체와 개인의 관계인 첫 번째와 두 번째의 도덕(도덕성, 법규)을 '도덕'으로, 자기의 자기에 대한 관계인 (후술하듯이 타자에의 관계를 경유한) 세 번째의 도덕을 '윤리'로 부르도록 하자. 푸코가 '도덕'과 '윤리'라는 말을 꼭 구별해 사용하는 것은 아니지만, 푸코의 텍스트를 독해하려면 둘을 구별하는 것이 불가결하다고 생각된다.

이 구별에 따르면, 푸코는 『쾌락의 활용』과 『자기에의 배려』에서 윤리의 문제를 다룬다. 그리고 이 윤리에서는 공동체적 도덕의 규범성이 아니라 특이성이라는 위상이 문제가 된다.

우리는 여기서 가장 고귀한 자건 가장 비천한 자건 할 것 없이 모든 개인들을 똑같은 방식으로 하나의 보편적인 법(이 법의 적용은 오직

---

46) Foucault, L'usage des plaisirs, p.36. [『쾌락의 활용』, 44~45쪽.] 인용문의 [1], [2], [3]은 독자의 편의를 위해 내가 덧붙인 것이다.

결의론^{casuistique}의 작동에 의해서만 변조될 수 있다)에 복종화시키려고 하는 엄격함의 형식으로부터 아주 멀어지게 된다. 반대로 여기[그리스]에서 모든 것은 조정과 상황과 개인적 지위에 관한 사항이다. 몇몇 중요한 공통의 법들(국가의, 종교 또는 자연의 법)이 현재 남아 있지만, 이것들은 너무도 멀리서 아주 커다란 원을 그리듯이 남아 있으며, 이런 원의 내부에서 실천적 사유가 무엇을 하는 게 적합한가를 정의해야만 한다. 그리고 이를 위해 실천적 사유는 법을 이루는 텍스트와 같은 어떤 것을 필요로 하는 게 아니라, 하나의 '테크네' 또는 하나의 '실천'을 필요로 하며, 일반적인 원리를 고려하면서 제 때에, 그 맥락과 그 목표에 따라 [우리의 행동을] 인도하게 될 수완$^{\text{savoir-faire}}$을 필요로 한다. 그러므로 이 도덕적 형식에서 개인이 스스로를 윤리적 주체로서 구성하는 것은 자신의 행동 규칙을 보편화함으로써가 아니다. 그와 반대로, 자신의 행동을 개별화하고 변조하며, 그것이 부여하는 합리적이고 성찰적인 구조에 의해서 그 행위에 단독적인 광채를 부여할 수 있는 태도와 탐구에 의해서인 것이다.[47]

윤리적 주체화는 개인을 규범, 공동체의 법에 적응시키는 것을 목표로 하지 않는다. 반대로 자신의 행위를 개별화하고 그것에 특이성의 징표를 부여하는 것이 목표이다("그들의 단독적 존재에 있어서 스스로를 변양시키기").[48] 공동체적 도덕이 '일반성^{généralité}-특수성^{particularité}'이라는 축에 속한다면, 윤리란 그런 '일반성-특수성'이라는

---

47) Foucault, *L'usage des plaisirs*, pp.72~73. [『쾌락의 활용』, 80~81쪽.]
48) Foucault, *L'usage des plaisirs*, p.16. [『쾌락의 활용』, 25쪽.]

축으로는 환원되지 않는 특이성에 관련된다. 특이성은 특수성과는 엄밀히 구별되지 않으면 안 된다. 이 점에 관해 가라타니 고진은 다음과 같은 구별을 제시한다. 특수성이 일반성의 한 사례로 환원되는데 반해, 특이성이란 일반성으로 환원되지 않는 일종의 '이것임'^{thisness}과 관련되어 있다. 예를 들어, '나'라는 개념이 일반적인 '나'의 하나에 불과하며, 따라서 어떤 나도 지시하는 반면에, '이 나'는 단독적인 것이며, 그것은 다른 나로는 '대체될 수 없는' 존재이다.[49]

일반성-특수성이라는 축을 '규범'과 관련지어 파악한다면, 특수성으로서의 개체는 일종의 규범에 의해 매개되고 일반성의 한 사례로 환원된다. 예를 들어 헤겔에게 있어서 특수성으로서의 개체는 '인륜'^{Sittlichkeit}에 의해 매개되며, 국가의 구성원인 '유'^{Gattung}로 지양된다. 푸코적 의미로 말하면, 특수성으로서의 개체란 규율권력의 메커니즘에 의해 규범을 내면화한 개체 이외에는 아무것도 아니다. 이와 달리 윤리에서의 '이 나'$^{ce\ moi}$의 특이성은 일반성으로는 환원되지 않는 것이며, 다른 나로는 '대체될 수 없다.' 규율권력이 일반성으로서의 규범을 개체에 부과하는 장치라고 한다면, 푸코가 윤리적 주체화에 의해 발견하려고 했던 것은 일반성으로서의 규범으로 환원될 수 없는 주체의 특이성이다.

그런 '특이성'으로서의 주체, 즉 자기에 대한 자기의 관계에 있어서 저항의 문제가 개입한다. 푸코는 콜레주드프랑스 강의『주체의

---

[49] 柄谷行人,『探究 II』, 東京: 講談社, 1989, p.10. [권기돈 옮김,『탐구 2』, 새물결, 1998, 11~12쪽.] 특이성과 개별성의 구별에 관해서는 다음도 참조할 것. Gilles Deleuze, *Différence et répétition*, Paris: PUF, 1968, pp.8~9. [김상환 옮김,『차이와 반복』, 민음사, 2004, 27~29쪽.]

해석학』(1981~82)에서 "자기에 대한 자기의 관계 속에서가 아니라면, 정치권력에 대한 저항의 일차적이고 궁극적인 지점은 존재하지 않는다"며, 계속해서 이렇게 말한다.

만일 권력의 문제, 정치권력의 문제를 통치성, 단순히 정치적인 의미에서가 아니라 가장 넓은 의미에서 권력관계의 전략적 장으로 이해된 통치성이라는 가장 일반적인 문제로 재정위한다면, 그래서 만일 통치성을 가동적mobile이고 변형 가능하며 역전 가능한 성질을 지닌다는 점에서 권력관계의 전략적 장으로 이해한다면, 통치성 개념에 관한 고찰은 이론적이고 실천적으로 자기에 대한 자기의 관계에 의해 정의될 주체라는 요소를 거치지 않을 수 없다고 생각합니다. 제도로서의 정치권력에 관한 이론은 일반적으로 권리 주체에 관한 사법적 개념을 참조합니다. 이와 달리 통치성에 대한 분석, 다시 말해서, 역전 가능한 관계의 총체로서의 권력에 대한 분석은 자기에 대한 자기의 관계에 의해 정의된 주체의 윤리를 참조해야만 합니다. 말인즉슨 제가 어떤 시기 이후부터 여러분에게 제시하려고 노력한 분석의 유형에서는 권력관계-통치성-자기와 타자들의 통치-자기에 대한 자기의 관계, 이 모든 것들이 그저 하나의 연쇄·씨실을 이루고 있다는 것일 뿐이며, 또한 이 개념들의 주변에서 정치의 문제와 윤리의 문제를 접합할 수 있어야 한다는 것을 뜻합니다.[50]

---

50) Michel Foucault, *L'herméneutique du sujet: Cours au Collège de France 1981 -82*, Paris: Gallimard/Seuil, 2001, pp.241~242. [심세광 옮김, 『주체의 해석학: 1981~1982 콜레주드프랑스에서의 강의』, 동문선, 2007, 283~284쪽.]

'역전 가능한 관계의 총체로서의 권력분석'이란 바로 저항의 문제를 지시한다. 그것은 자기에 대한 자기의 관계로서의 '주체의 윤리'야말로 통치성에 대한 저항의 가능성을 연다는 것이다. 규율화로부터 도주하고 그것에 저항하는 주체의 '특이성' 또는 '자기'야말로 통치성에 대한 저항의 지점을 형성한다.

그렇다면 푸코는 저항의 지점으로서의 윤리적 주체를 어떻게 구축하고자 하는가? 푸코는 『자기에의 배려』에서 플라톤의 『알키비아데스』를 분석하며 다음과 같이 말한다.

> 소크라테스는 젊은 야심가[알키비아데스]에게 이렇게 일러준다. 통치하기 위해 반드시 알아야만 할 것을 미처 배우지도 못한 채 국가를 책임지고 싶어 하고, 국가에 조언해주고 싶어 하며, 스파르타의 왕들이나 페르시아의 군주들과 경합관계에 들어서려고 하는 것은 너무도 오만한 짓거리이다. 우선 자기 자신에게 전념해야만 한다. 그리고 젊은이인 한, 지체 말고 그렇게 해야 한다. 왜냐하면 "쉰 살이 되면 이미 너무 늦을 것"이기 때문이다.[51]

정치적 주체이기 위해서는 우선 자기 자신에 전념하고, 윤리적 주체로서 자기를 구축할 필요가 있다. 그리고 이 자기 자신에게 전념하는 데 있어서 또 다시 자기에 대한 자기의 반성적 시선이 문제

---

51) Michel Foucault, *Histoire de la sexualité, vol.3: Le souci de soi*, Paris: Gallimard, 1984, p.58. [이혜숙·이영목 옮김, 『성의 역사, 제3권: 자기 배려』, 나남, 2004, 60~61쪽.]

로 된다. 『주체의 해석학』에서 푸코는 이렇게 말한다. "소크라테스는 자기에의 배려의 근본적 양상을 정의했습니다. 자기에의 배려의 실천 자체를 본질적으로 어떤 시선, 정확히 말해 자기가 자기 자신에게 쏟는 시선의 행사로 특징지었죠. '자기를 배려해야만 한다,' 이것이 'blepteon heauton'의 번역이었습니다. 즉, 자기 자신에게 시선을 쏟아야 한다는 것이죠."52) 이런 자기에 대한 자기의 시선은 혼이 과거에 알았던 진리를 재인시킨다. 그리고 바로 이런 재인 또는 상기에 의해 주체는 "자신을 해방하며, 자기의 고향으로, 자신의 고유한 존재로 회귀"53)한다. 여기서 중요한 것은 자기에 대한 자기의 반성적 시선이 주체를 자기에게 복종시키는 규제적 시선으로 기능한다는 것이 아니라, 오히려 주체의 존재 양태를 변용시키는 시선으로 기능한다는 점이다. 반성적 시선은 주체를 변용하고 '자기'의 특이성을 구축한다. 여기서 반성적 시선의 또 다른 기능, 즉 복종화된 주체의 변용과 윤리적 주체의 형성이라는 기능이 시사되고 있다.

이런 반성적 시선의 또 다른 사용은 세네카의 텍스트에 대한 이어지는 분석에서 더 명확해진다. 푸코는 세네카가 잠자기 전에 자신의 하루 행동을 세밀히 점검하는 것에 관해 이렇게 분석한다.

여기서 사용된 용어들은 의미심장하다. 세네카는 이미 지나간 하루 전체를 '점검'^{excutere}하고 싶어한다('점검'이라는 동사는 '흔들다,' '먼지를 털듯이 털어버리다'라는 의미로, 셈의 착오를 들춰내는 검증을 가

---

52) Foucault, *L'herméneutique du sujet*, p.436. [『주체의 해석학』, 479쪽.]
53) Foucault, *L'herméneutique du sujet*, p.442. [『주체의 해석학』, 485쪽.]

리키기 위해 사용된다). 세네카는 하루 전체를 '샅샅이 뒤지고'inspecter 자신이 저지른 행동, 자신이 내뱉은 말을 (일이 끝난 뒤에 그 일이 예측했던 바와 합치하는가를 보기 위해 그렇게 한다는 의미에서) '재평가'[재측정]remetiri하려고 한다. 이 점검에서 주체가 자기 자신과 맺는 관계는 피고가 재판관을 앞에 두었을 때 같은 재판관계[사법적 관계]의 형식처럼 이뤄지지는 않는다. 오히려 감독관이 어떤 일이나 완료된 임무를 평가하고자 할 때 같은 검사활동처럼 보인다. 스페쿨라토르speculator(우리는 자기의 관찰자speculator sui여야만 한다)라는 용어는 바로 이런 역할을 가리킨다. 이렇게 실행된 점검은 마치 사법절차를 모방하는 것처럼 보이지만, '범법행위'에 대한 것은 아니다. 그리고 유죄판결이나 자기징벌의 결정으로 이끄는 것도 아니다.[54]

자기의 하루 행동을 점검한다고 하는 이런 자기에의 관계는, 주체가 자기를 보고 검사한다는 형식을 취한다는 점에서 반성적인 시선에 의해 구성된다. 그러나 여기서 흥미로운 것은 푸코가 이런 자기에의 관계를 "피고가 재판관을 앞에 두었을 때와 같은 재판관계의 형식처럼 이뤄지지는 않는다"고 분석한다는 점이다. 바로 앞 절에서 푸코는 세네카가 이런 종류의 실천을 표현하려고 재판의 비유("재판관 앞에 출두하다." "자기 자신의 품행에 관해 예심을 하다." "그 원인에 대해 변론하거나 소환하다"[55])를 사용하고 있다고 강조했다. 그러나 이런 표현에도 불구하고, 푸코는 이런 자기의 실천이 '재판관계의 형

---

54) Foucault, *Le souci de soi*, p.78. [『자기 배려』, 82~83쪽.]
55) Foucault, *Le souci de soi*, p.78. [『자기 배려』, 82쪽.]

식'을 취하는 것은 아니라고, 즉 규제적 실천으로 기능하지 않는다고 해석한다. "사유 자체에 대한 사유의 작업"56)인 한, 그것은 주체의 반성성에 의거한다. 그러나 이 반성성의 기능은 자기감시와 자기징벌의 체계를 확립하고 주체가 규율을 내면화하는, 규제적 반성성의 기능과는 완전히 다르다. 오히려 여기서 반성적 시선은 자기의 행위를 '점검'하고, 존재를 이성적·단독적 주체로 변모시키려고 한다. 푸코는 앞서 인용한 한 구절을 이렇게 가다듬는다. "검사를 통해 과오를 재활성화하는 것은 유죄를 고착시키거나 후회의 느낌을 돋우기 위해서가 아니라 실패를 회상하고 성찰하는 확인과정을 통해 현명한 처신을 확보해주는 이성적 각오를 강화하기 위해서이다."57)

우리는 여기서 반성적 시선에 의한 자기의 변용이라는 윤리적 주체의 구축 전략을 확실히 볼 수 있다. 우리는 반성적 시선을 규제의 기능으로 사용하는 또 다른 방식을 들뢰즈의 말을 빌려 '자기-촉발'auto-affection이라고 부른다.58) 반성적 시선에 의한 자기-촉발은 복

---

56) Foucault, *Le souci de soi*, p.78. [『자기 배려』, 83쪽.]
57) Foucault, *Le souci de soi*, p.78. [『자기 배려』, 83쪽.]
58) Gilles Deleuze, *Foucault*, Paris: Minuit, 1986, p.115. [허경 옮김, 『푸코』, 동문선, 2003, 162쪽.] 이 용어는 하이데거의 칸트 해석에서 빌려온 것이다. 하이데거는 칸트 철학에서 시간의 기능을 '순수 자기-촉발'(reine Selbstaffektion)로 간주하고, 이것이 "주체성의 본질적 구조를 형성한다"고 본다. Martin Heidegger, "Kant und das Problem der Metaphysik," *Gesamtausgabe*, Bd.III, Frankfurt: Vittorio Klostermann, 1991, p.189; *Kant et le problème de la métaphys-ique*, Paris: Gallimard, 1981(1953), p.244. [이선일 옮김, 『칸트와 형이상학의 문제』, 한길사, 2001, 266~267쪽.] 또한 '자기-촉발'과 자기변용 사이의 관계에 관해서는 다음을 참조하라. Gilles Deleuze et Félix Guattari, *Qu'est-ce que la philosophie?*, Paris: Minuit, 1991, p.35. [이정임·윤정임 옮김, 『철학이란 무엇인가?』, 현대미학사, 1995, 50~51쪽.]

종화된 주체의 양태를 변용하고, 윤리적 주체로서의 '자기'를 형성할 것이다. 권력에 대한 저항점은 이런 주체화에 의해 비로소 구축된다. 그 때문에 주체화란 탈복종화désassujettissement의 다른 이름이다.

다만 이런 자기에 대한 자기의 관계는 고독한 실천에 의해 구축되는 것이 아니다. 윤리적 주체 형성에서 주체의 존재 양태가 변용된다는 것이 "결코 그랬던 적이 없었던 것으로 되돌아가기"[59]를 의미한다면, 그런 변용을 이끄는 타자의 개입이 불가결하다. 『주체의 해석학』에서 푸코는 그 점을 다음과 같이 설명한다.

> 개체는 자기 존재의 그 어떤 때에도 결코 알지 못했던 주체의 지위를 향해 나가야만 합니다. 비주체를 자기에 대한 자기의 충만한 관계에 의해 규정된 주체의 지위로 치환해야 하는 것이죠. 그는 스스로를 주체로 구성해야만 하며, 바로 여기에 타자가 개입해야만 합니다.[60]

소크라테스·플라톤에게 그런 '타자'란 '스승'으로서의 철학자이며, 로마 제정기에는 '우애'의 관계로 맺어진 철학자이다. 이처럼 자기를 통치하는 기술을 이미 알고 있는 타자와의 관계에 의해 비로소 우리는 자기를 통치하는 기술을 알며, "결코 그랬던 적이 없었던 것"으로 변용한다. 따라서 "자기에 대한 자기의 관계 구축은 아주 명백한 방식으로 '타자'에 대한 자기의 관계들로 접속된다."[61] 이처럼 자

---

59) Foucault, *L'herméneutique du sujet*, p.92. [『주체의 해석학』, 132쪽.]
60) Foucault, *L'herméneutique du sujet*, p.125. [『주체의 해석학』, 163쪽.]
61) Foucault, *L'herméneutique du sujet*, p.150. [『주체의 해석학』, 189쪽.]

기와의 관계는 반드시 타자와의 관계를 거칠 수밖에 없다. 여기서 우리는 푸코의 사유에 끈질기게 존속하는 니체적 문제, 즉 '바깥의 사유'를 다시 보게 된다. 바깥과의 관계가 존재하지 않으면 주체화는 실현되지 않는다. '바깥,' 즉 타자의 촉발에 의해서만 자기-촉발은 실현된다. 그리고 타자와의 관계에서 생겨나고 주체를 촉발하고 그 특이성을 구축하고 결과로서 주체를 변용시키는 앎, 푸코는 그런 앎을 고대적 영성spiritualité에서 '진리'가 행했던 역할로 간주한다. 우리는 여기서 들뢰즈가 푸코에게 기대했던 '새로운 진리 개념'을 볼 수 있다. "주체의 존재를 변양시키는 효과와 기능을 지닌 앎. 이 진리는 주체를 촉발하지 않으면 안 됩니다."[62]

자기에 대한 자기의 관계 구축, 즉 윤리적 주체화에는 늘 자기와 타자의 관계맺음이 결합되어 있다. "타자를 통치하는 것의 합리성은 자기 자신을 통치하는 것의 합리성과 동일한 것이다." 왜냐하면 "스스로 훌륭하게 처신할 줄 앎으로써 그는 타자를 통솔하는 기술을 알게 될 것이고, 또 그렇게 해야만 하기"[63] 때문이다. 윤리적 주체로 자신을 구축한 자만이 타자와의 윤리적 관계를 구축할 수 있다. 그리고 타자와의 그런 관계가 정치의 장에 특이성이라는 개념을 도입하는 것이리라. 통치성에 저항할 수 있는 윤리적 주체의 형성, 그것은 타자와 관계맺으며 자기의 특이성을 발견하고자 하는 사유를 의미한다. 즉, 푸코가 말한 주체화란 정치의 장, 즉 타자와의 관계에서 자기의 특이성을 행사할 수 있게 하는 '자유의 실천'을 의미한다.[64] 이런

---

62) Foucault, *L'herméneutique du sujet*, p.233. [『주체의 해석학』, 189쪽.]
63) Foucault, *Le souci de soi*, pp.109~110. [『자기 배려』, 112쪽.]

실천은 자기인식, 또는 자기에의 배려에 기초를 둔 타자에의 비구속에 다름 아니며, 그런 실천이야말로 타자와의 사이에서 필연적으로 개입될 수밖에 없는 권력관계를 항상 역전 가능한 것으로 만들 것이다. 고착화된 권력관계가 아니라 항상 역전 가능한 관계로서의 권력관계를 확보하는 것, 윤리적 주체의 형성에서 '자유의 실천'에 관건이 되는 것은 바로 이것이다. 나아가 섹슈얼리티의 영역에서 자유의 실천이란 자기의 쾌락을 통제하고("쾌락에 의해 능가되도록 자신을 내버려두지 않고 자신의 쾌락을 지배하는 것"[65]), 자기의 특이성에 기초해 자신의 신체와 쾌락을 행사하는 것을 의미할 것이다. 쾌락의 지배는 동시에 타자에 대한 윤리적 배려를 의미한다. 타자와의 윤리적 관계는 [권력]관계의 역전 가능성, 자기와 타자의 특이성의 행사와 분리될 수 없다. 그런 관계만이 쾌락을 하나의 윤리로 만든다.

3.5. 내재성

푸코는 고대 그리스-로마 시대의 '자기에의 배려'라는 실천에 주목함으로써 탈복종화의 전략을 모색했다. 이 탐구는 결코 근대로부터 고대로의 향수어린 '회귀'로 파악되어서는 안 된다. 반대로, 그것은 권력에 대한 저항 전략을 모색하려는 시도이다. 또한 푸코의 이 전회

---

64) 정치와 섹슈얼리티의 장에서 '자기에의 배려'가 자유의 존재론적 조건이라는 것에 관해서는 다음의 글을 참조하라. Michel Foucault, "L'éthique du souci de soi comme pratique de la liberté," *Dits et écrits*, t.IV: 1980~1988, Paris: Gallimard, 1994.
65) Foucault, *L'usage des plaisirs*, p.82. [『쾌락의 활용』, 91쪽.] 이 표현은 디오게네스 라에르티오스의 『그리스 철학자 열전』에서 인용한 것이다. [전양범 옮김, 『그리스 철학자 열전』, 동서문화사, 2008, 126쪽.]

를 단순히 '주체로의 회귀'로 파악해서도 안 된다. 만일 주체화가 권력에 대한 저항을 위해 주체의 특이성을 형성한다는 것을 의미한다면, 그것은 탈복종화의 시도이기도 하다. 동시에, 이 윤리적-정치적 전회에 의해 푸코는 근대적 주체 개념과는 완전히 상이한 새로운 주체 개념을 제시한다. 그 차이는 어떤 점에 있을까? 이 점을 분명히 해두지 않으면 푸코의 전회에 담긴 의미를 이해할 수 없다.

푸코는 그 전회의 기간에, 칸트의 「계몽이란 무엇인가?」라는 극히 짧은 텍스트를 수 차례 다뤘다. 「계몽이란 무엇인가?」를 둘러싼 이 일련의 성찰을 우리는 권력에 대한 저항 전략의 탐구로 위치지을 수 있다. 1978년에 행한 푸코의 강연 「비판이란 무엇인가?」를 참조하자. 푸코에 따르면 15~16세기 서양 사회에서 "사람들을 통치하는 기예의 진정한 폭발"이 일어난다. 여기서 문제가 된 게 "어떻게 통치할까?"라는 물음이라고 한다면, 그런 물음으로부터 "어떻게 [이런 식으로] 통치당하지 않을 것인가?," 즉 동시대의 권력에 대한 저항이 생겨나게 된다.[66] 그것은 근대사에서 교회의 권위에 맞서 '성서로의 회귀'로, 또한 통치권의 한계를 규정하는 자연법 사상으로 나타난다.[67] 푸코는 그것을 '비판적 태도'라 부르는데, 그때 칸트의 「계몽이란 무엇인가?」는 이런 비판적 태도의 전개 속에 위치지어진다. 왜냐하면 칸트는 계몽을 미성년 상태의 인류를 성인으로 바꾸는 운동으로 규

---

66) Michel Foucault, "Qu'est-ce que la critique?: Critique et Aufklärung," *Bulletin de la société français de philosophie*, 84e année, no.2, 1990, p.37. [오트르망 옮김, 「비판이란 무엇인가?」, 『비판이란 무엇인가? 자기 수양』, 동녘, 2016, 43쪽.]
67) Foucault, "Qu'est-ce que la critique?," pp.38~39. [「비판이란 무엇인가?」, 45~46쪽.]

정하며, 그런 미성년 상태는 "그 행사에 의해서 인류를 이런 미성년 상태로 유지하는 권위와의 상관관계," 즉 권력의 과잉과의 상관관계에 의해 규정되기 때문이다.[68] 따라서 칸트의 계몽은 근대의 경우엔 통치의 과잉에 대한 저항 수단으로 규정될 것이다.

그렇다면 푸코는 칸트의 이 텍스트로부터 구체적으로 어떤 저항 전략을 도출한 것일까? 푸코가 1984년에 발표한 「계몽이란 무엇인가?」를 참조하자. 여기서 푸코는 계몽에 관한 칸트의 분석을 '현재성'actualité의 철학으로 규정한다.

칸트는 계몽을 거의 전적으로 부정적 방식에 따라 아우스강Ausgang, 요컨대 '비상구,' '출구'로 정의한다. 역사에 관한 다른 텍스트들에서 칸트는 [간혹] 기원의 물음을 제기하거나 역사적 과정의 내적 목적성을 정의하곤 했다. [그러나] 계몽에 관한 [이] 텍스트에서 물음은 순수한 현재성에[만] 관련된다. 칸트는 현재를 전체성이나 미래의 성취로부터 이해하려고 하지 않는다. 칸트는 하나의 차이를, 즉 오늘은 어제에 대해 어떤 차이를 도입하는가를 탐구하고 있다.[69]

칸트는 자신의 역사적 성찰에서 몇 번이나 역사의 목적이나 기원을 긍정적인 방식으로 논한다(예를 들어 「세계시민적 관점에서 본 보편사의 이념」). 이와 달리 「계몽이란 무엇인가?」에서 칸트는 계몽이라

---

68) Foucault, "Qu'est-ce que la critique?," p.40. [「비판이란 무엇인가?」, 49쪽.]
69) Michel Foucault, "Qu'est-ce que les Lumières?," *Dits et écrits*, t.IV: 1980~1988, Paris: Gallimard, 1994, p.564. [정일준 옮김, 「계몽이란 무엇인가?」, 『자유를 향한 참을 수 없는 열망』, 새물결, 1999, 180쪽.]

는 운동을 '순수한 현재성'으로 규정한다. 그것은 '특이한 순간'moment singulier으로서의 현재성, 오늘이라는 순간이 지닌 특이성이 철학의 대상이 된다는 것이다.70) 그런 의미에서 칸트의 이 텍스트는 비판적 성찰로도 역사적 성찰로도 환원되지 않는 분야, 즉 현재성의 철학이라는 새로운 분야를 예시한다.

푸코는 칸트의 계몽에 대한 이런 태도를 '근대성의 태도'로 위치 짓고, 칸트를 재독해하면서 이로부터 '하나의 철학적 에토스'라고 불러야 할 것을 끄집어낸다. 그것은 "우리 자신에 관한 역사적 존재론"이라고 불리며, 다음과 같이 규정된다.

이 철학적 에토스는 하나의 한계적 태도로 특징지어진다. 그것은 거부의 태도와 관계된 것이 아니다. 우리는 외부와 내부라는 양자택일에서 빠져나가야만 한다. 우리는 경계선에 있어야만 한다. 비판이란 한계들의 분석이며 한계들에 관한 성찰이다. 그러나 칸트식 물음이란 인식이 넘어서는 안 되는 한계가 무엇인지를 아는 데 있었다면, 내가 보기에 오늘날 비판적 물음은 적극적인 물음으로 뒤집혀야만 하는 것 같다. 그것은 우리에게 보편적이고 필연적이며 의무적인 것으로 주어진 것 속에서 단독적이고 우발적인 것, 자의적인 구속에 맡겨져 있는 것이 차지하는 몫은 무엇인가라는 물음이다. 요컨대, 필연적 제한이라는 형태로 행사되는 비판을, 가능한 넘어섬의 형태를 취하는 실천적 비판으로 변용하는 것이 문제인 것이다.71)

---

70) Foucault, "Qu'est-ce que les Lumières?," p.568. [『계몽이란 무엇인가?』, 186쪽.]
71) Foucault, "Qu'est-ce que les Lumières?," p.574. [『계몽이란 무엇인가?』, 194쪽.]

역사적 존재론은 '한계적 태도'로 규정된다. '한계'라는 말은 바로 칸트적 비판을 상기시킨다. 『순수이성비판』에서 칸트는 가능적 경험의 한계를 초월하려는 이성의 사용을 순수이성의 월권행위라며 금지했다. 그런 의미에서 칸트적 '한계'란 그것의 위반을 금지했다는 부정적 성질을 지닌다. 다른 텍스트에서 푸코는 이런 "진정한 인식이 가능해지는 조건에 관한 물음"을 '진리의 분석론'이라 부른다.[72] 그러나 푸코가 제기한 역사적 존재론은 이런 칸트의 독해와는 정반대의 전략을 취한다. 푸코는 '한계적 태도'를 '가능한 넘어섬'으로 정의한다. 거기서 문제는 이성의 한계도, 그 한계 내에 머무는 것도 아니다. 오히려 우리를 역사적으로 규정하는 '우발적인 것'을 명확하게 제기하고, 그런 우발성의 한계를 위반하는 것이 문제이다.

이런 점에서 푸코가 현재성의 철학에 주목한 이유를 이해할 수 있다. 현재성의 철학은 존재를 역사적 관점에서 파악하는 동시에 존재의 존재방식을 역사적 우발성에서 파악한다. 하이데거식으로 말하면 존재는 항상 이미 역사적 우발성 속에 "내던져져" 있으며, 그런 우발성이 주체의 존재 양태를 규정한다. 푸코의 입장은 존재의 역사성을 '우발성의 사실성' 또는 '초월론적 우발성'에서 파악하려고 했던 1970년대 알튀세르의 입장(「우발성의 유물론」)에 근접한다.[73]

---

72) Michel Foucault, "Qu'est-ce que les Lumières?"(Extrait du cours du 5 janvier 1983 au Collège de France), *Dits et écrits*, t.IV: 1980~1988, Paris: Gallimard, 1994, p.687. [이것은 앞서 인용한 「계몽이란 무엇인가?」와 다른 텍스트이다.]

73) Louis Althusser, "Le courant souterrain du matérialisme de la rencontre," *Écrits philosophiques et politiques*, t.I, Paris: Stock/IMEC, 1994, pp.542~543. [서관모·백승욱 옮김, 「마주침의 유물론이라는 은밀한 흐름」, 『철학과 맑스주의』, 새길, 1996, 41~42쪽.]

푸코는 『지식의 고고학』에서 '형식적 아프리오리'와 '역사적 아프리오리'라는 두 아프리오리 개념을 대립시켰다. 전자가 칸트적 의미에서 인식의 내적 조건을 규정하는 것을 가리키는 반면에, 후자는 인식을 외부로부터 규정하는 역사적 요소를 가리킨다. 「계몽이란 무엇인가?」의 맥락에서 보면 전자는 '진리의 분석론'에, 후자는 '역사적 존재론'에 대응한다. 『지식의 고고학』에서 푸코는 이 두 개의 개념을 비교하면서 다음과 같이 말한다.

> 그것[역사적 아프리오리]은 형식적 아프리오리를 (심리학적 또는 문화적 발생으로서의 어떤 것에 의해) 설명할 수 없다. 하지만 그것은 형식적 아프리오리가 어떻게 역사 속에서 연결점들을, 삽입의 장소들을, 파열이나 출현의 장소들을, 실현의 영역이나 기회를 가질 수 있는가를 이해할 수 있게 해주며, 그리고 이 역사가 어떻게 완전히 외재적인 우발성도, 그 고유한 변증법을 전개하는 필연성도 아니라 특정한 규칙성일 수 있는가를 이해할 수 있게 해준다.[74]

역사적 아프리오리는 "완전히 외재적인 우발성"이 아니라 "특정한 규칙성"에 속한다. 즉, 푸코는 아직 우발성을 중시하지 않는다. 우발성의 문제는 권력에 대한 저항이라는 문제계로 전회하면서 나타난다. 푸코는 이 역사적 우발성을 '사건'événement이라는 말로도 지칭한다. 그런 우발성이야말로 주체를 생성변화로 이끌 것이다.

---

74) Michel Foucault, *L'archéologie du savoir*, Paris: Gallimard, 1969, pp.168~169. [이정우 옮김, 『지식의 고고학』, 민음사, 1992, 185~186쪽.]

비판은 보편적 가치를 지닌 형식적 구조의 탐구 속에서 더 이상 실행되는 게 아니라 스스로를 행하고 사유하고 말하는 주체로서 인식하도록 우리를 구성해왔던 사건들을 통해 이뤄지는 역사적 조사로서 실행될 것이다. 이런 의미에서 이런 비판은 초월론적이지 않으며, 형이상학을 가능케 하려는 목적을 갖고 있지도 않다. 그것은 그 목적성에 있어서는 계보학적이며, 그 방법에 있어서는 고고학적이다. 이 비판은 모든 인식이나 모든 가능한 도덕적 행동의 보편적 구조를 추출하려고 한다는 의미에서가 아니라, 우리가 생각하고 말하고 행하는 것을 분절화하는 담론들을 각각 역사적 사건으로서 다루고자 한다는 의미에서 고고학적이다 —— 그리고 초월론적이지 않다. 또 이 비판은 지금 존재하는 바의 형태로부터 우리가 행할 수 없고 인식할 수 없는 것을 연역해낸다는 의미에서가 아니라, 존재하는 바를 존재하게 만들었던 우발성으로부터 우리가 지금 존재하고 행하고 생각하는 바처럼 더 이상 존재하지 않고 행하지 않고 생각하지 않을 수 있는 가능성을 추출해낸다는 의미에서 계보학적일 것이다.[75]

역사적 존재론은 인식, 행위, 담론을 형성하는 기반으로서의 '사건'을 역사적으로 '비판'하고, 주체 안에 각인된 권력의 효과들을 명확하게 끄집어낸다. 따라서 그것은 주체를 탈복종화하며, 단독적 자기를 형성하는 시도이다. 그런 의미에서 탈복종화는 말하자면 자기로의 생성변화[자기-되기]를 의미한다. 만일 권력관계가 '사건'의 효과 또는 역사적 우발성의 효과라면, 주체의 현재의 존재방식은 순수

---

75) Foucault, "Qu'est-ce que les Lumières?," p.574. [「계몽이란 무엇인가?」, 195쪽.]

하게 우발적인 것이며, 생성변화의 가능성에 열려 있다. 즉, "우리가 지금 존재하고 행하거나 생각하려는 것에는 더 이상 존재하지도 행하지도 생각할 수도 없는 가능성"은 항상 열려 있다. 역사적 존재론은 존재의 우발성의 장을 개척한다. 그리고 그 우발성이야말로 탈복종화의 가능성을, 또는 알튀세르적 의미에서의 '우발적인 생성변화'devenir aléatoire의 가능성을 여는 것이다.76)

역사적 존재론은 "필연적인 것의 현재적 한계"77)로 향한다. 그것은 현재의 권력관계 속에서 형성된 '보편성,' '필연성'의 역사성을 명확하게 끄집어내고, 그것들이 만드는 '현재적 한계'를 침범한다. 그런 의미에서 이런 탐구는 니체적이다. 푸코에 따르면, 역사적 존재론은 '계보학적'이지 '초월론적인 것'이 아니다. 확실히 그것은 "모든 인식이나 모든 가능한 도덕적 행동의 보편적 구조를 추출하려는 게 아니라는" 의미에서, 즉 인식이나 행위의 '형식적 아프리오리'를 탐구하는 것이 아니라는 의미에서 초월론적이지 않다. 그러나 역사적 존재론은 그것이 주체에 의한 주체 자신의 '비판'이라는 반성성에 기초를 두고 있다는 점에서 초월론적 시선과 동일한 반성적 시선의 구조를 전제한다. 역사적 존재론이 "우리에게 보편적이고 필연적이며 의무적인 것으로 주어진 것 속에서 단독적이고 우발적인 것, 자의적인 구속에 맡겨져 있는 것이 차지하는 몫은 무엇인가"를 묻고자 한다면, 반성적 사유 혹은 반성적 시선에 의거할 수밖에 없다. 1984년의 어

---

76) Louis Althusser, "Le marxisme comme théorie 'finie,'" *Solitude de Machiavel*, Paris: PUF, 1998, p.286.
77) Foucault, "Qu'est-ce que les Lumières?," p.572. [「계몽이란 무엇인가?」, 192쪽.]

떤 텍스트에서 푸코는 이렇게 말한다. "비판은 변용 가능한 특이성들을 명확하게 하는 것이며, 바로 거기에 비판 활동으로 간주된 사유의 역사의 원리가 있을 것이다."[78] 따라서 푸코식 비판은 주체 자체를 형성하는 특이성들을 반성적 시선("사유는 사유 자신에 대해서 작동한다")에 의해 명확히 하고, 그 존재 양태를 변용하고자 한다. 이처럼 주체가 항상 변용 가능한 것은 주체를 구성하는 "특이성들"이 항상 역사적 우발성에 의해 규정된 것이기 때문이다.

이런 의미에서 푸코적 비판은 니체적 사유에 의한 칸트적 주체의 탈구축이라는 전략에 기초를 두며, 장소론적 문제구성 속에 있다. 그러나 우리는 푸코가 역사적 존재론을 권력에 대한 저항의 이론으로서 완성해 냈다는 것에 주의해야만 한다. 『감시와 처벌』에서 반성적 시선은 주체가 자기 자신을 규율화하는 규제적 시선으로서 기능해 왔다. 그러나 역사적 존재론에서 반성적 시선은 저항의 역량으로서 기능한다. 왜냐하면 그것은 주체에 각인된 권력의 효과들을 뽑아내며, 주체를 탈복종화된 자기로 변용시킬 수 있기 때문이다. 바꿔 말하면, 반성적 시선은 주체 자신을 촉발하고 주체화와 탈복종화를 촉진하며 윤리적 주체를 형성하는 것이다.

그때 주체의 반성성에는 '앎의 축, 권력의 축, 윤리의 축'이라는 세 개의 축이 공존한다.[79] 그것들은 각각 인식, 지배, 저항에 대응한

---

[78] Michel Foucault, "Préface à l'Historie de la sexualité," *Dits et écrits*, t.IV: 1980~1988, Paris: Gallimard, 1994, p.580.
[79] "[역사적 존재론이라는] 이 실천적 총체는 세 개의 커다란 영역에 속한다. 사물에 대한 지배의 관계들의 영역, 타자에 대한 행동의 관계들의 영역, 자기에 대한 관계들의 영역이다. 이것은 서로 완전히 소원한 세 가지 영역이 존재한다

다. 첫째로, 반성성은 인식의 주체를 형성한다. 그것은 말하는 주체, 노동하는 주체, 생명을 지닌 주체라는 '과학의 규약'[80]을 대상화한다. 둘째로, 반성성은 복종화된 주체를 형성한다. 그것은 주체 자체를 복종화하며, 권력의 대행자로서 기능한다. 셋째로, 반성성은 저항의 주체를 형성한다. 그것은 주체에 각인된 권력의 효과들을 명확하게 끄집어내고, 주체가 그것을 비판할 수 있게 한다. 주체의 반성성에는 이런 역량들이 이질적으로 공존한다.

규제적인 반성적 시선은 인식과 지배의 메커니즘으로서의 초월론적 심급을 구성한다. 그러나 저항이라는 축의 개입은 이 규범적·규율적 기능의 비판을 촉진·변용시키고자 한다. 이 축의 반성성에 의해 초월론적 심급의 규율성을 비판할 수 있는 특이성의 장이 형성된다. 우리는 이 특이성의 장을 '내재성'이라고 부르기로 한다.[81] 주체화란 특이성의 장으로서의 내재성을 구축하는 탈복종화의 실천이다.

그러나 초월론적 심급을 형식성에서 파악할 경우, 그것은 자기가 자기를 본다는 형식(반성성)밖에 없으며 어떤 내용도 지시하지 않는다. 그것은 말하자면, "존재하지는 않지만 체계를 체계이게 하는

는 것이 아니다. 잘 알려져 있듯이, 사물에 대한 지배는 타자에 대한 관계를 경유하며, 타자에 대한 관계는 항상 자기에 대한 관계를 내포하며, 또한 거꾸로이기도 하다. 하지만 각각의 종차성(spécificité)과 뒤얽힘을 분석해야만 하는 세 가지 축, 즉 앎의 축, 권력의 축, 윤리의 축이 있다." Foucault, "Qu'est-ce que les Lumières?," p.576. [「계몽이란 무엇인가?」, 198쪽.]

80) Foucault, "Le sujet et le pouvoir," p.223. [「주체와 권력」, 86쪽.]

81) 특이성의 장으로서의 내재성에 관해서는 다음을 참조하라. Gilles Deleuze, "L'immanence: Une vie……," *Deux régimes de fous et autres textes 1975-1995*, ed. David Lapoujade, Paris: Minuit, 2003. [박정태 옮김, 「내재성: 생명……」, 『들뢰즈가 만든 철학사』, 이학사, 2007.]

…… 제로 기호"[82]이다. 초월론적 심급은 순수한 형식성으로서 어떤 내용도 보존할 수 있으며, 따라서 앎의 축, 지배의 축, 저항의 축이라는 축들을 기능시킬 수 있다. 주체의 반성성에는 초월론적인 것의 규율성과 이에 대한 내재성에 의한 비판이 공존한다. 그런 의미에서 푸코는 그 전회에 의해서 초월론적인 것의 규율성을 비판할 수 있는 저항의 축(내재성)을 반성에 부가한 것이다.

여기서 저항의 축의 종차성種差性에 주목하자. 만일 인식의 축과 지배의 축이 각각 인식 주체, 복종화된 주체를 형성한다면, 이런 두 축은 '권력-앎'이라는 뒤얽힘을 실현한다. 따라서 그것은 '초월론적인 것'의 반성적 비판으로서 나타난다. 달리 말하면, 저항의 축에 의한 비판이란 초월론적인 것의 역사적 객체화이다. 만일 그것이 푸코가 말하듯이 '계보학적인 것'이라고 한다면, '계보학'이란 바로 이 초월론적인 것의 역사적 비판을 의미한다.

푸코는 윤리의 문제계로 전회해 특이성의 장으로서의 내재성을 구축하고자 했다. 반성적 축들의 이질성에는 복종화의 수동성과 비판의 능동성이 혼재한다. 푸코는 윤리-정치적 전회를 통해 자신의 권력 이론의 아포리아를 넘어서고자 했다. 그런 극복을 가능케 한 것은 역사적 우발성 개념, 특이성의 장으로서의 내재성의 구축이다.

---

82) 柄谷行人, 『トランスクリティーク: カントとマルクス』, 東京: 岩波書店, 2004, p.120. [이신철 옮김, 『트랜스크리틱: 칸트와 맑스』, 도서출판b, 2013, 117쪽.] 여기서 고진은 '제로 기호'의 개념을 야콥슨, 레비-스트로스적 의미에서 사용하며 라캉적인 의미로는 사용하지 않는다. 고진에 따르면 구조주의자들은 '제로 기호'의 도입에 의해 '주체'를 삭제했다고 믿었지만, 실제로 칸트적 의미에서의 '초월론적 주체'를 암묵적으로 전제한다.

제1부의 결론: 타자로의 생성변화와 자기로의 생성변화

우리는 '구조주의적' 권력 이론의 아포리아, 즉 권력에 대한 저항의 사유 불가능성에서 출발했다. 이 불가능성은 주체가 권력에 대해 갖는 생산성을 말소하는 것, 역량을 '객체'(형식적 구조)에 잠재적으로 집중시키는 것, 다시 말해서 권력을 내면화해 주체를 근본적으로 탈중심화하는 것을 가리킨다. 우리는 이 아포리아를 해소하기 위한 두 개의 전략을 찾아냈다. 첫 번째 전략은 들뢰즈·가타리에서의 경제론적 문제구성이다. 그것은 주체의 능동성을 탈구축하고, 기계적 무의식에 비인칭적 역량을 부여하는 것으로 요약된다. 그들은 『안티-오이디푸스』에서 라캉을 가차없이 비판했지만, '주체의 탈중심화'라는 라캉의 혁신적 테제를 결코 무화하지는 않는다. 그들에게 주체는 근본적으로 탈중심화되며, 근대 철학이 주체에 부여한 능동성은 무의식에 속한다. 다만 그들에게 무의식은 "'타자'의 욕망"에 의해 규정되지 않는다. 그것은 '나'나 '타자' 등의 인칭성으로는 결코 환원되지 않는 비인칭적 역량의 장이다. 무의식을 인칭성에서 해방시킴으로써 그들은 무의식을 헤겔-라캉적 변증법, 즉 라캉과 정신분석 이론에 줄기차게 존속하는 주체와 '타자'의 변증법에서 해방시킨다.

들뢰즈·가타리는 구조주의적 사유를 극한까지 밀어붙여 경제론적 주체 개념, 즉 다양체로서의 주체 개념을 통해 권력에 대한 저항의 돌파구를 열어젖힌다. 자본주의적 운동이 가정적家庭的 억압을 매개로 에너지 흐름의 생산과 소비의 역동성을 억압하고 오이디푸스적인 장소론적 주체를 구성하는 것이라면, 저항의 전략은 무의식적 욕망의 흐름을 절대적 극한까지 가속화하고 해방하는 데 있다. 이런 흐름의 가속화는 "욕망하는 생산이 사회적 생산을 자신에게 복종시키지만 파괴하지는 않는" 자본주의의 '역량의 전도'를 실현할 것이다.[83] 사회적 장의 생성변화를 무의식에 접속시키기. 그들에게 저항 개념은 바로 **타자로의 생성변화**와 경제론적 문제구성에 의거한다.

이와 대조적으로, 푸코에게 권력에 대한 저항의 전략은 장소론적 문제구성에 머무르면서 그것을 극한으로 밀어붙이며, 초월론적 심급을 혼종화(지배와 저항의 공존과 교착)시키는 것에 있다. 윤리의 문제계로 전회함으로써 푸코는 초월론적 체계를 내재성(특이성의 장)과 내면화된 권력이 공존하는 혼종^{hétérogénéité}이라고 재정의한다. [내재성만이 내면화된 권력의 규율성을 비판할 수 있을 것이다.] 이렇게 정의를 변경하게 되면, 복종화된 주체가 권력관계를 비판하는 것이 가능해진다. 그러나 주체가 권력장치들에 의해 생산되고 재생산되는 한, 주체가 권력관계로부터 완전히 자유로워지는 일이란 있을 수 없다. 또한 실제로 권력관계가 존재하지 않는 사회란 존재하지 않는다. 따라서 탈복종화의 실천은 현재의 권력관계를 끊임없이 비판하고, 복종화된 자아를 윤리적 자기로 변용시키려고 시도하는 것에 있다. 이런 시도를 우리는 "자기로의 생성변화"라고 부른다.

그런 의미에서 푸코에게 권력에 대한 저항의 전략은 끊임없는 역사적-반성적 비판으로 요약된다. 그때 '현재성'의 철학과 '역사적 우발성'의 개념이 주체의 생성변화를 가능케 한다. 들뢰즈·가타리에게서는 경제론적 문제구성이 생성변화의 비인칭적 역량을 이론화한다. 반면 푸코는 장소론적 문제구성에 머무르면서 생성변화를 다른 형

---

83) Gilles Deleuze et Félix Guattari, *L'Anti-Œdipe*, Paris: Minuit, 1972, p.457. [김재인 옮김, 『안티-오이디푸스: 자본주의와 분열증』, 민음사, 2014, 625쪽.]

태로, 즉 역사적 우발성의 도입에 의해 확보한다.

푸코는 전반적이고 급진적인 혁명 개념을 거부했다. 따라서 푸코에게 저항의 실천은 복종화된 주체의 현재 양태를 끊임없이 계속 비판하는 것으로 한정될 수밖에 없다. 반대로 알튀세르는 현재의 우발성에 의거하면서도 사회구성체 자체의 '생성변화'에 관해 생각했다. 1978년의 텍스트에서 맑스주의 이론은 "**현재 국면** 속에 기입되며, 그것에 한정되어 있다"[84]고 주장하며, 알튀세르는 이렇게 말한다.

> '유한'한 이론만이 자본주의 사회 속에서 검출되는 모순된 경향에 현실적으로réellement **개방될** 수 있다. 그런 우발적 생성변화에 개방되며, 노동운동의 역사를 끊임없이 특징짓는 예견할 수 없는 '기습공격'에 개방되며, 따라서 주의 깊게 개방되며, 역사의 구제할 길 없는 상상력을 진지하고도 **적절한 때에** 고려할 수 있도록 개방된다.[85]

사회구성체의 '우발적인 생성변화'가 그 속에 잉태된 모순과 우발성에 의거한다면, 우리는 그런 우발성의 이론을 구조변동의 인과성의 이론으로 읽을 수 있을 것이다. 이 점을 검토하기 위해 제2부에서는 우발성과 구조의 변형이라는 문제를 고찰해야만 한다.

---

[84] Althusser, "Le marxisme comme théorie 'finie,'" p.285.
[85] Althusser, "Le marxisme comme théorie 'finie,'" p.286.

제2부

구조의 생성변화

4장. 죽음충동, 우발성, 저항

제2부의 서론

구조주의가 이룩한 이론적 공헌 중 하나는 시간성에 관한 이론을 혁신한 데 있다. 단적으로 말하면, 구조주의는 역사적 시간을 [선형적인] 연속성이 아니라 일종의 근본적인 불연속성에서 파악한다. 예를 들어 푸코는 『말과 사물』에서 에피스테메라는 개념을 제시하고, 인식의 역사를 에피스테메들의 상호교대로 생각했다. 그리고 에피스테메들 사이에는 근본적 단절이 존재한다. 푸코는 그런 단절을 에피스테메의 '변동'이라 부르거나 단순히 '사건'이라 불렀다. 그렇지만 그런 '변동'이나 '사건'의 인과성에 관해서는 침묵한 채 말하지 않는다. 가령 고전주의 시대까지의 인식을 지배했던 '표상의 담론'은 18세기 말을 경계로 갑자기, '인간'이라는 '앎에 있어서의 객체'인 동시에 '인식하는 주체'인 존재에 그 자리를 내준다. 즉, 어떤 에피스테메가 사라지고 새로운 에피스테메가 출현한다. 그것이 전부이다.

이와 대조적으로 알튀세르는 구조변동의 인과성에 관한 이론을 구축하려고 했다. 1966년의 어떤 텍스트에서 알튀세르는 새로운 구조의 '생기'surgissement에 관해 논하며 이렇게 설명한다. 기존 구조와 단절함으로써 일단 새로운 구조가 생겨나면, 그것은 '무시간적인'intemporel 방식으로 스스로를 재생산한다. 즉, 그것은 "닫힌 회로 속에서, 비시간성atemporalité이라는 양식에 있어서(혹은 그 위에서) 기능하며 …… '연대기'라는 시간성, 즉 단순한 시간적 계기繼起나 통속적 의미에서의 역사성이라는 시간성을 따르지는 않는다." 알튀세르는 이런 구조의 재생산을 '공시적 재생산'이라고 부른다.1) 이런 인식은 알튀세르 자신의 유명한 이데올로기 이론과 밀접한 관계를 맺고 있다. 지배적 이데올로기는 주체의 저항 역량을 제거하면서 주체를 복종화하며 사회관계를 '무시간적으로' 재생산한다. 이런 의미에서 사회적 관계들의 '공시적' 재생산이란 사회관계의 고착화를 의미하며, 주체들에게 이데올로기적 국가장치들을 주입하는 지배적 이데올로

---

1) "맑스는 새로운 현실의 **생기** 메커니즘을 설명할 작정이었는데, 헤겔적 혹은 진화론적 유형의 몇 가지 정식화에도 불구하고, 자신의 이론적 노동의 실천에 있어서 발생(genèse) 개념들(헤겔적 개념들)을 거부함으로써만 그것을 달성할 수 있었다. 따라서 맑스는 여러분이 **통시적**(설명을 간결하게 하기 위해 잠정적으로 이렇게 부르자)이라고 부를 문제를 해결하고자 했다. 그리고 동시에, 일단 **새로운 구조가 생기**한다면, 그것은 바로 무의식과 똑같이 무시간적으로 기능한다. 맑스는 자신의 고유한 용어로, 모든 생산양식은 '영원'하다고 말한다. …… 생산양식이 '영원'하다고 말할 때 맑스가 말하고자 한 바는 그것이 닫힌 회로 속에서 비시간성의 양식 위에서 기능한다는 것이며, 또한 그것이 '연대기'라는 시간성, 즉 단순한 시간적 계기나 천박한 의미에서의 역사성이라는 시간성을 따르기는커녕 **바로 무의식과 똑같이** 이런 시간성에서 독립해 있다는 것, 끊임없이 **스스로 자기 자신을 재생산**한다는 것이다. 그리고 이런 비-시간적, 무-시간적, '공시적' 재생산은 경제적 의미에서는 물론이고 다른 모든 의미에서도 그 '생산'의 절대적 조건이다." Louis Althusser, "Lettre à D……," *Écrits sur la psychanalyse*, Paris: Stock/IMEC, 1993, p.93. [국내에서는 surgissement를 '돌발'로 옮기고 있다. 여기서는 데리다나 하이데거와의 연결을 강조하려는 필자의 의도를 존중해 '생기'로 옮긴다.]

기에 의한 주체의 복종화나 훈련을 의미한다.[2] 그렇다면 이런 '공시적' 재생산을 보장하는 사회구조는 어떻게 변형될 수 있을까?

이런 문제틀 아래 제2부는 데리다와 알튀세르에게서 구조의 변형과 우발성 문제를 다룬다. 우리의 가설에 따르면, 이들은 몇 가지 이론적 모티프를 공유한다. 첫째, 이들은 단절과 구조변동 문제를 우발성과 관계지어 사유한다. 둘째, 이들에게 이 문제는 정신분석 이론에 대한 비판적 변형에 의해 이론화된다. 이때 문제되는 것은 정신분석 이론에 대한 단순한 비판이 아니라, 단절과 우발성의 관계를 개념화하기 위한 정신분석 이론의 탈구축과 변형이다.

4장에서는 데리다에게서 구조의 변형 문제를 '죽음충동' 개념과 관계지어 고찰한다. 이 성찰에 왜 죽음충동 개념을 더할 필요가 있는 것일까? 데리다에게 저항의 문제('비더슈탄트'Widerstand가 지닌 두 의미[정치적 '저항'과 정신분석적 '저항']를 떠올려보라[3])는 죽음충동에 관한 극히 이율배반적인 두 가지 측면을 둘러싸고 이론화됐기 때문이다. 그 두 측면이란 인간의 삶을 위협하는 죽음충동(잔혹성)과 충동의 이런 잔혹성 자체로부터 주체를 지키는 죽음충동(저항)이다. 데리다에게서 저항과 우발성의 문제를 다루려면 죽음충동의 이런 이율배반적 측면을 고찰하지 않기가 어렵다.

---

2) 이런 의미에서 이데올로기는 사회적 재생산의 반복적 과정으로서 기능한다. 알랭 바디우가 알튀세르에 관한 논고에서 보여준 이데올로기의 정의를 참조하라. "만일 과학이 **변형**의 과정이라면, (무의식이 거기서 구성되고 형태를 취하는 한) 이데올로기는 **반복**의 과정이다." Alain Badiou, "Le (re)commencement du matérialisme dialectique," *Critique*, no.240, 1967, p.449.

3) Jacques Derrida, "Résistances," *Résistances: De la psychanalyse*, Paris: Galilée, 1996, pp.13~15. ['Widerstand'에는 '저항'과 '장애·방해'라는 의미가 있다.]

우리는 우선 프로이트적인 충동 개념의 해석을 둘러싼 라캉과 데리다의 차이를 탐구함으로써 시니피앙에 관한 라캉의 이론이 우발성과 구조의 변형 문제를 개념화하기 위한 (바슐라르적 의미에서의) '장애'를 구성함을 확인한다. 그 다음으로는 데리다 안에서 단절과 저항의 사유를 전개하려면 라캉 이론의 탈구축이 불가결함을 입증할 것이다. 5~6장에서 정신분석 이론에 관한 데리다적 탈구축은 (몇 가지 차이와 더불어) 알튀세르에게서 이데올로기 비판, 그리고 구조변동에 관한 '일반 이론'을 생성하려는 시도와 겹치게 될 것이다.

4.1. 라캉적 '사물'

「〈도둑맞은 편지〉에 관한 세미나」에서 라캉은 상기작용remémoration, 기억작용mémoration, 반복강박의 문제를 언급하며 「과학적 심리학 초고」부터 「쾌락 원칙을 넘어서」를 거쳐 「'신비스런 글쓰기 판'에 대한 소고」(1925)에 이르는 프로이트의 이론적 궤적을 참조한다.[4] 프로이트의 텍스트 중 당시에 무시당했던 이 텍스트에 대한 참조는 데리다의 「프로이트와 에크리튀르*의 무대」(1966)의 그것과 기묘하게

---

[4] Jacques Lacan, "Le séminaire sur 'La Lettre volée,'" *Écrits*, Paris: Seuil, 1966, pp.42~46. ['신비스런 글쓰기 판'(Wunderblock/mystic writing-pad)이란 어린이용 글쓰기 놀이기구로, 밑에는 밀랍을 발라놓고 그 위에 빨딱종이를 덮어놓은 것을 말한다. 그 위에 글씨를 쓰면 밀랍이 묻어 글자 형상이 나타나지만, 종이를 한번 들었다 놓으면 글자는 사라지고 다시 깨끗한 공백이 준비된다. 이렇듯 쓸 수 있는 공간은 계속 마련되지만 그 밑의 밀랍판에는 수많은 기록이 간직되어 있다. 프로이트는 인간의 의식과 무의식이 이런 구조를 갖고 있는 게 아닌가 생각했다.]

* '에크리튀르'(écriture)는 흔히 '글쓰기'로 번역된다. 하지만 이 말의 다의성, 그리고 일본의 관행이나 지은이의 의도를 존중해 그대로 음차한다.

일치한다. 데리다가 당시 이 세미나[5]를 읽지 않았던 것은 사실이지만, 이게 오히려 우리의 호기심을 더 끈다.[6] 그러나 실제로 이 일치는 프로이트의 충동 개념에 관한 이론적 입장에서 두 사람의 결정적 차이를 두드러지게 하는 결과를 초래한다. 우선 우리가 명확히 하는 것은 이 둘의 이론적 차이이다(4장 1~2절). 이런 관점은 프로이트와 데리다에게서의 [죽음]충동 개념, 나아가 [죽음]충동에 관한 두 개의 이율배반적 개념에 대한 고찰을 요청할 것이다(4장 3~4절). 이 고찰은 최종적으로 우리를 데리다에게서의 국가 주권의 잔혹성에 대한 저항과 단절이라는 문제틀로 이끌 것이다(4장 5~6절).

우선 라캉에서 시작하자. 라캉은 세미나에서 이렇게 말한다.

> 프로이트가 거기서[「쾌락 원칙을 넘어서」에서] 재확인하는 것은 자신의 최초 발견, 즉 '무의식'이 내포하는 기억 개념이다. [자신이 발견한] 새로운 사실들을 통해 프로이트는 이 개념에 일반화된 형식을 부여하고 지극히 엄격한 방식으로 재구축할 기회를 얻는다. 또한 그뿐만 아니라 [그 의의가] 추락해가고 있던 자신의 문제틀을 다시 언급

---

[5] 별다른 말이 없는 한 4장에서 '세미나'는 「〈도둑맞은 편지〉에 관한 세미나」를 가리킨다. 『에크리』의 서문 역할을 하는 이 세미나에 라캉은 "후속 논문의 통시적 배열과는 반대로 이렇게 기선을 잡을 수 있는 특권"을 부여한다. Jacques Lacan, "Ouverture de ce recueil," *Écrits*, Paris: Seuil, 1966, p.9.

[6] "내 첫 번째 책이 출판됐던 시점에 라캉의 『에크리』는 아직 제본도 안 됐고 출판도 안 됐다. 『그라마톨로지에 관하여』와 「프로이트와 에크리튀르의 무대」의 무렵에 나는 「정신분석에서 파롤과 랑가주의 기능과 장」과 「무의식 안에서 문자의 심급 또는 프로이트 이후의 이성의 심급」밖에 읽지 않았다." Jacques Derrida, "Positions," *Positions*, Paris: Minuit, 1972, p.113. 각주 33번. [박성창 옮김, 「입장들」, 『입장들』, 솔, 1992, 113쪽.]

한다. 당시에도 감지할 수 있었듯이, 프로이트의 문제틀이 불러올 결과들은 이미 정해져 있다고[뻔하다고] 여겨지고 있었던 것이다.

거기서 혁신된 내용은 이미, 자기가 연구해가야만 하는 길을 자신의 선견지명으로 그렸던 [1895년의] 「과학적 심리학 초고」에서 언급된 바 있다. 무의식의 선구 개념인 체계 ψ이 그것이다. 체계 ψ은 **근본적으로 상실된 대상을 재발견**하지 않고서는 결코 스스로 충족될 수 없다는 점에서 그 독자성을 보여준다.[7]

라캉은 "무의식의 선구 개념인 체계 ψ"가 「과학적 심리학 초고」에서 "근본적으로 상실된 대상을 재발견하지 않고서는 결코 스스로 충족될 수 없다는 점에서 그 독자성을 보여준다"고 서술한다. 이 텍스트에 따르면 체계 ψ란 "기억의 담지자이며, 따라서 정신적 과정 일반의 담지자인 (저항성을 가진, 양[Qη]을 간직한) **비투과성** 뉴런"으로, "지각에 이바지하는 (어떤 저항도 보이지 않으며 아무것도 붙잡아두지 않는) 투과성 뉴런"인 체계 φ나 "지각 중에는 흥분되지만 재현 중에는 흥분되지 않는 것으로, 그 흥분상태가 다양한 질(즉 의식적 감각)을 제공하는" 체계 ω와 대립된다.[8] 이처럼 체계 ψ란 단순히 기억의 담지자가 아니다. 체계 φ(지각 체계), 체계 ω(의식적 감각 체계)와 달리 체계 ψ는 무의식적 기억의 저장고이기 때문에 "정신적 과

---

7) Lacan, "Le séminaire sur 'La Lettre volée,'" p.45.
8) Sigmund Freud, "Entwurf einer Psychologie," *Gesammelte Werke*, Nachtragsband, Berlin: Fischer, 1975, pp.392, 401; "Projet d'une psychologie," *Lettres à Wilhelm Fließ*, Paris: PUF, 2006, pp.607, 617. [임진수 옮김, 「과학적 심리학 초고」, 『정신분석의 탄생』, 열린책들, 2005, 221, 233쪽.]

정 일반의 담지자"이다. 따라서 체계 Ψ는 충족체험^{Befriedigungserlebnis}, 또는 충족체험이 가져다주는 대상에 대한 기억이미지$^{Objekterinnerungs-bild}$와 밀접한 관계를 갖고 있다. '충족체험'에 관한 장에서 프로이트는 체계 Ψ의 메커니즘과 충족체험의 메커니즘이 관련되어 있다고 단언한다.[9] 그러나 흥미롭게도 "근본적으로 상실된 대상을 재발견[하기]"(라캉은 어떤 텍스트에서 '재발견하다'^{retrouver}의 어원을 '되찾다'^{wiederzufinden}라고 지적한다)이라는 표현은 「과학적 심리학 초고」에 없다. 그렇다면 라캉의 이 테제는 도대체 무엇을 의미할까?

라캉의 세미나 『정신분석의 윤리』(1959~60)를 참조하자. 라캉은 「〈과학적 심리학 초고〉의 재독해」라는 장에서 '네벤멘쉬'^{Nebenmensch}라는 프로이트의 개념을 다뤘다.[10] "주체의 충족경험은 전적으로 타자에게, 즉 프로이트가 …… 네벤멘쉬라는 너무도 멋진 표현으로 지시했던 것에 의존한다. …… 말하는 주체로서의 이 네벤멘쉬라는 매개에 의해, 사유과정에 관계하는 모든 것이 주체의 주체성 속에 형성될 수 있다."[11] 여기서 '네벤멘쉬'는 타자로서의 어머니를 가리킨다. 그것은 [주체에게] "최초의 충족 대상인 동시에 최초의 적대적 대

---

9) Freud, "Entwurf einer Psychologie," pp.410~412; "Projet d'une psychologie," pp.625~627. [『과학적 심리학 초고』, 244~247쪽.]
10) 『정신분석의 윤리』에 관한 세미나에서 라캉은 이 '너무도 멋진 표현'인 독일어를 그대로 지키기 위해 '네벤맨쉬'라는 용어를 번역하지 않았다. [이웃집 사람, 옆집 사람, 가까운 사람이라는 의미이지만, 일상적으로는 사용하지 않는 독일어이다. 흔히 '동류 인류'로 옮겨지고 있으나, 여기서는 라캉의 뜻을 좇아 음차한다. 참고로 한국어판 프로이트 전집에서는 '타인'으로 옮겨져 있다.]
11) Jacques Lacan, Le séminaire livre VII: L'éthique de la psychanalyse, Paris: Seuil, 1986, p.50.

상이기까지 하며, [주체를] 도울 유일한 역량이다."12) 이런 관점에서 프로이트는 주체의 판단, 인식의 확립을 생각한다.

따라서 네벤멘쉬라는 복합체는 두 부분으로 나뉜다. 그 중 하나는 항상적 조직체에 의해 부과되고 '사물'로서 함께 머물러 있는 것이며, 다른 하나는 상기작용^{Erinnerungsarbeit}에 의해 이해되는 것, 다시 말해 자신의 신체에서 오는 정보에 귀착시킬 수 있는 것이다.13)

'네벤멘쉬'는 두 개의 구성요소로 분할된다. 즉, 주체가 "상기작용에 의해" 이해할 수 있는 부분과 판단을 피하는 부분이다. 프로이트는 후자를 '사물'*이라고 부른다. "우리가 '사물'이라고 부른 것은 판단을 벗어나는 찌꺼기들이다."14) 라캉은 프로이트의 이 구절에 주석을 달면서 다음과 같이 말한다.

---

12) Freud, "Entwurf einer Psychologie," p.426; "Projet d'une psychologie," p.639. [『과학적 심리학 초고』, 262쪽.]
13) Freud, "Entwurf einer Psychologie," pp.426~427; "Projet d'une psychologie," pp.639~640. [『과학적 심리학 초고』, 262쪽.] 라캉은 이 부분을 직접 번역해 인용한다. Lacan, Le séminaire livre VII, p.64.
  * 후기 라캉의 '대상 a'에 해당하는 것이 '사물'(Ding/chose)이다. 이 사물은 타자(Other) 안에 있는 의미화되지 않고, 의미화될 수도 없는 어떤 대상을 가리킨다. "라캉은 프로이트와 하이데거의 용어를 빌려 주체에게 완전한 충족을 준다고 간주되는, 하지만 영원히 상실된 이 대상(어머니의 육체)을 사물이라고 부른다"(홍준기, 「라캉 정신분석학의 기초」, 『라캉의 재탄생』, 창비, 2002, 86쪽). 여기서 '간주된다'는 것은 그것이 실정적인 것이 아니라 사후적인 투사효과에 의해 구축되는 것임을 뜻한다.
14) Freud, "Entwurf einer Psychologie," p.429; "Projet d'une psychologie," p.642. [『과학적 심리학 초고』, 265쪽.]

사물은 주체가 네벤멘쉬를 경험하는 데 있어서 자신의 소원한 성격, 즉 프렘데^{Fremde}에 속하는 것으로 처음에는 분리했던 요소이다. 대상 복합체는 두 개의 부분으로 이뤄진다. 판단의 최초에는 분할, 차이가 있다. 대상의 질이기에, 속성으로 정식화될 수 있는 모든 것은 체계 ψ의 투여에 들어가며 원표상들$^{\text{Vorstellungen primitives}}$을 구성한다. 쾌와 불쾌의 법칙에 의거해 주체의 원초적 표제어들이라 부를 수 있는 것에 [들어가지 못하고] 통제되는 것의 운명은 바로 이 원표상들을 둘러싸고 결정된다. '사물'은 그것과는 완전히 다른 것이다.[15]

라캉에 따르면, '사물'은 주체가 네벤멘쉬를 경험할 때 발견하는 '소원한 성격'이며, 주체는 그것을 분리함으로써 원표상을 형성한다. 그런 '원표상'이 이후 주체의 욕망을 동기지을 것이다. 따라서 주체의 욕망을 통제하는 것은 이런 "현실 경험의 원초적 분할"[16]이다. 라캉은 프로이트의 「부정」(1925)을 인용하며 고찰을 계속한다.

따라서 현실성 검증의 첫 번째이자 가장 가까운 목적은 당시 표상된 것에 대응하는 대상을 현실적 지각 속에서 찾아내는 게 아니라 그것을 '재발견'^{wiederzufinden}하는 것, 그것이 여전히 현실성 속에 현전한다고 확신하는 것이다.[17]

---

15) Lacan, *Le séminaire livre VII*, pp.64~65.
16) Lacan, *Le séminaire livre VII*, p.65.
17) Sigmund Freud, "Die Verneinung," *Gesammelte Werke*, Bd.XIV, Frankfut: Fischer, 1999, p.14; "La négation," *Œuvres complètes*, t.XVII, Paris: PUF, 1992, pp.169~170. [박찬부 옮김, 「부정」, 『정신분석학의 근본 개념』, 열린책들, 2004, 449쪽.]

여기서 문제는 표상된 것이 정말로 현실에 존재하는가이다(현실성 검증). "비실재계, 단순히 표상된 것, 주관적인 것은 내부에만 속한다. 다른 것, 즉 실재계는 **외부**에도 존재한다."[18] 따라서 현실성 검증의 목적은 '사물'(프로이트의 이 텍스트에서 이것은 '충족을 제공하는 대상'[충족대상]^{Befriedigungsobjekt}으로 정의된다[19])이 단순히 표상 속에서만이 아니라 현실에도 존재하는가를 판단하는 것이다. 프로이트에 따르면 "현실성 점검을 수립하기 위한 조건으로, 예전에 현실적 충족을 가져다준 대상들이 상실됐음을 우리는 인식하고 있다."[20] 우리는 여기서 "체계 ψ은 근본적으로 상실된 대상을 재발견하지 않고서는 결코 스스로 충족될 수 없다"는 라캉의 테제를 이해할 수 있다. 라캉은 앞서 인용한 프로이트의 말에 이렇게 주석을 단다.

낯설고 때로는 적대적이기조차 한 것, 어쨌든 최초의 외부인 '사물,' 주체의 모든 행보는 바로 이것을 향해 나아간다. 그것이 통제, 참조의 행보라는 것은 결코 의심할 수 없다. [그런데 이 행보는 도대체] 무엇과 관련된 것일까? 주체의 욕망들의 세계와 관련된 것이다. 어쨌든 그것은 어떤 것이 거기에 있다는 것, 그리고 어느 정도까지는 유용할 수도 있다는 점을 증명한다. 하지만 무엇에? 소망과 기대의 세계와

---

18) Freud, "Die Verneinung," p.13; "La négation," p.169. 「부정」, 448쪽.]
19) "경험은 어떤 '사물'(충족대상)이 '좋은' 성질을 소유하는가, 따라서 그것을 자아 속에 받아들일 가치가 있는가뿐만 아니라 외부 세계에 존재하며 필요하면 언제고 손에 넣을 수 있느냐도 중요하다는 점을 가르쳤다." Freud, "Die Verneinung," pp.13~14; "La négation," p.169. 「부정」, 449쪽.]
20) Freud, "Die Verneinung," p.14; "La négation," p.170. 「부정」, 449쪽.]

관련해 참조점들로서 기능할 것이라는 점에만 유용할 뿐이다. 즉, 어떤 경우에는 '사물'에 도달하는 데 도움이 되는 것으로 향해 나아가는 것이다. 결국 모든 조건이 충족됐을 때 그 대상은 거기에 있을 것이다. 물론 찾아야 할 것을 재발견할 수 있을 리 없다. 그 본성상 대상 자체는 상실된다. 그것은 결코 또 다시 발견되지는 않을 것이다. 더 낫든 나쁘든 어쨌든 기다리는 동안 어떤 것이 거기에 있다.

우리 경험의 세계, 프로이트적 세계는 주체의 절대적 '타자'로서의 이 대상, '사물'을 우리가 다시금 발견할 수밖에 없다고 간주한다. 이것은 놓쳐버린 것 중에서 가장 애석한 것으로서 발견된다. 우리는 이것을 발견하는 것이 아니라, 그 쾌락의 결합체[내막]$^{ses\ coordonnées}$ $^{de\ plaisir}$만을 발견할 뿐이다. 이것을 소망하고, 이것을 기다리는 바로 그 상태에서 쾌락 원리의 이름으로 최적의 긴장이 추구될 것이다. 이것 아래에는 지각도 노력도 없다.[21]

라캉에 따르면, 주체의 욕망은 '사물'로서의 타자에 의해 초래된 원초적인 충족경험('원표상')에 의해 규정되며 방향지어진다. 그러나 근친상간 금지에 의해 그런 충족경험은 "근본적으로 상실된다"(상징적 거세). 따라서 주체는 "충족을 제공하는 대상"을 다른 대상 속에서 '재발견'하도록 강제된다. 그러나 "그것에는 항상 무엇인가가 결여되어 있다."[22] 이런 '결여'가 주체의 욕망을, "쾌락 원리의 이름으로" 가동시킬 것이다. 따라서 주체더러 '상실된 대상'을 탐구하라고 헛되

---

21) Lacan, *Le séminaire livre VII*, p.65.
22) Lacan, *Le séminaire livre VII*, p.52.

게 반복하게끔 하는 것은 이런 '결여'이다(라캉은 이를 '반복강박'이라고 말한다[23]). 프로이트는 「과학적 심리학 초고」에서 '사물'을 대상, 타자의 인식 불가능한 부분이라고 규정했다. 그러나 라캉은 '사물'을 욕망의 대상이면서도 근접 불가능한 채로 남아 있는 타자(여기에서는 절대적 '타자')로 해석한다. 그것은 주체에겐 '존재 결여'$^{\text{manque-à-être}}$로 나타날 것이다. 라캉은 '사물'을 '실재계'라고 부른다.

만일 사물이 본질적으로 베일에 싸인 것이 아니라면, 우리는 정신적 삶 전체가 강제되는 것과 마찬가지로, 사물을 인식하기 위해 우리더러 사물을 둘러싸거나 우회하게끔 강제하는 관계의 세계 안에서 사물과 관련해 존재해 있지 않을 것이다. 사물이 표방되는 곳이라면 그 어디든, 사물은 길들여진 장$^{\text{champs domestiqués}}$에서 그렇게 한다. 그 때문에 그 장들은 다음과 같이 정의된다 ─ 사물은 항상 베일에 둘러싸인 단위처럼 제시된다.
   오늘은 이렇게 말하자. 만일 사물이 쾌락 원칙이라는 문제계에 기초해 프로이트가 정의했던 심적 구성에서 [이런] 자리를 차지한다면, 이것은 사물이 실재계에 속하기 때문이다. 여기서 아직 우리가 한계를 정하지 않았던 실재계를 그 전체성에 있어서의 실재계로, 주체의 실재계이자 또한 주체가 그것에 외적인 것으로서 관계되어 있는 실재계로 이해해보자. 그것은 말하자면, 시니피앙으로 인해 괴로움을 겪는 원형적 실재계인 것이다.[24]

---

23) Lacan, *Le séminaire livre VII*, p.52.
24) Lacan, *Le séminaire livre VII*, p.142.

이처럼 '사물'은 주체의 절대적 외부성으로서의 실재계에 속한다. '사물'이 "베일에 싸인 단위처럼 **제시된다**"는 것은 '사물'이 표상·내면화가 불가능한 외상 체험이기 때문이다. 이 표상 불가능한 '결여'를 둘러싼 채 주체의 욕망이 조직되고, 주체 자체가 형성된다.

「〈도둑맞은 편지〉에 관한 세미나」에서 라캉은 욕망과 결여의 변증법을 시니피앙('편지/문자'^{lettre})의 이론에 의해 설명하고자 했다. 그 변증법은 "편지는 언제나 수신지에 도착한다"[25]라는 테제로 요약된다. 데리다는 「진리의 배달부」(1975)에서 이 테제를 명석하게 해석한다. 라캉의 『세미나』에서 '편지'는 결여의 시니피앙으로서의 '팔루스,' 또는 베일에 싸인 '거세-진리'$^{\text{castration-vérité}}$에 대응한다.[26] 따라서 "편지는 언제나 수신지에 도착한다"는 라캉의 테제는 결여('구멍')에 의한 주체의 구성, 즉 "구멍에서 구멍으로, 구멍에서 그 자체로 이끄는, 따라서 순환적 형식을 지닌 우회의 궤적"[27]을 지시한다. 이리하여 결여의 시니피앙은 '시니피앙들의 시니피앙'으로서 시니피앙 연쇄의 통일성, 즉 욕망의 통일성을 보증한다. 그것은 모든 시니피앙을 결여의 주변에 조직하는, '초월론적 시니피앙'이다.[28] 초월론적 시니피앙에 의한 욕망의 조직화란, 오이디푸스 관계를 둘러싸고 프로이트가 전개한 제2장소론의 극도로 세련된 형식화이다. 데리다가 "오늘날 가장 엄밀한 정신분석의 철학 …… 가장 엄밀한 프로이

---

25) Lacan, "Le séminaire sur 'La Lettre volée,'" p.41.
26) Jacques Derrida, "Le facteur de la vérité," *La carte postale*, Paris: Flammarion, 1980, p.469.
27) Derrida, "Le facteur de la vérité," p.465.
28) Derrida, "Le facteur de la vérité," p.493.

트 철학"29)이라고 부른 것은 라캉 이론의 이런 형식화이며, 결여의 초월론적 체계이다. 그래서 『정신분석의 윤리』의 논리 행로는 다음과 같이 요약된다. 라캉은 경제론적 관점(「과학적 심리학 초고」의 독해)에서 출발해 반복강박의 문제(「쾌락 원칙을 넘어서」)를 다루며, 최종적으로 그것을 오이디푸스 관계(「부정」)에 **접목한다**. 이 세미나의 행로는 경제론적 관점을 최종적으로 결여의 초월론적 체계로 환원하는 1950~60년대 라캉 이론의 특징을 명확하게 보여준다.

4.2. 차연의 경제

데리다의 경우로 옮겨가자. 「프로이트와 에크리튀르의 무대」에서 데리다는 「과학적 심리학 초고」에서 『꿈의 해석』을 거쳐 「'신비스런 글쓰기 판'에 대한 소고」에 이르기까지 프로이트에게 있어서 기억의 문제를 검토한다. 거기서 데리다가 발견한 것은 **시니피앙**이 아니라 **에크리튀르, 흔적** 등의 문제이다. 특히 우리는 데리다의 「과학적 심리학 초고」 독해에 주목한다. 「과학적 심리학 초고」에서 프로이트는 기억이 뉴런에 기입되는 문제를 다뤘다. 데리다가 주목한 것은 뉴런 사이의 '소통'Bahnung과 그것에 수반된 '저항'Widerstand이다.

소통, 통로는 전달로를 연다. 그것은 일종의 폭력을 전제하며, 침입 앞에서의 저항을 전제한다. 길은 끊어지고 산산조각나며, 깨지고, 길

---

29) "우리가 여기서 분석하는 것은 오늘날 가장 엄격한 정신분석의 철학이며, 더 정확하게는 가장 엄격한 프로이트 철학이며, 어쩌면 프로이트의 철학보다 훨씬 엄격하고, 철학사와의 교류 속에서 극히 엄밀하게 통제된다." Derrida, "Le facteur de la vérité," p.494. 각주 16번.

이 난다. 이제 두 종류의 뉴런들이 있을 것이다. 즉, 투과성 뉴런(φ)은 어떤 저항도 제공하지 않으며, 따라서 인상의 어떤 흔적도 간직하지 않으며, 지각 뉴런일 것이다. 다른 뉴런(ψ)은 흥분의 양에 접촉장벽을 대립시키며, 따라서 자국이 난 흔적을 보존한다. 이것은 "따라서 기억이 표상될 가능성을 부여한다." 이것은 기억의 최초 표상, 최초 상연이다. …… 프로이트는 이 후자의 뉴런에만 심적 양을 부여한다. 이것은 "기억의 운반자이며, 따라서 필경 심적 사건 일반의 운반자이다." 그러므로 기억은 다른 것들 사이에 있는 심적 현상psychisme의 특질이 아니다. 그것은 심적 현상의 본질 자체이다. 그것은 저항이며, 따라서 그것에 의해 흔적의 침입에 개방된다.30)

투과성 뉴런(지각 체계인 체계 ψ)이 어떤 저항도, 어떤 인상들의 흔적도 남기지 않는 반면에, 비투과성 뉴런(기억 체계인 체계 ψ) 사이에는 '접촉장벽'Kontaktschranken이 존재하기 때문에 흥분을 소통할 때 '저항'을 수반한다.31) 이 '소통'이야말로 기억의 기입 메커니즘이며, 나중에 프로이트가 '기억 흔적'Erinnerungsspur이라고 부른 것이다.32) 기억의 본질, 따라서 심적인 사건의 본질은 '소통'이며 '저항'이다. 그

---

30) Jacques Derrida, "Freud et la scéne de l'écriture," *L'écriture et la Différence*, Paris: Seuil, 1979(1967), pp.298~299. [남수인 옮김, 「프로이트와 글쓰기 무대」, 『글쓰기와 차이』, 동문선, 2001, 320쪽.]
31) Freud, "Entwurf einer Psychologie," p.391; "Projet d'une psychologie," pp. 606~607. [「과학적 심리학 초고」, 221~222쪽.]
32) Sigmund Freud, "Die traumdeutung," *Gesammelte Werke*, Bd.II/III, Frankfut: Fischer, 1999, p.543; "L'Interprétation des rêves," *Œuvres complètes*, t.IV, Paris: PUF, 2003, p.591. [김인순 옮김, 『꿈의 해석』, 열린책들, 2003, 625쪽.]

러나 기억이 확립될 수 있기 위해서는 이런 과정에 덧붙여 소통 사이의 차이가 개입되지 않으면 안 된다.

소통[통로]에 대한 저항의 동등 또는 소통의 힘들의 등가는 여정의 선택에서 모든 **선호**를 감소시킬 것이다. 기억은 마비될 것이다. 소통들 사이의 차이가 기억의 참된 기원이며, 따라서 심적 현상의 참된 기원이다. 이 차이만이 '경로 선호'Wegbevorzugung를 해방한다. 즉, '기억은 ψ 뉴런들 사이의 소통의 차이에 의해 표상된다. 따라서 차이 없는 소통이 기억에 충분치 못하다고 말해서는 안 된다. 더 명확히 해둬야만 하는 것은 차이 없는 순수한 소통이란 없다는 점이다. 기억으로서의 흔적은 어느 때든 단순한 현전으로 환원될 수 있는 순수한 소통이 아니다. [그것은 소통들 사이의 포착되지 않고 보이지 않는 차이이다.] 그러므로 우리는 정신적 삶이 의미의 투명함도, 힘의 불투명함도 아니고 힘들의 작용에 있어서의 차이라는 것을 이미 알고 있다.[33]

기억이란 소통 사이의 차이이다. 달리 말하면, 심적 현상 자체는 소통이 초래한 저항들 사이의 차이에 의해 만들어진 것이다. 뉴런 사이의 자극량이 이동할 때 저항이 존재하지 않는다면, 기억, 따라서 심적 현상은 존재하지 않는다. 왜냐하면 저항 사이, 소통 사이에 차이가 존재하지 않는다면, 기억의 차이도 존재하지 않기 때문이다. 따라서 심적 현상의 본질이란 "힘들의 작용에 있어서의 차이"이다. 그래서

---

33) Derrida, "Freud et la scène de l'écriture," p.299. [「프로이트와 글쓰기 무대」, 320~321쪽.]

데리다는 심적 현상에 있어서의 '차이'^{différence}의 문제를 **차연**^{différance}의 문제로 재해석한다.

흔적의 생산에서 이 모든 차이들은 차연의 계기로 재해석될 수 있다. 프로이트의 사유를 줄기차게 지배하는 어떤 모티프를 따라, 이 운동은 생명이 위험한 투여를 **지연함으로써**^{différant}, 즉 유보^{Vorrat}를 구성함으로써 스스로를 보호하고자 하는 생명의 노력으로 기술된다. 위협적인 지출이나 현전은 소통이나 반복의 도움을 얻어 지연된다. 이것은 이미 현실에 대한 쾌락의 관계를 창설하는 우회가 아닐까(이미 인용한 '[쾌락 원칙을] 넘어서')? 그것은 이미 죽음의 **경제**에 의해서만, 차연·반복·유보에 의해서만 죽음에 맞서 스스로를 방어할 수 있는 생명의 근원에 있는 죽음이 아닐까? 왜냐하면 반복은 최초의 인상[각인]에서 **불시에 나타나**는 게 아니며, 반복의 가능성은 이미 심적 뉴런이 맨 **처음** 제공된 저항 속에 존재하기 때문이다. 저항 자체도 힘들의 대립이 지속되거나 애초부터 반복되는 경우에만 가능하다.[34]

라캉에게 반복은 '존재 결여'에 의해 산출됐다. 다른 한편 데리다에게 반복을 초래하는 것은 소통 때마다의 **저항**이다. 저항은 흥분량의 투과성을 제한하고, 투여를 지연하며, 결국 반복을 초래할 것이다. 데리다는 여기서 「쾌락 원칙을 넘어서」를 지배하는 모티프를 찾아낸다. 프로이트에 따르면 "모든 생명의 목표는 죽음이다." 그러나 "생명

---

[34] Derrida, "Freud et la scéne de l'écriture," pp.300~301. [『글쓰기와 차이』, 321~322쪽.]

이 있는 유기체는 그 생명의 목표에 지름길로(이른바 단락에 의해) 도착하게끔 도울 수 있는 영향들(위험)에는 자신의 모든 에너지를 써서 완강하게 저항한다."35) 여기서 "죽음으로 이끄는 길의 연장"을 인식하게 된다. 즉, 저항의 효과에 의한 투여의 지연이란, "생명이 위험한 투여를 **지연해** 유보를 구성함으로서 자기를 보호하고자 하는 노력"이다. 따라서 "차연이야말로 생명의 본질을 구성한다."36)

우리는 여기서 데리다의 프로이트 독해가 지닌 기본 전략을 간파할 수 있다. 그것은 프로이트의 경제론을 **차연**과 **저항**의 경제론으로 독해하는 것이다. 이 프로이트적 체계를 형용하기 위해 데리다는 훗날 '잔류 저항'restance=reste et résistance이라는 말을 사용한다. 에크리튀르, 흔적 등의 기입 체계는 데리다에게 지연과 저항의 체계를 의미한다. 이 체계에서 '결여'는 들어설 곳이 없다. 생명은 죽음에 저항하고 죽음은 지연된다. 기억 흔적으로서의 기억은 '결여'에 저항하며 의미는 차연된다. 이런 관점에서 「진리의 배달부」를 해석해보자.

이 극도로 농밀한 텍스트에서 데리다는 "편지는 언제나 수신지에 도착한다"는 라캉의 테제를 끊임없이 의문에 부친다. 왜 "편지는 **언제나 수신지에 도착**"하는가? 이 테제의 실효성을 떠받치고 있는 것은 시니피앙의 '물질성,' '단일성'singularité, 즉 편지의 분할 불가능성이다

---

35) Sigmund Freud, "Jenseits des Lustprinzips," *Gesammelte Werke*, Bd.XIII, Frankfurt: Fischer, 1999, pp.41~42; "Au-delà du principe de plaisir," *Essais de psychanalyse*, Paris: Payot, 2001, pp.91~93. [박찬부 옮김, 「쾌락 원칙을 넘어서」, 『정신분석학의 근본 개념』, 열린책들, 2003, 310~311쪽.]

36) Derrida, "Freud et la scéne de l'écriture," p.302. [「프로이트와 글쓰기 무대」, 323쪽.]

("편지를 대수롭지 않은 양 놓아두면, 편지는 그 자리에 그대로 있을 것이다."Mettez une lettre en petits morceaux, elle reste la lettre qu'elle est).37)

이제 시니피앙이 그 문자에 있어서 보존되고 그리하여 회귀하도록 만들어낼 때, 그 문자에 있어서 시니피앙은 '분할'을 겪지 않으며, 우리는 편지의 **몇몇**이라고 말할 수는 없고 하나의 편지, 편지들, 그 편지라고 말할 수 있을 뿐이라는 게 필요하다(23~24쪽). 만일 그것이 분할 가능하다면, 그것은 항상 도중에 상실될 것이다. 이 있음직한 상실에 맞서 '시니피앙의 물질성'matérialité du signifiant, 즉 그 분할 불가능한indivisible 단일성이라는 언표가 건립된다. **그 어디에서도 찾아볼 수 없는 분할 불가능성으로부터 도출된 이 '물질성'은 사실 어떤 관념화에 대응한다.** 문자의 관념성만이 파괴적 분할에 저항한다. "편지를 대수롭지 않은 양 놓아두면, 편지는 그 자리에 그대로 있을 것이다." 이 말은 경험적 물질성에 관해 말해지는 게 아니다. 여기에는 어떤 관념성이 포함되어야만 한다(아무런 변경 없이 전위[대체]되는 자기-동일성의 불가침성intangibilité). 이런 관념성만이 편지의 단일성이 보존되도록 허용해준다. 만일 이 관념성이 의미의 내용이 아니라면, 이 관념성은 시니피앙의 어떤 관념성(그 경험적 사건과 재편집과 구별되는 한에서, 그 형식에 있어서 동일화할 수 있는 것)이거나, 아니면 시니피앙을 시니피에에 거는[부착시키는] '누빔점'point de capiton이거나 해야

---

37) Lacan, "Le séminaire sur 'La Lettre volée,'" p.24. [인용문에서 반복되는 이 문장은 다음과 같이 옮겨질 수 있다. "편지를 산산조각 내보라, 그러면 편지는 원래 그대로 남아 있으리라." 여기서 "편지를 산산조각 내다"가 편지의 분할 (불)가능성의 문제와 연결된다.]

한다. 후자의 가설이 체계에 훨씬 더 잘 들어맞는다. 이 체계는 사실상 시니피앙의 관념성의 체계이다.[38]

'시니피앙의 물질성'이란 "그 분할 불가능한 단일성"이다. 이 물질성은 '경험적 물질성'이 아니라 사실상 어떤 '관념성'('결여')이다. 시니피앙의 단일성, 분할 불가능성이야말로 편지/문자를 초월론적 지위에서 보존하고, 다른 모든 시니피앙을 '결여'의 효과 아래 조직할 수 있게 한다. 그런 의미에서 '팔루스'는 초월론적 시니피앙으로, 다른 모든 시니피앙을 '거세-진리'라는 시니피에에 거는 '누빔점'이다. 거꾸로, 편지가 '분할 가능'하다면, '단일한' 시니피앙에 의한 욕망의 조직화는 성립하지 않는다. 시니피앙 연쇄는 다양체화되며, 결여의 초월론적 체계는 해체된다. 이로부터 데리다는 이렇게 말한다.

> 편지의 잔류 구조는 —— 세미나의 마지막 문구에서 말해진 것("'도난당한 편지,' 즉 '배달되지 못한 편지'가 의미하는 바는 편지가 수신지에 언제나 도착한다는 것이다")과는 반대로 —— 편지가 언제나 수신지에 도착하지 않을 수 있다는 것이다. 편지의 '물질성,' '위상학'은 이것의 분할 가능성, 이것의 항상 가능한 분리에 기인하기 때문이다. 편지는 언제나 반송 없이 파편화될 수 있으며 상징계, 거세, 시니피앙, 진리, 계약 등의 체계는 항상 편지를 [이런 파편화에서] 보존하려고 시도한다. …… 편지는 결코 수신지에 도착하지 못한다가 아니라 편지의 구조에는 언제나 수신지에 도착하지 않을 **수 있음**이 속해 있

---

38) Derrida, "Le facteur de la vérité," p.492.

다는 것이다. 이런 위협(계약의 파기, 분할 또는 다양체화, 그리고 왕비, 즉 모든 '주체'에 의해 어떤 순간에 시작됐던 팔루스의 반송 없는 분할)이 없다면, 편지의 순환은 시작조차 되지 못했을 것이다. 하지만 이런 위협과 더불어 순환은 항상 끝나지 않을 수 있다. 여기서 산종은 시니피앙의 법칙, 진리의 계약으로서의 거세의 법칙을 위협한다. 산종은 시니피앙의 통일성, 즉 팔루스의 통일성을 **파기한다**.[39]

여기서 데리다는 "편지는 언제나 수신지에 도착한다"는 라캉의 테제에, "편지는 언제나 수신지에 도착하지 않을 수 있다"는 테제를 대립시킨다. 우리는 이 글의 은유성에 머물러 있는데, 이 테제를 적어도 두 가지 방식으로 해석할 수 있다.[40]

---

[39] Derrida, "Le facteur de la vérité," p.472. ['편지의 잔류 구조'(la structure restante de la lettre)는 단어를 있는 그대로 옮긴 것이다. 그런데 데리다에게 에크리튀르/글쓰기는 항상 초과 잔여물(excess reminder/un reste)이라는 점을 염두에 두고 이 구절을 읽어야 할 것이다. 한편, 프랑스에서는 우체국으로 배송된 편지 중에서 배달 불능 편지(dead letter)를 잔류 우편(poste restante), 즉 문자 그대로 '남아 있는 편지'라고 부른다. 이렇게 보면 여기서 데리다는 전달/배송되지 못한 편지가 항상 그 수신지에 도착한다는 라캉의 생각은 어떤 편지가 항상 배달 불능 편지로 남아 있을 수 있을 구조적 가능성을 간과하고 있다고, 또 일탈/편위와 잔류의 이런 가능성(우편의 전체 체계) 없이는 어떤 주소로도 배송될 수 없는 편지가 있을 수 있음을 간과한다고 비판하는 것이다.]

[40] 철학적 담론에서 은유의 역할에 관해서는 다음을 참조하라. Jacques Derrida, "La mythologie blanche," *Marges de la philosophie*, Paris: Minuit, 1972. 이 텍스트에서 데리다는 '은유의 자기파괴'에 대해 언급한다. "은유의 자기파괴는 철학으로 오인될 정도로 철학과 **닮아 있을** 것이다. …… 이 자기파괴는 더욱 일반화된 형태를 지닐 수도 있지만, 그러나 이 경우 철학소를 확장하고 견고하게 하는 것은 더 이상 문제가 아닐 것이다. 오히려 철학소를 제한 없이 전개함으로써 이로부터 고유성의 틀을 빼앗는 것이 문제이며, 또한 그 결과로

(1) (반)라캉적 해석[41]

라캉의 테제를 뒷받침하는 것이 편지의 분할 불가능성이라면, 데리다의 테제를 뒷받침하는 것은 편지의 분할 가능성, "그 항상 가능한 분리"이다. 편지 또는 '팔루스'의 분할 가능성은 단일한 시니피앙(결여)에 의한 욕망의 조직화라는 초월론적 체계의 안정성을 위협한다. 데리다는 편지의 이런 '피하기 힘든 분할(혹은 치명적인 분리)' 또는 그 "도착하지 않을 가능성"[42]을 '운,' '튀케'$^{tukh\acute{e}}$라 정의한다.

> 마지막으로 운, 네가 원한다면, 네 자신이 할 수 있다면, 네가 그것을 갖고 있다면, 그것은 하나의 운이다(튀케, 즉 운명의 여신, 이것이 내가 말하고 싶었던 것이다. 좋은 행운, 좋은 운수: 우리). 이 운의 불운(잘못된 수신지)은 도착하지 않을 **수 있기** 위해서는 그것이 자신 안에 어떤 힘과 어떤 구조, 수신지의 헤맴을 포함해야만 한다는 것이며, 그리하여 그것은 또한 아무쪼록 도착하지 **말아야만 한다**는 것이다. (항상 어떤 '주체'에게) 도착할 때조차도 편지는 **도착지**로부터 벗어난다. 편지

서 서로 반영하고, 서로 빛을 담을 뿐인, 은유적인 것과 고유한 것 사이의 안도감을 부여하는 대립을 파탄나게 하는 것이 문제이다"(323쪽). 우리는 이하에서 데리다가 우편의 은유('편지,' '수신지')를 수없이 변주해가는 모습을 보게 될 것이다. 이것은 단순한 철학적 게임이 아니다. 우편의 은유를 '제한 없이 전개하는 것'에 의해, 또한 이로부터 '고유성의 틀'을 빼앗게 됨으로써 데리다는 "가장 엄밀한 정신분석의 철학," 즉 라캉의 철학을 탈구축한다. 그것은 결여의 초월론적 체계를 내부에서 동요시키려는 철학적 실천이다.

41) 이하의 독해는 다음의 결정적인 책으로부터 큰 시사를 받았다. 東浩紀,『存在論的, 郵便的: ジャック・デリダについて』, 東京: 新潮社, 1998. [조영일 옮김,『존재론적, 우편적: 자크 데리다에 대하여』, 도서출판b, 2015.] 우리는 아즈마 히로키의 데리다 독해를 충동의 '기입'이라는 관점에서 발전시킨다.

42) Derrida, "Le facteur de la vérité," p.517.

는 다른 곳에 도착한다. 항상 몇 번이나. 너는 더 이상 편지를 손에 넣을 수 없다. 이것을 원하는 게 편지의 구조(우편엽서로서, 달리 말해서 이것이 짊어져야 하는 치명적인 분할)이며, 내가 다른 곳에서도 말했듯이, 이것은 동일한 법칙에 종속된 우편배달부에게 맡겨져 있다. 편지는 이것을, 바로 여기에서 원하며, 당신도 그것을 원한다.[43]

라캉에게 '튀케'는 주체에 결여를 부르는 '동화 불가능한 것'(실재계)과의 외상적 마주침을 의미했음을 상기하자.[44] 그런 의미에서 라캉적 '튀케'는 결여의 초월론적 체계, 즉 주체 자체를 구성하는 동인이다. 이와 달리 데리다적 '튀케'는 '운' 또는 '도착하지 않을 수도 있다는 것'으로서 편지/문자, 즉 '팔루스'의 '치명적인 분리'에 의해 이 초월론적 체계를 위협한다. 그것은 체계의 안정성을 위협하는 '두려운 낯설음'das Unheimliche이다.[45] 여기서 우리는 더 근본적인 물음을 제시해둬야만 한다. 즉, 라캉에게 '시니피앙'이란 무엇인가?

『정신분석의 윤리』에서 라캉은 시니피앙을 '표상대리'Vorstellungsrepräsentanz에 비교한다.[46] 라캉의 지적을 따라 프로이트의 「무의식에

---

43) Derrida, "Envois," *La carte postale*, Paris: Flammarion, 1980, p.135.
44) Jacques Lacan, *Le séminaire livre XI: Les quatre concepts fondamentaux de la psychanalyse*, Paris: Seuil, 1973, pp.54~55. [맹정현·이수련 옮김, 『세미나 11: 정신분석의 네 가지 근본 개념』, 새물결, 2008, 90쪽.]
45) 데리다 철학에서 '두려운 낯설음'이 지닌 중요성에 관해서는 다음의 글을 참조하라. Sarah Kofman, "Un philosophe 'unheimlich,'" *Lecutres de Derrida*, Paris: Galilée, 1984.
46) "쾌락 원칙의 수준에서 기능하는 것은 바로 지각과 의식 사이에 삽입된다. 그것은 정확히 무엇인가? 그것은 쾌락 원칙을 수단으로 하여 표상들의 투여를 조절하는 한에서의 사유과정들이자 무의식이 조직되는 구조이며, 또한 기

관하여」(1915)를 참조하자. 거기서 프로이트는 이렇게 말한다. "충동은 결코 의식의 대상이 될 수 없고, 오로지 충동을 대리하는 표상만이 의식의 대상이 될 수 있다. 하지만 심지어 무의식 속에서도 충동은 어떤 표상에 의하지 않고서는 대리될 수 없다. 충동이 표상에 귀속되지 않거나 어떤 정서상태라는 형식 아래에서 드러나지 않는다면, 충동에 관해 아무것도 알 수 없을 것이다."[47] 이처럼 표상대리는 무의식에서 충동을 '대리한다.' 달리 말하면, 그것은 충동을 무의식에 '기입하는' 역할을 갖고 있다.[48] 충동은 이 기입, 이 '대리'를 매개로 해서만 존재한다. 왜냐하면 충동 그 자체는 심적인 것도 신체적인 것도 아니기 때문이다.[49] [다른 한편, 이 기입은 원래 무의식의 형성에 속한

저에 깔려 있는 무의식적 메커니즘이 그 속으로 집결되는 구조이며, 표상의 작은 응고물을 형성하는 것이다. 그리고 바로 이것이 내가 강조하는 점인데, 그것은 시니피앙과 동일한 구조를 지닌 어떤 것이다. 그것은 단순한 표상(Vorstellung)이 아니라 나중에 프로이트가 「무의식에 관하여」라는 논문에서 썼듯이 표상대리이다. 즉, 표상을 연합적 요소 및 결합적 요소로 전환시킨다. 이런 방식으로 표상의 세계는 이미 시니피앙 그 자체의 가능성들을 따라 조직되어 있다." Lacan, *Le séminaire livre VII*, pp.75~76.

47) Sigmund Freud, "Das Unbewußte," *Gesammelte Werke*, Bd.X, Berlin: Fischer, 1999, pp.275~276; "L'inconscient," *Œuvres complètes*, t.XIII, Paris: PUF, 1994, p.218. [윤희기 옮김, 「무의식에 관하여」, 『정신분석학의 근본 개념』, 열린책들, 2003, 176쪽.]

48) Jean-Bertrand Pontalis et Jean Laplanche, "Vorstellung/représentation," *Voca-bulaire de la psychanalyse*, Paris: PUF, 2007(1967), p.414. [임진수 옮김, 『정신분석 사전』, 열린책들, 2005, 507쪽.]

49) "'충동'이라는 말에 의해 우리는 우선 맨 처음으로, 육체 속으로 끊임없이 흐르는 자극 원천의 심리적 대리와 다른 어떤 것을 결코 지시할 수 없다. 그것은 산발적이고 외부에서 오는 흥분에 의해 산출된 '자극'과 대립한다. 따라서 충동은 심적인 것과 신체적인 것의 경계 개념 중 하나이다." Sigmund Freud, "Drei Abhandlungen zur Sexualtheorie," *Gesammelte Werke*, Bd.V, Berlin: Fi

다.] 프로이트는 「억압에 관하여」(1915)에서 이렇게 쓴다. "그러므로 우리에게는 **원억압**^Urverdrängung이 존재한다고 가정할 근거가 있다. 이것은 억압의 첫 번째 단계로, 이 단계에서는 충동의 심적인 (표상)대리를 의식 속에 떠맡기는 것이 거부된다. 이것은 **고착화**를 수반한다. 이 (표상)대리는 그때부터 어떤 가능한 변양도 없이[다시 말해, 원래 상태대로] 지속되며, 충동은 그것에 연결된 채로 머물러 있다."50) 따라서 무의식의 조직화 메커니즘(원억압)은 충동의 표상대리를 억압하고 그것을 무의식에 기입하는 데 있다. 이로부터 라캉은 충동의 무의식으로의 이런 본원적 '기입'^Niederschrift을 '거세'로 파악하고, 거기에 기입된 표상대리를 '팔루스'로 명명한다고 말할 수 있다. 그러나 데리다에게 원초적이고 유일한 기입이란 존재하지 않으며 오히려 **기입들**^Niederschriften이 있다.51) 충동의 기입들은 팔루스의 단일성을 위협하고 결여의 초월론적 체계의 질서를 교란할 것이다. 데리다는 이런 기입들을 '산종'이라고 부른다.52) 바로 그런 의미에서 "산종은 시

-scher, 1999, p.67; *Trois essais sur la théorie sexuelle*, Paris: Gallimard, 1987, p.83. [김정일 옮김, 「성욕에 관한 세 편의 에세이」, 『성욕에 관한 세 편의 에세이』, 열린책들, 2003, 60쪽.]
50) Freud, "Die Verdrängung," *Gesammelte Werke*, Bd.X, Berlin: Fischer, 1999, p.250. [윤희기 옮김, 「억압에 관하여」, 『정신분석학의 근본 개념』, 열린책들, 2005, 140쪽.]
51) "만일 우편(기술, 입장, '형이상학')이 처음의 발송에서 공지됐다면, 더 이상 '형이상학' **자체**란 존재하지 않으며(나는 이것에 관해 한 번 이상, 그리고 다른 곳에서 말하려고 노력할 것이다), 심지어 발송 자체도 존재하지 않는다. 존재하는 것은 수신지 없는 **발송들**뿐이다. 왜냐하면 상이한 시대, 멈춤, 결정을 조율하는 것, 한마디로 존재의 수신지를 지닌 존재의 전체 역사는 어쩌면 가장 기이한 우편적 유혹/미끼(leurre)이기 때문이다. 심지어 우편이나 발송도 없으며, 우편들과 발송들만이 존재한다." Derrida, "Envois," pp.73~74.

니피앙의 통일성을, 즉 팔루스의 통일성을 **파괴한다**." '산종'이란 체계 자체의 안정성을 위협하고 교란할 수 있는 '운,' 우발성, 또는 '편치 않은 것'이다. 이런 관점에서 우리는 나중에 정적인 체계로서의 구조의 변형에 관해 고찰할 수 있을 것이다.[53]

(2) 프로이트적 해석

데리다적인 테제("편지는 언제나 수신지에 도착하지 않을 수 있다")는 "편지의 잔류 구조," 또는 편지의 '내적 일탈[어긋남]'을 의미한다. 편지는 '잔류 저항'으로서 그 궤적에 머물러 있으며, 그 길을 일탈한다("편지가 도착하지 않을 수 있다는 것은 내적 일탈에 의해 편지를 괴롭힌다"[54]). 그것은 편지가 수신지에 도착하는 것을 방해하고, 편지를 지연시키려는 메커니즘이다. 여기서 우리는 '수신지'destination를 '운명'destin으로, '발송'Schicken을 '역운'Geschick으로 읽을 필요가 있다. 즉 "운명 대신에 우편에 관해 말하는 것, 모든 발송이 우편적이라고 말하는 것, **운명적인 것이 우편으로 보내진다**고 말하는 것."[55] 바꿔 말한

---

52) Jacques Derrida, "La double séance," *La Dissémination*, Paris: Seuil, p.300. 각주 56번. 르네 마조르는 라캉의 세미나 『앙코르』에서 데리다적인 '산종'의 문제계를 찾아내려 한다. René Major, *Lacan avec Derrida*, Paris: Falmmarion, 2001, pp.142~145. 그러나 라캉에게 시니피앙의 특권적 위치는 성차의 공식("성관계는 존재하지 않는다")의 도입 이후에도 결코 변하지 않는다. 예를 들어 마조르가 상기시켜주듯이(142쪽), 라캉은 세미나에서 이렇게 말한다. "시니피앙은 우발성의 범주로부터 주장되는 편이 좋았다." Jacques Lacan, *Le séminaire livre XX: Encore*, Paris: Seuil, 1975, p.41. 하지만 이 '우발성의 범주'란 무(無)로부터의 창조(즉, 결여로부터의 창조) 이외의 것을 지시하지 않는다. 달리 말하면, 라캉의 이론에서 시니피앙은 **결코 산종되지 않는다**.
53) 이 점에 관해서는 4장 5~6절에서 논한다.
54) Derrida, "Le facteur de la vérité," p.517.

다면, 그것은 '수신지'를 '죽음'으로 바꿔 읽는 것이다. 데리다는 『우편엽서』에 수록된 「발송」에서 다음과 같이 쓴다.

[장] 주네는 자신의 연극이 죽은 자들에게 부쳐졌다고 말했으며, 나는 아무런 목적/끝도 없이 네게 글을 쓰고 있는 열차에서 그런 말을 들었다. 수신자는 죽었으며 수신지는 죽음이다. 아니, 우리가 죽을 운명이라던 S.[소크라테스]나 P.[플라톤]의 교설의 의미에서 그런 것이 아니다. 아니, 죽기 마련인 우리에게 우리의 수신지에 도달한다는 것, 즉 죽음으로 끝난다는 의미에서 그런 것도 아니다. 아니, 그것은 수신지의 주체(S)인 수신자나 발신자에 포함된 술어(p)마냥 죽음의 관념이다. 그리고 유일하게 사랑하는 사람아, 너는
                                      편지가 수신지에 언제나 도착할 수 있는 것은 아니며 따라서 편지는 결코 도착하지 않는다는 것의 증거, 바로 살아 있는 증거이다. 정말 그렇다, 이것은 불운이 아니다. 그것이 삶, 살아 있는 삶, 아직 생존해 있는 삶에 의해 두들겨 부숴진 삶이며, 비극인 것이다.56)

---

55) Derrida, "Envois," p.72. 이 응축된 구절에 관해서는 하이데거의 「시간과 존재」(1962)를 참조하라. 이 논고에서 하이데거는 존재의 피투성을 '발송'으로서의 '역운'이라는 말놀이로 표현하고 있다. Martin Heidegger, "Zeit und Sein," *Gesamtausgabe*, Bd.XIV: Zur Sache des Denkens, Frankfurt: Vittorio Klostermann, 2007. [문학과사회연구소 옮김, 『시간과 존재』, 청하, 1986. 또한 다음의 언급도 참조하라. "현대 기술의 본질은 인간을 …… 탈은폐의 길로 보낸다. '어떤 길로 보낸다'는 것은 우리말로는 '보내다'(schicken)를 뜻한다. 인간을 비로소 탈은폐의 길로 보내는 것은 집약된 보냄이다. 그런 집약된 보냄을 '역운'(Geschick)이라 부르자. 이 역운에서 모든 역사의 본질이 규정된다." 마르틴 하이데거, 이기상 옮김, 『기술과 전향』, 서광사, 1993, 65~66쪽.]

편지의 수신지, "그것은 죽음이다." 이로부터 '편지의 잔류구조,' 편지의 '내적 일탈'이란 '수신지'로서의 죽음을 지연시키고 '위험한 투여'를 지연시키는 '저항'과 '지연/차연'의 메커니즘이라 할 수 있다. "우송한다는 것은 배송중지, 중계, 유예에 따른 지연, 배달부의 장소, 우편물 횡령과 망각(보존의 한 계기인 억압이 아니라 망각)의 가능성을 '고려해' 발송한다는 것이다."57) 따라서 우송한다는 것은 욕망의 지연·차연 메커니즘이며, 충동들 사이의 중계·연결 메커니즘이다. 이 은유의 계열을 따라 「쾌락 원칙을 넘어서」를 독해해보자.

4.3. 마조히즘의 일차성

프로이트는 「쾌락 원칙을 넘어서」에서 죽음충동 가설에 관한 '사변'을 전개한다. 그러나 도대체 왜 그것은 '사변'이라고 말해지는가? 그것은 '죽음충동'이 단순히 관찰도 검증도 불가능한 가설이란 뜻이 아니다. 왜냐하면 죽음충동은 반복강박이라는 '관찰된 자료'에 기초하기 때문이다.58) 프로이트는 「마조히즘의 경제적 문제」(1924)에서 죽음충동과 마조히즘을 동일시하며 다음과 같이 말한다.

인간의 충동적 삶에 마조히즘적 경향이 존재한다는 것은 경제론적 관점에서 보았을 때 수수께끼로 가득 차 있다고 부를 수 있을 것이다. 사실상, 만일 쾌락 원칙이 불쾌의 회피와 쾌락의 획득을 직접적

---

56) Derrida, "Envois," p.39.
57) Derrida, "Envois," p.73.
58) Freud, "Jenseits des Lustprinzips," p.64; "Au-delà du principe de plaisir," p.120. [「쾌락 원칙을 넘어서」, 337쪽.]

인 목표로 삼으면서 심적 과정들을 지배한다면, 마조히즘은 도대체 이해할 수 없는 것이기 때문이다. 만일 고통과 불쾌가 더 이상 단순한 경고가 아니라 그 자체로 목적이 될 수 있다면, 쾌락 원칙은 마비되고 말 것이다. 그것은 마치 우리의 정신적 삶에 대한 파수꾼이 마약을 하는 것과도 같기 때문이다.

마조히즘은 아주 위험한 불빛 아래 나타나는데, 이것은 그 맞짝인 사디즘에는 전혀 적용되지 않는다. 우리는 쾌락 원칙을 인간의 정신적 삶뿐 아니라 인간의 생명 전체의 파수꾼이라고 부르고 싶은 유혹을 느낀다. 하지만 그럴 경우 이미 구별했던 두 종류의 충동, 즉 죽음충동과 에로스적인(리비도적인) 생명충동에 대해 쾌락 원칙이 맺는 관계를 검토해야 할 과제가 부과된다. 이 부름을 따르기 전까지는 마조히즘의 문제에 대한 탐구는 더 이상 진척될 수 없다.[59]

마조히즘적 경향은 "경제론적 관점에서 보았을 때 수수께끼로 가득 찬 것"이다. 왜냐하면 그것은 "심적 과정들을 지배"하고 있는 쾌락 원칙의 지배에 반하기 때문이다. 프로이트는 (1910년부터 1915년에 걸쳐 정식화됐던) 초기의 충동 이론에서 충동을 두 종류로 나눴다. 즉, 자아충동과 성충동이 그것인데, 전자는 자기보존의 충동, 후자는 대상을 향한 리비도적 충동으로 정의된다.[60] 그것들은 좌우간, 소망

---

[59] Sigmund Freud, "Das ökonimische Problem des Masochismus," *Gesammelte Werke*, Bd.XIII, Berlin: Fischer, 1999, p.371; "Le problème économique de masochisme," *Œuvres complètes*, t.XVII, Paris: PUF, 1992, p.11. [박찬부 옮김, 「마조히즘의 경제적 문제」, 『정신분석학의 근본 개념』, 열린책들, 2005, 417쪽.]

[60] Pontalis et Laplanche, *Vocabulaire de la psychanalyse*, pp.380~381. [『정신분석 사전』, 365~368쪽.]

충족^{Wunscherfüllung}의 관점에서 쾌락 원칙의 지배^{Herrschaft} 아래 있다고 생각된다. 사디즘에서조차, 동일한 관점에서 쾌락 원칙의 지배 아래 있다(지배충동의 충족). 그러나 죽음충동은 '고통과 불쾌'를 '그 자체로 목적'으로 삼으며, 마조히즘은 고통과 불쾌를 쾌락으로 간주한다. 프로이트는 심적 과정에서 이뤄지는 쾌락 원칙의 지배를 이른바 정신분석의 '첫 번째 원칙'으로 삼아서 정신분석 이론을 구축해왔다. 그러나 마조히즘의 존재는 이 '첫 번째 원칙'과 정면으로 대립한다. 따라서 마조히즘의 존재는 정신분석 이론 자체에 있어서 "커다란 위협이 된다"["이것은 그 맞짝인 사디즘에는 전혀 적용되지 않는다"]. 여기서 우리는 프로이트 이론에서 마조히즘이라는 '수수께끼로 가득 찬' 현상의 '운명'에 관해 고찰해야만 한다.

「충동과 그 운명」(1914)에서 프로이트는 '대립물로의 역전,' '자기 자신으로의 방향전환'을 '충동의 운명'이라 말한다. 사디즘과 마조히즘에서 '대립물로의 역전'은 "충동이 능동성에서 수동성으로 방향 전환되는 것"이며, '자기 자신으로의 방향전환'은 "대립물이 교환되고" 자아로 향하게 되는 것이다. 즉, "마조히즘은 자아 자체를 향해가는 사디즘"[61]이다. 이 두 과정을 프로이트는 이렇게 기술한다.

사디즘과 마조히즘이라는 대립쌍의 경우, 그 과정을 다음과 같은 식으로 표현할 수 있다.

---

61) Sigmund Freud, "Triebe und Triebschicksal," *Gesammelte Werke*, Bd.X, Berlin: Fischer, 1999, pp.219~220; "Pulsions et destins de pulsions," *Œuvres complètes*, t.XIII, Paris: PUF, 1994, p.174. [윤희기 옮김, 「본능과 그 변화」, 『정신분석학의 근본 개념』, 열린책들, 2003, 114쪽.]

(a) 사디즘은 어떤 다른 사람을 대상으로 하여 그 사람에게 폭력을 가하고 힘을 행사하는 것이다.

(b) 이 대상이 내던져지고 자기 자신으로 대체된다. 자기 자신으로의 방향전환과 더불어 능동적인 충동 목적이 수동적인 충동 목적으로 전환되는 게 실현된다.

(c) 새롭게 생소한 사람을 대상으로 추구하게 된다. 목적이 변형된 결과, 이 사람은 필연적으로 주체의 역할을 떠맡을 수밖에 없다.

이 (c)의 경우가 흔히 마조히즘이라고들 한다. 이 경우에도 마찬가지로 근원적인 사디즘의 길을 통해 만족이 산출될 수 있는데, 수동적 자아는 지금은 또 다른 주체의 뜻에 따르는 자신의 최초의 자리로 환상에 의해 되돌아간다. 지극히 직접적인 마조히즘적 만족이라는 것도 존재하는지 여부는 매우 의심스럽다. 마조히즘은 항상 여기서 서술된 방식으로 사디즘에서 생겨난 것이며, 이것과는 다른 근원적 마조히즘은 존재하지 않는 것처럼 생각된다.[62]

프로이트에 따르면, 마조히즘은 "대상이 내던져지고 자기 자신으로 대체"되며, 또한 충동의 "자기 자신으로의 방향전환과 더불어 능동적인 충동 목적이 수동적인 충동 목적으로 전환"됨으로써 "사디즘에서 생겨난 것"이다. 그래서 사디즘에서 생겨나는 게 아닌 근원적 마조히즘은 "존재하지 않는 것처럼 생각된다"고 추론한다. 여기서 강

---

[62] Freud, "Triebe und Triebschicksal," p.220~221; "Pulsions et destins de pulsions," p.175. [「본능과 그 변화」, 114~115쪽. 위 마지막 문장은 프랑스어판을 기준으로 이렇게 옮길 수 있다. "여기서 서술된 방식으로 사디즘에서 생겨난 것이 아닌 근원적 마조히즘은 존재하지 않는 것처럼 보인다."]

조해야 할 점은 이 추론에는 어떤 분명한 의미가 있다는 것이다. 즉, 마조히즘을 사디즘에서 파생된 것으로 해석함으로써 프로이트는 쾌락 원칙의 지배를 정신분석 이론의 제1원리로 보존할 수 있다.

그러나 「마조히즘의 경제적 문제」에서 프로이트는 정반대의 가설을 제시한다. '근원적 마조히즘'이 존재한다고 주장한 것이다.

약간의 부정확성을 받아들이려고 한다면, 유기체 안에서 작동하는 죽음충동(원原사디즘^{Ursadismus})은 마조히즘과 동일하다고 말할 수 있다. 죽음충동의 주요 부분이 외부의 대상을 향해 옮겨진 뒤, 내부에는 그 잔여로서 본래의 성애적 마조히즘이 남는다. 이것은 한편으로는 리비도의 구성성분이 되며, 다른 한편으로는 여전히 언제나 자기를 대상으로 삼는다. 이리하여 이 마조히즘은 생명에 그토록 중요한 것인 죽음충동과 에로스의 합성이 산출하는 이 형성 국면의 증인이자 자취이다. 특정한 상황에서 사디즘 혹은 파괴충동은 외부로 향해지고 투사됐다가 다시금 내부로 방향전환되며 이전의 상태로 퇴행하는 경우가 있음을 알게 됐다고 해서 그리 놀랍지는 않을 것이다.* 이렇게 됨으로써 2차 마조히즘이 생겨나며, 이것이 근원적^{ursprünglichen} 마조히즘에 덧붙여지는 것이다.$^{63)}$

---

* 프랑스어판에서 이 구절을 그대로 옮기면 다음과 같다. "특정한 상황에서 사디즘 혹은 파괴충동은 외부로 향해졌다가 이전의 상황으로 퇴행했다는 것을 알게 됐다고 해서 그리 놀랍지는 않을 것이다." 그러나 곧 지은이가 서술할 것처럼 본문처럼 번역해야 그 의미가 분명히 드러난다.

63) Freud, "Das ökonimische Problem des Masochismus," p.377; "Le problème économique de masochisme," p.17. [「마조히즘의 경제적 문제」, 424쪽.]

여기서 프로이트는 ("약간의 부정확성을 받아들이려고 한다면"이라는 유보를 달아) 죽음충동에 '근원적 마조히즘'이라는 이름을 부여한다.64) '근원적 마조히즘'은 파괴충동으로서 외부로 향해질 수 있으며(사디즘), 다시 내부로 방향전환되어 이전의 상태로 퇴행할 수 있다(2차 마조히즘). 쾌락 원칙의 '너머'를 상정한 것이 이런 가설의 변경에서 결정적 역할을 맡았다. 「쾌락 원칙을 넘어서」에서 프로이트는 "마조히즘은 1차적인 것일 수도 있다"65)고 말한다. 즉, 마조히즘의 일차성이라는 '사변적' 가설은 "쾌락 원칙을 넘어서," 즉 죽음

---

64) 더 정확히 말하면, '근원적 마조히즘'은 죽음충동으로부터 **구성된다**고 할 수 있을 것이다. 「마조히즘의 경제적 문제」에서 프로이트는 죽음충동을 '무기적 안정성'(anorganischen Stabilität)으로의 회귀 충동으로 정의하는데, 그것은 어떤 섹슈얼리티도 포함하지 않는다. '근원적 마조히즘'은 오히려 '성애적(érogène) 마조히즘'과 등가이다. 죽음충동은 "성적인 수반 흥분(co-excitation)의 도움으로 리비도적으로 구속된다. 바로 여기서 우리는 근원적인 성애적 마조히즘을 인정할 수 있다." Freud, "Das ökonimische Problem des Masochismus," p.376; "Le problème économique de masochisme," pp.15~16. [「마조히즘의 경제적 문제」, 423쪽.] 이 '근원적인 성애적 마조히즘'은 사디즘이 "다시금 내부로 방향전환"된 2차 마조히즘과는 엄밀히 구별된다. 여기서 우리는 '근원적 마조히즘'을 근원적인 자기파괴 충동으로 정의하는데 이것은 성애적 마조히즘과 대응하며, 따라서 섹슈얼리티를 수반하고 죽음충동으로부터 구성된다. 예를 들어 「마조히즘의 경제적 문제」를 인용하면서 장 라플랑슈는 섹슈얼리티를 산출하는 '수반 흥분'에 주목한다. "만일 '우리가 결코 순수 상태의 죽음충동이나 생명충동과 관계가 없었고 언제나 그 충동들의 다양한 혼합에 관계가 있다'는 것이 맞다면, 이런 혼합물 중 하나인 '근원적인 성애적 마조히즘'은 우리에게 첫 번째의 것이며, 이 성애적 마조히즘은 '수반 흥분'에 의해 생겨나는 것이다." Jean Laplanche, *Vie et mort en psychanalyse*, Paris: Flammarion, 1970, p.147.

65) Freud, "Jenseits des Lustprinzips," p.59; "Au-delà du principe de plaisir," p.114. [「쾌락 원칙을 넘어서」, 331쪽.]

충동을 상정함으로써 요청되는 것이다. 죽음충동은 쾌락 원칙의 지배라는 정신분석의 제1원리의 너머에 있다. 따라서 그것은 정신분석 이론 자체의 "너머에 있다." 프로이트가 죽음충동을 '사변적 가설'이라고 부른 것은 그런 의미에서이다.

마조히즘의 일차성이라는 프로이트의 가설은 죽음충동이라는 개념이 도입되면서 가능해진다. 그러나 '근원적 마조히즘,' 또는 마조히즘의 일차성이라는 가설은 무엇을 의미하는 것일까? 요컨대 자기에게 향해진 공격성은 왜 인간 주체에게 '일차적'일 수 있을까?

여기서 '반복강박'이라는 현상을 생각해보자. 반복강박은 "**쾌락의 가능성을 전혀 담고 있지 않은** 과거의 경험을 다시 환기시킨다. 이런 체험은 과거의 그 시점에서조차도 만족을 초래할 수 없었으며, 나중에 억압됐던 충동의 작동에서조차도 만족을 초래할 수 없었다."[66] 여기서 주체는 억압된 것을 "과거의 한 단편으로서" 능동적으로 '상기하는' 대신에, "현재의 체험으로서" 수동적으로 '반복하도록' 강제된다.[67] 반복강박과 관련해 프로이트는 「쾌락 원칙을 넘어서」의 4장에서 '자극에 대한 보호'[자극보호]라는 개념에 관해 말한다. 생명이 있는 유기체는 "자신의 고유한 비축 에너지를 갖추고 있으며, 바깥에서 작동하는 초과적 에너지의 균질화와 따라서 파괴의 영향들로부터 보존되어야 할 특수한 양상들을 따라 작동하는 에너지의 변형에

---

66) Freud, "Jenseits des Lustprinzips," p.18; "Au-delà du principe de plaisir," p.66. [『쾌락 원칙을 넘어서』, 287쪽. 2장 1절의 각주 8번과 내용은 같으나 지은이의 의도를 존중해 약간 다르게 옮겼다.]
67) Freud, "Jenseits des Lustprinzips," p.16; "Au-delà du principe de plaisir," p.64. [『쾌락 원칙을 넘어서』, 284쪽.]

무엇보다도 특히 노력을 기울이지 않을 수 없다."[68] 이 때문에 생명체는 그 표면에 자극에 대한 보호의 층을 갖추고, 외부 세계의 '파괴적' 에너지로부터 자신을 보호한다. 그러나 '외상적 흥분'이란 "자극 보호를 돌파할 정도로 강력한, 외부로부터의 흥분"이며, "외부로부터의 외상 같은 사건은 확실히 유기체의 에너지 기능[운영]에 막대한 규모의 교란을 초래해 모든 방어수단을 가동케 한다." "하지만 여기서 쾌락 원칙은 무력화된다."[69] "모든 방어수단을 가동케 할" 때, 쾌락 원칙의 지배는 일시적으로 정지된다("무력화된다"). 우리는 여기서 프로이트가 행한 일종의 유보를 볼 수 있다. 즉, 쾌락 원칙의 너머가 해방된다고 하더라도, 쾌락 원칙의 지배라는 정신분석의 제1원리가 붕괴되는 것은 아니다. 그러나 '모든 방어수단'은 확실히 반복강박처럼 '너머'의 힘을 가리킨다. 그렇다면 외상적 흥분에 대한 '모든 방어수단'은 어떤 메커니즘으로부터 구성되는 것일까? 우리는 그 고찰의 과정에서 프로이트가 쾌락-불쾌 개념의 경계를 서서히 지워나가는 모습을 볼 수 있게 될 것이다.[70]

---

68) Freud, "Jenseits des Lustprinzips," p.27; "Au-delà du principe de plaisir," pp. 75~76. [『쾌락 원칙을 넘어서』, 298쪽.]
69) Freud, "Jenseits des Lustprinzips," p.29; "Au-delà du principe de plaisir," p.78. [『쾌락 원칙을 넘어서』, 299쪽.]
70) 흥미롭게도 프로이트에게 '쾌락'에 대한 정의는 극히 애매하다. 프로이트에 따르면, 쾌락과 불쾌라는 감각은 "정신생활의 가장 어둡고 가장 접근하기 어려운 영역"이다. "쾌락과 불쾌라는 …… 감각의 의미에 관해 가르쳐주는 철학이나 심리학의 이론이 있다면 주저하지 않고 감사를 표하겠다. 그러나 유감스럽게도 그 무엇도 이에 대한 도움이 되지 않는다('쾌락'에 대한 질적 정의의 부재). 그러나 "이 영역을 건드리지 않을 수 없는 까닭에 가장 느슨한 가설을 세우는 게 최선이라고 생각한다." 따라서 프로이트는 "심리적 삶에 존재

「쾌락 원칙을 넘어서」 2장에서 프로이트는 '포르트-다'Fort-Da라는 유명한 테마를 다룬다. 그것은 유아(프로이트의 손자)가 나무실패를 침대 밑으로 던지며, 나무실패의 모습이 안 보이면 '포르트'(가라! 가라!)라고 말하고 나무실패의 모습이 보이면 '다'(하~)라고 만족해 나무실패를 다시 잡는 놀이이다.71) 이 장면을 해석하며 프로이트는 줄곧 쾌락 원칙으로 되돌아간다. 나무실패를 어머니와 동일시하면서 프로이트는 '포르트'가 어머니의 부재라는 '고통스런 체험'을, '다'가 어머니가 다시 모습을 보인다고 하는 '기쁜 체험'을 나타낸다고 해석한다. 이로부터 프로이트는 "아이들이 자신에게 고통스런 체험을 놀이로서 반복하는 것은 쾌락 원칙과 어떻게 양립하는 것일까?"72)라고 자문한다. 그 대답은 다음과 같다. "아이는 처음에 수동적이었다. 즉, 그는 그 경험에 압도당했던 것이다. 하지만 서서히 능동적인 역할을 맡으면서 불쾌로 가득 찬 이 경험을 놀이로서 반복했다."73) 즉,

---

하긴 하지만, 어떤 형태로든 구속되지 않는 흥분의 양과, 쾌락·불쾌를 **관련시키기로** 결의한다. 즉, "불쾌는 이 양의 증대에, 쾌락은 이 양의 감소에 **대응한다**고 생각한다." 프로이트는 '**대응한다**'는 말을 사용하는데, 이것은 "정비례 관계를 의미하는 게 아니다. 즉, "이 양의 감각의 강렬도와 변동은 단순하게 관련되어 있는 게 아니다. 적어도 …… 정비례 관계는 존재하지 않는다." Freud, "Jenseits des Lustprinzips," pp.3~4; "Au-delà du principe de plaisir," p.50. [「쾌락 원칙을 넘어서」, 270쪽.] 즉 이 텍스트, 나아가 프로이트 이론에서는 쾌락의 '질적 정의'(철학적·심리학적 정의)뿐만 아니라 '양적 정의'(경제론적 정의)조차 애매하다. 이에 관해서는 다음을 참조하라. Derrida, "Spéculer: Sur 'Freud,'" *La carte postale*, Paris: Flammarion, 1980, pp.294~295.

71) Freud, "Jenseits des Lustprinzips," p.12; "Au-delà du principe de plaisir," p.59. [「쾌락 원칙을 넘어서」, 279쪽.]

72) Freud, "Jenseits des Lustprinzips," p.13; "Au-delà du principe de plaisir," p.60. [「쾌락 원칙을 넘어서」, 280쪽.]

'포르트-다'는 '고통스런 체험'의 의지적이고 능동적인 반복이다. 이로부터 프로이트는 이런 시도를 '지배충동'Bemächtigungstrieb에 의한 것(고통스런 체험의 지배), 또는 어머니에 대한 '복수충동'Racheimplus에 의한 것("좋소. 가버리쇼! 난 당신을 필요로 하지 않소. 당신을 멀리 보내드리는 것은 바로 나요!")이라고 해석한다. 프로이트는 이로부터 다음과 같이 결론짓는다. "아이는 불쾌한 인상을 주는 놀이를 반복할 수밖에 없었는데, 왜냐하면 그 반복은 **다른 종류의 직접적 쾌락의 획득**과 연결되어 있기 때문이다."[74) 그런 "다른 종류의 직접적 쾌락"이란 '지배충동' 또는 '복수충동'의 충족, 즉 외부 세계를 향한 공격충동의 충족이다. 여기에서 프로이트는 이 놀이의 반복이 "쾌락 원칙과 일치한다"고 생각한다. 하지만 「마조히즘의 경제적 문제」의 도식을 적용한다면, 여기서 나타나는 것은 외부 세계를 향한 죽음충동(쾌락 원칙을 넘어서)으로서의 사디즘적 충동이다.

반복강박은 그 체험의 반복이 '능동적'이 아니라 '수동적'이라는 점에서 '포르트-다'의 놀이와는 다르다. 이 반복에서는 쾌락 원칙의 지배보다 '근원적인' 죽음충동이 유보 없이 작동하는 것이다. 프로이트는 「쾌락 원칙을 넘어서」의 4장에서 "자극에 대한 보호"에 관해 말한 뒤에, 다음과 같은 가설을 제시한다.

---

73) Freud, "Jenseits des Lustprinzips," p.13; "Au-delà du principe de plaisir," p.60. [「쾌락 원칙을 넘어서」, 281쪽. 프랑스어판을 기준으로 보면 다음과 같이 번역할 수 있다. 아이는 "사건 덕분에 수동적이었다. 하지만 능동적인 역할을 맡게 되면서 불쾌한 그것을 놀이로서 반복했던 것이다."]

74) Freud, "Jenseits des Lustprinzips," p.14; "Au-delà du principe de plaisir," pp. 60~61, [「쾌락 원칙을 넘어서」, 282쪽.]

재해신경증[외상신경증]névrose d'accident의 꿈이 환자를 규칙적으로 재해 상황으로 끌고 가긴 하지만, 그 꿈은 소망 충족에 하등 도움이 안 된다. 소망충족의 환각적 생산이 쾌락 원칙의 지배 아래에서는 그 꿈들의 기능이 되긴 했지만 말이다. 꿈은 그 반복적 성격에 의해, 쾌락 원칙의 지배가 시작되기 전에 충족되어야 할 다른 어떤 임무를 수행하는 데 도움을 준다고 인정할 수 있다. 이 꿈들은 불안의 전개 아래에서 자극에 대한 극복을 되찾으려 하는데, 이 불안의 누락이 외상신경증의 원인이었다. 이처럼 꿈들은 심적 장치의 한 가지 기능에 대한 관점을 제공해주는데, 이 기능은 쾌락 원칙과 모순되는 것은 아니지만 이 원칙과 독립해 있으며, 쾌락을 획득하고 불쾌를 피한다는 목적보다 훨씬 더 근원적인 것이다.[75]

외상신경증에서의 꿈(즉, 반복강박)은 "불안의 전개 아래에서 자극에 대한 극복을 되찾으려 한다." 프로이트는 「쾌락 원칙을 넘어서」 1장에서 '불안'Angst과 '경악'Schreck을 구별한다. '불안'이란 "설령 알려지지 않은 것일지라도 위험을 예상하고 대비를 하는 것으로 규정된 상태"를 가리키며, '경악'이란 "아무런 준비도 되어 있지 않은 위험한 상황에 떨어졌을 때 돌발적으로 생기는 상태"를 가리킨다. "불안 속에는 경악에 맞서 보호되고 외상신경증에 맞서서도 보호되는 어떤 것이 존재한다."[76] 즉, 위험에 대한 준비가 결여되어 있기(불안

---

[75] Freud, "Jenseits des Lustprinzips," p.32; "Au-delà du principe de plaisir," pp. 81~82. [『쾌락 원칙을 넘어서』, 301~302쪽.]

[76] Freud, "Jenseits des Lustprinzips," p.10; "Au-delà du principe de plaisir," p.56. [『쾌락 원칙을 넘어서』, 276쪽.]

의 결여) 때문에 주체는 '경악,' 즉 외상적 인상에 사로잡히는 것이다. 외상적 인상에 대해서 반복강박은 '불안'을 사후적으로 형성한다. 즉 그것은 "외상적 인상을 심적으로 구속하기[묶기]."77)

프로이트는「쾌락 원칙을 넘어서」5장에서, 마지막으로 '포르트-다' 놀이에도 반복강박과 동일한 메커니즘이 있음을 인정한다. "아이의 놀이에서 우리는 이렇게 이해할 수 있을 것이다. 즉, 아이가 불쾌하게 체험했던 경험을 반복하는 것은 어떤 강력한 인상을 그저 수동적으로 느끼는 데 그칠 뿐일 수 있음에 비해 그 능동성에 의해 어떤 강력한 인상을 극히 근본적으로 극복할 수 있기 때문인 것이다. 각각의 새로운 반복은 아이들이 추구하는 그런 지배를 강화해주는 것처럼 보인다."78) 즉, '포르트-다'의 반복은 '불쾌로 가득 찬 체험'(어머니의 부재)에서 유래하는 '자극적인 인상'을 능동적으로 구속하고자 한다. 불쾌한 경험의 반복 자체가 주체를 외상적 자극으로부터 보호하는 기능을 갖고 있는 것이다. 여기에서 해방되고 있는 것은 "다른 종류의 직접적 쾌락의 획득"으로 연결되지는 않는, 반복 그 자체의 **근원적이고 근본적인** 기능이다.79)

외상신경증에서 반복강박은 죽음충동의 일종의 현현顯現이다. 바꿔 말하면, 그것은 '근원적 마조히즘'으로서의 죽음충동이다. 여기서

---

77) Freud, "Jenseits des Lustprinzips," p.33; "Au-delà du principe de plaisir," p.83. [「쾌락 원칙을 넘어서」, 303쪽.]

78) Freud, "Jenseits des Lustprinzips," p.36; "Au-delà du principe de plaisir," p.87. [「쾌락 원칙을 넘어서」, 306쪽.]

79) 직접적 쾌락에서 완전히 자립한 반복 그 자체의 근본적 역량에 관해서는 다음을 참조하라. Gilles Deleuze, *Présentation de Sacher-Masoch*, Paris: Minuit, 1967, p.104. [이강훈 옮김,『질 들뢰즈: 매저키즘』, 인간사랑, 1996, 136~137쪽.]

우리는 기묘한 점을 알아차리지 않을 수 없다. 죽음충동의 현현으로서의 반복강박은 "불안을 형성"하고 "외상적 인상을 심적으로 구속"함으로써 주체를 외상적 자극으로부터 보호한다는 것이다. 그것은 죽음충동이 주체를 '보호한다'는 것을 의미한다. 그러나 그런 역설적인 기능은 어떤 메커니즘에 의해 가능하게 될까?

레오 베르사니의 『프로이트적 신체』를 참조하자.[80] 베르사니는 프로이트의 「성욕에 관한 세 편의 에세이」 중 '유아 성욕의 원천'을 다룬 다음의 한 구절에 주목한다. "경악을 수반하는 흥분을 비롯해 상대적으로 강렬한 모든 정서적 과정들이 성욕에 간섭함[끼어들어 거듦]은 …… 쉽게 알 수 있다."[81] 또 베르사니는 결론부에 나온 또 다른 구절을 인용한다. "성적 흥분은 유기체 안에서 엄청나게 수많은 과정들의 부산물 중 하나로 나타나며, 후자가 어떤 강렬도에 도달했을 때 나타난다. 특히 상대적으로 강력한 모든 감정들이 고통스런 본성일 경우에 그러하다."[82] 즉, 그것은 "경악을 수반하는 흥분," 나아가 외적 자극에서조차도 성적 쾌감의 원천이 된다는 것이다("고통과 불쾌로 인한 긴장이 일어날 때의 리비도적 수반 흥분"[83]). 프로이트는

---

80) Leo Bersani, *The Freudian Body*, New York: Columbia University Press, 1986; *Théorie et violence*, Paris: Seuil, 1984.
81) Freud, "Drei Abhandlungen zur Sexualtheorie," p.104; *Trois essais sur la théorie sexuelle*, p.136. [「성욕에 관한 세 편의 에세이」, 103쪽]; Bersani, *Théorie et violence*, p.47.
82) Freud, "Drei Abhandlungen zur Sexualtheorie," p.134; *Trois essais sur la théorie sexuelle*, p.182. [「성욕에 관한 세 편의 에세이」, 137쪽]; Bersani, *Théorie et violence*, p.48.
83) Freud, "Das ökonomische Problem des Masochismus," p.375; "Le problème économique de masochisme," p.15. [「마조히즘의 경제적 문제」, 422쪽. 인용문

「쾌락 원칙을 넘어서」에서 이 명제를 다음과 같이 설명한다. "외상의 기계적 폭력은 일정한 양의 성적 흥분을 해방시키는데, 불안에 의한 준비가 결여되어 있기 때문에 이것은 외상적 효과를 갖는다."[84] 이로부터 베르사니는 프로이트의 테제를 이렇게 해석한다.

> 이런 구절들에서 프로이트는 어떤 입장에 접근하는 듯하다. 그 입장에 따르면 신체적 감각의 정상적 장이 초과될 때마다 매번, 그리고 심적 조직화가 그 일관성과 양립할 수 있는 문턱의 일종의 '너머'로 나아가는 감각이나 정서적 과정들에 의해 일시적으로 교란된다고 판명될 때마다 매번, 성적 흥분에 고유하게 존재하는 쾌락-불쾌의 긴장이 산출된다는 것이다. …… 섹슈얼리티는 심적 구조에 있어서 참을 수 없는 어떤 것이리라. …… 섹슈얼리티는 이것의 발생이 우리의 유아기에 있어서, 우리가 노출되어 있는 자극의 양과 이런 자극에 저항할 수 있는, 혹은 프로이트의 용어로 말하면, 이런 자극을 구속할[묶을] 수 있는 자아 구조의 발달 사이의 위협적인 간극에 의존하는 한에서 특수하게 인간적인 현상이다. 섹슈얼리티의 **신비**는 우리가 이 동요의 효과를 치워버리려고 애쓸 뿐만 아니라 그와 동등한 정도로 이것을 반복하고 증대시키려고 애쓴다는 사실에 있다. …… 중요한 것은 …… 적어도 그 구성양식의 수준에서는 섹슈얼리티가 어쩌면 마조히즘과 동의어라는 점을 인정하는 것이다.[85]

앞의 구절을 프랑스어판에서 옮기면 이렇다. "이것은 '경악을 수반하는 흥분' 혹은 외상적 인상 같은 강렬한 정동들이 성적 흥분의 원천이 됨을 의미한다."]
[84] Freud, "Jenseits des Lustprinzips," p.34; "Au-delà du principe de plaisir," p.83. [『쾌락 원칙을 넘어서』, 304쪽.]

이처럼 "심적 구조에 있어서 참을 수 없는 어떤 것"이 쾌락-불쾌의 긴장("리비도적 수반 흥분"), 즉 섹슈얼리티를 산출한다. 섹슈얼리티는 스스로를 반복하고 증대시키고자 한다. 베르사니는 이 과정을 '마조히즘'이라는 말로 지시한다.[86] 이로부터 우리는 반복강박 메커니즘에 관해 하나의 해석을 제시할 수 있다. 외상적 인상을 반복하게 만드는 것은 마조히즘적 섹슈얼리티의 메커니즘이며, 그 메커니즘이 외상적 인상을 구속하는 역할을 맡는다는 것이다. 프로이트가 죽음충동을 '근원적 마조히즘'이라고 불렀던 의미를 우리는 이런 방식으로 이해할 수 있다. 베르사니는 "마조히즘은 생명에 도움이 된다"[87]고 서술하고 있지만, 우리는 이 말을 모방해 다음과 같이 말할 수도 있을 것이다. **죽음충동은 생명에 도움이 된다**고 말이다. 죽음충동으로서의 '마조히즘적' 섹슈얼리티는 반복강박의 동인이며, 이 메커니즘

---

85) Bersani, *Théorie et violence*, p.48.
86) 이것은 라캉의 이론에서는 '향락'(jouissance)에 대응할 것이다. 라캉에게 '향락'이란 (자기)파괴 충동 속에서 출현하는, 결코 접근할 수 없는 '제2의 죽음'이다. 라캉은 죽음충동을 '무생물로의 회귀'가 아니라 파괴충동이라고 해석하고, 향락을 '무생물로의 회귀 경향의 너머'에 위치시킨다. Lacan, *Le séminaire livre VII*, p.251. 달리 말하면, 향락은 **결코 도착할 수 없는** 죽음충동의 '충족'을 추구하는 것이다. "향락의 문제는 향락이 중심적 장 속에 파묻힌 것으로 나타나고 접근 불가능성, 불명료성, 불투명성이라는 성격을 지니고 있는 것이다. 이렇듯 향락은 그 자체[즉, 향락]에 주체가 접근하는 것을 어렵게 만드는 장벽에 의해 둘러싸여 있기 때문에, 주체가 향락에 접근하는 것은 어쩌면 불가능하다. 왜냐하면 향락은 순수하고 단순하게 욕구의 충족으로서가 아니라 충동의 충족으로서 나타나기 때문이다." Ibid., pp.247~248. 우리는 '제2의 죽음'과 '향락'에 관한 라캉의 이론을 '성원리의 지배'에 집착한 프로이트가 도달할 수 없었던 이론화로서 가장 긍정적으로 평가한다.
87) Bersani, *Théorie et violence*, p.49.

을 통해 주체는 외상을 견디며 살아남을 수 있다. 그것은 외부 세계로부터 오는 예상할 수도, 회피할 수도 없는 외상적 흥분에 의해 위협받은 주체가 취할 수 있는 '심적 전략'[88]이다.

하지만 이 '심적 전략'은 주체에게 극히 위험하다. 그것은 주체가 자기파괴적인 충동 속에서 향락을 추구하는 한, 주체에 죽음을 초래할 수 있다. 그러나 그것은 주체가 외상을 견디며 살아남으려면 필요하다. 여기서 우리는 죽음충동의 이율배반이라고 말해야만 하는 것에 직면한다. **주체의 생존을 위해 죽음충동은 필요하다.** 그러나 **그것은 주체에 죽음을 부여할 수 있다.** 이 이율배반을 어떻게 해결할까?

4.4. 충동의 우회

데리다로 돌아가자. 데리다는 「사변하다: '프로이트'에 관하여」에서 쾌락 원칙, 현실 원칙, 죽음충동의 관계를 고찰한다. 데리다가 「쾌락 원칙을 넘어서」에서 찾아낸 것은 '우회'와 충동의 연쇄 체계이다.

우선, 쾌락 원칙과 현실 원칙의 관계를 검토하자. 프로이트는 「쾌락 원칙을 넘어서」의 1장에서 다음과 같이 쓴다. "우리는 쾌락 원칙이 심적 장치의 1차적 양식에 어울리기는 하지만, 외부 세계의 난점에 종속되어 있는 유기체의 자기보존Selbstbehauptung과 관련된 한에서 곧바로 아무런 쓸모가 없으며 심지어 극히 위험하기조차 하다는 것을 사실상 알고 있다. 자아의 자기보존 충동의 영향 아래에서 쾌락 원칙은 **현실 원칙**으로 교체된다. 현실 원칙은 최종적으로 쾌락을 획득하려는 의도를 폐기하지 않지만, 만족을 연기하고 만족에 이를 수

---

[88] Bersani, *Théorie et violence*, p.49.

있는 온갖 종류의 가능성들을 단념하라고, 쾌락에 이르는 기나긴 우회로에서 불쾌를 잠정적으로 참아내라고 요구하고 실행한다."[89] 쾌락 원칙이란 "지극히 '교육하기' 힘든 성적 충동의 작동방식"[90]이며, 그 충족은 자주 실패로 끝난다. 이 때문에 쾌락 원칙은 "현실 원칙으로 교체될 수 있다." 이런 식으로 프로이트를 해석하며 데리다는 '지연'과 '우회'détour의 운동을 찾아낸다.

현실 원칙은 그 어떤 정의된 금지도, 그 어떤 쾌락의 포기도 부과하지 않는다. 그저 향락을 지연하기 위한 우회, 지연(유예)의 중계만을 부과할 뿐이다. 이 '기나긴 우회'의 동안에, 쾌락 원칙은 잠정적으로 그리고 어떤 한도 안에서는 자신의 대리인에 복종한다. 그 대리하는 대리인, 잘 알고 있으며 규율화되고 규율화하는 노예 또는 제자는 주인에게 봉사하는 가정교사의 역할도 맡는다. 흡사 주인이 '제자'와의, 조수나 감독관과의 계약에 서명함으로써 (하지만 그는 주인을 대리하는 데 불과하다) 주인이 사회적인 것을 산출하고, 제도를 '작동'시키듯이. 허위 계약, 순수한 투기, 계약의 시뮬라크르인 이것들은 주인을 주인 자신에게, 주인 자신의 변양에, 변양된 주인 자신에게 연결시킬 뿐이다. 이처럼 위장된 계약의 텍스트나 모음집, 주인은 이것을 일종의 제도적 원격통신이라는 우회에 의해 스스로에게 부친다. 그는 **자기 자신에게 [편지를] 쓰며, 자기 자신에게 발송한다.** 그러나 만일 우

---

89) Freud, "Jenseits des Lustprinzips," p.6; "Au-delà du principe de plaisir," pp. 52~53. 「쾌락 원칙을 넘어서」, 273쪽.]
90) Freud, "Jenseits des Lustprinzips," p.6; "Au-delà du principe de plaisir," p.53. 「쾌락 원칙을 넘어서」, 273쪽.]

회의 길이가(아니, '길이'이라기보다는 오히려 그 구조가) 더 이상 제어될 수 없다면, 그때 자기로의 반송은 결코 보증되지 않으며, 발송인에게로의 반송이 없는 계약은 이것이 부인할 수 없고 반박할 수 없게 되는 한에서 망각된다.[91]

현실 원칙은 쾌락의 포기를 부과하는 것이 아니라 쾌락을 '지연시키고' 쾌락의 실현을 '우회'시킨다. 정신적 삶에 '현저한 위험'인 까닭에, 쾌락 원칙은 현실 원칙으로 '교체되지' 않으면 안 된다. 그렇게 됨으로써 쾌락의 실현은 지연되며 '기나긴 우회'를 거치게 된다. 우리는 여기서 데리다의 테제인 "편지는 언제나 수신지에 도착하지 않을 수 있다"의 개입을 볼 수 있다. 쾌락 원칙이 현실 원칙으로 교체되거나 수정됨으로써 쾌락의 실현이라는 '수신지'는 무한히 연기된다. 즉, 거기에는 편지의 (즉, 쾌락의) '도착하지 않을 가능성'이 항상 개입해 있는 것이다. 가령 「발송」에서 데리다는 '쾌락 원칙'Principe de Plaisir(PP)을 '우편 원칙'Principe Postale(PP), '현실 원칙'Principe de Réalité(PR)을 '잔류 우편'Poste Restante(PR)으로 표현했다.[92] '잔류 우편'이란 그런 편지, 즉 쾌락의 '도착하지 않을 가능성'을 시사하는 것이다.

---

91) Derrida, "Spéculer: Sur 'Freud,'" pp.301~302.
92) "물론 진리의 배달부만 존재하는 것이 아니다. 결단코. 가족의 장면들, 유산 상속의 장면, [정신]분석적 운동을 '문제'삼는 장면[(정신)분석적 운동의 '대의'를 드러내는 장면] 등만 존재하는 것이 아니다. 당신이 내게 곧바로 지적해 줬듯이, 남용되어서는 안 되는 운(cette chance don't il ne faut pas abuser)도 있다. 즉, 현실 원칙(누가 우리보다 이것을 더 잘 알고 있을까?)은 우편 원칙 — 내가 쾌락 원칙이라고 부르고 싶은 것 — 의 잔류 우편이다. 그리고 이것은 끄트머리에서의 죽음과 더불어 증명할 수 있다." Derrida, "Envois," p.124.

그렇다면 죽음충동에 관해서는? 프로이트는 반복강박을 죽음충동의 출현으로 해석했다. 죽음충동의 현현은 "고도로 충동적 성격을 보여주며, 쾌락 원칙에 대립되는 경우에는 '악마적' 성격을 보여준다."[93] 이 '악마적'인 것의 반복에 관해 데리다는 이렇게 말한다.

악마적인 것의 회귀는 '동일자의 영원회귀'와는 거리가 멀며 PP[쾌락 원칙] 너머의 반복을 동반한다. 악마적인 것의 회귀는 이어서 정기적으로 스스로를 재생산할 것이다.

진실을 말하자면, 악마적인 **것의** 회귀란 존재하지 않는다. 악마는 PP에 의해 호출되지 않고서도 **되돌아오는** 바로 그것이다. 악마는 자신의 등장을 반복하는 되돌아옴이며, 우리가 어디서부턴지를 알지 못한 채 되돌아오고(프로이트는 '유아기의 영향'이라고 말했다), 우리가 누군지를 모르는 사람에게서 물려받고, 하지만 그 회귀라는 단순한 형식에 의해 이미 박해를 받고 있으며, 지칠 줄 모르게 반복적이고, 모든 분명한 욕망으로부터 독립적이며, **자동적인** 되돌아옴이다. 마치 소크라테스의 다이몬처럼……. 이 자동인형은 그 누구에게로도 되돌아가지 않으면서도 되돌아오며, 기원도, 송신도, 수신인도 없는 복화술의 효과를 산출한다. 그것은 그저 우송되며, '순수' 상태에서의 우편이며, 수신지 없는 배달부의 일종이다. 원격^{Télé} —— 목적^{telos} 없는. 목적 없는 목적성, 사탄의 아름다움. 그것은 더 이상 그 회귀를 박해하는 주체에게 복종하지 않는다. 그것은 PP의 에코노미를 따라

---

93) Freud, "Jenseits des Lustprinzips," p.36; "Au-delà du principe de plaisir," pp. 86~87. [「쾌락 원칙을 넘어서」, 306쪽.]

구축된 주체에게, 또는 PP 자체에게 주인이라는 이름을 부여하는 것 말고는 주인을 따르지 않는다.[94]

'악마적인 것의 회귀'(반복강박으로서의 죽음충동)는 "누군지 모르는 사람에게서 물려받은 것"이며, "그 누구에게로도 되돌아가지 않으면서도 되돌아오며 …… 기원도 송신도 수신인도 없다." 데리다는 이것을 "'순수' 상태에서의 우편, 수신지 없는 배달부"라고 부른다. 수신지 없는 '순수' 상태의 우편은 설령 지연되더라도 그 자체의 수신지(욕망의 충족)를 지닌 심적 장치를 교란할 것이다. '악마적인 것의 회귀'로서의 죽음충동은 심적 체계를 교란하는 '두려운 낯설음'이다. 데리다는 이것을 '유아기의 영향'(프로이트)으로도, '거세'(라캉)로도 환원하지 않는다. 왜냐하면 무의식의 기입은 복수이기 때문이다. '두려운 낯설음'은 다양한 기입에 의해 과잉결정된다.

죽음충동이란 '순수' 상태의 우편이며, 이런 위험한 충동을 지연하고자 두 번째의 우회가 개입할 것이다. 프로이트는 「쾌락 원칙을 넘어서」의 5장에서 자극보호가 방해할 수 없는 '내부에서 오는 흥분'에 관해 고찰한다. "이런 내적 흥분의 가장 풍부한 원천은 유기체의 충동"이며, 이런 유기체의 충동에 맞서 '자극에 대한 보호'는 심적 장치를 보호할 수 없다. 따라서 "이런 자극의 전달은 …… 외상신경증에 비견될 수 있는 경제론적 교란을 자주 유발한다."[95] 여기서 죽음

---

94) Derrida, "Spéculer: Sur 'Freud,'" pp.362~363.
95) Freud, "Jenseits des Lustprinzips," p.35; "Au-delà du principe de plaisir," p.85. [「쾌락 원칙을 넘어서」, 304쪽.]

충동의 문제는 충동 일반의 문제로 확대된다. 프로이트는 충동과 반복강박의 관계를 고찰하면서 "충동은 생명이 있는 유기체에 고유하게 존재하는 충동으로, 이전의 상태를 회복하려고 하는 것이다"[96]라고 말한다. '이전의 상태'란 '무기적인 상태'로, 곧 죽음이다. 달리 말하면, 충동의 최종적인 목표는 죽음이다.[97] '우회'의 메커니즘("죽음으로의 우회"[98])은 '생명체의 목표'로서의 죽음을 지연한다. 프로이트는 「쾌락 원칙을 넘어서」의 5장에서 다음과 같이 쓴다.

> 모든 충동의 발동은 무의식 체계를 공격하기 때문에, 그것이 1차 과정을 따른다고 말하는 것은 결코 새롭지 않다. 그리고 이런 1차적 심적 과정을 브로이어의 자유롭게 유동하는 투여와 동일시하고 2차 과정을 구속된[묶인] 투여나 강직성 투여의 변양과 동일시하는 것도 쉬운 일일 것이다. 만일 그렇다면 1차 과정의 형식 아래에 도착하는 충동 흥분을 구속하는 것은 심적 장치의 고위층이 해야 할 과제일 것이다. 이 구속이 실패하면 외상신증경과 유사한 교란이 유발될 것이다. 이 구속이 성취된 뒤에야 비로소 쾌락 원칙(그리고 이것의 변형된 형태인 현실 원칙)이 아무런 방해도 받지 않고 그 지배를 수립할 수 있을 것이다. 그때까지는 심적 장치의 또 다른 과제인 흥분을 제압

---

96) Freud, "Jenseits des Lustprinzips," p.38; "Au-delà du principe de plaisir," p.88. [『쾌락 원칙을 넘어서』, 307~308쪽.]
97) Freud, "Jenseits des Lustprinzips," p.40; "Au-delà du principe de plaisir," p.91. [『쾌락 원칙을 넘어서』, 310쪽.]
98) Freud, "Jenseits des Lustprinzips," p.41; "Au-delà du principe de plaisir," pp. 92~92. [『쾌락 원칙을 넘어서』, 310쪽.]

하거나 구속하는 것이 우선시된다. 그것은 의심할 여지없이 쾌락 원칙에 '반대'해서가 아니라 쾌락 원칙과는 독립적으로, 그리고 부분적으로는 쾌락 원칙을 고려하지 않은 채로 이뤄진다.[99]

충동은 1차 과정에 속하며, "자유롭게 유동하는" 구속되지 않은 투여이다. 2차 과정은 이것을 구속하고 강직성 투여로 바꾸려고 한다. "이 구속이 실패하면 외상신증경과 유사한 교란이 유발될 것이다." 2차 과정에 의한 1차 과정의 구속에 의해 위험한 투여는 지연되며, 쾌락 원칙의 지배가 확립된다. 데리다는 이런 구속 기능을 보충대리supplément, 긴박구조stricture, 우송poste이라는 말로 표현한다.

하나의 동일한 작동을, 하나의 동일한 기능을 서술하는 똑같은 언표 속에서, 프로이트는 그것은 1차 과정(pp)을 구속하는 것으로 이뤄져 있으며, 충동적 생명을 지배하는 pp를 2차 과정으로 대체하는 것으로 이뤄져 있다고 말한다. 즉, 지배의 전위, 대체이며, 보충대리적 분리로서의 긴박구조라는 것이다. 두 번째는 보충대리적 **발송**이다. 그것은 자유롭게 유동적인 에너지 투여를 비유동적인 에너지 투여로 변형하며, 그것에 우표를 붙이고 우송한다.[100]

---

99) Freud, "Jenseits des Lustprinzips," p.36; "Au-delà du principe de plaisir," p.86. [「쾌락 원칙을 넘어서」, 305~306쪽.]
100) Derrida, "Spéculer: Sur 'Freud,'" p.420. 데리다는 '1차 과정'(processus prim-aires)을 'pp'라는 약어로 표기했다. 우리는 pp를 '순수 상태의 우편'(poste à l'état pur), 즉 악마적인 것으로서의 또는 심적 체계를 교란하는 '두려운 낯설음'으로서의 우편으로 해석할 수도 있다. 쾌락 원칙의 지배 조건은 인간의 생명을 위협하는 이 '순수 상태의 우편'을 구속하는 것이다. 앞선 프로이

2차 과정에 의한 1차 과정의 구속은 '보충대리'라 불린다. 이 구속에 의해 자유로운 투여는 구속된 투여로 바뀐다('긴박구조'). 우리는 점차 심적인 것의 운동에 있어서 두 가지의 우회에 관해 말할 수 있다. 첫 번째 우회는 쾌락 원칙을 현실 원칙으로 수정하고 쾌락의 충족을 지연한다. 두 번째 우회는 2차 과정에 의한 1차 과정의 구속이며, 위험한 투여를 지연한다. 두 번째 우회는 첫 번째 우회의 조건이다. 이 보충대리의 운동이야말로 우리가 '죽음충동의 이율배반'이라 부른 것을 해결할 것이다. 죽음충동은 주체의 생존을 위해 필요하다. 그러나 그것은 주체에게 죽음을 부여할 수 있다. 그 때문에 **죽음충동은 경제론적 보충대리의 운동에 의해 지연되어야만 한다**.

여기서 명확하게 해두겠지만, 이런 보충대리적 운동의 교체는 결코 라캉적 변증법으로도, 헤겔적 변증법으로도 환원되지 않는다. "긴박구조적 보충대리라는 도표는 변증법적인 게 아니며, 최종심급에서 쾌락과 불쾌, 삶과 죽음, 피안과 차안 사이의 대립에 의해 진행되는 것도 아니다. 만일 그것이 필연적으로 변증법적 효과를 산출한다면, 예를 들어 주인과 노예의 변증법이라고 불릴 그런 변증법 전체를 산

트의 인용을 해석하면서 데리다는 이렇게 쓴다. "내적 기원을 지닌 (충동과 그 대리자) 이 과정의 본질적 성격은 그것이 구속되어 있지 않다는 점이다. 프로이트는 『꿈의 해석』에서 이런 무의식적 과정에 '1차 과정'이라는 이름을 부여한다. 그것은 구속되지 않고 강직적이지 않은 자유로운 하중에 상응한다. 심적 장치의 고위층의 작업은 pp에서 태어난 충동 흥분을 '2차' 과정에 묶어놓는 것이다. 혹은 더 중요한 것은, PP(혹은 그 변형된 형태인 PR)는 pp를 사슬로 감아야만 그 지배를 확보할 수 있다는 점이다." 이처럼 쾌락 원칙을 지배하고 그것을 현실 원칙으로 **수정**(첫 번째 우회)하려면 악마적인 '순수 상태의 우편'을 구속(두 번째 우회)하는 것이 불가결하다.

출한다면, 그것은 부정성·결여·대립을 알지 못한다."101) 첫째로, 보충대리의 운동은 헤겔적 변증법으로 환원되지 않는다. 헤겔 변증법은 모순, 대립과 지양의 변증법이며, 거기서 대립항은 지양의 결과로서 삭제되어버린다.102) 예를 들면, 죽음충동과 쾌락 원칙의 대립이 현실 원칙에 의해 지양되듯이. 이런 변증법적 이론과는 거꾸로, 충동 사이의 보충대리적 운동에서 충동은 구속되며 지연될 뿐이다. 그것은 '잔여의 잔류 저항'으로서, 지양과 삭제의 변증법적 운동에 '저항' 한다.103) [죽음 충동은 결코 대립에 의해 제거되지 않는다.] 둘째로, 보충대리의 운동은 라캉적 변증법과도 무관하다. 라캉에게 죽음충동은 욕망의 대상이지만 접근 불가능한 '것'으로 환원되며, 그 부정성('존재 결여')이 욕망을 추동한다. 이와 달리, 데리다가 「쾌락 원칙을 넘어서」에서 주목하는 것은 충동 사이의 보충대리적 교체이며, 충동이 자신의 '수신지'(죽음)를 지연하고자 하는 메커니즘이다. 죽음충동은 결코 결여를 산출하지 않는다. "욕망은 거기서 '~이 없는'이 없는, '~이 없는'이 없는 '~이 없는'이다."104)

---

101) Derrida, "Spéculer: Sur 'Freud,'" p.428.
102) 데리다의 이론과 헤겔적 지양의 관계에 관해서는 특히 다음을 참조하라. Jacques Derrida, *Glas*, Paris: Galilée, 1974, pp.42~44.
103) "이 저항을 잔여의 잔류 저항으로, 즉 단순히 존재론적이지 않은 (분석적이지도, 변증법적이지도 않는) 방식으로 생각하기. 왜냐하면 잔여의 잔류 저항이란 **정신분석적인** 것이 아니기 때문이다. 무엇보다 그저 단순히 그것은 아니기 때문이다. 잔여는 **없다**, 혹은 **출두**하지 않는다(Le reste n'*est* or n'*este* pas)." Derrida, "Résistances," p.40. 그러므로 '잔여의 잔류 저항'이란 변증법과 동시에 정신분석에 저항하는 것이다.
104) Derrida, "Spéculer: Sur 'Freud,'" p.428.

지연과 보충대리의 메커니즘은 동시에 충동의 구속, 자기구속의 메커니즘이다. 그것은 결여에 의한 지배가 아니라 충동의 '자기지배'[105]의 메커니즘이다. 쾌락 원칙은 "쾌락 또는 불쾌의 가능한 강렬도를 제한"[106](자유로운 투여인 1차 과정을 구속)함으로써만 지배를 확보한다. 즉, 쾌락 원칙은 쾌락을 구속함으로써만 쾌락을 해방한다. 우리는 여기서 프로이트의 전략인 "이드가 있는 곳에 자아가 생기지 않으면 안 된다"Wo Es war, soll Ich werden를 떠올릴 수도 있다. 그러나 데리다의 전략은 그것과는 미묘하게 다르다. 프로이트가 문제삼은 것은 위험한 이드를 합리적 자아로 생성변화시키는 한에서의, 1차 과정(이드)에서의 위험한 투여의 지배이다. 즉, 그것은 일종의 '진보의 목적론'인 것이다.[107] 프로이트와는 반대로, 데리다는 어디까지나 이드의 위험한 투여의 '자기지배'를 고집한다.[108] "이드는 자신을 증대시키기 위해서 자신을 제한한다"Ça se limite pour s'accroître. 예를 들어 반복강박의 사례를 떠올려보자. 반복강박이란 마조히즘적 섹슈얼리티를 해방하면서 죽음충동의 위험한 투여[즉, 1차 과정]를 구속하는 과정이었다. 이처럼 '우편적 발송'란 충동적 생명에 있어서 '자기지배'의 구조를 의미하며, 그것은 동시에 연계-탈연계[묶기-풀기]라는 모순된 과정에 기초한다. 그렇다면 그때 데리다는 프로이트의 '지배충동' 개념을 어떻게 해석하는가?

---

105) Derrida, "Spéculer: Sur 'Freud,'" p.430.
106) Derrida, "Spéculer: Sur 'Freud,'" p.427.
107) Jacques Derrida, États d'âme de la psychanalyse, Paris: Galilée, 2000, p.75.
108) Derrida, "Spéculer: Sur 'Freud,'" p.428.

4.5. 무저항의 저항은 무엇인가?

데리다는 「사변하다」에서 '지배충동'에 관해 다음과 같이 논한다.

프로이트의 저작에서 이런 문제계의 안내선, 적어도 그것들 중 하나는 우리가 마주쳤던 어떤 말과 개념을 가로지른다. 포르트-다의 광경으로 되돌아가면, 놀이의 반복에 있어서 손자의 모든 노력을 '지배충동'에 귀속시킬 수 있을 것이다. [……]
그러므로 문제가 되는 것은 단순한 암시인데, 하지만 그 암시가 가리키는 바는 어떤 다른 충동으로도 환원되도록 내버려두지 않을 어떤 충동의 특이성에 호소한다는 점이다. 그리고 훨씬 우리의 흥미를 끄는 것은, PP와 이것 너머의 경제 전체가 '지배'의 관계들에 의해 조절되는 한에서, 어떤 다른 것으로 환원될 수 없는 그 충동이 다른 모든 충동에 관여하는 것처럼 보인다는 점이다. 그러므로 이런 지배충동, 권력충동, 혹은 점유충동pulsion d'emprise의 유사-초월론적 특권에 관해 고찰할 수 있다. 내게는 맨 마지막 호칭이 더 나아 보인다. 이 호칭이 심지어 **자기에 대한** 지배[점유]에 있어서조차 타자와의 관계를 훨씬 더 잘 표시하기 때문이다. 그리고 이 말은 곧장 '**주다**'donner, '**잡다**'prendre, '**보내다**'envoyer, '**정향하다**'destiner라는 어휘, 즉 여기서 우리더러 거리를 두라고 도발하지만 훨씬 더 직접적으로 우리의 관심을 끌게 할 어휘와 교통한다. 점유충동은 충동의 **자기에 대한 관계**이기도 해야 한다. 즉, 자기를 자기에 구속시키도록, 충동으로서의 자기지배를 확보하도록 떠밀지 않는 충동은 없다. 여기서 점유충동의 초월론적인 동어반복이 생겨난다. 그것은 충동으로서의 충동이자 충동의 충동이며, 충동의 충동성이다. 또 다시 타자와의 관계로서의 자기와의 관계가, 포르트-다의 자기-촉발[감응]이 문제가 된다. 이런 자기-촉발은 자신의 걸음, 타자의 걸음에 의해 자신에게 주고, 자신에게 잡고, 자신에게 보내고, 자신을 정향하고, 자신과 거리를 두게 하고, 자신과 가까워지게 한다.[109]

데리다는 '지배충동'을 충동의 '초월론적' 충동으로 해석한다. 그것은 '지배충동'이 타자를 지배하는 충동인 동시에 충동 자신을 지배하는 충동이기도 함을 의미한다. 충동은 스스로 치사致死적인 투여를 구속하며, 그것을 지연함으로써 스스로를 지배한다(충동의 자기-촉발). 그러나 동시에 충동이란 타자를 지배하는 충동이기도 하다. "특히 사디즘에 관련된 이행에 있어서. 성적 충동의 사디즘적 구성요소는 섹슈얼리티 전체를 '지배하기'에 이를 수 있다."[110] 충동이란 그 초월론적 성격에 있어서 '지배충동'이며, "충동의 충동, 충동의 충동성"이다. 충동이 실어나르는 것은 권력이며, 자기와 타자의 '지배'이다. 즉 "'우편들'은 언제나 항상 권력의 우편들이다."[111]

그렇다면 죽음충동은 '충동의 충동성'으로서의 지배충동과 동일한 것일까? 물론 아니다. '자기에 대한 지배'로서 작동하는 한, 지배충동은 유기체의 충동 체계를 안정시키고 유지하는 데 기여한다. 죽

---

109) Derrida, "Spéculer: Sur 'Freud,'" p.430. [마지막 문장은 이렇게도 옮길 수 있다. "그 자기-촉발은 자기 자신의 걸음, 타자의 걸음에 의해 스스로를 부여하고, 스스로를 붙잡고, 스스로를 정향하고, 스스로를 보내고, 스스로를 멀어지게 하고, 스스로를 가까워지게 한다."]
110) Derrida, "Spéculer: Sur 'Freud,'" p.431.
111) Derrida, "Spéculer: Sur 'Freud,'" p.431.

음충동이란 그것이 타자 또는 자기에 대해 치사적으로 행사되는 한, 오히려 충동의 자기지배의 '실패,' '한계'이다. 또한 동시에 죽음충동은 '권력,' 즉 충동 자체의 '근원'에서 유래한다. 따라서 '충동의 충동성'으로서의 지배충동이 없다면 죽음충동 역시 없다. 충동의 '자기지배'의 실패·한계에 있어서 자기 또는 타자를 죽음으로 이끄는 공격충동으로서의 죽음충동이 출현하는 것이다.

『정신분석의 정신상태』(2000)에서 데리다는 죽음충동의 '잔혹성'과 정치 일반의 문제를 접합하려고 했다. 데리다는 '잔혹성,' 특히 '외부 세계·대상을 겨냥한' 잔혹성(프로이트)을 "권력충동 또는 주권적 지배충동에 고유하게 존재하는 잔혹성"[112]으로 해석한다. 여기서 '권력충동'이라는 말은 '주권적 지배충동'으로 번역된다. 정치의 문제와 합치될 때 '권력충동'은 폭력을 독점하며, 그렇게 됨으로써 주권권력[주권질서]을 조직하는 국가의 '주권적 지배충동,' '자격부여의 충동'이 된다. 그것은 '수행적 권력'으로서 '상징계,' 즉 주권질서의 안정성을 조직한다.[113] 이와 달리 데리다는 그런 주권질서의 안정성을 "혼란스럽게 만들 수 있고, 그렇게 하려는 침입들"[114]에 관해 사유하려고 한다. 데리다는 같은 책의 앞부분에서 이렇게 묻는다.

이 [궁극적] 문제는 죽음충동, 즉 (그리고 프로이트는 규칙적으로 둘을 결합시키는데) 파괴나 근절이라는 잔학한 충동이 존재하는가 하

---

112) Derrida, *États d'âme de la psychanalyse*, p.14.
113) Derrida, *États d'âme de la psychanalyse*, p.47~48.
114) Derrida, *États d'âme de la psychanalyse*, p.87.

는 게 아니다. 혹은 원칙들(예를 들어 쾌락 원칙, 현실 원칙)의 너머나 차안[여기]에 권력충동이나 주권적 지배충동에 고유하게 존재하는 잔혹성이 존재하는가 하는 것도 아니다. 좀 이른, 그리고 좀 늦은 내 질문은 이렇다. 사유에 있어서, 도래할 정신분석적 사유에 있어서 또 다른 너머, 만일 내가 이렇게 말할 수 있다면, (잔혹성이 예고되는 곳이라면 어디서든 행사되는 것처럼 보이는 쾌락 원칙과 현실 원칙과 죽음충동 또는 주권적 지배충동이 여전히 존재하는) 이런 **가능적인 것** 너머의 너머는 존재하는가? 달리 말하면, 완전히 달리 말하면, 겉보기에는 불가능하지만 다르게 불가능한 그런 것, 즉 죽음충동이나 주권적 지배충동의 너머, 따라서 잔혹성의 너머, 충동이나 원칙과 아무런 관련이 없는 너머를 생각할 수 있는가?[115]

데리다는 주권적 지배충동이 조직화된 주권질서를 교란하고 어지럽히려는 것을 "죽음충동이나 주권적 지배충동의 너머, 따라서 잔혹성의 너머"라 부른다. 또한 (쾌락 원칙의) "너머의 너머," "주권 없는, 따라서 잔혹성 없는 무조건적인 것"이라고도 부른다.

나는 무조건적인 것, [즉] 주권 없는, 따라서 잔혹성 없는 무조건적인 것, 의심할 여지없이 사유하기가 너무도 어려운 어떤 것에 대한 약간의 언급이 있으며, 있어야만 한다고 단언한다. …… 그것[근원적 단언]은 어떤 원리, 어떤 군주, 어떤 주권이 아니다. 따라서 그것은 너머의 너머에서 오며, 가능한 것의 경제 너머에서 온다. 그것은 물

---

115) Derrida, *États d'âme de la psychanalyse*, p.14.

론 하나의 생명에 집착하지만, 그러나 가능적인 것의 경제의 생명과는 다른 생명에 집착한다. 그것은 의심할 바 없이 불-가능한 생명이며, 생명-위의 것$^{sur-vie}$이며, 상징화할 수 없는 것이다. 하지만 알리바이 없이, 이번에야말로, 살 만한 **가치가 있는** 유일한 것이며, 이로부터 출발해 (난 분명 '이로부터 **출발해**'라고 말한다) 생명에 관한 사유가 가능해지는 유일한 생명이다. [……]
　너머의 너머라는 이 근원적 단언은 불가능한 무조건적인 것의 무수한 형상에서 출발해 주어진다. 나는 그 중 몇 가지를 다른 곳에서 탐구했다. 환대, 증여, 용서, 그리고 무엇보다 사건의 예견 불가능성, 사건의 '있을 수 있음(혹은 어쩌면),' 사건의 '만일,' 도래와 타자 일반의 도래, 그 도착을 말이다. 이것들의 가능성은 언제나 부정적이지 않은 불-가능한 것의 경험으로서 예고된다.[116)]

데리다는 '불가능한 것,' '상징화할 수 없는 것'에 관해 말한다. 그것은 "불가능한 무조건적인 것의 무수한 형상"으로부터 주어진다. 가령 무조건적인 '환대,' '증여,' '용서,' '예견 불가능성,' '사건' 등이 그것이다. 우리는 여기서 데리다의 라캉 비판을 떠올릴 수도 있을 것이다. 라캉에게 불가능한 것은 단일하며(편지='하나인 시니피앙으로서의 팔루스'), 그것은 결여라는 부정성이었다. 그리고 그처럼 하나인 부정성이 주체의 초월론적 체계(상징계)의 안정성을 보증한다. 반대로, 데리다에게는 '불가능한 것'의 **다양한 침입**이 있으며, 그것이 주권질서를 교란하고 그 '방향을 바꿀' 수 있다. "불가능한 무조건적인

---

116) Derrida, *États d'âme de la psychanalyse*, p.82~83.

것의 무수한 형상"은 두려운 낯섦음, '운,' 또는 '산종적 잔류 저항'으로.117) 주권질서의 안정성을 위협할 수 있다. 그런 형상이야말로 국가질서의 '잔혹성'을 그 내부로부터 교란하고 변형시킬 수 있다. 예를 들어 데리다는 '증여'에 관해 다음과 같이 강조한다.

> 증여라는 것이 만일 있다면, 그것은 체계 또는 상징을 중단하는 것에만, 보답[회귀]도 보상도 없는 분할, 주고-되돌려줌[선물과 답례]의 자기와-함께-있음도 없는 분할 안에만 있을 것이다.118)

증여가 호혜성도, 보답도 없는 실천(조르주 바타이유가 말하는 의미에서의 증여의 '일반경제')인 한에서 증여는 경제 체제, 나아가 교환 체제로서의 자본주의적 체제 자체를 '중단'시킨다. "보답도 보상도 없는 분할"이라는 표현은 분명히 라캉적인 시니피앙의 분할 불가능성(시니피앙의 단일성)과 회귀(억압된 것의 회귀)의 이론을 토대로 한다. 단일한 시니피앙이란 팔루스라는 실재계이며, 그것은 상징계를 구성하고 유지한다. 이와 달리 증여라는 데리다적 실천은 '보답 없는 분할'로, 상징계의 체계를 '중단'하고 변형시킨다. 라캉적 '불가능한 것'이 상징계를 형성하고 유지하는 구성적 요소라면, 데리다적 '불가능한 것'은 상징계를 촉발하고 그것을 변형시키는 요소이다. 여

---

117) Derrida, "Résistances," p.49.
118) Jacques Derrida, *Donner le temps*, Paris: Galilée, 1991, pp.25~26. [이 텍스트는 1977~78년 데리다가 파리고등사범학교에서 행한 세미나에서 뽑아낸 것이다. 그것은 "삶 죽음"이라는 세미나(뒤에 「사변하다: '프로이트'에 관하여」로 출간됨)보다 2년 뒤에 이뤄진 세미나였다.]

기에서야 바로 정신분석 이론에 의거하면서도 그것을 탈구축하려는 새로운 이론의 형성이 문제가 된다. 이런 의미에서 이 탈구축은 정신분석 이론의 급진적인 변형을 의미하는 것이다.119)

---

119) 예를 들어 데리다는 "사랑이란 자신이 갖고 있지 않은 것을 주는 것이다"라는 라캉의 테제를 인용한다(Derrida, *Donner le temps*, p.12, 각주 1번). 라캉이 이 테제에 부여하는 의미에서 증여란 특히 성적 차이, 즉, "어머니인 한에서의 여성과 거세인 한에서의 남성"과의 차이 때문에 사랑의 파트너 사이에서는 '불가능한 것'이다(Lacan, *Le séminaire livre XX*, p.36. 데리다의 앞의 각주에서 [재]인용). 그러나 최종적으로, 데리다에게서 증여를 불가능하게 만드는 것은 타자가 증여의 의도적 의미를 감지하고 보존하는 때이다. 왜냐하면 바로 그때에 답례와 순환의 체계가 생겨나기 때문이다. 따라서 "타자가 받아들이는 순간 증여는 사라진다. 설령 타자가 증여라고 감지하거나 알아채고서 그 증여를 거부한다 하더라도 말이다"(Derrida, ibid., p.27). 이처럼 증여의 '불가능한' 조건은 되돌아옴를 방해하는 '절대적 망각'이다("'회귀하지 않는 것의 일반'으로서의 산종"). "그 때문에 우리는 여기서 어떤 절대적 망각에 관해 말한다. 따라서 변명, 용서, 무죄방면보다도 절대적으로, 무한하게 죄를 허용하고, 사면하는 것이기도 한 망각에 관해 말한다. 증여라는 사건, 증여가 일어나는 조건으로서, 절대적 망각은 더 이상 망각의 심리학-철학적 범주와 어떤 관계도 갖고 있지 않으며, 또한 망각을 의미작용 혹은 시니피앙의 논리, 억압의 경제, 상징질서로 묶는 정신분석적 범주와도 일체 관계를 갖지 않는다. 증여의 사유로서의 이 절대적 망각의 사유는 재(cendr)로서의 흔적의 경험과 일치하지 않으면 안 된다"(Ibid., pp.68, 30). 절대적 망각으로서의 재는 상징계를 보증하는 회귀 체계(정신분석적·자본주의적 체제)를 산산조각 내버린다. "자신이 갖고 있지 않은 것을 주는 것"이라는 테제가 하이데거의 테제이기도 하다는 것에 주의를 기울이자. 가장 엄격한 '부정적' 이론으로서의 하이데거-라캉 노선은 항상 데리다에게 출발점이자 그 자신이 탈구축하고, 최종적으로 비부정적 이론(즉, 산종의 긍정적 이론)으로 변용하는 대상이다. 특히 라캉의 이론과 데리다의 (불균형적) 관계에 대해서는 다음을 참조하라. Jacques Derrida, "Pour l'amour de Lacan," *Résistances: De la psychanalyse*, Paris: Galilée, 1996. 하이데거-라캉의 '부정적' 이론에 관해서는 다음을 참조하라. Philippe Lacoue-Labarthe et Jean-Luc Nancy, *Le titre de la lettre*, Paris: Galilée, 1990(1973). [김석 옮김, 『문자라는 증서』, 문학과지성사, 2011.] 특히 제2부의 2~3장을 참조할 것.

데리다는 여기서 죽음충동의, 또는 주권적 지배충동의 '너머,' 따라서 잔혹성의 너머에 관해 말한다. 문제를 정리하자. 첫째로, 주권적 지배충동이란 '초월론적 충동'이며, 모든 충동이 지닌 '원칙의 원칙'이다. 우리의 독해에 따르면, 그 충동은 죽음충동의 치사성을 통제하며, 과잉된 폭력의 분출을 막고, 충동의 '자기지배'로서 기능한다. 정치적 맥락으로 치환하면, 그것은 (과잉된 폭력의 분출을 억제하고, 주권질서를 조직·유지하는) 국가에 의한 폭력의 독점을 의미한다. 그런 의미에서 주권적 지배충동이란 상징질서의 안정성을 확보하는 관리된 폭력, 또는 폭력의 '지연'에 대응한다. "힘에 대한 힘, 힘의 지연된 경제야말로 법이다."[120] 둘째로, 죽음충동은 두려운 낯설음 또는 산종적인 잔류로서 상징질서를 위협하며, 그것을 내부로부터 교란한다. 두려운 낯설음은 그것이 산종적인 한에 있어서 다양체이다(라캉과의 차이). 따라서 죽음충동은 그 '파괴충동'이라는 성격에 있어서 상징계의 경제 '너머'에 위치한다.[121] 셋째로, 죽음충동 또는 주권적 지배충동의 잔혹성에 저항하기 위해 데리다는 '너머의 너머,' 즉 잔혹성 너머를 제기한다. 그것은 무조건의 환대, 증여, 용서라는 복수複數의 형상에 상응한다. 이런 실천은 다양한 '침입'이라는 형태로 주권질서의 잔혹성을 위협한다. 다양한 '침입'이 무조건적인 (불가능한 것인) 한에서, 그것은 주권적 경제의 '너머'('고유화할[자기 것으로 할 수 있는]appropriable 것,' 가능한 것의 너머')에 위치한다.[122]

---

120) Derrida, *États d'âme de la psychanalyse*, p.71.
121) Derrida, *États d'âme de la psychanalyse*, p.81.
122) Derrida, *États d'âme de la psychanalyse*, p.81.

여기서 데리다의 이론을 형식화하면, '너머의 너머'는 상징계의 경제를 교란하는 메커니즘에서 죽음충동과 동일한 형식을 갖고 있다(주권적·심적 경제의 너머에 위치하는 예견 불가능한 침입). "잔혹성의 너머, 충동이나 원칙과 아무런 관련이 없는 너머"[123]라는 단언에도 불구하고, 데리다에게 '너머의 너머'는 죽음충동과 동일한 형식에서 구상된다. 즉, 죽음충동의 너머란 잔혹성 없는 죽음충동이다. 그래서 이렇게 단언할 수 있다. 잔혹성으로서의 죽음충동에 저항할 수 있는 것은, 그것과 동일한 형식의 **잔혹성 없는 죽음충동**이라고.

데리다는 『저항』(1995)에서 반복강박과 저항의 관계를 다룬다. 프로이트의 「억압, 증후, 그리고 불안」을 독해하며 데리다는 '자아의 반대충당'이 초래할 저항의 해소 뒤에도 계속 존재하는 '무의식의 저항,' 즉 반복강박의 '환원 불가능한 저항'에 주목한다.[124] 데리다는 두 가지 이유로 이 저항에 주목한다. 첫째로 "그것에는 의미가 없다(죽음충동)." 둘째로 "그것은 분석에 무저항의 형태로 저항한다"("**예**라고도 **아니오**라고도 하지 않고, 받아들이지도 반대하지도 않는다. 말하고 있으나 한마디로 말하고 있지 않고, **예**라고도 **아니오**라고도 하지 않은 '필경사 바틀비'처럼"). 반복강박은 "모든 **분석**에서 본질적인 두 개의 모티프를 결합한다. 즉, 퇴행적 혹은 복고적 운동을, 파괴로 떠미는

---

123) Derrida, *États d'âme de la psychanalyse*, p.14.
124) Sigmund Freud, "Hemmung, Symptom und Angst," *Gesammelte Werke*, Bd. XIV, Frankfut: Fischer, 1999, pp.191~192; "Inhibition, symptôme et angoisse," *Œuvres complètes*, t.XVII, Paris: PUF, 1992, pp.273~274. [황보석 옮김, 「억압, 증상, 그리고 불안」, 『정신병리학의 문제들』, 열린책들, 2003, 290~291쪽.] 또한 다음을 참조하라. Derrida, "Résistances," p.37.

분해의 운동, 분리에 의한 파괴를 좋아하는 운동과 결합한다."[125] 반복강박은, 그것이 "무저항의 형태로 저항하는" 정신분석 자체와 동일한 구조를 갖고 있다. 즉, 반복강박은 **분석**의 구조(퇴행과 분해의 운동)이다.[126] 그래서 데리다는 "정신분석이 오늘날 그 저항을, 그 극히 명확한 간계에 있어서 무저항으로 가장한 저항을 대리표상하고 있는 것"이 바로 반복강박이라고 결론짓는다.[127]

우리는 여기서 다시 반복강박과 죽음충동의 역설적 구조와 마주친다. 죽음충동은 무저항의 형태로 분석에 저항한다. 그리고 그것은 자기 자신이 저항하는 것과 동일한 구조를 가지고 있다. 우리는 이런 의미에서 파악된 '죽음충동'을 **잔혹성 없는** 죽음충동으로 재독해할 수 있다. 달리 말하면, 그것은 "무저항의 형태로" 죽음충동의 잔혹성에 저항하는 '잔혹성의 너머'이다. 우리는 앞서 반복강박이 외상적 인상

---

125) Derrida, "Résistances," pp.37~38.
126) 데리다는 정신분석의 '분석'(analysis)을 두 가지 모티프의 결합으로 정의한다. "이 두 모티프의 경합은 그리스어 '풀다'(analuein)의 형상 자체에서 드러난다. 한편으로 고고학적(archéologique) 또는 과거소급적[신비상징적](anagogique)이라고 불릴 수 있는 것이 있는데, 이것은 (원리적인 것, 가장 근원적인 것, 가장 단순한 것, 기초요소적인 것, 또는 분해할 수 없는 세부사항으로의 회귀적인 거슬러 올라감인) 아나(ana)의 운동 속에서 보인다. **다른 한편으로** 분해적(lytique), 분해학적(lythologique) 또는 분해애호적(philplythique)이라고 불릴 수 있는 모티프가 있는데, 이것은 뤼시스(lysis) 속에서 보인다. 뤼시스는 분해(décomposition), 탈구속[묶음-의-해체](déliason), 풀기(dénouement), 석방(délivrance), 해결(solution), 분해(dissolution), 사면(absolution)을 뜻하지만, 동시에 최종완성(achèvement final)을 뜻한다." Derrida, "Résistances," p.33. 여기서 프로이트가 죽음충동을 '무기적인 것으로의 회귀'와 동시에 '파괴충동'으로 정의했음을 상기해두자.
127) Derrida, "Résistances," p.38.

을 반복하며 주체를 방어하는 메커니즘에 관해 고찰했다. 반복강박은 그것이 주체에 죽음을 부여하지 않는 한, 따라서 주체를 방어하는 기능을 맡고 있는 한, "무저항의 형태로" 외상적 인상을 반복하면서 외상체험의 잔혹성에 저항한다. 그리고 그것이 외상체험의 치사적인 잔혹성에 저항하는 한, 반복강박은 죽음충동의 치사적 잔혹성 자체에 저항한다. 반복강박에 있어서 주체는 외상체험을 '수동적으로' 반복한다. 그러나 이 수동성은 단순한 수동성이 아니다. 왜냐하면 그것은 외상체험을 '수동적으로' 반복함으로써 죽음에 **저항하기** 때문이다. 모리스 블랑쇼가 말한 의미에서 그것은 "모든 수동적인 것의 너머"에 있다.128) 반복강박은 죽음충동의 치사적인 잔혹성에 무저항의 형태(모든 수동적인 것의 너머에 있는 반복)로 저항한다. 우리는 이런 "모든 수동적인 것의 너머"에 있는 무저항의 저항을 데리다의 무제한적인 환대, 증여, 용서에서 찾아내야만 한다.

---

128) 블랑쇼가 "모든 수동적인 것의 너머"라고 부른 것은 다시 허먼 멜빌의 『필경사 바틀비』의 형상이다. "『바틀비』에서 수수께끼는 필사(반복적 에크리튀르)만이 있을 뿐인 '순수한' 에크리튀르, 그 수동성 속에서 능동성이 사라져버리는 수동성, 그리고 평범한 수동성(재-생산)에서 모든 수동적인 것의 너머로 알지 못하는 사이에 별안간 이행하는 수동성에서 나온다. 죽음이라는 감춰진 절제를 지닌 이토록 수동적인 삶은 죽음을 출구로 갖지 못하고, 출구라고 말하지도 않는다. 바틀비는 필사한다. 바틀비는 끊임없이 계속 쓰고, 통제와 유사한 것에 복종하기 위해 쓰기를 그만둘 수도 없다. '저는 [그것을] 하지 않는 것을 선호합니다'(I would prefer not to/Je préférerais ne pas [le faire]). 이 구절은 우리네 밤의 내밀함(intimité)에서 말한다. 즉, 부정적 선호, 선호를 말소하고 선호에 있어서 스스로를 말소하는 부정, 해야 할 일이 없다는 중립, 완고하다고 말할 수 없고 몇 마디 말로 완고함을 좌절시키는 신중함, 온화함. 언어는 스스로를 영속시키면서 침묵한다." Maurice Blanchot, *L'écriture du désastre*, Paris: Gallimard, 1980, p.219. [박준상 옮김, 『카오스의 글쓰기』, 그린비, 2012, 238~239쪽.]

'환대' 개념을 생각해보자. 『환대에 관하여』(2001)에서 데리다는 '환대'라는 말의 사용에 관해 이렇게 자문한다. "이 말의 사용은 곧바로, 그것이 외국인의 이민이나 동화라는 말과 같은 다른 말로 번역될 수 있는가 하는 문제를 제기한다. 그것들은 동질적인 개념일까, 그것들은 동일한 것과 관련되어 있을까?"[129] 사실상 '환대'는 이민자의 수용이나 동화 같은 단순한 개념을 훨씬 초과한다. "순수한 환대, 묻지도 따지지도 않고 타자를 받아들임은 **도착의 내생적 위협**을 포함한다."[130] 예를 들어 "내가 받아들인 사람은 어쩌면 강간범, 살인범일 수도 있다. 그는 어쩌면 집에 무질서를 초래할 수도 있다. 우연히 그럴 가능성을 배제할 수는 없다. 그런데 보장이 없는 순수 환대에서 타자가 혁명을 일으키고 예견할 수 없는 최악의 형태를 초래할 그런 가능성과 사람들로 넘쳐나는 그런 가능성을 받아들이지 않으면 안 된다."[131] 이처럼 무조건의 환대란 "예견 불가능한 최악의 형태"의 수용까지도 포함하는 가혹한 개념이며, 그런 의미에서 바로 '도착,' 나아가 죽음충동까지도 포함하는 것이다. 다만 그것이 **잔혹성 없는** 죽음충동인 한에 있어서 그렇다. 왜냐하면 '순수한 환대'는 바로 "모든 수동적인 것의 너머"로서, 주권질서의 잔혹성에 무저항의 형태로 저항하기 때문이다. 데리다는 '환대'를 이렇게 정의한다. "순수한 환대

---

[129] Jacques Derrida, "Une hospitalité à l'infini," *De l'hospitalité: Autour de Jacques Derrida*, Genouilleux: La passe du vent, 2001, p.117. [국내에 번역된 『환대에 관하여』는 다음의 책이다. *De l'hospitalité: Anne Dufourmantelle invite Jacques Derrida à répondre*, Paris: Calmann-Lévy, 1997.]

[130] Derrida, "Une hospitalité à l'infini," p.118.

[131] Derrida, "Une hospitalité à l'infini," pp.117~119.

는 초대받은 사람이 아니라 뜻밖의 방문자를 내가 받아들이는 경우에만 존재한다. 이 예기치 못한 방문자란 갑자기 쳐들어온 자이며, 어떤 방식으로는 내가 아무런 준비도 하지 않았을 때 내게 오는 자이다. 나는 내 자신을 그에게 맞추기 위해서 모든 것을 해야만 하며, 내 집을 바꿔야만 하며, 이 뜻밖의 방문자가 너무도 위협적인 것처럼 나타난다고 하더라도, 그가 내 집에 정착할 수 있도록 내 집을 바꾸게 내버려둬야만 한다."[132] 타자를 "갑자기 쳐들어온 자"로 수용하고, 그렇게 함으로써 '나'와 '내 집'을 바꾸도록 내버려두는 것은 잔혹성 없는 죽음충동으로서의 "모든 수동적인 것의 너머"의 한 예이다. 그리고 이 "모든 수동적인 것의 너머"야말로 타자의 "예견 불가능한 침입들"의 장을 열며, 그렇게 함으로써 나를 변형하고 현재의 주권질서('나의 집')를 변형시킬 것이다. 이 '너머,' 바꿔 말하면 '무저항의 저항'이야말로 **잔혹성 없는** 죽음충동에 다름 아니다.

프로이트의 용어 '지배충동'에 대한 데리다의 번역을 따라 우리는 국가주권의 잔혹성을 '주권적 지배충동'이라고 불렀다. 이 충동은 과잉된 폭력의 분출을 억제하기 위해 국가가 폭력을 독점하는 것에 대응한다. 이런 국가주권의 잔혹성에 저항하는 것은 '잔혹성 없는 죽음충동,' 즉 증여, 용서, 환대 같은 저항이다. 이 데리다적 저항을 '주권 없는 주권'souveraineté sans souveraineté으로 바꿔 말할 수도 있을 것이다. 데리다적 저항, 특히 용서·환대는 주권이 취할 수 있는 전략과 지극히 가깝기 때문이다. 그러나 곧바로 덧붙여야만 하는 것은 데리다적 저항에서 증여, 용서, 환대는 '무제한의 것'이라는 점이다. 예를 들어

---

132) Derrida, "Une hospitalité à l'infini," pp.123~124.

이미 보았듯이, 환대란 단순히 외국인의 수용을 의미하지 않는다. 주권질서가 이민을 수용할 때, 거기에는 필연적으로 (경제적·지적 등의) 선별의 논리가 개입한다. 이와 달리 데리다의 전략은 어떤 선별도 개입하지 않는 "순수하고 조건 없는" 환대로 규정된다.

용서에 관해서도 똑같이 말할 수 있으리라. 용서란 단순히 국가주권에 의한 사형폐지 등의 정책을 의미하는 것이 아니다. 용서의 원리에 관해 데리다는 다음과 같이 말했다. "내가 순수 환대에 관한 분석에서 했던 것과 똑같이, 순수 용서에 관한 분석에서 순수 용서는 용서할 수 없는 채 있는 사람(것)을 용서해야만 한다는 것이다. 만일 내가 용서할 수 있는 사람(것)을 용서한다면, 나는 용서하는 게 아니다, 그것은 너무도 쉽다. 만일 내가 죄를 뉘우친 자의 잘못('짓거리')이나 죄를 뉘우친 자 그 자신(그 '사람')을 용서한다면, 나는 범죄나 범죄자와는 다른 것 또는 다른 사람을 용서한다. 따라서 용서의 참된 '의미,' 그것은 용서할 수 없는 것 자체를 용서하는 것이며 용서를 구하지 않은 것에 대해서도 용서한다는 것이다."[133] '순수 용서'는 "용서할 수 없는 것," "용서를 구하지 않은 사람"을 용서하는 것이다. 달리 말하면, '순수 용서'란 무제한의 용서이다. 이처럼 데리다적 저항은 국가주권의 전략을 무제한의 것으로 급진화하며, '무제한'의 실천에 의해 국가주권의 잔혹성을 교란하고 변형하려는 것이다.

---

133) Jacques Derrida et Elisabeth Roudinesco, *De quoi demain ······ Dialogue*, Paris: Fayard/Galilée, 2001, p.260. 데리다는 사형폐지를 고찰한 사회과학고등연구원 세미나(1999~2001)[Questions de responsabilité IX~X: La peine de mort]에서 '용서'의 문제를 다뤘다. 여기서 문제됐던 것은 바로 "용서할 수 없는 것을 용서하는 것"에 관한 사유이다.

데리다의 '주권' 개념에 관해서는 「제한경제에서 일반경제로」(1967)를 참조하자. 여기서 데리다는 헤겔적 '지배'Herrschaft와 바타이유적 '지고성'[주권]souveraineté의 차이에 관해 논한다. 우선 데리다는 헤겔적 '지배'를 다음과 같이 정의한다.

지배는 하나의 의미를 갖는다. 생명을 내기돈으로 건다는 것으로, 그것은 의미의 구성, 본질과 진리의 전개에서 한 계기이다. 그것은 자기의식과 현상성의 역사 속에서, 즉 의미의 [전개의] 역사 속에서 하나의 불가피한 단계이다. [이런 역사, 즉 의미가] 얽매이거나 짜여지려면 주인이 **자신의 진리를 터득해야만** 한다. 이는 분리되게 내버려두지 않는 두 개의 조건에서만 가능하다. 첫째, 주인이 [생명의] 위험을 무릅쓰고 얻어냈던 것을 향유하기 위해서는 생명을 보존해야만 한다. 둘째, 헤겔이 감탄할 만큼 서술했던 이 연쇄의 끝에서 "독립적 의식의 **진리**는 곧 노예적 의식이다." 그리고 비굴함[노예근성]이 지배하게 될 때, 이것은 자기 속에서 억압된 자신의 기원의 흔적을 보호할 것이다. "이것은 **억압된** 의식으로서 자기 자신 안으로 나아갈 것이며, 어떤 역전에 의해 참된 독립으로 변형될 것이다."134)

여기서 어떤 모순된 과정을 간파할 수 있다. 지배가 의미하는 것은 첫째로 "생명을 내기돈으로 건다는 것'"인데, 주인과 노예의 변증

---

134) Jacques Derrida, "De l'économique restreinte à l'économie générale," *L'écriture et la Différence*, Paris: Seuil, 1979, pp.374~375. [남수인 옮김, 「제한경제학에서 일반경제학으로」, 『글쓰기와 차이』, 동문선, 2001, 401~402쪽.]

법을 거침으로써 지배의 의미는 기묘하게 변해버린다. "주인이 [생명의] 위험을 무릅쓰고 얻어냈던 것을 향유하기 위해서는 생명을 보존해야만 한다." 이런 변증법적 과정의 끝에서 주인은 보호의 입장을 취할 수밖에 없다. 그것은 경험적 정치의 맥락에서 말하면, 국가가 자신의 지배를 지켜내기 위해 필요로 하는 것, 즉 국가에 의한 폭력의 독점에 상응한다. 발터 벤야민의 말을 빌린다면, 법정립적 폭력은 법보존적 폭력 속에 '대리된다.'[135] 이와 달리 데리다는 바타이유적 '지고성'을 다음과 같이 정의한다.

> 하지만 헤겔적 지배와는 달리 지고성은 자기 자신을 보존하려고도, 스스로 결실을 거두려고도, 또는 자신의 이익이나 자신의 고유한 위험에서 오는 이익을 거둬들이려고도 바라서는 안 된다.[136]

바타이유적 지고성은 "자기 자신을 보존하려고도, 스스로 결실을 거두려고도, 또는 자신의 이익이나 자신의 고유한 위험에서 오는 이익을 거둬들이려고도 바라서는 안 된다." 그런 의미에서 이 지고성은 자기보존적인 것이 아니라 극도로 "자신의 고유한 위험"을 무릅쓴다. 우리는 여기서 데리다와 동일한 전략을 발견할 수 있다. 데리

---

[135] Walter Benjamin, "Zur Kritik der Gewalt," *Gesammelte Schriften*, Bd.II-1, Frankfurt: Suhrkamp, 1977, p.202; "Critique de la violence," *Œuvres*, t.I, Paris: Gallimard, 2000, p.242. [최성만 옮김, 「폭력비판을 위하여」, 『역사의 개념에 대하여 외』, 길, 2008, 115쪽]; Jacques Derrida, *Force de Loi*, Paris: Galilée, 1994, p.129. [진태원 옮김, 『법의 힘』, 문학과지성사, 2004, 120쪽.]

[136] Derrida, "De l'économique restreinte à l'économie générale," p.388. [「제한경제학에서 일반경제학으로」, 416~417쪽.]

다적 전략은 "자신의 고유한 위험"을 무릅씀으로써 지배[주권]의 '보수적' 정치를 저항의 '무조건적' 정치(가령 '무조건의 환대,' '용서할 수 없는 것을 용서하는 것')로 변용하는 데 있다. 따라서 만일 우리가 이 저항의 전략을 '주권 없는 주권'이라 부를 수 있다면, 그것은 이 말을 바타이유적 의미에서 '주권 없는 지고성'으로 해석할 수 있는 한에서이다. 그때 환대와 용서는 자기 자신에게 고유한 위험을 떠맡게 됨으로써 순수하고 무조건적인 것으로 생성변화하고, 국가주권의 잔혹성을 위협하고 변용시키고자 한다. 바로 그런 의미에서 우리는 데리다적 저항을 '잔혹성 없는 죽음충동'이라고 명명한 것이다.

우리는 죽음충동의 이율배반이라 불렀던 것에 관해 두 개의 테제를 제시했다. 한편으로, 죽음충동은 주체의 생존을 위해 필요하다.[137] 그러나 다른 한편으로, 그것은 주체에 죽음을 부여할 수 있다. 우리는 데리다를 참조하면서 충동의 **지연**에 의해 이 이율배반을 해소했다. 그러나 여기서 더 생각해본다면 죽음충동의 두 가지 양태를 인정할 수 있을 것이다. 즉, 주체에 죽음을 부여할 수 있는 **잔혹한** 죽음충동과, 죽음충동 자체의 과잉된 잔혹성에 저항하는 **잔혹성 없는** 죽음충동이다.[138] 데리다가 '무저항의 저항'이라고 명명했던 것은 **잔혹성 없는** 죽음충동이며, 그것은 **잔혹한** 죽음충동(충동의 자기지배의 실

---

137) 데리다는 '자기-면역성'(auto-immunité)이라는 개념을 통해 바로 이 죽음충동의 이율배반을 지시한다. Jacques Derrida, *Voyous: Deux essais sur la raison*, Paris: Galilée, 2003, p.83.

138) 마조히즘의 두 가지 양태에 관해 상술하고 있는 작업으로는 다음을 참조하라. Benno Rosenberg, *Masochisme mortifère et masochisme gardien de la vie*, Paris: PUF, 1995. 특히 2장을 참조할 것.

패), 나아가 '주권적 지배충동'의 잔혹성에 "무저항의 형태로" 저항
한다. 이 무저항의 저항, 수동성의 너머인 저항이야말로 타자의 침입
에 스스로를 노출시키고, 그렇게 함으로써 예견 불가능한 사건의 장,
즉 현재의 주권질서를 변용할 가능성을 연다. 그것은 타자의 침입에
의해 사회구성체 속에 자기-촉발을 도입하는 것이다('자기-타자 촉
발'auto-hétéro-affection이라고 데리다는 말한다).139) 따라서 데리다적 저
항이란 '사건'의 도래를 수동적으로 기다리는 **비자발적인 것**이 아니라
오히려 수동성의 너머에 위치한다. 무조건적이고 불-가능한 실천은
이리하여 타자의 침입의 장, 즉 '단절'의 가능성을 개시한다.

4.6. 데리다적 단절

우리는 '단절'이라는 말을 사용했는데, 이 말은 많든 적든 알튀세르적
반향을 갖고 있다. 이 말을 사용하는 것이 허용된다면, 그것은 우리가
'단절'과 '우발성'이 데리다와 알튀세르를 묶는 핵심 개념이라고 생
각하기 때문이다. 알튀세르에게 단절이란 맑스적 의미에서의 혁명을
의미하는 동시에 전통적 맑스주의 이론과는 근본적으로 의미가 다
르다. 왜냐하면 알튀세르적 '단절'은 다양한 원인에 의해 '과잉결정
되기' 때문이다. 겉으로 보면, 이런 '구조주의적' 문제를 데리다의 이
론에서 찾아내기란 어렵다. 그러나 데리다가 『맑스의 유령들』(1993)
에서 '메시아주의 없는 메시아적인 것'("구조적인 메시아주의, 종교 없
는 메시아주의," 따라서 "**해방의 약속**의 어떤 경험"140))에 관해 말할 때,

---

139) Jacques Derrida, *Le toucher, Jean-Luc Nancy*, Paris: Galilée, 1998, p.328.
140) Jacques Derrida, *Spectres de Marx*, Paris: Galilée, 1993, p.102. [진태원 옮김,

거기에서 내기돈이 되고 있는 것은 바로 단절의 문제이다.[141] '메시아주의 없는 메시아적인 것'은 '도래할 민주주의,' 즉 '정의'를 도입하는 명령이자 약속이다. 그리고 그 도래할 민주주의가 실현되기 위해서는 현재의 사회구성체와의 단절이 불가결하다.

바로 여기서 증여의 사상, 탈구축 불가능한 정의의 사상으로서 탈구축이 언제나 고지될 것이다. 이런 탈구축 불가능한 정의는 확실히 모든 탈구축의 탈구축 불가능한 조건이지만, 그러나 이 조건은 그 자

『마르크스의 유령들』, 그린비, 2014, 130쪽.] 강조는 인용자. 프레드릭 제임슨은 '메시아주의 없는 메시아적인 것'의 개념을 벤야민식 맥락에서 해석하며, 그것은 절대적 절망의 시대에서 해방의 약한 희망, "약한 메시아적인 힘"이라고 말한다. Fredric Jameson, "Marx's Purloined Letter," *Ghostly Demarcations*, ed. Michael Sprinker, London: Verso, 1999, p.62. 그러나 이 해석이 매우 설득력 있다고 하더라도 우리는 '메시아적인 것'을 단절 개념과의 관계에서 이해하기 위해 이 벤야민적 해석을 괄호 안에 넣는다. 데리다 자신이 강조하듯이, '메시아주의 없는 메시아적인 것'은 벤야민적 맥락으로도, 메시아주의의 역사적 형상으로도 환원될 수 없다. 왜냐하면 "그것은 '메시아주의 **없는**'이라는 이 구조의 보편적이고 유사 초월론적인 바탕 위에서만 가능하기" 때문이다. Jacques Derrida, *Marx & Sons*, Paris: PUF/Galilée, 2002, p.73. [진태원 옮김, 「마르크스와 아들들」, 『마르크스주의와 해체: 불가능한 만남?』, 길, 2009, 219쪽.]

141) 데리다는 '단절'이라는 용어를 사회의 변형 또는 사회혁명을 표시하기 위해 사용한다. "[호소 또는 정치적 명령, 서약이나 약속의] 원초적인 수행성은 언어행위(Speech Act) 이론가들이 분석한 모든 수행문[수행적 발화]처럼 미리 존재하는 규약에 따르지 않으며, 오히려 그[것이 지닌] **단절**의 힘이 제도, 정체/헌법, 법 자체를 생산한다. 즉, 역으로 수행문[수행적 발화]을 보증하는 것처럼 보이는, 그것을 보증해야만 하는, 그것을 보증해야 하는 것처럼 보이는 의미 역시 생산한다." Derrida, *Spectres de Marx*, 1993, p.60. [『마르크스의 유령들』, 76쪽.]

체로 **탈구축 중**에 있으며, 운-푸그$^{\text{Un-Fug}}$(이음매가 어긋난)의 어긋남 안에 머물러 있으며, 머물러 있어야만 한다. 바로 이것이 명령이다. 그렇지 않으면 탈구축은 완수된 의무에 대한 떳떳한 양심 속에서 편히 쉴 것이며, 장래의 기회, 약속 또는 호소의 기회, 또한 욕망(즉, 욕망의 '고유한 가능성')의 기회마저도 잃게 될 것이고, (규정할 수 있는 내용이나 메시아가 없는) 사막의 메시아주의의 기회, 이 바닥 없는 사막, '사막 속의 사막'의 기회를 잃게 될 것이다.142)

이 구절에는 『맑스의 유령들』의 주요 테제가 응축되어 있다. 그러나 그것에 관해 논하기 전에 『법의 힘』에 나오는 주장, 곧 "탈구축이란 정의이다."143)를 떠올려보자. 거기서 데리다는 일찍이 순수하고 고유하게 이론적 도구였던 탈구축을 실천의 도구로 재정식화하고 있다. 즉, 탈구축이란 불가능한 경험으로서의 '정의'이다.144) 『맑스의 유령들』의 인용에서 데리다는 '어긋남'이라는 말을 사용한다. 데리다에 따르면, 그것은 탈구축의 조건이다. "탈구축은 …… 장래의 기회, [메시아적인 것의] 약속 또는 호소의 기회를 잃게 될 것"이다. 이 '어긋남'("시간의 이음매가 어긋나 있다"$^{\text{Time is out of joint}}$)이란 장래에 관한 '알지 못함/앎이-아님'$^{\text{non-connaissance}}$이며, 시간의 '열림,' '공간 내기'^{espacement}이다. 시간의 열림은 "지식과는 아무런 관계가 없다. 따라서 무지와도 아무런 관계가 없다. 이 열림은 장래의 유일한 기회로

---

142) Derrida, *Spectres de Marx*, p.56. [『마르크스의 유령들』, 71쪽.]
143) Derrida, *Force de Loi*, p.35. [『법의 힘』, 33쪽.]
144) Derrida, *Force de Loi*, p.35 [『법의 힘』, 34쪽.]

서 이 이질성을 보존해야만 한다."[145] 달리 말하면, 미래에 관한 지식이-아님/알지 못함non-savoir, 그 계산 불가능성이 하나의 '공간 내기'를, 즉 타자가 침입할 수 있는 장을 연다.

> 메시아주의적인 것 ······ 곧 타자의 도래, **정의로서의** 이 도착자의 절대적이고 예견 불가능한 특이성[이다]. ······ 우리는 이 메시아적인 것이 맑스의 유산의, 그리고 의심할 여지없이 **상속하기**의, 상속이라는 경험 일반의 **지울 수 없는** (즉, 지울 수 없고 지워서도 안 되는) 표시로 남아 있다고 믿는다. 그렇지 않다면 사건의 사건성, 타자의 특이성과 타자성은 축소[제거]되어버릴 것이다.[146]

데리다에게 '사건'이란 근원적 타자성의 침입에 의해 현재의 주권질서가 변경되는 것을 의미한다. 이런 타자의 침입에 의해 주권질서의 '공시적 재생산'은 필연적으로 단절될 것이다. 달리 말하면, '두려운 낯설음'이 도입됨으로써 사회구성체의 고착된 질서가 변형되는 것이다. '두려운 낯설음'의 타자성(이것은 너무나도 나와 닮아 있기 때문에, 그 유사성 자체에 의해 나를 위협한다)은 주권질서의 고착화된 양상을 교란하고 어지럽힌다. 그런 의미에서 메시아적인 것이란 혁명적인 것의 이름이다. "메시아적인 것은 그 혁명적 형태들을 포함해(그리고 메시아적인 것은 항상 혁명적이며, 또 그래야만 한다) 긴

---

145) Derrida, *Spectres de Marx*, p.68. [『마르크스의 유령들』, 87쪽. '공간 내기'는 일본어판에서 '공백'(空白)으로 번역되어 있는데, 더 정확하게 이것은 공간적으로 간격이나 사이를 두는 것을 뜻한다.]
146) Derrida, *Spectres de Marx*, p.56. [『마르크스의 유령들』, 71~72쪽.]

급하고 임박한 것이지만, 환원 불가능한 역설에 의해 기대의 지평 없는 기다림일 것이다."147) 그러므로 메시아적인 것은 기존 주권권력과의 단절을 호소한다.

무저항의 저항은 환원 불가능한 타자성을 도입하는 공간 내기를 연다. 이 공간 내기란 사회구성체의 고정화된 재생산에 저항하는 우발성의 장이다. 달리 말하면, "시간의 이음매가 어긋나 있다"(『햄릿』-데리다)라는 말은 우발성으로서의 공백^{vide}, 공간 내기를 의미하는 것이며, 거기서 우리는 근원적인 타자성에 의해 기습공격을 당한다. 물론 우리는 그 우발적 요소가 주권질서를 어떻게 변용하는가를 미리 예측할 수는 없다. 그러나 동시에 이 '계산 불가능한' 또는 '예측 불가능한' 요소가 없으면 고정된 질서는 결코 변용되지 않는다. 바로 그런 의미에서 "위협과 기회는 서로 분리되어 있지 않다."148) 데리다는 『법의 힘』에서 다음과 같이 주장한다.

법/권리^{droit}는 정의가 아니다. 법/권리는 계산의 요소이며, 법이 존재한다는 것은 정의롭다. 그러나 정의는 계산 불가능한 것이며, 계산 불가능한 것과 함께 계산할 것을 요구한다. 그리고 아포리아적 경험은 있을 법하지 않으면서도 필연적인 정의에 대한 경험이다. 즉, 정

---

147) Derrida, *Spectres de Marx*, p.267. [『마르크스의 유령들』, 324쪽.] 또한 언급도 참조하라. "이 고뇌에 찬 중지[유예]의 순간은 법적-정치적 변혁, 심지어는 혁명들이 발생하는 공간 내기의 간격을 열어놓는 것이기도 하다." *Force de Loi*, p.46. [『법의 힘』, 45쪽.]
148) 이것은 사회과학고등학원에서 열린 2003년 1월 22일 세미나("La bête et le souverain")에서 데리다가 쓴 표현이다.

의와 부정의[불의] 사이의 **결단**이 결코 어떤 하나의 규칙에 의해 보증되지 않는 순간에 대한 경험인 것이다.[149]

정의란 '계산 불가능한 것'의 경험인데, 그럼에도 불구하고 "그것은 계산 불가능한 것과 함께 계산할 것을 요구한다." 바꿔 말하면, 우리는 필연적이고 절대적으로, 계산 불가능한 것의 공간 내기를 앞에 두고 결단을 내리라고 촉구받는다. '약속' 또는 '명령'은 결단을 명령한다. '메시아주의 없는 메시아적인 것'은 '약속' 또는 '명령'으로서 저항의 실천, 즉 무저항의 저항의 실천을 호소한다. 그때 데리다적 공간 내기, 또는 "이음매가 어긋나 있다"는 도래할 민주주의를 도입하는 우발성의 장을 의미한다.

---

149) Derrida, *Force de Loi*, p.38. [『법의 힘』, 37쪽.]

5장. 이데올로기

5.1. 라캉 이론과의 '단절'

4장에서는 데리다에게서 우발성과 구조변동 문제를 프로이트의 '죽음충동' 개념 해석이라는 관점에서 논했다. 5~6장에서는 알튀세르에게서 구조변동의 인과성 문제를 다룬다. 이 문제를 논하는 데 있어 우리는 라캉적 변증법("편지는 언제나 수신지에 도착한다")에 대립하는 우발성 개념에 의거하게 될 것이다. 알튀세르는 구조변동의 문제를 사회혁명과 과학혁명의 관점에서 논하는데, 여기서 우리가 문제로 삼는 것은 사건에 의한 '단절'과 관련된 사회혁명의 문제이다. 문제를 분명히 하기 위해 이것을 다음과 같이 정식화할 수 있을 것이다. 즉, 자신을 끊임없이 '공시적으로' 재생산하는 정적인 사회구조는 어떤 인과성에 기초해 변용될 수 있는가?

우리 견해에 따르면 알튀세르는 1960년대부터 구조변동의 논리를 일관되게 고찰해왔다. 이 문제를 논하기 위해 우리는 두 개의 가설을 제시한다. 첫째, 알튀세르에게 구조변동의 문제계는 항상 우발성의 문제계와 분리할 수 없다. 알튀세르는 1980년대에 '우발성의 유물론'을 제기하고 철학사 전체를 우발성 개념으로 재독해하려 했다.[1] 그러나 알튀세르를 자세히 읽어보면, 우발성이라는 문제구성은 1960년대부터 알튀세르의 텍스트에서, 특히 새로운 구조의 **생기** 문제와 분리하기 힘든 형태로 존재한다는 점이 명확해질 것이다.

둘째, 라캉파 정신분석 이론과 알튀세르의 이론이 맺고 있는 관계에 대해. 알튀세르의 이론, 특히 이데올로기 이론이 라캉파 정신분석 이론과 깊은 관계가 있음은 지금껏 수차례 지적되어왔다. 이 점은 라캉파 정신분석 이론과 알튀세르 이론의 상동성(또는 라캉의 이론이 알튀세르 이론에 끼친 영향) 때문에 "빌려온 개념으로 사유한다"는 비판을 받아왔다.[2] 그러나 우리는 두 이론의 관계를 다른 방식으로 사고한다. 라캉파 정신분석 개념에 의거하긴 했지만, 알튀세르는 최종적으로 라캉의 이론장치를 (라캉적 의미에서) **비판적**으로 변경하는 데 이른다. 그리고 그 **비판적** 변경은 1960~1970년대에 걸쳐 서서히 심화되어간다. 이 점과 관련해 1988년 에티엔 발리바르는 알튀세르의 한 텍스트에 대해 놀라움을 표했다. 알튀세르가 소비에트연방 츠빌리시에서 열린 무의식 관련 콜로키엄을 위해 쓴 「프로이트 박사의 발견」(1976)이 바로 그 텍스트인데, 발리바르에 따르면 그 "전체적인

---

1) Louis Althusser, *Sur la philosophie*, Paris: Gallimard, 1995. [김웅권 옮김, 『재생산에 대하여』, 동문선, 2007.]; "Le courant souterrain de matérialisme de la rencontre," *Écrits philosophiques et politiques*, t.I, Paris: Stock/IMEC, 1994, pp. 533~579. [서관모·백승욱 옮김, 「마주침의 유물론이라는 은밀한 흐름」, 『철학과 맑스주의』, 새길, 1996, 23~132쪽.]
2) David Macey, "Thinking with Borrowed Concepts: Althusser and Lacan," *Althusser: A Critical Reader*, ed. Gregory Elliot, Oxford: Blackwell, 1994; Michèle Barret, "Althusser's Marx, Althusser's Lacan," *The Althusserian Legacy*, ed. E. Ann Kaplan and Michael Sprinker, London: Verso, 1993.

논증 구절"은 1964년의 「프로이트와 라캉」을 "꼭 빼닮았으며," "정식화도 동일"하다. 단, "그가 이끌어낸 **결론들이** 완전히 정반대"라는 점만 뺀다면.3) 1976년의 '결론'은 이렇다. "무의식에 관한 과학적 이론 대신에 라캉은 **정신분석학의 어떤 철학**을 세상에 내놓아 사람들을 놀라게 했다. 나는 엥겔스가 '자연'철학, '역사'철학' 등에 관해 말하면서 이 학문들은 대상을 갖지 않기에 존재할 권리를 갖지 않는다고 말했던 의미에서 정신분석학의 어떤 철학이라고 말하겠다."4) 이처럼 라캉의 이론이 "정신분석의 철학"이며 "대상을 갖지 않는다"는 판단을 내놓게 된 것은 우리 생각으로는, **알튀세르의 이론에서 일어난 라캉적 이론장치의 어떤 비판적 변경**과 관련되어 있다. 그런 비판적 개정을 여기서는 거꾸로, 라캉파 정신분석 이론에 대한 '단절'이라고 부른다. 예를 들어 프로이트는 정신분석이라는 완전히 새로운 과학을 창설하기 위해 기존의 학문 영역에 의거하면서도 동시에 그것에 맞서는 '단절'을 수행해야만 했다. 알튀세르는 기존의 학문 영역에 대한 프로이트 이론의 그런 '단절'에 관해 생각하고 이렇게 서술한다.

우리는 예전에 구성된 장과 관련해 완전히 새로운 것으로서 제시되는 과학적 분과학문, 학문영역의 생기를 상대하고 있다. 우리는 새로

---

3) Étienne Balibar, "Taisi-toi encore, Althusser!," *Écrits pour Althusser*, Paris: Découverte, 1991, p.63. [선영아 옮김, 「알튀세르여, 계속 침묵하십시오!」, 『루이 알튀세르: 1918-1990』, 민맥, 1991, 72쪽. 이 글은 애초 1988년에 잡지 『현대』에 발표됐다가 1991년 위 책에 재수록됐다.]
4) Louis Althusser, "La découverte de Docteur Freud," *Écrits sur la psycho-analyse*, Paris: Stock/IMEC, 1993, p.203. [윤소영 옮김, 「프로이트 박사의 발견」, 『알튀세르와 마르크스주의의 전화』, 이론, 1999, 247~248쪽.]

운 진리, 새로운 인식의 생기, 새로운 대상의 정의를 상대하고 있는데, 이것은 예전에 구성된 장과 관련해, 즉 이 새로운 분과학문이 그로부터 떨어져 나온 기초적 장과 관련해 단절을 행하는 것이다. 이미 점거된 장, 이른바 이 새로운 분과학문이 들어설 곳이 없는 이데올로기적인 장. …… 우리가 인식론적 절단, 즉 기존의 장에 대한 연속성의 단절을 상대하고 있다는 점을 고려한다면, 우리는 실제적 잠재성으로서, 그것이 생기하는 장을 전복할 수 있는 능력을 그 자체에 내포하는 절단의 현상을 상대하고 있다. …… 하지만 그와 동시에, 자리가 모두 차버린 장을 기초로 하는 이 생기는, 이것이 생기하는 기초적 장에 의해 논박당하고 철회되는 경향을 지닌다. 자리가 모두 차버린 장에 대해 새로운 과학적 분과학문이 도입하는 절단은 자신의 새로운 대상을 정의하려고 노력하는 사상가나 과학자에게 즉각적으로는 풀 수 없는 실천적 문제를 제기한다. 이 절단은 이것이 개입해야만 할 장의 내부 자체에, 그 새로운 분과학문이 결별해야만 하는 언어 자체에 실천적으로 유효해야만 한다. …… 그리고 프로이트의 모든 용어법은 프로이트가 그로부터 출발해 자신의 발견을 사유하고 또한 그것과 결별해야만 하는 개념들과 관계를 맺고 있다. 만일 무의식의 심리학이 의식의 심리학의 부정으로 정의된다면, 만일 무의식에 관한 프로이트의 용어법이 의식철학에 사로잡혀 있다고 한다면, 그것은 우연이 아니다. 프로이트에게 불가피한 이 유산, 이 조건은 그 자신의 사유의 운명에 너무 무거운 짐을 지우고 있다.[5]

---

5) Louis Althusser, *Psychanalyse et Sciences Humaines*, Paris: Le livre de poche, 1996, pp.78~79.

프로이트는 "예전에 구성된 장과 관련해 완전히 새로운" 과학을 창시했다. 그러나 이 새로운 과학을 창시하기 위해 프로이트는 기존의 장, 가령 의식의 심리학, 의식의 철학, 생물학, 신경과학 등의 용어를 사용해 사유하도록 강제된다. 즉, '단절'에 기초한 새로운 이론의 창조는 기존 이론의 용어에 '사로잡혀 있다'고 간주되는 것과 같다. 이런 관점에서 알튀세르의 이론과 라캉의 이론이 맺고 있는 관계를 생각해보면, 알튀세르는 라캉 이론의 용어에 '사로잡혀 있으면서도' 동시에 그것과는 명백히 구별되는 어떤 새로운 이론을 만들어냈던 것일 수 있다. 라캉의 이론장치에 대한 이런 비판적 변경이야말로 구조 생성의 인과성 문제에 개입할 수 있게 해줄 것이다.

이런 관점은 정신분석과 사회 이론 사이의 관계를 생각할 때 극히 중요하다. 예를 들어 슬라보예 지젝은 라캉파 정신분석 이론, 특히 그 '실재계' 이론을 사회 이론에 **응용**해 대항정치를 말하는데, 과연 그 틀에서 저항과 구조변동에 관해 말하는 것이 가능할까? 주디스 버틀러는 에르네스토 라클라우, 지젝과 공저한 『우발성, 헤게모니, 보편성』(2000)에서 "주체 구축에 대한 라캉파의 견해가 헤게모니 개념과 궁극적으로 양립할 수 있을까?"[6]라고 물으면서 다음과 같이 쓰고 있다. "만일 주체가 항상 동일한 자리에서 자신의 한계['불가능한 것'으로서의 실재계]와 마주친다면, 근본적으로 주체는 자신이 스스로를 발견하는 역사의 완전한 외부에 있게 된다. 요컨대 주체, 주체

---

[6] Judith Butler, "Restating the Universal," *Contingency, Hegemony, Universality*, London: Verso, 2000, p.12. [박미선 옮김, 「보편자를 다시 무대에 올리며」, 『우발성, 헤게모니, 보편성』, 도서출판b, 2009, 15쪽.]

의 한계, 주체의 분절[절합] 가능성에는 그 어떤 역사성도 존재하지 않는다. 더욱이 만일 모든 역사적 투쟁은 지위상 구조적인 정초적 한계를 전치하려는 헛된 노력에 다름 아니라는 생각을 받아들인다면, 역사적 영역과 구조적 영역 사이의 구별에 가담하고, 결과적으로는 [구조적 영역과] 대립되는 것으로 이해됨으로써 역사적 영역을 배제해버리지 않을까?"[7] '실재계'가 **항상 동일한 형식으로** 주체와 구조를 규정한다고 말하면, 그때 역사성의 영역은 말소되어버린다. 그것은 구조변동이라는 **통시적인** 문제를 다룰 수 없다는 것이다. 알튀세르가 이데올로기에 의한 주체형성에 관해 생각한 동시에 구조변동에 관해서도 생각했다면, 그 시도는 정신분석 이론을 사회 이론에 응용할 때 산출되는 이 아포리아에 대한 모종의 응답이라고 생각할 수 있을 것이다. 이런 관점에서 5장에서는 알튀세르의 이데올로기 이론을 재해석하기 위한 하나의 시도를 제시한다. 이 시도는 6장에서 구조변동에 관한 알튀세르의 이론을 검토하도록 만들 것이다.

5.2. 국지적 이론에서 일반 이론으로

알튀세르는 「담론 이론에 관한 세 개의 노트」(1966)[8]에서 정신분석 이론에 의거하며 '담론 이론'의 구축을 꾀한다. 거기서 알튀세르가

---

7) Butler, "Restating the Universal," p.13. 「보편자를 다시 무대에 올리며」, 30쪽.]
8) 사후 간행된 이 텍스트는 "변증법적 유물론의 기본 원리"에 관한 공동연구를 준비했던 '이론작업 그룹'을 위해 1966년에 쓰여졌으며, 당시는 이 그룹의 구성원(알랭 바디우, 에티엔 발리바르, 이브 뒤르, 피에르 마슈레, 미셸 투르)에게만 회람됐다. 텍스트에 대한 프랑수아 마트롱의 해설을 참조하라. Louis Althusser, "Trois notes sur la théorie des discours," *Écrits sur la psychanalyse*, Paris: Stock/IMEC, 1993, pp.111~116.

문제삼은 것은 '과학의 담론,' '미의 담론,' '무의식의 담론,' '이데올로기의 담론'이라는 네 종류의 담론이 지닌 동일성과 차이성이다. 알튀세르는 이런 논의로부터 어떤 이론을 구축하려고 했던 것일까? 단적으로 말하면, 담론 이론을 '일반 이론'으로 구축하려고 했다. 예를 들어 알튀세르는 정신분석이 '일반 이론'이 아니라 '국지적 이론'에 머무른다는 점을 지적한 뒤에 다음과 같이 서술한다.

> 우리는 국지적 이론 자체 안에, 이론적 수준에서 일반 이론의 부재(이 부재의 효과)를 확인할 수 있다. 즉, 일반 이론이 결여되어 있는 한, 국지적 이론은 '논의의 종결을 성취하려고' 애쓰지만 그렇게 하지 못한다. 아니, 다른 식으로 말하면, 국지적 이론은 자신의 고유한 대상을 **변별적으로**(다른 이론적 대상들, 즉 현재의 경우에는 생물학·심리학·사회학 등의 대상과는 역-모순적으로) 정의하려고 노력하지만, **그렇게 하지 못한다**. 이런 노력과 실패는 어떤 일반 이론이 **사실상 부재함의** 현전이며, 그럼에도 불구하고 일반 이론의 존재는 이런 시도를 정초하기 위해 **권리상** [존재하도록] 요청받는다.[9]

따라서 '담론 이론'은 정신분석 이론에 머무르는 것이 아니라 사회형성에 관한 '일반 이론'으로 구상됐다. 예컨대 라캉의 이론은 언어학적 개념을 일반 원리로 사용해 "일반 이론을 정립할 필요성"을 의식하며, "일반 이론의 성격에 관한 정당한 개념"을 지니고, "일반 이론의 정립을 시작"했다는 점에서 [높이] 평가된다.[10] 이로부터 알튀

---

[9] Althusser, "Trois notes sur la théorie des discours," p.121.

세르는 '담론'을 핵으로 한 일반 이론의 구축으로 향하고자 한다. 그러나 알튀세르가 제기한 '일반 이론'은 정신분석 이론에 통달한 사람에겐 일견 기묘한 것으로 비칠 수밖에 없다. 왜냐하면 라캉의 이론이 일반 원리로서 시니피앙 개념을 사용하는 '일반 이론'의 **시도**라면,[11] 알튀세르의 일반 이론은 **담론**을 일반 원리로 사용하기 때문이다. 알튀세르는 이렇게 말하기도 한다. "나는 소쉬르의 시니피앙-시니피에라는 함축connotation의 관념론에 더욱 깊이 연루되어 있는 [시니피앙이라는] 이 용어에 대해 의심을 품기 시작했다."[12] 따라서 담론 이론의 구축은 동시에 라캉적 시니피앙 이론에 대한 비판을 의미한다. 그렇다면 알튀세르는 왜 담론을 일반 이론의 핵에 집어넣는가?

만일 우리가 상이하면서 현존하는 담론의 **형식들**(즉, 무의식적 담론, 이데올로기적 담론, 미학적 담론, 과학적 담론의 형식)을 비교한다면, 우리는 **어떤 공통의 효과**가 존재함을 입증할 수 있다. 즉, **모든 담론은 주체성이라는 효과를 산출한다**. 모든 담론은 그것의 필수적 상관물로서 어떤 **주체**를 갖고 있다. 이것은 담론의 기능작용의 설령 주요한 효과

---

10) Althusser, "Trois notes sur la théorie des discours," p.125.
11) 라캉의 이론이 지닌 이런 성격은 1969~70년 세미나 『정신분석의 이면』에서 제시된 "네 가지 담론" 이론에서도 여전히 변하지 않는다. 이 이론은 '주인 시니피앙'(S1)과 그밖의 모든 시니피앙(S2)의 관계에 의거하며, 시니피앙 연쇄를 '네 가지 담론'(스승의 담론, 대학의 담론, 히스테리 환자의 담론, 분석가의 담론)으로 정의한다는 점에서 라캉 이론의 일반 원리인 시니피앙의 이론에 전면적으로 의거한다. 반대로 알튀세르는 시니피앙의 연쇄를 그 특권적인 구성요소로 삼지 않은 담론 이론을 생각한다.
12) Althusser, "Trois notes sur la théorie des discours," p.168.

는 아니라고 하더라도 효과들 중 **하나**이다. 이데올로기적 담론은 하나의 주체-효과를, 하나의 주체를 '산출' 또는 '유도'한다. 과학의 담론, 무의식의 담론 등등도 마찬가지로 그렇게 한다.13)

네 유형의 담론(무의식의 담론, 이데올로기의 담론, 미의 담론, 과학의 담론)은 "어떤 공통의 효과"를 산출한다. 즉, 담론은 "주체성이라는 효과"를 생산하는 것이다. 이와 달리 라캉은 시니피앙의 효과를 이렇게 정의한다. "하나의 시니피앙, 그것은 주체를 또 다른 시니피앙으로 대리하는 것이다."14) 라캉에게 "하나의 시니피앙"이란 '팔루스,' 즉 '타자'의 결여에서 기인하는 주체의 결여를 의미한다. 따라서 팔루스란 억압되고 은폐되어 있는 '결여의 시니피앙'이며, 그것은 시니피앙 연쇄 속에 '부재'(들뢰즈의 세련된 정식화를 사용한다면 '빈 자리'15))로서 출현한다. 주체가 그런 팔루스의 억압 또는 시니피앙의 부재의 효과로서 생산된다면, 주체는 시니피앙 연쇄 속에서 '결여의 시니피앙'에 의해 대리될 수 있다. 달리 말하면, 억압된 '하나의 시니피앙'('팔루스')은 무의식, 즉 타자의 심급에 위치하고 있으며, 그 때

---

13) Althusser, "Trois notes sur la théorie des discours," pp.130~131.
14) Jacques Lacan, "Subversion du sujet et dialectique de désir dans l'inconscient freudien," *Écrits*, Paris: Seuil, 1966, p.819.
15) Gilles Deleuze, "À quoi reconnaît-on le structuralisme?," *L'île déserte et autres textes*, Paris: Minuit, 2002. [박정태 옮김, 「구조주의를 어떻게 인지할 것인가?」, 『들뢰즈가 만든 철학사』, 이학사, 2007. 본문에서 '은폐되어 있는'으로 옮긴 voilé는 일본어판에서 '복재(覆在)하는'으로 옮겨져 있다. '숨겨져 있는'이라는 뜻인데, 이 표현은 2장 각주 38번에서도 지적했다시피 하이데거적인 측면도 갖고 있기에 여기서는 이런 의미로 옮긴다. 한편, '빈 자리'로 옮긴 place vide는 일본어판에서 '공백의 장'으로 되어 있으나 이 또한 맥락에 맞게 바꿨다.]

문에 주체는 '타자'에 의해 대리될 수 있다. 알튀세르가 말하듯이, "주체는 '대리자'에 의해 무의식의 담론으로부터 부재하다."16)

주체는 담론의 효과로서 생산된다(알튀세르). 주체는 시니피앙의 효과로서 생산된다(라캉). 둘의 차이는 극히 사소해 보일 수 있다. 그러나 이런 겉모습에도 불구하고 두 정의 사이에는 근본적인 차이가 내포되어 있다. 그 차이는 어떤 점에 있는가? 이 물음에 대답하려면 사회 이론적 관점을 도입할 필요가 있다. "생산관계의 재생산"에 관한 책의 초고로 준비된 『재생산에 대하여』(1969)를 참조하자(저 유명한 「이데올로기와 이데올로기적 국가장치들」은 이 초고에서 나온 것이다17)). 거기서 알튀세르는 다음과 같이 서술한다.

이데올로기는 '관념들'의 운반자로 간주되는 쓰여진 담론(책)이나 말해진 담론(설교, 강의, 연설 등)의 형태로 존재할 수 있다. 하지만 이런 담론들 속에서 일어나는 바를 지휘하는 것은 정확히 말해서 우

---

16) 알튀세르는 시니피앙에 대한 라캉의 정의를 거의 그대로 반복하면서 다음과 같이 서술한다. "그것[무의식의 담론 주체]은 시니피앙의 연쇄 속에서 자신을 '대행하는' 하나의 시니피앙, 그 '대행자'에 의해 '대리'된다. 따라서 주체는 '대행성'에 의해 무의식의 담론으로부터 부재하다." Althusser, "Trois notes sur la théorie des discours," p.131.

17) Jacques Bidet, "En guise d'introduction: Une invitation à relire Althusser," *Sur la reproduction*, Paris: PUF, 1995. [김웅권 옮김, 「서문을 대신하여: 알튀세르 다시 읽기」, 『재생산에 대하여』, 동문선, 2007]; Étienne Balibar, "Althusser et les 'Appareils Idéologiques d'État,'" Préface à la traduction en hébreu de texte de Louis Althusser, "Sur l'idéologie"(ch.XII "De l'idéologie," *Sur la reproduction*), 2003, inédit en français. [발리바르의 글은 『재생산에 대하여』의 2011년판에 또 다른 서문으로 재수록되어 프랑스에도 공개됐다.]

리가 '관념들'에 대해 품고 있는 '관념'이다. …… 이렇게 말해두자. 즉, '관념들'은 관념에 대한 이데올로기가 믿게끔 만드는 경향이 있는 것처럼 **이념적, 관념적**, 또는 **정신적** 존재를 전혀 갖고 있지 않으며, **물질적 존재**를 갖고 있다.[18]

이데올로기의 내용을 이루는 '관념'은 '담론'이라는 형태를 취함으로써 존재할 수 있다. 즉, 담론은 이데올로기의 운반자 역할을 맡고 있으며, 그런 의미에서만 이데올로기를 체현한 '물질적 존재'이다. 하지만 담론의 이런 물질성은 단순히 이데올로기의 담론에만 할당되어 있는 것이 아니다. 모든 유형의 담론(무의식의 담론, 이데올로기의 담론, 미학의 담론, 과학의 담론)은 **담론으로서** 이 물질적 성격을 취한다. 달리 말하면, 이 네 가지 담론은 모두 이데올로기의 운반자 역할을 떠맡을 수 있다. 이와 달리 시니피앙은 "'타자'의 욕망"만을 운반하며, 라캉적 시니피앙 이론은 "'타자'의 담론," 즉 무의식과의 관계에서만 존재할 수 있다. 따라서 라캉의 이론은 일반 이론(시니피앙의 이론)의 구축을 목표로 하면서도 항상 정신분석의 틀을 넘어설 수 없는 '국지적 이론'일 수밖에 없다. 라캉 이론의 이런 한계야말로 알튀세르가 담론 이론을 일반 이론으로 구축하게끔 만들었다.

5.3. 담론 이론으로서의 이데올로기 이론

'담론 이론'은 라캉적 정신분석 이론의 용어를 많이 사용하면서도 그 개념을 비판적으로 변경한다. 정신분석 이론에서 '일반 이론'으로서

---

18) Althusser, *Sur la reproduction*, p.187. [『재생산에 대하여』, 241쪽.]

의 사회 이론으로 향하는 이런 이행이 라캉과 정신분석 이론과 알튀세르의 '단절'을 형성한다. 그렇다면 알튀세르는 정신분석의 어떤 개념을 혁신했을까? 그 실마리의 하나는 다음 구절에 있다.

주체 개념은 내게 점점 더 오로지 **이데올로기적** 담론에만 속하는 것으로, 그리고 이것이 **이데올로기적** 담론을 구성한다고 생각된다. 나는 말장난을 하지 않고서, 그리고 중대한 이론적 애매함을 초래하지 않고서 '과학의 주체'나 '무의식의 주체'에 관해 우리가 말할 수 있다고는 생각하지 않는다. 예를 들어 라캉이 자신의 강연에서 과학의 주체에 관해 말한 방식은 …… 내게 극히 의심스러워 보인다.[19]

여기서 알튀세르는 주체 개념이 "이데올로기적 담론에만" 속한다고 강조하는 동시에 '무의식의 주체'라는 라캉의 용어를 비판한다. 이 지적은 도대체 어떤 의미를 지닐까? 계속 인용해보자.

마찬가지로, '자아의 분열'과 연결해 '무의식의 주체'에 관해 말하는 것은 내게 기만적인 것처럼 보인다. **분열된**, **균열된** 주체란 없다. 완전히 다른 것이 있다. 즉, '자아' 곁에는 '분열'이, 즉 문자 그대로 **심연**,

---

[19] Althusser, "Trois notes sur la théorie des discours," pp.164~165. 라캉에게서 '과학의 주체'에 관해서는 특히 다음을 참조하라. Jacques Lacan, "La science et la vérité," *Écrits*, Paris: Seuil, 1966, pp.857~859. 라캉의 이 텍스트는 고등사범학교에서 열린 1965~66년 세미나 『정신분석의 대상』의 개강일 속기록으로, 이 텍스트가 처음 게재된 곳은 다음과 같다. *Cahiers pour l'analyse*, no.1, 1966. 이 잡지는 고등사범학교의 인식론 서클에서 발행한 것이며, 그 구성원은 알튀세르와 극히 가까운 사람들이었다.

벼랑, 결여, 결핍이 있다. 이 심연은 주체가 아니라 **주체 곁에**, '자아' 곁에 열려 있다. 이것이 바로 주체이다(이렇게 생각하는 데 필요한 근거를 프로이트가 우리에게 무수한 경우에 제공했다고 나는 보는데, 자아는 이데올로기적인 것의 지배를 받고 있다). 이 '분열'은 무의식적 담론을 '자아'라고 불리는 이데올로기적 담론의 요소, 아니 오히려 구조적 범주에 (심연, 결핍의 형태로) 묶는 특정한 차이적 관계나 분절의 유형이다. 요컨대 라캉은 주체의 분열이라는 개념 아래 **주체에 심연이나 결여를 수립하는** 것처럼 보인다. 설령 무의식이 자아(이데올로기적인 것의 주체)에 대한 심연을 품고 있는 관계에 의해서만 존재할 수 있을지언정, '무의식의 주체'란 존재할 수 없다. 설령 (이데올로기적) 주체가 이 결여에 의해 프로이트의 제2장소론에 독창적인 방식으로 내포되거나 반영된다고 하더라도, 주체의 결여는 주체라고 말할 수 없다. 주체의 결여는 주체와 **완전히 다른 것이다**.[20]

여기서 두 개의 논점이 제기된다. 첫째로, 이데올로기 담론의 구조적 범주에 속하는 '주체'는 '자아'(전의식-의식 체계)와 동일시되며 무의식 체계와는 구별된다. 둘째로, 분열되고 균열된 '주체'란 존재하지 않는다. '주체'는 항상 이미 **(이데올로기적으로) '봉합**^{suturé}**되어 있다.**'[21] 주체에 관한 알튀세르식 정의, 즉 주체는 항상 이미 봉합되

---

[20] Althusser, "Trois notes sur la théorie des discours," p.165.
[21] 바디우는 1969년의 논문에서 이 두 논점을 공유한다. "봉합 개념은 시니피앙 일반을 결여로 연관시키는 것이 아니다. 그 개념의 타당성은 시니피앙에서의 특정한 조건을 필요로 한다. 그리고 이 조건은 정신분석에 의해 구축되는 것이 아니라 역사유물론에 의해 구축된다. 즉, 그저 **이데올로기적** 시니피앙

어 있으며, 억압되고 분열된 무의식의 심급이 봉합된 주체의 '곁에' 있다는 정의에서 보면, '무의식의 주체'라는 라캉적 용어는 자아(전의식-의식 체계)와 무의식을 혼동하는 모순을 범한 것이다.[22]

그렇다면 도대체 왜 알튀세르는 '자아'와 '주체'를 동일시하고, 주체를 이데올로기의 담론에만 속하는 것으로 정의한 것일까? 이런 의문에 대답하기 위해서는 이데올로기적 주체에 관한 [알튀세르의] 정의를 파고들어가지 않으면 안 된다.

효과로서의 주체가 그 자체로 현전해 있고, 따라서 담론들의 시니피앙이자 담론들의 중심적 시니피앙인 이데올로기적 담론은 거울상적 중심화centration spéculaire의 구조를 소유한다. 도출된 주체는 산출하는 주체에 의해 이중화된다(경험적 주체는 초월론적 주체에 의해 이중화되며, 인간-주체는 신에 의해 이중화된다).[23]

만이 봉합된다." Alain Badiou, "Marque et manque: À propos du zéro," *Cahiers pour l'analyse*, no.10, 1969, p.156.
22) 테리 이글턴은 『이데올로기 입문』에서 라캉적 '주체'가 분열을 겪고 불안정한 욕망에 의해 관통되고 있기 때문에, 알튀세르가 라캉의 이론을 오독하고 있으며, (분할선을 긋고 불안정한) 상징적 '주체'와 (통합된) 상징적 '자아'를 혼동한다고 말한다. 이 때문에 이글턴은 이데올로기 이론에 관한 알튀세르의 '비관적 정치'가 라캉의 이론을 오독한 데서 유래한다고 판단한다. Terry Eagleton, *Ideology: An Introduction*, London: Verso, 1991, p.144. [여홍상 옮김, 『이데올로기 개론』, 한신문화사, 1994, 195~196쪽.] 그러나 우리가 보기에 알튀세르는 라캉의 이론을 오독하지 않았다. 오히려 알튀세르는 라캉의 이론장치를 유물론적으로 변경하고자 한다. 그리고 이 이론적 변경 과정이야말로 주체와 '타자'를 둘러싼 라캉적 이론에 의거하지 않는, 알튀세르적 저항의 문제구성을 가능케 한다. 이 점에 관해서는 아래에서 논한다.
23) Althusser, "Trois notes sur la théorie des discours," p.132.

알튀세르는 이데올로기 담론의 효과를 '거울상적 중심화의 구조,' 즉 경험적-초월론적 이중성으로 정의한다. 주체형성에 관한 이 이론은 나중에 푸코, 들뢰즈·가타리에 의해 공유될 것이다. '거울상적 중심화'란 경험적 주체를 초월론적 주체(이데올로기적 심급)가 '거울상적으로' 반복·이중화하는 것이다. 이렇게 함으로써 주체가 형성·봉합되며, 이데올로기의 담론에 복종하게 된다. 여기서 '무의식의 **주체**'라는 개념을 사용하는 것은 허용되지 않는다. 왜냐하면 주체는 항상 이미 이데올로기적 봉합의 효과로서만 존재하기 때문이다.

이 때문에 주체의 이데올로기적 봉합 메커니즘에 관한 고찰이 요청된다. 유명한 논고 「이데올로기와 이데올로기적 국가장치들」(1969~70)을 참조하자. 이데올로기 이론을 완전히 쇄신한 이 텍스트에서 알튀세르는 다음과 같은 명제를 제시한다. "이데올로기는 개인들을 호명해 주체들로 전화한다."[24) '호명'이란 이데올로기적 국가장치들(복수형이라는 점에 주의하라. 이 장치들은 생산관계를 재생산하는 다양한 수단, 가령 가족·학교·교회 등에 대응한다)에 의해 실현되며, 주체를 지배적 이데올로기에 복종시키는 '호명'이다. 주체의 이데올로기적 봉합은 이데올로기적 국가장치들에 의한 이 끊임없는 '호명'에 의해 확보된다. 또한 동시에 이 '호명'은 물질적 기반에 의거한다. 왜냐하면 '호명'은 주체의 **실천적 행위**를 규정함으로써 지배적 이데올로기로의 복종화를 확보하기 때문이다.

---

24) Louis Althusser, "Idéologie et appareils idéologiques d'État," *Sur la reproduction*, Paris: Gallimard, 1995. [김웅권 옮김, 「이데올로기와 이데올로기적 국가장치」, 『재생산에 대하여』, 동문선, 2007, 393쪽. 이 유명한 문장은 지은이의 뜻을 존중해 일본어판 번역을 그대로 따른다.]

이런 이데올로기는 행위들에 관해 말하며, 우리는 실천에 삽입된 행위들에 관해 말한다. 그리고 우리는 이런 **실천들**이 **의례들**에 의해 규제된다고 지적한다. 의례들 속에서 이런 실천은 설령 작은 교회의 소규모 미사, 장례행렬, 스포츠클럽의 소규모 시합, 학교의 하루 수업, 정당의 집회나 회합처럼 이 장치의 극히 작은 부분이라고 할지라도, **어떤 이데올로기적 장치의 물질적 존재**의 한복판에 새겨져 있다.[25]

이데올로기의 담론은 실천들이 새겨져 있는 '의례들'을 통해 주체를 이데올로기적으로 봉합한다. 즉, 이데올로기의 담론은 주체에 실천의 규범을 주입함으로써 지배적 이데올로기로의 복종을 '규제하는' 것이다. 이데올로기에 관한 이런 중심적 테제를 설명하기 위해 알튀세르는 파스칼의 "무릎 꿇고 입술을 움직여 기도하라, 그러면 믿을 것이다"[26]라는 명제를 예로 사용한다. 즉, '신앙'을 얻는가 여부는 관념 수준의 문제가 아니다. '신앙'이라는 **관념**을 주체에 주입하는 것은 "무릎을 꿇고 입술을 움직여 기도하라"라는 행위 자체이다. 관념에 대한 실천의 우위라는 테제가 알튀세르의 이데올로기 이론의 핵심을 이룬다. 그리고 행위들을 '통제하고' 지배적 이데올로기로의 복종화를 확보하는 것은 바로 이데올로기 담론의 '호명'인 것이다.

여기서 다음과 같은 점이 문제가 될 것이다. 이데올로기 담론의 '호명'이 실천을 통해 주체를 봉합한다면, '무의식의 담론'은 여기서

---

25) Althusser, "Idéologie et appareils idéologiques d'État," pp.300~301. [「이데올로기와 이데올로기적 국가장치」, 390~391쪽.]

26) Althusser, "Idéologie et appareils idéologiques d'État," p.301. [「이데올로기와 이데올로기적 국가장치」, 391쪽.]

어떤 역할을 맡을까? 이 점을 명확하게 하지 않는 한, 라캉의 이론에 대한 알튀세르의 이론적 '단절'이 지닌 의미를 이해할 수 없다. 다시 「담론 이론에 관한 세 개의 노트」를 참조하자.

> 무의식이 그 형성물이나 그 중 몇몇을 구체적인 '상황'(일상생활, 가족관계, 노동관계, 또는 우연한 관계 등의 상황) 속에서 생산한다고 말하는 것은 문자 그대로, 무의식이 이 형성물[이데올로기적인 것의 형성물]을 이데올로기적 담론의 형성물 속에서 생산한다는 것을 뜻한다. 바로 이런 의미에서 무의식은 이데올로기적인 것과 자신의 **분절** 원리를 우리에게 드러낸다고 말할 수 있다. 바로 이런 의미에서 무의식은 이데올로기에 있어서 '기능한다'고 말할 수 있다.[27]

여기서 알튀세르는 무의식이 이데올로기에 '접합'되는 원리에 관해 언급한다. 즉, 이데올로기의 형성물은 무의식을 통해서만 구체적 '상황' 속에서 생산된다. 달리 말하면, 이데올로기의 담론은 무의식의 담론을 통해서만 주체를 봉합한다. 그리고 그때, 무의식의 담론은 이데올로기 담론의 운반자 역할을 맡는다. 그렇다면 이데올로기의 담론은 무의식의 어떤 메커니즘을 통해 주체를 봉합하는가?

아주 근사치의 언어를 사용하자면, 고려되고 있는 무의식의 형성물이 '응고하는' 곳인 이데올로기적 형성물은 고려되고 있는 무의식의 전형적인 형성물 중 몇몇이 '굳어지게 되는' '재료'를 구성한다고 생

---

[27] Althusser, "Trois notes sur la théorie des discours," p.142.

각할 수 있다. 프로이트가 서술한 현상에 있어서 무의식들이 '교통하는' 것은, 그리고 전이의 상황 또한 실현되는 것은 **특히 그 중에서도 이데올로기적 형성물에 의해서인 것이다.**28)

여기서 알튀세르는 이데올로기적 봉합의 메커니즘을 명확히 하려고 한다. 이데올로기의 형성물은 지배적 이데올로기로의 '전이'를 실현한다. 만일 이데올로기적 호명에 의해 주체가 봉합된다면, 이 봉합은 바로 지배적 이데올로기로의 전이에 의해 실현된다.

알튀세르는 주체에 대한 이데올로기적 봉합작용을 '중심화'로 특징지었다. 전이의 메커니즘과 관련해 이 정의를 어떻게 해석하면 좋을까? 라캉의 『정신분석의 네 가지 근본 개념』(1964)을 참조하자. 여기서 라캉은 분석가에 대한 피분석가의 전이를 이렇게 평한다.

전이라는 용어에는 구별될 만한 값어치가 있는 또 다른 용법이 있다. 즉, 전이란 분석가라는 타자와 맺는 모든 특수한 관계들을 구조화하는 것으로, 이 관계의 주변에서 맴도는 모든 사유의 가치에는 특별한 유보기호를 달고 제시되어야 한다고 말할 때의 용법이 있는 것이다. "**그는 한창 전이에 푹 빠져 있다**" il est en plein transfert라는 표현이 바로 이런 용법에서 유래한 것인데, 이 표현은 어떤 주체의 행동에 관해 도입될 때에는 언제나 일종의 괄호, 중지[유예], 아니 의심으로서 언급된다. 이것은 주체의 모든 통각 양태가 전이의 우월적 중심 위에서 재구조화된다는 점을 전제한다.29)

---

28) Althusser, "Trois notes sur la théorie des discours," pp.143~144.

전이에 있어서 피분석자의 모든 통각 양태는 "전이의 우월적 중심 위에서 재구조화된다." 즉, 전이에 있어서 피분석자의 자아는 분석가의 자아 위에서 **환유적으로** '재구조화되어 있다.' 그리고 이 상황은 무의식을 통해서만 실현될 수 있다. 그러므로 '중심화'란 자아를 '타자' 위에서 재구조화하는 전이의 메커니즘을 가리킨다고 말할 수 있을 것이다. 정신분석 이론에서 피분석자의 분석가로의 전이를 보증하는 것은 둘 사이의 앎의 비대칭성이며, 분석가의 파롤이다. 라캉은 분석가의 이런 지위를 '안다고 가정된 주체'$^{sujet\ supposé\ savoir}$라고 부른다.30) 그에 반해 알튀세르가 주체의 이데올로기적 봉합을 '중심화'라고 정의할 때, 그 '우월적 중심'은 이데올로기적 국가장치가 충분히 가르치는 지배적 이데올로기이다. 무의식의 메커니즘을 통해 지배적 이데올로기 위에 자아를 '재구조화' 함으로써 주체는 이데올로기적으로 봉합된다. 그리고 이 '재구조화,' 즉 지배적 이데올로기로의 전이를 확보하는 것은 실천('의례')이 가르치는 담론의 물질성이다. 따라서 이데올로기적 봉합에 있어서 지배적 이데올로기로의 전이를 가능케 하는 것은 **의례적 실천**이며, 담론의 **물질성**인 것이다. 알튀세르는 정신분석의 이론장치를 신중하게 다루면서 그 틀 전체를 근본적으로 유물론화한다. 우리가 라캉의 이론에 대한 '단절'이라고 불렀던 것은 정신분석 이론의 이런 **유물론적** 변용 과정이다. 그리고

---

29) Jacques Lacan, *Le séminaire livre XI: Les quatre concepts fondamentaux de la psychanalyse*, Paris: Seuil, 1973, p.114. [맹정현·이수련 옮김, 『세미나 11: 정신분석의 네 가지 근본 개념』, 새물결, 2008, 188~189쪽.]

30) Jacques Lacan, "Fonction et champ de la parole et du langage en psychanalyse," *Écrits*, Paris: Seuil, 1966, p.308.

라캉과 정신분석 이론의 이 **유물론화**야말로 지배적 이데올로기에 대한 저항을 이론화하기 위한 하나의 기초를 형성한다.[31]

5.4. 정신분석 이론에서 구조변화의 이론으로

슬라보예 지젝은 『이데올로기의 숭고한 대상』에서 알튀세르의 이데올로기 이론을 비판하고, 그 수정을 제안한다. 지젝은 이데올로기적 국가장치의 예로 법을 거론하며, 다음과 같이 논의를 전개한다. 이데올로기적 국가장치로서의 '법'의 기본 성격이란 주체가 그 법을 '이해할 수 없고,' 주체에 대해 그 법이 '외부에 있다'는 것이다. 지젝은 파스칼을 인용하면서 주체가 '법'을 따르는 것은 '그것이 법'이라는 동어반복적 이유 때문이지, '법'이 정의에 부합하기 때문인 것은 결코 아니라고 말한다. 달리 말하면, 주체가 '법'의 호명에 복종하는 것은 '법'을 정초하는 메타언어의 부재, 또는 '법'의 근거의 이해 불가능성에 기초하고 있다.[32] 그리고 전이의 메커니즘이야말로 '진리를 결여한 권위'에 복종하는 것을 정초한다고 지젝은 말한다.

> 사람들로 하여금 법 속에서 진리가 발견될 수 있다고 믿게끔 추동하는 필연적이고 구조적인 착각이야말로 **전이**의 메커니즘을 기술한다. 즉, 전이란 '법'이라는 아둔하고 외상적이며 비일관적인 사실의 이면에 하나의 '진리,' 하나의 '의미'가 있다고 가정하는 것이다.[33]

---

31) 이 점에 관해서는 5장 5절에서 고찰한다.
32) Slavoj Žižek, *The Sublime Object of Ideology*, London: Verso, 1989, pp.36~37. [이수련 옮김, 『이데올로기의 숭고한 대상』, 새물결, 2013, 74~76쪽.]
33) Žižek, *The Sublime Object* ……, p.38. [『이데올로기의 숭고한 대상』, 77쪽.]

지젝에 따르면 '법'은 자신을 정초하는 메타언어를 갖지 않기 때문에, '법'의 호명은 항상 '외상적'이며 '비일관적'이다. 따라서 호명은 온전한 형태로 주체에 내면화되지 않는다. 거기에는 "항상 잔해résidu, 잔여reste가 존재한다." 이런 상징화 불가능한 잔여를 억압하기 위해 주체는 '법'으로 전이하며, '법'과의 동일화를 시도한다. 이로부터 지젝은 다음과 같이 결론내린다. 알튀세르가 자신의 이데올로기 이론에서 간과했던 것은 상징화 불가능한 잔여를 억압하기 위해 주체가 '법'의 호명에 동일화하는 메커니즘이라고.[34]

지젝의 알튀세르 비판이 지닌 문제점은 이 비판이 정신분석 이론을 사회 이론에 '외삽'extrapolation(들뢰즈·가타리)함으로써 성립된다는 점, 알튀세르가 시도한 '일반 이론'을 정신분석 이론으로 되돌리려는 것으로 귀결될 수밖에 없다는 점에 있다. 실제로 지젝의 이런 논의는 정신분석적 틀로 쉽게 정식화될 수 있다.[35] 지젝에게 이데올로기 장

---

[34] Žižek, *The Sublime Object*……,, p.43. ["하지만 그(알튀세르)의 이론엔 그나 그의 학파가 이데올로기적 국가장치들과 이데올로기적 호명의 연관을 전혀 사유해내지 못했다는 약점이 있다. 이데올로기적 국가장치들(파스칼적인 '기계,' 기표의 자동성)은 어떻게 자신을 '내면화할' 수 있는 것인가? …… 이에 대한 해답은 …… 국가장치들의 이 외부적인 '기계'는 그것이 오직 주체의 무의식적인 경제 속에서 외상적이고 몰상식한 명령으로서 체험되는 한에서만 제 힘을 발휘한다는 것이다. …… 알튀세르는 그저 이데올로기의 상징적 기계를 의미와 진리의 이데올로기적 체험으로 '내면화시키는' 이데올로기적 호명 과정에 관해서만 말할 뿐이다. 하지만 우리는 파스칼로부터 이런 '내면화'는 구조적 필연성에 의해 결코 성공할 수 없음을 배울 수 있다. 거기엔 항상 무분별함과 외상적인 비합리성의 오점과 잔여물이 달라붙어 있다는 것이다. 그리고 이런 잔여물은 주체의 이데올로기적 명령에 대한 완전한 복종을 방해하기는커녕 오히려 그것을 가능케 하는 조건이다. 법에 무조건적인 권위를 부과하는 것은 바로 이 몰상식한 외상의 통합되지 않은 잉여이다."『이데올로기의 숭고한 대상』, 85~86쪽.]

치로서의 '법'은 라캉 이론의 '타자'에 상응한다. '타자'는 주체에게 이해 불가능하며 "일관성을 결여하고 있다." 즉, '타자'를 정초하는 메타언어는 존재하지 않는다("'타자'의 '타자'는 존재하지 않는다").36) 라캉은 '타자'의 이런 성격을 ($\cancel{A}$)라는 수학소^{mathème}(즉, 빗금쳐진 '타자')로 표현했다. 이와 동시에 '타자'의 '외상적'이고 '일관성을 결여한' 성격에 의해 주체 또한 빗금쳐진다[($\cancel{S}$)는 주체의 결여를 의미한다]. 이 결여를 억압하기 위해 주체는 '환상'으로 자신의 분열을 봉합한다($\cancel{S}\Diamond a$).37) 지젝에게 이 (이데올로기적) 환상 메커니즘이야말로 주체가 지배적 이데올로기로 동일화되는 것을 확보해준다.

알튀세르는 지배적 이데올로기를 향한 전이의 메커니즘을 일상생활의 곳곳(가정, 학교 등)에 존재하며 이데올로기를 주입하는 '의례'로 설명했다. 이데올로기적 전이의 메커니즘에서 실천 또는 담론의 물질성은 관념에 대해 우위를 차지한다. 이와 달리 지젝의 알튀세르 비판은 이런 '호명'의 물질성을 내다버린다. 나아가 지젝은 이데올로기적 국가장치들의 다양성을 '법'으로만 환원한다. 그때 이데올로기 장치들에 의한 호명의 다양성은 '법'의 '외상적이고 무의미한 명령'으로만 귀착되어버린다. 달리 말하면, 지젝의 알튀세르 비판은 이데올로기적 국가장치들의 다양성을 푸코가 말한 '법적-담론적' 권력(법은 주체에 **금지**를 부과한다38))으로만 환원한다. 실제로 지젝은

---

35) 이 점에 관해서는 다음의 논고를 참조하라. 浅田彰, 「ラカン/ジジエクの余白に」, 『批評空間』 I-7, 東京: 福武書店, 1992.
36) Lacan, "Subversion du sujet……," p.813.
37) Lacan, "Subversion du sujet……," p.816.
38) Michel Foucault, *Histoire de la sexualité, vol.1: La volonté de savoir*, Paris: Galli

'이데올로기적 국가장치들'이라는 개념을 단수('법'이라는 '이데올로기적 국가장치')로 설명한다.39) 그러나 알튀세르는 이데올로기적 국가장치들을 바로 그 **다양체**로 정의한다.

이데올로기적 국가장치들은 다양하고 구별되며, 상대적으로 자율적이고, 자본가의 계급투쟁과 프롤레타리아의 계급투쟁 사이의 충돌 효과들을 …… 제한되긴 하지만 몇몇 경우에는 극단적인 형태로 표현하는 모순들에 대해 객관적인 장을 제공할지도 모른다.40)

이데올로기적 국가장치들은 '다양'하며, 그 때문에 "모순들에 대해 객관적인 장을 제공"할 수 있다. 달리 말하면, 이데올로기적 국가장치들은 그 다양체에 있어서 장치 사이의 모순들을 내포할 수 있으며, 그 모순들은 저항('계급투쟁')과 구조변동의 관건을 이룬다.41) 알튀세르가 이데올로기적 국가장치를 복수형, 즉 다양체로 정의할 때,

---

-mard, 1976, pp.90~100. [이규현 옮김, 『성의 역사, 제1권: 지식의 의지』(3판), 나남, 2010, 96~105쪽.]

39) Žižek, *The Sublime Object* ……, p.43. [『이데올로기의 숭고한 대상』, 86쪽.]

40) Althusser, *Sur la reproduction*, p.170. [『재생산에 대하여』, 220쪽.]

41) 우리는 여기서 '계급투쟁'이라는 용어를 일정한 유보와 더불어 사용한다. 라클라우와 샹탈 무페의 말처럼 "노동자 계급은 통합도가 약하고, 빈번하게 모순적인 주체 위치들의 다수성(plurality)에 의해 지배되고 있으며 …… [따라서] 완전히 통합되고 동질적인 행위자라는 관념을 버릴 필요가 있다"면 (Ernesto Laclau and Chantal Mouffe, *Hegemony and Socialist Strategy*, London: Verso, 2001[1985] p.84. [이승원 옮김, 『헤게모니와 사회주의 전략』, 후마니타스, 2012, 164쪽]), 우리는 '계급투쟁'이라는 맑스주의의 용어를, 권력에 관한 '유명론적' 입장(푸코)과 주체의 비동일성으로부터 재정의해야만 한다. 그런 의미에서 우리는 '계급투쟁' 대신 '저항'이라는 용어를 사용한다.

거기서 관건이 되고 있는 것은 바로 이데올로기적 국가장치에 대한 저항의 관건으로서의 '모순들'과 구조변동의 가능성을 명확하게 하는 것이다. 알튀세르가 라캉의 이론에 대해 시도한 **유물론화**는 지젝의 이론에서는 전면적으로 억압된다. 그것은 지젝에게서 구조변동의 모든 가능성이 말소된다는 것을 의미한다.

바로 이 점에서 라캉 이론의 중심 문제를 고찰해야 한다. 라캉은 자신의 세미나에서, 적어도 세 번에 걸쳐 '외밀성'^{extimité}이라는 조어를 사용한다. 이 말은 '타자'의 장의 특성을 설명하기 위해 '친밀함/내밀성'^{intimité}과 '외재성'^{extériorité}의 혼성어로 도입됐다.[42] 라캉은 이 점을 『'타자'에서 타자로』(1968~69)에서 이렇게 설명한다.

> 여기서 대상 a는 근본적인 '외재성'에 '내밀한 것'을 조합한 '외밀적'이라는 말로 지시할 수 있는 자리에 있다. 즉, 대상 a는 외밀적이며 순수하게 시니피앙의 효과로서의 주체가 설립되면서 창출된 관계 속에 있으며, '타자'의 장에서 [자신의] 가장자리 구조를 규정한다.[43]

라캉은 "시니피앙의 효과로서의 주체가 설립되면서 창출된 관계 속에 있는" 한, "대상 a는 외밀적"이라고 쓴다. 대상 a란 '욕망의 원인대상'$^{objet\ cause}$'으로서[44] 욕망에 동기를 부여하고, '타자'의 장(무의

---

42) Jacques-Alian Miller, "Extimité," *Lacanian Theory of Discourse*, New York: New York University Press, 1994.
43) Jacques Lacan, *Le séminaire livre XVI: D'un Autre à l'autre*, Paris: Seuil, 2006, p.249.
44) Jacques Lacan, *Le séminaire livre X: L'angoisse*, Paris: Seuil, 2004, p.120.

식)에 위치하는 표상 불가능한 대상이다. '타자'의 심급이 '외밀적'이라면, 이것은 이 심급이 (욕망의 대상 원인으로서) 주체의 가장 내밀함에 존재하는 동시에 (상징화 불가능한 것으로서) 주체의 절대적인 외부성을 형성한다는 것을 의미한다. 이런 '타자'의 심급에 의해서 주체는 자신의 환상을 통해 봉합될 수 있다. 우리는 여기서 라캉에 의한 '타자'의 전형적인 도식화를 찾아볼 수 있다. '타자'의 심급이란 주체의 절대적인 외부(상징화 불가능한 것으로서의 '타자')로서 주체를 규정하는 **초월적**transcendant 심급이자 '타자'가 상징화 불가능한 것으로서 내면화된 **초월론적**transcendantal 심급(무의식)이다. 그런 의미에서 우리는 '타자'의 장을 초월(론)적인 것으로 표현할 수 있다.

지젝은 이 라캉적 도식에 따라 알튀세르를 비판했다. 사실 지젝의 이론에서 초월(론)적 '타자'의 심급은 유일한 이데올로기 국가장치로서의 '법'으로 치환된다. 이렇게 정신분석 이론을 사회 이론에 '외삽'하면 문제가 생길 수밖에 없다. 지젝에게 이데올로기 장치로서의 '법'은 그 절대적 외재성에 의해 주체를 규정하는 초월적 심급을 형성한다. 이데올로기적 호명을 내면화한 주체는 이런 이데올로기 장치의 초월성에 저항할 수 없다. 따라서 이 이론으로는 저항과 구조변동의 문제를 사유할 수 없다. 주체는 항상 '법'이라는 "외상적이며 비일관적인" 외재성을 내면화할 것이다. 거기에는 이데올로기 장치들에 대한 저항과 구조변동의 문제가 정의상 개입하지 않는다.[45]

---

45) 『우발성, 헤게모니, 보편성』에서 지젝은 '분리'라는 라캉적 개념을 사용하며 저항의 가능성을 보여주려고 한다. "이 '큰 타자'의 차원은 상징적 질서에서 주체를 구성하는 **소외**의 차원이다. 큰 타자는 수를 쓴다. 주체는 말하는 것이 아니라 상징적 구조에 의해 '말해진다.' 요컨대 이 '큰 타자'는 사회적 실체의

5.5. 구조적 인과성과 우발성

그렇다면 이런 정신분석적 '타자' 개념에 대해 알튀세르는 어떤 태도를 취하는가? 알튀세르는 『《자본》을 읽자』(1965)에서 맑스에게 보이는 "어떤 구조의 요소들의 …… 그 구조의 효력에 의한 결정"[46]을 고찰하기 위해 두 종류의 인과성, 곧 '구조적 인과성'과 '환유적 인과성'을 대립시킨다. 두 인과성은 큰 차이가 없는 것처럼 보이지만 우리에게는 이 차이가 명백해 보인다. 이 차이를 설명하기 위해 알튀세르는

이름, 주체가 자기 행위의 효과를 결코 완전히 지배하지 못하는 이유가 되는 모든 것의 이름이다. 이것이 있기 때문에 자기 활동의 최종 결과는 언제나 자신이 목표했거나 기대했던 것과는 다른 무언가로 나타나는 이유가 된다. 그러나 세미나 6권의 핵심 장들에서 라캉이 소외에 뒤따르고 어떤 의미에서는 그 대척점인 작용, 즉 **분리** 작용을 묘사하려고 애쓰고 있음을 주목하는 게 여기서 결정적이다. 큰 타자 속에서의 소외를 큰 타자로부터의 분리가 뒤따른다. 분리는 어떻게 큰 타자가 그 자체로 비일관적이며 순전히 가상적인지, 또한 어떻게 그것이 '빗금 그어져 있으며' 사물이 박탈되어 있는지 주체가 깨달을 때 발생한다. 그리고 환상은 주체가 아니라 타자의 이 결여를 채우려는 시도, 큰 타자의 일관성을 (재)구성하려는 시도이다. …… 큰 타자는 자신의 매혹적 스펙터클로부터 주체가 배제됨으로써 선험적 죄를 발생시키는 전능한 초월적 행위자로 고양됐기 때문에, 주체가 큰 타자로부터 분리될 수 있는(자신의 주관적 위치를 큰 타자의 비일관성-무능-결여와 상관적인 것으로 경험할 수 있는) 길은 다름 아닌 관찰되는 장면에 포함되는 것이다"(Slavoj Žižek, "Da Capo senza Fine," *Contingency, Hegemony, Universality*, London: Verso, 2000, pp.253~254. [박대진 옮김, 「끝없이 처음부터 반복하기」, 『우발성, 헤게모니, 보편성』, 도서출판b, 2009, 347~348쪽.] 그러나 이 설명이 정신분석 이론의 틀에서는 설득력이 있을지언정, 지젝은 이 '분리'가 사회구성체에서 어떻게 일어날 수 있는지 명확하게 설명하지 않는다. 즉, 이데올로기적으로 구축된 사회구성체에서 지배적 이데올로기로의 전이가 유지될 때, 어떻게 이 '분리'가 일어날 수 있는가? 우리가 이 장에서 다루는 것은 바로 이런 물음이다.

[46] Louis Althusser, "L'objet du *Capital*," *Lire le Capital*, Paris: PUF, 1996(1965), p.401. [김진엽 옮김, 「《자본론》의 대상」, 『자본론을 읽는다』, 두레, 1991, 237쪽.]

맑스가 사용한 두 용어 'Darstellung'과 'Vorstellung'을 비교한다. '앞에 서 있는 것=표상'을 의미하는 'Vorstellung'에서는 "확실하게 하나의 입장이 있지만, 그것은 **앞에** 모습을 나타내는 입장이며, 따라서 그것은 '앞에'라는 전치사의 배후에 위치하는 어떤 것이, 앞에 위치하는 것에 의해 대리되는 어떤 것을 상정하고 있다." 그러나 '여기에 서 있는 것=표상'을 의미하는 'Darstellung'에서는 "배후에는 아무것도 존재하지 않으며, 사물 자체가 거기에, 현전이라는 입장으로 주어져 있다." 이런 식으로 대비한 뒤, 알튀세르는 이렇게 쓴다.

그러므로 **우리는 우리가 놓인 수준을 따라서**, 'Darstellung'이란 **구조의 효과들에 있어서의 구조의 현전**이라는 개념, 구조의 효과들에 현전하는 구조의 효력에 의한 효과들의 변양이라는 개념이라고 말할 수 있다. 아니 거꾸로, 'Darstellung'란 **어떤 부재의 효력**이라는 개념이라고도 말할 수 있다. 이 두 번째 의미에서 [자크] 랑시에르는 '**환유적 인과성**'이라는 **결정적** 개념을 사용했다. 이 개념은 예전에 라캉에 관한 우리의 세미나에서 [자크-알랭] 밀레르가 더욱 심오하게 가다듬은 것이다. 이 개념이 **하나의 부재하는 원인의 유효성**이라는 개념으로 이해된다면, 효과들의 존재라는 따분한 관점에서 고려된 효과들에 있어서 구조의 부재 자체를 지시하기에는 빼어날 정도로 적합하다고 나는 생각한다. 하지만 현상의 다른 측면을 강조해야만 하는데, 그것은 구조의 효과들에 있어서 원인의 현전, 내재성이라는 측면, 달리 말하면 구조의 효과들에 있어서의 **구조의 존재**라는 측면이다.[47]

---

47) Althusser, "L'objet du *Capital*," p.646, variante[66] (première éd., t.II, Maspero,

여기서 알튀세르는 '구조적 인과성'을 구조의 효과들에 있어서의 구조의 **현전 또는 내재성**이라고 정의하며, '환유적 인과성'을 구조의 효과들에 있어서의 구조의 **부재**(또는 하나의 **부재**하는 원인의 효력)라고 정의한다. 우선 강조해두고 싶은 것은, 이 두 가지 인과성에서 현상의 배후에는 원인이 있다고 상정되어 있지 않다는 점이다. 원인은 현전하더라도 항상 구조의 **효과들**로만 존재한다. 프로이트적 무의식 개념을 상기하자. 프로이트는 징후, 실수, 꿈과 같은 무의식의 형성물에 주목하고, 이로부터 무의식의 존재를 상정했다. 따라서 무의식은 실체로서는 존재하지 않는다. 그것은 그저 무의식의 **효과들**인 무의식의 **형성물**에 있어서만 존재한다. 알튀세르는 이런 프로이트의 발견으로부터, 원인이 현상 속에 효과로서만 나타나는 인과성을 생각한다. 구조적 인과성과 환유적 인과성은 이런 성격을 공유한다. 이와 달리 둘의 차이는 다음과 같은 점에 있다. 즉, 구조적 인과성에서 원인은 구조의 효과들 속에 **현전하는** 데 반하여, 환유적 인과성에서 원인은 구조의 효과들 속에 **부재**로서 존재한다는 점이다.

우선 환유적 인과성에 관해 고찰하자. 이 개념은 밀레르에 의한 라캉 이론의 형식화가 낳은 산물인데, 거기서 문제가 되는 것이 바로 구조에 있어서의 원인의 부재이다. 밀레르는 「봉합」(1966)에서 프레게의 『산술의 기초』를 참조하며 라캉 이론의 형식화를 꾀했다.[48] 프

1965, pp.170~171). 본문에 인용한 구절은 『《자본》을 읽자』의 제1판(1965)에는 존재하지만 제2판(1968)에서는 모두 삭제됐다. [『《자본》을 읽자』의 한국어판은 제2판을 옮긴 것이기에 역시 해당 부분이 삭제되어 있다.]

[48] Jacques-Alain Miller, "La suture: Élément de la logique du signifiant," *Cahiers pour l'analyse*, no.1, 1966; *Un début dans la vie*, Paris: Le Promeneur/Galli-

레게는 자연수를 집합 개념에 의해 정의한다. 우선 0을 공집합(어떤 요소도 갖지 않는 집합)으로 정의한다면, 1은 {∅}(∅를 유일한 요소로 지닌 집합)에 의해 정의되며, 2는 {∅, {∅}}(∅와 {∅}라는 두 요소를 지닌 집합)에 의해 정의된다. 이런 식으로 모든 자연수를 정의할 수 있다.[49] 밀레르는 이 체계가 공집합을 요소로 한 집합 {∅}에 의해 1을 정의한다는 점에 주목한다. 밀레르에 따르면, 이 조작은 0을 1로 **전위하는** 것이다. "그 때문에 이 체계는 **0을 1로 셈으로써** 구성된다. (제로라는 개념은 실재계에서는 공백 외에는 아무것도 내포하지 않음에도 불구하고) 0을 1로 세는 것은 [그 이후의] 일련의 수들 전체의 버팀목이다."[50] 이처럼 자연수를 정의하려면 0을 1로 전위하고, 제로라는 결여를 환유적으로 봉합할 필요가 있다.[51]

---

mard, 2002. 이 텍스트는 1965년 2월 24일 라캉의 세미나에서 구두로 발표됐다. 밀레르에 의한 라캉 이론의 이 형식화는 훗날 거꾸로 라캉 자신의 이론으로 흡수됐다. 따라서 라캉에게서의 '외밀성' 논의는 밀레르가 보여준 형식화에 토대를 둔 것이다. 실제로 『'타자'에서 타자로』에 수록된 1969년 3월 12일 세미나에서, 라캉 자신이 '프로이트적인 논리학'과 '논리학에 있어서의 1과 0의' 지위에 관해 언급한다(Lacan, *Le seminaire livre XVI*, p.224). 이 점에 관해서는 다음의 세심하고 비평적인 작업을 참조하라. 十川幸司, 『精神分析への抵抗』, 東京: 青土社, 2000. 특히 7장 참조. 또한 프레게의 이론에 관해서는 다음의 분석을 참조하라. Yves Duroux, "Psychologie et logique," *Cahiers pour l'analyse*, no.1, 1966. 이 텍스트는 『산술의 기초』의 독해이며, 1965년 1월 27일 라캉의 세미나에서 구두로 발표된 것인데, 밀레르에 의한 라캉 이론의 형식화가 어떤 기초 위에 있는지를 이미 제시하고 있다.

49) 프레게의 수학기초론에 관한 이상의 설명은 전적으로 다음의 문헌에 빚지고 있다. Alain Sokal et Jean Bricmont, *Impostures intellectuelles*, Paris: Livre de poche, 1999(1997), p.67. 각주 33번. [이희재 옮김, 『지적 사기: 포스트모던 사상가들은 과학을 어떻게 남용했는가』, 한국경제신문, 2014, 314쪽(각주 13번).]

50) Miller, "La suture," p.45.

이어서 밀레르는 이 논리를 주체와 '타자'의 관계에 적용한다. 주체는 '타자'의 비일관성에 의해 분열하며 빗금이 쳐진다. 그러나 이와 동시에 주체는 상징화 불가능한 '타자'를 환상이라는 형태로 내면화하고 자신의 결여를 '봉합'한다.

사실 라캉적 대수학에서 주체가 (진리의 장소로서의) 타자의 장과 맺는 관계는 제로가 (진리의 버팀목으로서의) 하나$^{l'unique}$의 동일성과 맺는 관계와 같다. 그것이 모체母體인 한에서, 이 관계는 객관성에 관한 그 어떤 정의로도 통합될 수 없다. …… 제로의 발생은 자기와의 이런 비-동일성 —— 세계의 그 무엇도 이것[비-동일성]의 관할 아래에 있지 않다 —— 으로부터 이 점을 설명해준다.[52]

0이 1에 의해 환유적으로 봉합되듯이, 주체는 '타자'에 의해 환유적으로 봉합된다. 앞서 보았듯이, '팔루스'란 억압된 **하나의** 시니피앙(**하나인** 시니피앙)이며, 그것은 시니피앙의 연쇄 속에서 문자 그대로 **부재**(빈 자리)로서 나타난다. 그리고 이 **하나의 시니피앙의 부재하는 효과**에 의해 주체는 자신의 구멍^{béance}을 봉합하는 것이다. 따라서 구조에 있어서 "하나의 부재하는 원인의 효과"(알튀세르)란 시니피앙의 연쇄에서 하나의 부재하는 시니피앙인 '팔루스'가 그 **효과**로서 주체를 봉합한다는 메커니즘을 지시한다.

---

51) 라캉에게 환유가 '전위'(déplacement), 다시 말해 '의미작용의 이동'을 의미한다는 것을 상기하자. Jacques Lacan, "L'instance de la lettre dans l'inconscient freudien ou la raison depuis Freud," *Écrits*, Paris: Seuil, 1966, p.511.

52) Miller, "La suture," p.47.

앞서 인용한 『《자본》을 읽자』에서 알튀세르는 다음과 같이 말했다. "현상의 [하나의 부재하는 원인의 효력과는] 다른 측면을 강조해야만 하며, 그것은 구조의 효과들에 있어서의 원인의 **현전**, 내재라는 측면, 바꿔 말하면 구조의 효과들에 있어서의 **구조의 존재**라는 측면이다." 우리는 여기서 알튀세르가 환유적 인과성이 아니라 구조적 인과성을 채택한 이유를 명확하게 할 수 있다. 환유적 인과성은 '외밀성'으로서의 라캉적 '타자' 개념에 기초한다. 지젝처럼 사회 이론에 '타자' 개념을 '외삽'하는 것은 권력장치들의 초월성으로 귀결될 수밖에 없다. 알튀세르는 그런 위험을 주의 깊게 피한다. 알튀세르가 선택한 '구조적 인과성'은 "구조의 효과들에 있어서의 구조의 존재"를 의미했다. 바꿔 말하면, 구조적 인과성이란 어떤 구조(가령 주체)가 다른 구조(가령 이데올로기적 국가장치들)에 의해 결정된다는 문제이며, 전자의 구조를 효과로서 결정하는 원인(=구조)은 전자의 구조 속에 현전한다. 그런 의미에서 이것은 "이 말의 스피노자적 의미에서, 구조의 효과들에 있어서의 내재적 원인"이다.53) 이런 이론에서 초월적 심급은 정의상 존재하지 않는다. 이로부터 우리는 다음과 같이 말할 수 있다. **지배적 이데올로기에 대한 저항 가능성은 이데올로기 장치들의 호명 과정의 한복판에 존재한다. 또는 구조의 생성변화 가능성은 끊임없이 자신을 재생산하는 사회구성체의 한복판에 존재한다.**54)

---

53) Althusser, "L'objet du 'Capital'," *Lire le Capital*, p.405.
54) 구조적 인과성과 구조변동의 관계에 대해서는 다음을 참조. Louis Althusser, "Lettre à D……," *Écrits sur la psychanalyse*, Paris: Stock/IMEC, 1993, pp. 106~107. 알튀세르는 여기서 어린아이의 언어 구조 내면화와 무의식 구조("무의식은 언어처럼 구조화되어 있다")의 '생기' 사이의 관계를 고찰한다.

그렇다면 알튀세르는 지배적 이데올로기에 대한 저항 가능성을 어디에서 찾아내는가? 『재생산에 대하여』에서 알튀세르는 두 개의 이데올로기 형태를 구별한다.

우리는 어떤 구별이 불가피하다고 말해야겠다. [한편으로] 특정한[결정된] '장치' 속에서, 그리고 한 부분의 실천들 속에서 실현되고 존재하는 국가의 이데올로기의 특정한 요소들과 [다른 한편으로] 이 '장치'의 한복판에서 이 장치의 실천들에 의해 '생산'되는 이데올로기를 구별해야만 한다. 말로 이 구별을 표시하기 위해 우리는 첫 번째 '이데올로기'를 '1차 이데올로기'라고 부르며, 두 번째 '이데올로기'를 '1차 이데올로기'가 실현되는 실천의 부산물, 즉 2차적이고 종속적인 이데올로기라고 부르도록 하겠다.[55]

'1차 이데올로기'는 특정한 '장치' 속에서 **실현되고 존재한다**. 이와 달리 2차 이데올로기는 '1차 이데올로기'의 부산물로, 이 장치의 한복판에서 **생산된다**. 이런 두 개의 이데올로기 형태 사이에 존재하는 차이란 무엇일까? 계속 인용해보자.

이 2차 이데올로기는 '1차 이데올로기'를 실현하는 장치의 실천에 의해 '생산된다'고 말하자. 말인즉슨 이렇다는 것이다. 왜냐하면 **세상의 그 어떤 실천도 홀로 '자신의' 이데올로기를 생산하지 못하기** 때문이다. '자연발생적인' 이데올로기란 없다. 설령 제한된 논점을 표현하고 입

---

[55] Althusser, *Sur la reproduction*, p.114. [『재생산에 대하여』, 143쪽.]

증하는 데서의 편의를 위해 '자연발생적인' 이데올로기라는 표현을 사용하는 것이 유용하다고 할지라도 말이다. 우리가 관심을 갖고 있는 사례에서 이런 2차 이데올로기들은 복합적 원인들의 결합에 의해 생산된다. 여기에는 문제가 되는 실천의 곁에, 외재적인 다른 이데올로기들의 효과, 외재적인 다른 실천들의 효과가 나타난다. 그리고 최종심급에서 그 효과들은 은폐되어 있으면서, 아주 멀리 있지만 실제로는 아주 가까운 **계급투쟁**의 효과들이다.[56]

'1차 이데올로기'는 지배적 이데올로기로서 이데올로기적 국가장치들 속에 **실현되며**, 이데올로기적 호명 또는 '의례' 속에 구현되어 있다. 그렇지만 '1차 이데올로기'가 그 '수신지'[57]인 주체에게 주입될 때, 그 이데올로기는 '복합적 원인들의 결합,' 즉 복합상황*에 의해 변용된다. 바꿔 말하면 지배적 이데올로기는 순수 상태에서는 주체로 내면화되지 않는다. 이데올로기적 호명의 과정에서 그것은 상황들의 결합에 의해 변용을 겪는다. 주체의 이데올로기적 봉합은 항상 복합상황들의 영향 아래서 실현된다. 즉, **주체는 이데올로기에 의해 완전하게는 봉합되지 않는다**. 그리고 바로 거기에서 '계급투쟁의 효과,' 즉 저항의 효과가 나타난다. 바로 그런 의미에서 **'자연발생적인' 이데올로기는 존재하지 않는다**.

---

56) Althusser, *Sur la reproduction*, p.115. [『재생산에 대하여』, 144쪽.]
57) "이데올로기는 구체적 주체에 있어서만 존재할 뿐이고, 이데올로기의 이런 수신지(destination)는 주체에 의해서만 가능하게 된다." Althusser, "Idéologie et appareils idéologiques d'État," p.302. [『재생산에 대하여』, 393쪽.]
* conjoncture를 정세(circonstances)와 구별해 '복합상황'으로 옮긴다.

2차 이데올로기에는 항상 '계급투쟁'의 효과가 나타나 있다는 점에 주의하자. 이데올로기 장치들은 의례적 실천을 통해 지배적 이데올로기('1차 이데올로기')를 주체에게 가르치려 한다. 그때 지배적 이데올로기는 그밖의 이데올로기 또는 '계급투쟁'을 억압하려고 한다. 그러나 '계급투쟁'은 '다른 현실'[58] 속에 항상 존재한다. 이 말은 프로이트가 무의식을 가리켜 사용한 '다른 무대'[59]라는 용어를 떠올리게 한다. 무의식이 '효과들'로서 무의식의 형성물 속에 나타나듯이, '계급투쟁'도 2차 이데올로기 속에 효과들로서 나타난다.[60] 그리고 그 **효과**야말로 **저항**의 존재를 지시하는 것이다.

---

58) "제도들에 외재하는 1차 이데올로기의 형성물과 제도들에 내재하는 2차 이데올로기의 하위형성물 사이에 직접적인 관계가 있다는 점은 너무도 자명하다. 그러나 이 관계는 작용과 반작용이라는 관념으로는 생각될 수 없다. 거기에는 명백한 이유가 있다. 이 관계가 **항상 존재하는 것은 아닐** 뿐더러, 존재하는 경우라 하더라도 그때에는 이른바 상호작용의 변증법적인 법칙과는 **전혀 다른 법칙들에 따라** 구현[실현]되기 때문이다. 엄밀하게 말하면 이 관계는 다른 현실(une autre réalité)의 개입 속에서 실현된다. …… 이 현실에 대해 우리는 그것을 선취해, **계급투쟁과 그 이데올로기적 효과들**이라는 이름으로 부를 수 있다. 그것은 계급투쟁과 그 이데올로기적 효과들이다." Althusser, *Sur la reproduction*, p.116. [『재생산에 대하여』, 146쪽.]
59) "꿈의 무대는 각성할 때의 표상생활의 무대와는 다른 것이다." Sigmund Freud, "Die traumdeutung," *Gesammelte Werke*, Bd.II/III, Frankfut: Fischer, 1999, p.541; "L'Interprétation des rêves," *Œuvres complètes*, t.IV, Paris: PUF, 2003, p.589. [김인순 옮김, 『꿈의 해석』, 열린책들, 2003, 623쪽.] 라캉은 '다른 무대'(ein anderer Schauplatz)를 'une autre scène'으로 번역하고, 프로이트의 무의식 개념이 가진 특이성을 보여주는 것으로 자주 인용한다.
60) 단, 계급투쟁은 사회구성체의 '무의식'으로는 환원되지 않는다. 무의식은 무의식의 형성물로서만 존재하며 그 현실적 존재는 상정될 뿐이다. 하지만 저항('계급투쟁')은 정치적 **현실**로 사회구성체 속에 상존한다. 그래서 알튀세르는 '다른 **무대**'라는 정신분석적 용어를 "다른 **현실**"이라는 말로 치환한다.

지배적 이데올로기와 이데올로기적 국가장치들에 대한 계급투쟁의 우위라는 이 테제로부터 그 직접적 귀결인 또 다른 테제가 도출될 수 있다. 이데올로기적 국가장치들은 필연적으로 계급투쟁의 소재지이자 내기돈이며, 이 투쟁은 사회구성체를 지배하는 계급투쟁 전반을 지배적 이데올로기의 장치들 속으로 연장한다. 만일 이데올로기적 국가장치들의 기능이 지배적 이데올로기를 주입하는 것이라면, 그것은 **저항**이 있기 때문이다. 저항이 있다면 그것은 투쟁이 있기 때문이다. 그리고 이 투쟁은 계급투쟁의 직접적이거나 간접적인, 때로는 가깝고 대개는 멀리 떨어져 있는 메아리이다. 68년 5월의 사건은 이런 사실에 눈부신 빛을 내리쬐면서 그때까지 들려지지 않은 채로, 억눌려진 채로 남아 있었던 투쟁을 눈에 보이게 만들었다.[61]

설령 이데올로기적 국가장치들의 기능이 "지배적 이데올로기를 주입하는 것"이라고 하더라도, 이 이데올로기는 복합상황에 의해 변용을 겪는다. 그리고 그 변용 속에서 지배적 이데올로기에 대한 저항이 나타난다. 이런 이데올로기의 변용을 1980년대에 알튀세르가 한 말을 빌려서 이데올로기의 '편위'[일탈]^{déviation}라고 부르자.[62]

---

61) Louis Althusser, "Note sur les AIE," *Sur la reproduction*, Paris: Gallimard, 1995, p.255. [김웅권 옮김, 「이데올로기적 국가장치에 대한 노트」, 『재생산에 대하여』, 동문선, 2007, 331~332쪽.]
62) 알튀세르는 1982년에 쓴 어느 텍스트에서 에피쿠로스와 루크레티우스가 그려낸 세계의 생성을 이렇게 서술한다. "클리나멘, 그것은 무한소의, '가능한 한 작은' **편위**이며, '언제 어디서, 어떻게도 알지 못한 채' 일어나며, 어떤 원자를 공허 속의 수직낙하로부터 '일탈'시키고, 어떤 점에서는 거의 제로에 가까울 정도로 평행 상태를 무너뜨리며 옆의 원자와의 **마주침**을, 그리고 마주침

라캉과 정신분석 이론에는 이 **편위**가 존재하지 않는다. 알튀세르는 「프로이트 박사의 발견」(1976)에서 이 문제를 제기한다.

「도둑맞은 편지」에 관한 유명한 세미나에서 라캉은, 포우의 텍스트에 관해 치밀하고 재치 있게 분석한 뒤에 "따라서 **편지는 항상 수신지에 도착한다**"고 결론짓는다. 이것은 시니피앙, 문자, 시니피앙으로서의 무의식의 철학에 있어서 의미들과 반향들이 덧칠된 말이다. 이 선언은 수신자destinataire의 철학이 아니라 운명destin의 철학, 따라서 가장 고전적인 목적론의 철학 전체에 의해 옹호되는 것인데, 이에 대해 나는 단지 다음과 같은 유물론적 테제를 대립시키고 싶다. 즉, **편지가 수신지에 도착하지 않는 일이 일어난다**는 것이다.[63)]

으로부터 마주침으로 연쇄충돌 상태를 유발한다. 이리하여 세계가 탄생한다. 즉, 그것은 최초의 일탈과 최초의 마주침이 연쇄상태로 일어나는, 원자들의 응집이다." Althusser, "Le courant souterrain de matérialisme de la rencontre," p.541. [「마주침의 유물론이라는 은밀한 흐름」, 38쪽.]

63) Louis Althusser, "La découverte du Docteur Freud," *Écrits sur la psychanalyse*, Paris: Stock/IMEC, 1993, pp.203~204. [윤소영 옮김, 「프로이트 박사의 발견」, 『알튀세르와 마르크스주의의 전화』, 이론, 1993, 248~249쪽.] 알튀세르는 자신의 이 유물론적 테제의 관건이 '고전적인 변증법적 유물론 비판'에 있다고도 설명한다. 알튀세르가 말하는 "운명의, 따라서 가장 고전적인 목적론 철학"이란 헤겔 변증법으로 대표되는 목적론적 변증법이다. 이로부터 알튀세르의 테제를 고전적 맑스주의와 라캉의 이론에 의해 공유된 헤겔적 목적론과 완전히 다른, 편위에 관한 이론으로 이해할 수 있을 것이다. 우리는 4장에서 "편지는 언제나 수신지에 도착하지 않을 수 있다"라는 데리다의 테제를 고찰했다. 우리는 데리다의 이 테제와 알튀세르의 '유물론적' 테제가 우발성과 저항의 개념을 통해 서로 응답하고 있음을 곧 보게 될 것이다. Louis Althusser, *L'avenir dure longtemps*, Paris: Livre de poche, 1994, pp.201~211. [권은미 옮김, 『미래는 오래 지속된다』, 이매진, 2008, 250쪽.]

알튀세르는 편지/문자에 관한 라캉의 테제에 '유물론적' 테제("편지가 수신지에 도착하지 않는 일이 일어난다")를 대립시킨다. 이렇게 서로 대립하는 두 테제에서 무엇이 문제가 되는가? 라캉이 보여주려 했던 것은 시니피앙의 연쇄에 고유한 법칙이 주체를 상징질서로 묶는다는 것, 달리 말하면 주체는 시니피앙의 연쇄에서 '결여의 시니피앙'('도둑맞은 편지/문자')에 의해 봉합(상징질서에 결합)된다는 것에 다름 아니었다. 그때 '편지'란 결여의 시니피앙으로서의 '문자'를, '수신지'란 주체를 뜻한다. 그렇다면 라캉에게 왜 편지/문자는 항상 수신지에 도착할까? 이 점에서 바로 주체와 '타자' 사이의 '상호주체적' 관계가 나타난다.[64] 다시 「봉합」을 참조하자.

> 만일 지금 우리가 시니피앙 연쇄를 발생시키고 뒷받침하는 관계를 시간 속에서 시도하고 발전시키려고 한다면, 우리는 시간적 계기가 연쇄의 선형성에 의존하고 있다는 사실을 설명해야만 할 것이다. 발생의 시간은 순환적일 수만 있으며, 바로 이 때문에 주체가 시니피앙보다 선행한다는 명제와 시니피앙이 주체에 선행한다는 명제 둘 다가 동시에 참이 된다. 하지만 발생의 시간 그 자체는 시니피앙의 도입 이후에만 나타날 뿐이다. 소급효과는 본질적으로 이것, 즉 직선적 시간의 탄생으로 이뤄져 있다. 우리는 주체를 **시니피앙의 효과**라고 하는 정의와 시니피앙을 **주체의 대리**라고 하는 정의를 둘 다 간직해야만 한다. 이것은 순환적 관계이지 상호적 관계인 것은 아니다.[65]

---

64) Lacan, "Le séminaire sur 'La Lettre volée'," p.41.
65) Miller, "La suture," pp.48~49.

밀레르는 "주체를 **시니피앙의 효과**라고 하는 정의와 시니피앙을 **주체의 대리**라고 하는 정의를 둘 다 간직해야만 한다"고 말한다. 전자에 따르면, 결여의 시니피앙은 '타자'의 초월(론)적 심급에 속하며 효과로서 주체를 생산한다. 반대로 후자에 따르면, 주체는 '타자'의 심급으로서의 결여의 시니피앙에 의해 대리된다. 이 '순환성'에 주목하면 주체는 시니피앙에 의해 대리되면서도(주체→'타자'), 동시에 그 대리성에 의해 봉합된다('타자'→주체). 이리하여 시니피앙은 '타자'를 경유해 **항상** 수신지(주체)에 도달하고, 주체는 **항상 이미** '타자'의 심급에 의해 봉합된다. 주체와 '타자' 사이의 '상호주체적' 관계는 항상 비대칭적이며, '타자'의 심급은 초월(론)적일 수밖에 없다.

알튀세르가 비판한 것은 이 '타자'라는 초월(론)적 심급이며, 따라서 이에 대립해 '유물론적 테제'를 내놓은 것이다. 알튀세르의 이론에서 이데올로기적 국가장치들에 의한 호명은 이데올로기적 호명·받아들임의 과정에서 어떤 종류의 **편위**를 포함한다. 달리 말하면, 지배적 이데올로기는 이 편위가 일어날 때 변형을 겪지 않을 수 없다. 여기서 나타나는 것은 우발성('복합상황')의 개입이며, 그것은 라캉의 이론이라는 '운명'의 철학으로부터 알튀세르의 이론을 명확히 구분지어준다. 알튀세르가 라캉의 이론에 대립시킨 '유물론적 테제'란 '계급투쟁'이라는 **유동하는 힘관계의 장**, 즉 **우발성의 장**을 가리키는 것이며, 우발성에 관한 이런 문제구성이야말로 알튀세르에게 지배적 이데올로기에 대한 저항과, 구조변동의 이론화를 가능케 해줬다.[66]

---

[66] 이런 의미에서 '환유적 인과성'은 라캉적 시니피앙 이론의 '운명적' 성격에, '구조적 인과성'은 '우발성'과 저항에 관한 알튀세르의 이론에 대응한다.

그러므로 우리가 다음 장에서 다뤄야 할 것은 구조변동의 인과성과 우발성의 관계라는 문제에 다름 아니다.

보론: '거울상적 중심화'에 관하여

우리는 지금까지 알튀세르의 이데올로기 이론 속에서 지배적 이데올로기에 대한 저항과 구조변동의 가능성이 존재한다는 것을 명확히 해왔다. 그러나 알튀세르의 이론에는 일견 그것과 모순된 요소가 존재한다. 「이데올로기와 이데올로기적 국가장치들」의 끝부분에서 알튀세르는 이데올로기의 구체적 예로 그리스도교 이데올로기를 문제 삼고, 모든 이데올로기의 '형식적' 구조를 신이라는 '유일한 절대적 주체'와 이것이 호명하는 주체들의 관계에 의거해 설명한다.

> 우리는 '유일하고 절대적인 주체'라는 이름으로 개인들을 주체로 호명하는 모든 이데올로기의 구조가 **거울상적**임을 확인한다. 즉, 거울과도 같으며 **이중으로** 거울상적이다. 즉, 이 거울상적 이중화는 이데올로기를 구성하며, 또한 이데올로기의 기능작용을 보증한다. 이것이 의미하는 바는 모든 이데올로기가 **중심화되어** 있다는 것, '절대적 주체'가 '중심'의 유일한 자리를 차지한다는 것, 그리고 어떤 이중의 거울상적 관계에서 그것의 주변에 있는 무한한 개인들을 주체로 호명한다는 것이다. 이런 이중의 거울상적 관계는 모든 주체가 자기 자신의 (현재와 미래의) 이미지를 응시할 수 있는 '주체' 속에서, 이데올로기가 주체들에게 다음과 같은 점을 **보증**함으로써 주체들을 '주체'에 **복종화시키는** 관계이다. 즉, 문제가 되는 것은 여러 주체들인 동시에 '주체'라고, 또 모든 것이 가족 속에서 일어남으로써('신성가족'

―'가족'은 본질적으로 신성하다) "신은 거기서 자신의 가족을 **인정할 것**"이라고, 즉 신을 인정하고 신 속에서 자기 자신을 인정하는 사람들은 구원될 것이라고 보증함으로써.[67]

여기서 알튀세르는 '절대적 주체'로서의 신과 신이 호명하는 주체들('유일한 주체'는 개인들을 호명해 주체들로 전화한다) 사이의 관계가 거울상적임을 보여준다. 문제는 거울상적 관계에 관한 이 '추상적' 도식화가 저항의 문제, 특히 이데올로기의 **편위** 문제를 놓쳐버린다는 점이다. 알튀세르는 『재생산에 대하여』에서 이데올로기적 국가장치들의 다양성과 자본주의적 생산관계들에서 이데올로기의 **편위**라는 문제를 전개했다. 그러나 『독일 이데올로기』에 나오는 맑스와 엥겔스의 테제("이데올로기는 역사를 갖지 않는다")에 의거해,[68] 알튀세르는 "모든 이데올로기의 형식적 구조는 항상 동일하다"면서, 그리스도교 이데올로기라는 "유일한 예를 분석하는 것"으로 만족한다.[69]

---

67) Althusser, "Idéologie et appareils idéologiques d'État," p.310. [「이데올로기적 국가장치에 대한 노트」, 404~405쪽. 알튀세르의 호명과 관련한 문구인 "~는 ~를 ~로 호명한다"를 지은이를 비롯한 일본 학자들은 "~는 ~를 ~로 호명해 ~로 전화시킨다"로 옮긴다. 가령 "개인들을 주체로 호명하는"이라는 구절을 일본학자들은 "개인들을 주체들로 호명해 주체들로 전화시키는"으로 옮긴다. 알튀세르의 원문과 그에 대한 지은이의 언급은 이 점을 감안해 읽어야 한다.]
68) Althusser, "Idéologie et appareils idéologiques d'État," p.294. [「이데올로기적 국가장치에 대한 노트」, 381~382쪽]; Karl Marx und Friedrich Engels, "Die deutsche Ideologie," *Marx-Engels Werke*, Bd.3, Berlin: Dietz, 1969, pp.26~27. [최인호 옮김, 「독일 이데올로기」, 『칼 맑스/프리드리히 엥겔스 저작선집 1』, 박종철출판사, 1997, 202쪽.]
69) Althusser, "Idéologie et appareils idéologiques d'État," p.307. [「이데올로기적 국가장치에 대한 노트」, 401쪽.]

이로부터 알튀세르가 내리는 결론은 "유일한 절대적 주체"로서의 이데올로기 장치가 가지는 초월성이다.70) 알튀세르의 이론 자체에 내재하는 이 **간극**을 우리는 어떻게 생각해야 할까?

알튀세르는 같은 텍스트에서 상부구조-하부구조라는 맑스의 도식이 **형식적·추상적** 성격을 갖는다고 비판하며 이렇게 썼다.

모든 사회의 구조를 건물의 공간적 은유로 표상하는 것의 주된 불편함은, 확실히 이것이 은유적이라는 것이다. 즉, 그것은 **서술적인** 채 머문다. …… 부디 잘 이해해주기를. 우리는 고전적 은유를 전혀 기피하지 않는다. 왜냐하면 은유 자체가 우리더러 그것을 넘어서지 않을 수 없게 하기 때문이다. 그리고 우리는 그것이 시대에 뒤진 것이라며 거부하기 위해 그것을 넘어서는 게 아니다. 우리는 그저 이 비유가 서술의 형태로 우리에게 주는 것을 사유하고자 하는 것이다.71)

'서술적' 이론이란 말하자면 도식적 추상이며, 그것은 알튀세르 자신의 말을 사용하자면, "사유의 구체"에 의해 극복되어야만 하는 것이다.72) 우리는 이 고유하게 알튀세르적인 관점에 의거하면서, 왜 알튀세르가 자신의 '서술적' 이론을 극복하지 못했는가, 또한 알튀세

---

70) 이 점을 비판한 논고로는 다음을 참조하라. 浅田彰, 「アルチュセール派イデオロギー論の再檢討」, 『思想』 第707号, 東京: 岩波書店, 1983.
71) Althusser, "Idéologie et appareils idéologiques d'État," p.276. [「이데올로기적 국가장치에 대한 노트」, 358쪽.]
72) Louis Althusser, "Soutenance d'Amiens," *Solitude de Machiavel*, Paris: PUF, p.221. [김동수 옮김, 「아미엥에서의 주장」, 『아미엥에서의 주장』, 솔, 1991, 162쪽.]

르 자신에게 (바슐라르적 의미에서의) '장애'는 도대체 무엇이었는가를 고찰해야만 한다.

알튀세르는 1967년의 강의 「포이어바흐에 관하여」에서 포이어바흐의 철학에 나타나는 '거울상적 반영' 구조에 관해 말한다. 그 구조를 "주체의 본질을 구성하는 대상=주체의 객체화된 본질"이라는 등식에 의해 정의한 뒤, 알튀세르는 이렇게 서술한다.

이 등식은 주체나 존재의 본질과 그 본질적 대상이라 불리는 그 **고유한** 대상 사이의 원리상 **완벽한 일치**를 가리킨다. 대상은 주체에게 있어 이 용어의 강하고 적극적인 의미에서 고유한 것이다. 왜냐하면 대상은 그 존재, 그 주체의 **대상화**, 외부화, 혹은 일치된 현시에 다름 아니기 때문이다. 이것은 곧바로 다음과 같은 개념들 사이의 관계의 전형적 구조를 떠올리게 한다. 즉, 대상(들)에 대한 주체의 관계 혹은 현상들에 대한 본질의 관계가 그것으로, 이 관계에서 중심은 구성적 주체에 의해 구성되며, 이로부터 이 중심에 중심적인 대상들의 공간, 이 주체나 존재(따라서 이 주체나 존재는 대상을 구성하는 주체이다)의 본질을 대상화하는 대상들의 공간이 생겨난다.[73]

포이어바흐 철학에서는 주체(존재의 본질)와 대상(본질의 소외형태)이 '동심원적'이며, 서로가 서로의 모습을 '거울상적'으로 서로 비춰주는 관계에 있다. 알튀세르가 이데올로기적 주체의 구조를 '거울

---

[73] Louis Althusser, "Sur Feuerbach," *Écrtis philosophique et politique*, t.II, Paris: Stock/IMEC, p.181.

상적 중심화'라고 정의했음을 떠올린다면, 포이어바흐 철학의 구조와 이데올로기의 구조에 관한 알튀세르의 정의에는 공통의 요소가 존재한다는 점을 이해할 수 있을 것이다. 나아가 포이어바흐의 철학에 관한 이 해석은 라캉의 이론에서 큰 영향을 받았다. 거울상적 단계에 관한 라캉의 논문에 따르면, 주체는 자신의 신체 이미지를 거울상에 의해 획득한다. 즉, 주체의 자기-이미지는 그것이 타자의 이미지인 양 외부로 소외시키며, 이런 '소외적 동일성'identité aliénante이 주체에 고유한 형태를 부여한다.[74] 그러므로 포이어바흐의 철학은 여기서 라캉의 이론을 경유해 분석된다고 말할 수 있을 것이다.

다음으로 알튀세르는 포이어바흐의 철학을 이데올로기 이론에 접합하고자 시도한다. 우선, 알튀세르는 포이어바흐의 철학에서 '거울상적 중심화,' '이중화'라는 효과를 찾아낸다. 그렇게 한 뒤 포이어바흐의 철학에는 존재하지 않는 다음과 같은 점을 덧붙인다.

이중화를 낳는 거울상적 관계의 이런 효과는 **원래의 중심화를 전위시키며, 이는 첫 번째 중심화를 이중화하는 중심화로 귀결된다**. 이로부터 우리가 주체와 대상, 중심과 그 지평 사이의 관계에 관한 존재론적 의미에 관해 말했을 때 기능작용한다고 봤던 특정하고 **보충적인** 효과가 발생한다. 이 효과는 오늘날 이중화된 '주체'(여기서는 '신')로 옮겨진다. 주체=대상의 관계는, 일단 이 관계가 탈중심화의 이중화에 사로잡혀 있으면, **첫 번째 주체가 '두 번째 주체'에 절대적으로 종속되는** 관계

---

[74] Jacques Lacan, "Le stade du miroir comme formateur de la fonction du Je," *Écrits*, Paris: Seuil, 1966, p.97.

라는 새로운 형태를 띤다. 첫 번째 주체는 '두 번째 주체' 앞에서 **셈을 치러야** 한다. 첫 번째 주체는 '주권자'와 '심판자'인 '두 번째 주체'에 종속된 주체이다. 거울상적 관계는 도덕적 회계^{comptabilité}, 즉 책임의 관계가 된다. 거꾸로 '두 번째 주체'는 첫 번째 주체에 대해 보증인 역할을 맡는다. 복종-보증인이라는 쌍(지극히 잠정적인 정식)은 모든 이데올로기의 구조에 기초적인 것으로서 나타난다.[75]

이 인용문에는 주체들의 '주체'로의 복종화, '주체'에 의한 주체들의 재인, '주체'와 주체들 사이의 거울상적 관계 등 알튀세르가 그리스도교 이데올로기의 구조로 제시한 것이 모두 들어 있다. '주체'와 주체들 사이의 이런 '거울상적' 관계는 「이데올로기와 이데올로기적 국가장치들」에서 전개된 그리스도교 이데올로기의 구조와 동일하다. 하지만 이 '추상적인' 설명에는 이데올로기적 호명의 물질성과 이데올로기의 편위 문제가 개입되어 있지 않다. 즉, 이 '서술적' 설명에는 자본주의적 생산관계에서의 '계급투쟁'이 포함되어 있지 않으며, 그런 의미에서 이데올로기의 물질적 측면이 간과되고 있는 것이 아닐까? 설령 '절대적 주체'와 주체들 사이의 재인·오인 메커니즘이 전근대의 종교적 이데올로기 구조(거기서 신은 바로 초월성으로서 존재한다)를 설명하는 데 적절하더라도, 그것은 자본주의적 생산관계에서의 '계급투쟁' 문제, 즉 저항의 문제를 설명할 수 없을 것이다.

---

75) Althusser, "Sur Feuerbach," p.220. [인용문에 나오는 프랑스어 '셈을 치르다' (comptable)에는 (곧이어 언급되겠지만) '책임이 있는'(responsable)이라는 뜻도 있다. 이 점을 감안해서 읽어야 한다.]

그런 의미에서 알튀세르는 이데올로기의 편위라는 문제를 억압하고, 이데올로기의 초시간적 구조("이데올로기는 역사를 갖지 않는다")를 '거울상적 중심화'로 정식화한다. 그러나 사회구조 변동과의 관계에서 **이데올로기는 그 고유한 역사를 갖는다.**[76] 그 역사란 바로 실천과 저항('계급투쟁')의 역사이다. 그렇다면 알튀세르는 왜 자신이 명확히 했던 저항의 문제를 최종적으로 억압했는가? 우리는 이 문제에 잠정적으로 이렇게 대답하고자 한다. 알튀세르는 이데올로기의 통시적 구조를 '거울상적 중심화'로 정의함으로써 그 정식화 자체를, 저항의 문제를 이론화하는 데 '장애'로 만들어버렸다고.

자본주의적 생산관계에 있어서 저항('계급투쟁')은 지배적 이데올로기의 호명에 편위를 부여한다. [알튀세르의] 그리스도교 이데올로기에 관한 도식('절대적 주체'와 주체들 사이의 '거울상적 중심화')은 이 편위를 설명할 수 없다. 이데올로기의 편위에 관한 이론에 따르면, 이데올로기의 호명과 받아들임 사이에는 **간극**이 존재하는데 이 간극은 '거울상적' 관계로 환원될 수 없다. 바로 이와 같은 이유 때문에 우리는 이데올로기적 봉합의 메커니즘을 '거울상적 중심화'가 아니라 지배적 이데올로기에 대한 **전이**라고 정의한다. 이데올로기적 전이란 자아를 지배적 이데올로기의 구조 위에 **재구조화하는** 것이며, 이데올로기 장치들로부터의 호명에 응해 무의식이 지배적 이데올로기에 '적합한' 도식, 요소, 관계를 '선별하는' 것이다.[77]

---

76) Althusser, "Idéologie et appareils idéologiques d'État," p.295. [「이데올로기적 국가장치에 대한 노트」, 382쪽.]
77) "또한 이제 나는 무의식이 기능하기 위해 '어떤 것'을 필요로 한다고 말할 수 없는가를 자문한다. 더욱이 내가 보기에 이 '어떤 것'은 최종적으로는 이데올

이데올로기적 국가장치들이란 그 다양성에 있어서 그 상호간에 모순들을 품고 있는 '취약한'78) 존재이며, 그런 의미에서 결코 초월적인 존재가 아니다. 이와 반대로 '거울상적 반영' 이론은 주체들에 대한 '유일하고 절대적인 주체'의 초월성에 기초를 두고 있으며, 우발성과 저항의 문제를 배제한다. 바로 이 점에서 우리는 알튀세르의 미해결된 문제를 발견하는 것이다.

로기에 속한다. …… 그러므로 무의식이 이데올로기적 상상계에서 기능한다는 것은 무의식이 이데올로기적 상상계 속에서 그에 적합한 형식, 요소, 관계를 '선별한다'는 것이다." Althusser, "Lettre à D……," pp.108~109.
78) Althusser, *Sur la reproduction*, pp.184~185.

6장. 구조

6.1. 사회구성체의 탈중심화

알튀세르는 자신의 이데올로기 이론에서 라캉파 정신분석 이론을 변형시키고 **유물론화**하고자 했다. 달리 말하면, 알튀세르는 라캉적 '운명의 철학' 속에 우발적 요소들을 도입하고자 했다. 라캉 이론의 이런 유물론화는 알튀세르가 사회구성체의 생성변화 메커니즘을 사유할 수 있게 해줬다. 그런 메커니즘에 관해 고찰하기 위해서는 우선 사회구성체에 관한 알튀세르의 정의가 지닌 종차성을 검토해야만 한다. 이를 위한 실마리로 '탈중심화'라는 개념에 주목하자. 라캉의 이론을 처음으로 철학의 영역에 도입했던 저 유명한 논문 「프로이트와 라캉」에서 알튀세르는 다음과 같이 쓰고 있다.

> 맑스 이후 우리는 인간 주체, 경제적·정치적 또는 철학적 자아가 역사의 '중심'이 아니라는 것을 알고 있다. 이와 마찬가지로 우리는 계몽 철학자들과 헤겔을 거슬러 역사는 '중심'을 갖지 않으며, 이데올로기적 오인 속에서만 필연적인 '중심'을 지닌 하나의 구조를 갖고 있다는 것도 알고 있다. 프로이트가 우리에게 밝혀줬던 것은 실재적

주체, 즉 자신의 특이한 본질을 지닌 개인은 '자아,' '의식,' 또는 '존재'(그것이 대자존재이든, 고유한 신체의 존재이든, '행동'의 존재이든)로 중심화된 자아의 형상을 갖지 않는다는 점이다. 또한 프로이트는 인간 주체가 '자아'의 상상적 오인 속에서만, 즉 주체가 자신을 '재인하는' 이데올로기적 형성체 속에서만 '중심'을 갖는 그런 구조에 의해 탈중심화되고 구조화되어 있다는 점도 밝혀줬다.[1]

알튀세르에 따르면 역사가 '중심'을 갖지 않듯이 주체는 '자아,' 의식, 존재로 중심화된 자아의 형상을 갖지 않는다. 즉, 주체는 '탈중심화되어 있다.' 그렇다면 알튀세르는 이 '탈중심화'라는 개념을 어떤 의미로 사용하는가?

「담론들의 이론에 관한 세 개의 노트」에서 알튀세르는 담론을 이데올로기의 담론, 과학의 담론, 미의 담론, 무의식의 담론 등 네 가지로 구별했다. 이데올로기의 담론은 '중심화'의 구조를 취한다. 즉, 그것은 이데올로기의 호명 효과에 의해 주체가 지배적 이데올로기 속에서 자신을 재인한다는 것을 의미한다. 주체는 그때 이데올로기적 중심화에 의해 봉합된다. 이에 반해 과학의 담론은 이것과는 완전히 다른 형식, 즉 탈중심화라는 형식을 취한다.

주체 효과가 그 자체로는 부재하고, 따라서 담론들의 시니피앙은 아닌 과학의 담론은 **탈중심화 구조**를 갖고 있다(그 요소들이 개념들이고,

---

1) Louis Althusser, "Freud et Lacan," *Écrits sur la psychanalyse*, Paris: Stock/IMEC, 1993, p.47. [김동수 옮김, 「프로이트와 라캉」, 『아미엥에서의 주장』, 솔, 1991, 43쪽.]

그 중 어떤 것도 전혀 '구성적'이지 않은, 추상적 **관계들의 체계**라는 구조. 만일 하나의 개념이 '구성적'이 된다면, 과학의 담론은 금세 이데올로기의 담론으로 나아가버린다).[2]

과학의 담론은 '탈중심화의 구조'를 지닌다. 그것은 어떤 요소도 구성적이지 않은 '관계들의 체계'이다. 이로부터 이해되듯이, 알튀세르에게 '탈중심화의 구조'란 어떤 구성적·특권적 요소도 없는 구조이다. 구조 속에는 복수의 심급·요소가 공존해 있는데, 어떤 심급·요소도 구성적·초월적이지 않다(구조는 '중심을 갖지 않는다'). 구조는 순수하게 '이접적인'(들뢰즈·가타리) 관계의 체계로 존재한다.

이미 보았듯이, 라캉은 '중심을 벗어난' excentrique 이라는 말을 '탈중심적'이라는 말과 거의 같은 의미로 사용했다.[3] 하지만 라캉은 왜 이 두 용어를 같은 맥락으로 사용하는 것일까? 알튀세르에게 '탈중심적'이라는 말은 '중심을 결여하다'라는 의미이며, 그것은 여전히 중심이라는 개념을 보존하고 있는 '중심을 벗어난'이라는 말과는 양립하지 않는다. 알튀세르는 무의식의 담론을 이렇게 정의한다.

주체-효과가 '대행'에 의해 부재한 무의식의 담론에서 우리는 **탈주의 구조** 또는 '구멍' béance 의 구조(환유적 구조?)에 의해 정초된, 거짓된 중심화 구조와 관련되어 있다.[4]

---

2) Louis Althusser, "Trois notes sur la théorie des discours," *Écrits sur la psychanalyse*, Paris: Stock/IMEC, 1993, p.132.
3) 우리는 이 점을 2~3장에서 논했다. 다음의 논의도 참조하라. Jacques Lacan, *Le séminaire livre II: Le moi dans la théorie de Freud et dans la technique de la psychanalyse*, Paris: Seuil, 1978, p.17.

알튀세르에 따르면, 무의식의 담론은 '탈중심화'의 구조가 아니라 '거짓된 중심화 구조'를 보존한다. 왜냐하면 "무의식의 '주체'는 그 자체로는 모습을 드러내지 않고, 무의식의 담론 속에서 '대행'에 의해 모습을 드러내기" 때문이다.[5] '대행'이란 시니피앙 연쇄에서의 결여를 가리키며, 그것은 억압된 팔루스, 즉 욕망충족의 단념을 의미한다. 알튀세르에 따르면 '무의식의 주체'는 '중심을 벗어나' 있으나, 그것이 '거짓된 중심화 구조'를 지닌 이상, '탈중심화'되어 있지는 않다. 이 단언은 도대체 무엇을 의미하는가?

여기서 다시 '외밀성'이라는 개념을 상기해보자. 라캉의 이론에 따르면, '타자'의 영역[심급](무의식)은 주체의 가장 깊은 곳에 존재하는 동시에 주체에게 있어 가장 바깥에 존재한다. 그러므로 라캉이 말하는 '무의식의 주체'는 자아라는 중심을 벗어난, '타자'의 심급으로 환유적으로 전위된다. 우리가 '초월(론)적' 심급이라고 불렀던 것은 라캉식 무의식 개념에서 자아가 이렇게 '타자'로 전위하는 구조에 대응한다. 달리 말하면, 라캉에게 '무의식의 주체'는 '중심을 벗어나' 있지만 여전히 '타자'라는 일종의 중심을 보존하고 있기 때문에, 엄밀한 의미에서는 '탈중심화'되어 있지 않다. 라캉에게 주체는 초월(론)적인 '타자'의 심급에 의해 억압된, '팔루스'라는 부정적 시니피앙에 의해 규정되어 있다. 이런 과정에서 빗금쳐진 주체는 여전히 외밀적인 '중심'을 보존한다. 예를 들어 라캉은 프로이트의 '코페르니쿠스적 전회'를 다음과 같이 표현한다.

---

4) Althusser, "Trois notes sur la théorie des discours," p.132.
5) Althusser, "Trois notes sur la théorie des discours," p.145.

그것[프로이트의 '코페르니쿠스적' 전회]을 위해, 특권(이 경우에는 지구를 중심적 장소로 설정하는 것)이 박탈당하는 것으로 충분했을까? 진화 관념이 승리함으로써 [지구와] 유사한 [중심의] 장소에서 인간도 뒤이어 파면당했다는 사실은 진화 관념의 항구성 덕택에 확고한 이득이 있으리라는 인상을 준다.

하지만 그것이 이득이나 본질적 진보라고 확신할 수 있을까? 만일 드러난 진리를 이렇게 부른다면, 우리는 다른 진리가 그렇게 심각한 피해를 입었다고 결코 안 드러나게 하지 않았을까? 태양중심설은 중심을 찬양하기에 지구를 중심으로 보라고 꼬드기는 것과 같고, 일식은 지구가 [태양중심설에] 부화뇌동하는 것과 같기에 그 상당수의 이득을 잃기 전에는 필경 진리와 우리의 관계에 관한 가장 자극적인 모델을 제공했다는 점을 깨달아야만 하지 않을까?[6]

라캉에게 중요한 것은 중심의 '추방'이 아니라 오히려 '타자'의 **외밀성**에 의해 실현된 주체의 '가려진' 위치(빗금쳐진 주체)이다. 바로 이 지점에서 우리는 왜 라캉이 '탈중심화'라는 말을 '중심을 벗어난'이라는 말과 동일한 의미로 사용했는지 이해할 수 있을 것이다. 만일 주체가 '타자'의 심급(외밀적 심급)에 대해 '중심을 벗어나 있다'고 한다면, 그때 주체의 중심은 '타자'에 의해 탈취된다. 이처럼 '타자'의 영향=입사 入射/incidence에 의해 빗금쳐진 주체(가려진 주체)를 라캉은 '탈중심화'라는 말로 표현했던 것이다.

---

[6] Jacques Lacan, "Subversion du sujet et dialectique du désir dans l'inconscient freudien," *Écrtis*, Paris: Seuil, 1966, pp.796~797.

알튀세르에게 탈중심화라는 개념은 중심이 존재하지 않는 구조를 지시한다. 따라서 알튀세르는 중심이란 개념을 보존하고 있는 '중심을 벗어난'이라는 말을 조심스럽게 피한다.

맑스주의 철학자에게 절대적 '중심'으로서의 주체, 근본적 '기원'으로서의 주체, 유일한 '원인'으로서의 '주체'란 있을 수 없다. 그리고 난관에서 벗어나기 위해 '본질의 **탈중심화**[중심의 외화]$^{ex-Centration}$' (뤼시앙 세브) 같은 범주에 만족할 수도 없다. 왜냐하면 그것은 기만적인 타협이기 때문이다. 또한 그 어근(ex-)에 있어서 완전히 타협적인 **말**이 지닌 외관상의 '대담함' 아래에 '본질'과 '중심' 사이의 탯줄을 보호하며, 따라서 관념론적 철학에 여전히 사로잡혀 있는 것이기 때문이다. '중심'이 있지 않듯이, 모든 **탈-중심화**는 피상적이거나 가장이다. 사실상 맑스주의 철학은 완전히 다른 범주들 속에서, 그리고 이런 범주들 아래에서 사유한다. 그 범주들이란 **단일한[하나의]** '기원,' '본질,' '원인'과는 완전히 다른 것인 최종심급에서의 결정, 관계들에 의한 결정(같은 곳), 모순, 과정, '결절점'(레닌)이다.[7]

알튀세르가 '중심'이라는 개념을 거부한 것은 이처럼 구조상의 유일한 구성적 요소를 배제하기 위해서이다. 예를 들어 라캉적 '팔루스'는 주체를 구조화하는 특권적 지위를 차지한다. '팔루스'는 억압의 효과에 의해서 다른 모든 시니피앙을 규정하는 **하나의** '특권적 시니피앙'이며, '타자'의 심급에 속하는 초월(론)적 시니피앙이다. 이와

---

7) Louis Althusser, *Réponse à John Lewis*, Paris: Maspero, 1973, p.94.

달리 알튀세르의 이론에서는 모든 특권적 심급, 모든 특권적 요소가 엄격하게 금지된다.

「모순과 과잉결정」(1962)을 참조하자. 이 논문에서 알튀세르는 맑스에게서의 '변증법의 전도'를 고찰한다. 고전적 해석에 따르면, 맑스는 정신에 의한 현실의 결정이라는 '관념론적' 헤겔 변증법을, 현실에 의한 정신의 결정이라는 '유물론적' 변증법으로 전도시켰다. 그러나 알튀세르에게 문제는 변증법의 '방향'을 전도시키는 것이 아니라 "그 구조를 변용시키는 것"[8]이다. 헤겔의 변증법이 역사를 정신의 외화로서의 현상으로 간주하고, 맑스의 변증법이 상부구조를 하부구조의 반영이라고 여겼다면, 이 두 개의 변증법은 논리적 구조의 수준에서 동일한 형식을 취한다. 즉, '본질'과 그 현상의 잠재적인 동일성이라는 형식이다. 이와 달리 알튀세르는 맑스의 사유가 지닌 종차성을 그것과는 다른 방식으로 규정한다.

맑스에게 경제적인 것과 정치적인 것의 암묵적인 동일성(현상-본질- ~의 진리)은 모든 사회구성체의 본질을 구성하는 복합적인 구조-상부구조 속에서 **결정적 심급들** 사이의 관계에 관한 **새로운 개념**을 위해 사라진다. 구조와 상부구조 사이의 이런 특정한[종차적] **관계들**이 정교하게 가다듬어지고 이론적으로 탐색될 필요가 있다는 점, 여기에는 결코 의심할 여지가 없다. 그럼에도 불구하고 맑스는 우리에

---

[8] Louis Althusser, "Contradiction et surdétermination," *Pour Marx*, Paris: Découverte, 1996(1965), p.91. [서관모 옮김, 「모순과 과잉결정(탐구를 위한 노트)」, 『마르크스를 위하여』, 후마니타스, 2017, 185쪽.]

게 '사슬의 두 끝'을 제시하며, 바로 이 두 끝 사이에서 탐구를 해야만 한다고 우리에게 말한다. 즉, 한편으로는 (경제적) **생산양식에 의한 최종심급에서의 결정**이 있으며, 다른 한편으로는 **상부구조들의 상대적 자율성과 상부구조들의 종차적 효력**이 있다.[9]

맑스식의 사회구성체 개념은 '본질-현상'이라는 헤겔적 짝을 거부한다. 알튀세르에 따르면, 사회구성체란 여러 가지 심급으로 구성된 '관계들의 체계'이며, 거기에는 어떤 '중심'도 존재하지 않는다. 즉, 이 사회구성체에는 어떤 특권적 요소도 존재하지 않는다. 따라서 '상부구조의 상대적 자율성'이라는 테제는 각 심급의 다른 심급들에 대한 상대적 자율성만을 의미한다. 예를 들어 1976년의 어떤 텍스트에서 알튀세르는 맑스와 프로이트를 비교하며 이렇게 썼다.

> 맑스는 사회의 본성을 **통일되고 중심화된 전체**라고 생각한 부르주아 이데올로기의 신화를 버리고 모든 사회구성체를 **중심 없는 심급들의 체계**라고 생각하기에 이르렀는데, 이때 오래 전에 맑스가 일으켰던 이 혁명에 관해 우리는 생각하지 않을 수 없다. 맑스를 거의 알지 못했던 프로이트는 맑스와 마찬가지로 (비록 맑스의 대상과는 거의 아무런 공통점도 갖고 있지 않았지만) 자신의 대상을 '장소론'topique이라는 공간적 형상 속에서 사유했다(1859년의 『정치경제학비판 서설』을 떠올려보라). 그것은 **중심 없는** 장소론으로, 여기서 다양한 심급들은 프로이트가 '심적 장치'──이 (장치라는) 용어도 은연중 맑스를 생각

---

9) Althusser, "Contradiction et surdétermination," p.111. [「모순과 과잉결정」, 197쪽.]

나게 하지 않을 수 없다――라고 불렸던 것 속에서 **심급들 사이의 갈등적 기능의 통일성** 외에는 다른 어떤 통일성도 갖지 않는다.[10]

사회구성체란 '중심 없는 심급들의 체계'이며, 그런 의미에서 근본적으로 탈중심화되어 있다. 거기서는 어떤 심급도 다른 심급들에 대해 초월적이지 않다. 경제적 심급은 말의 강한 의미에서 사회구성체를 '구성'하지 않는다. 따라서 정치적인 것은 경제적인 것의 '현상'이 아니며, 경제적인 것은 정치적인 것의 '본질'이 아니다. 알튀세르가 말하는 '구조화된 전체'란 그런 '중심 없는 심급들의 체계'이다. 알튀세르는 이것을 프로이트적 장소론과 유비시켜 생각했다. 제2장소론을 예로 들어보자. 제2장소론은 이드, 자아, 초자아라는 세 개의 심급으로 이뤄져 있다. 자아는 지각-의식 체계를 매개로 외부 세계의 영향 아래 이드에서 파생된 것이며, "기본적으로 외부 세계를 대표한다." 다른 한편, "초자아는 내부 세계, 즉 이드를 대변하는 것으로 자아에 대립한다."[11] 프로이트적 장소론은 각 심급이 다른 심급에 대해 '상대적으로 자율적'인 '갈등'을 내포한 체계,[12] 또는 '중심

---

10) Louis Althusser, "Sur Marx et Freud," *Écrits sur la psychanalyse*, Paris: Stock/IMEC, 1993, p.241. [김경민 옮김, 「맑스와 프로이트에 대하여」, 『마침내 맑스주의의 위기가』, 새길, 1992, 207쪽.]

11) Sigmund Freud, "Das Ich und das Es," *Gesammelte Werke*, Bd.XIII, Frankfut: Fischer, 1999, p.264; "Le moi et le ça," *Essais de psychanalyse*, Paris: Payot, 2001, p.277. [박찬부 옮김, 「자아와 이드」, 『정신분석학의 근본 개념』, 열린책들, 2003, 378쪽.]

12) "자아와 [자아]이상 사이의 갈등은 최종적으로 현실적인 것과 심적인 것 사이, 외부 세계와 내부 세계 사이의 대립을 반영한다." Freud, "Das Ich und das Es," p.264; "Le moi et le ça," p.277. [「자아와 이드」, 378쪽.]

없는 심급들의 체계'이며, 그것은 맑스가 정식화한 사회구성체와 동일한 구조를 지닐 것이다. 알튀세르는 '거짓된 중심화 구조'를 피하기 때문에 라캉주의자이기를 피한다. 그것은 알튀세르가 **정치적인 것과 경제적인 것을 프로이트주의자로서 사유한다는 것**을 의미한다.

사회구성체가 '중심 없는 심급들의 체계'이고, 경제적 심급이 초월적 심급일 수 없는 까닭에, 모순들도 단일한 심급에 의해 결정되지 않는다. 알튀세르는 「모순과 과잉결정」에서 이렇게 서술한다.

> '모순'은 자신이 실행되는 사회체의 전체 구조와 불가분한 것으로, 자신이 지배하는 존재의 형식적 조건들·**심급들** 자체와 불가분하다. 따라서 모순은 그 자체로, 그 핵심에 있어서, 심급들에게 영향받으며, 동일한 하나의 운동 속에서 결정하고 결정되며, 모순이 활성화시키는 사회구성체의 다양한 **층위들**과 **심급들**에 의해 결정된다. 이것을 모순은 **그 원리상 과잉결정된다고** 말할 수 있을 것이다.[13]

알튀세르는 모순이 '과잉결정된다'고 말한다. 이것은 모순의 결정인(因)이 단일한 요인으로 환원되지 않고 "사회구성체의 다양한 층위들과 심급들"에 의해 결정되는 상태를 가리킨다. '과잉결정'이라는 용어는 프로이트 이론에서 빌려온 것이다. 프로이트에게 꿈의 현재 내용 같은 무의식의 형성체는 무의식의 여러 가지 요소가 **압축**된 것으로서, 단일한 요소로 환원될 수 없다. 즉, 그것은 "과잉결정된다." 같

---

13) Althusser, "Contradiction et surdétermination," pp.99~100. [「모순과 과잉결정」, 180쪽.]

은 의미에서 사회구성체에서의 모순은 각 심급에 의해 '과잉결정되어 있다.' 즉, 그것은 경제적 심급에 의해서만 일원적으로 결정되는 게 아니라(가령 생산력과 생산관계의 모순) 다양한 심급(정치적, 이데올로기적, 경제적 심급 등)에 의해 과잉결정되어 있다.[14]

그렇지만 우리는 일단 여기서 멈춘 채 다음과 같은 결정적인 의문을 제기해야만 한다. 만일 사회구성체가 '중심 없는 심급들의 체계'이며 거기서는 어떤 심급도 '구성적'이지 않고 각각의 심급이 서로 이접적인 방식으로 상대적 자율성을 보존하고 있다면, 경제적 심급에 의한 '최종심급에서의 결정'이라는 테제는 이런 사회구성체의 탈중심화 구조와 어떻게 양립할 수 있을까? 어떤 심급도 초월적이지 않으며 구성적이지도 않은 사회구성체의 생성변화에 '최종심급에서의 결정'은 어떤 방식으로 개입할 수 있을까?

6.2. 경제적인 것과 정치적인 것

'최종심급에서의 결정'이라는 문제를 생각하기 위해, 발표 시기가 다른 알튀세르의 텍스트 두 개를 참조하자. 하나는 [앞서 인용한] 「모순과 과잉결정」이고, 다른 하나는 『자기비판의 요소』(1972)이다.

---

[14] 알튀세르가 일찍이 헤겔-맑스주의적인 경제[주의]적 결정을 집요하게 부정하고자 했던 것은 다음과 같은 이유에서이다. 첫째, "『자본』을 거스른 혁명"(그람시)의 문제, 즉 역사상 실현된 혁명이 모두 러시아, 중국, 쿠바 등 경제적으로 미발전된 나라에서 일어났다는 사실에 관해 생각하기 위해서이다. 둘째, 고도로 발전한 자본주의 사회에서 왜 혁명이 일어나지 않았는가, 왜 그것이 좌절됐는가라는 '일어나지 않은 혁명'의 문제에 관해 생각하기 위해서이다. 예를 들어 다음의 언급을 참조하라. Althusser, "Contradiction et surdétermination," pp.92~97. [「모순과 과잉결정」, 170~177쪽.]

우선 「모순과 과잉결정」부터 검토하자. 이 글에서 '최종심급에서의 결정'이란 개념은 엥겔스의 말로부터 인용된다.

새로운 관계가 문제가 되고 있다는 점을 이해하지 못했던 청년 '경제주의자들'과 달리 요점을 분명히 하고 있는 노년(1890년)의 엥겔스가 하는 말을 들어보자. 생산은 결정적 요인이지만 오로지 '최종심급'에서만 그럴 뿐이다. "맑스도 나도 그 이상은 주장하지 않았다." 경제적 요인이 **유일한** 규정적 요인이라고 말하기 위해 '이 말을 왜곡하는' 자는 "이 말을 공허하고 추상적이고 부조리한 것으로 바꿔버릴 것이다." 그리고 이렇게 설명한다. "경제적 상황은 토대이다. 그러나 상부구조의 다양한 요소들(계급투쟁의 정치적 형태들과 그 결과들), 즉 전투에서 승리한 계급들에 의해 수립된 제도적 기초들 등, 법률적 형태들, [투쟁에의] 참가자의 두뇌 속에 이런 모든 현실적 투쟁의 반영들, 정치적·법률적·철학적 이론들, 종교관들, 그리고 이후 이것들의 교의체계로의 발전, 이것들은 역사적 투쟁들 속에서 동등하게 작용하며, 많은 경우 주동적인 방식으로 형태를 결정한다."[15]

알튀세르에 따르면, 경제적 심급의 '최종심급에서의 결정'이란 경제적 요인이 '**유일한** 규정적 요인'이 아니라는 것을 의미한다. 이리하여 사회구성체는 '중심 없는 심급들의 체계'이며, 그 심급들은 다른 심급에 대해 서로 상대적 자율성, 즉 '이접적' 관계를 보존한다. 그때

---

15) Althusser, "Contradiction et surdétermination," pp.111~112. [『모순과 과잉결정』, 198~199쪽.]

경제적 심급은 다른 심급들이 이접적으로 등록되는 '**토대**'의 역할을 맡는다.16) 그러나 '토대'는 결코 초월적 심급 또는 특권적 심급이 아니다. 상부구조의 심급들은 항상 경제적 심급과 더불어 규정되면서도 경제적 토대는 자주 '주동적인 방식으로' 모순들을 규정하기도 한다. 알튀세르는 계속해서 다음과 같이 쓴다.

상부구조의 형태들과 국내적·국제적 복합상황의 형태들이 대부분 종별적·자율적이며, 따라서 순수한 **현상**으로 환원될 수 없는 실제적 존재임이 인식되자마자 **과잉결정**은 불가피한 것, 사유 가능한 것이 된다. 따라서 [이것을] 끝까지 밀고 나가 이렇게 말해야만 한다. 이런 과잉결정은 겉보기에 특이하거나 일탈적인 역사적 상황들(예를 들어 독일)에서 유래한 것이 아니라 [과잉결정이] **보편적인** 것이라는 점, 또 경제적 변증법은 결코 **순수 상태**에서 작동하는 게 아니라는 점, 그리

---

16) "장소론의 결정에 있어서 최종심급이란 바로 **최종의** 심급이다. 심급이 **최종**이라는 것은 이것을 떠받치는 법률적 이미지 속에서와 마찬가지로 **다른 심급들**, 즉 법적-정치적, 이데올로기적 상부구조 속에서 나타나는 심급들이 있다는 것이다. 따라서 결정에 있어서 최종심급에 관해 언급하는 것은 이중의 기능.을 갖는다. 즉, 이것은 맑스를 모든 기계론에서 근본적으로 구획해내는 것이며, 결정에 있어서 상이한 심급들의 놀이를 개시하고 변증법이 등록되어 있는 실제적 차이의 놀이를 개시한다는 것이다. 따라서 장소론이 의미하는 것은 경제적 토대에 의한 최종심급에서의 결정이 완전히 하나의 차이화된 전체, 즉 복합적이고 분절된 전체('분절적 결합'[Gliederung]) 속에서만 생각될 수 있다는 것이다. 이 전체 속에서 **최종심급에서의 결정은 다른 심급들 사이의 실제적 차이를, 심급들의 상대적 자율성, 그리고 토대 자체에 대한 심급들의 고유한 효력의 양식을 결정한다**"(강조는 인용자). Louis Althusser, "Soutenance d'Amiens," *Solitude de Machiavel*, Paris: PUF, pp.209~210. [김동수 옮김, 「아미엥에서의 주장」, 『아미엥에서의 주장』, 솔, 1991, 144~145쪽.]

고 상부구조들 등의 이런 심급들이 자신의 작업을 수행한 뒤에는 정중하게 한걸음 물러서거나 아니면 '때'^{Temps}가 왔기 때문에 '경제' 폐하가 변증법의 왕도를 따라 앞으로 나아가도록 하기 위해 그 순수한 현상으로서 사라져버리는 것을 우리는 '역사' 속에서 결코 볼 수 없다고 말해야 한다. 처음 순간에서도, 마지막 순간에서도, '최종심급' 이라는 고독한 시간의 종은 결코 울리지 않는다.[17]

여기서 알튀세르는 "'최종심급'이라는 고독한 시간의 종은 결코 울리지 않는다"라는 유명한 테제를 제시한다. 무슨 의미일까?

단적으로 말하면, 이 테제는 "경제적 변증법이 결코 **순수 상태**에서 작용하지 않는다"는 의미로 해석된다. 즉, 경제적 심급이라는 '유일한 규정적 요인'에 의해 결정된 '순수한' 모순은 존재하지 않는다. 모순이란 항상 정치적·이데올로기적·법적·경제적인 것 등의 다양한 규정요인에 의해 '과잉결정된' 것일 수밖에 없다. 따라서 "'최종심급'이라는 고독한 시간의 종은 결코 울리지 않는다"에서 강조점은 '고독한'에 있다. 모순이 복수의 심급에 의해 과잉결정된다면, 경제적 심급이라는 '최종심급'만이 **고독하게** 모순을 결정한다는 것은 결코 있을 수 없다. 모순들 또는 이것들이 초래한 구조변동은 중심 없는 사회구성체의 복수의 심급에 의해 항상 과잉결정되어 있다.

그렇다면 1972년의 『자기비판의 요소』에서는 어떨까? 알튀세르는 1960년대에 보였던 자신의 '이론편향'을 자기비판한 이 텍스트에

---

[17] Althusser, "Contradiction et surdétermination," p.113. [「모순과 과잉결정」, 200~201쪽.]

서 최종심급에서의 결정에 관한 자신의 테제를 인용한다. 다만 이번에는 그것을 '부재하는 원인'이라는 개념과 더불어 인용한다.

'최종심급에서의' 모순을 **유일한** 원인으로 '붙잡는' 것도 더 이상 할 수 없다. 우리는 강한 의미에서 이것의 **역사적** 존재인 계급투쟁들의 형식들에서만 이것을 포착하고 파악할 수 있다. 따라서 역사유물론에서 '원인이 부재하다'고 말하는 것은 '최종심급에서의 모순'이 역사의 무대 위에서는 **그 자체로는 결코 현전하지 않으며**[결코 인물로 출현하지 않으며]("'최종심급에서의 결정을 알릴 종은 결코 울리지 않는다"), 또한 그 모순을 '그 장에 있는 인물'[출연한 인물]처럼 직접적으로 평가할 수 없다는 의미이다. 그 모순은 '원인'이지만, 변증법적인 의미에서의 원인이며, 그것은 계급투쟁의 무대 위에서, 파악해야 할 '결정적 고리'가 **어떤 것인가**를 결정한다.[18]

여기서 결정적인 세부사항에 주목하자. 「모순과 과잉결정」에서 알튀세르는 "'최종심급'이라는 **고독한** 시간의 종은 결코 울리지 않는다"고 단언하며 구조변동이 경제적 심급 **단독**의 힘으로는 결정되지 않음을 강조했다. 그러나 자신의 말을 인용한 1972년의 텍스트에서는 '고독한'을 완전히 누락시켰다("최종심급에서의 결정을 알릴 종은 결코 울리지 않는다"). 이 미세한 **말의 누락**에 주목하자. 『자기비판의 요소』에 나오는 이 테제를 우리는 어떻게 해석해야 할까?

---

18) Louis Althusser, "Éléments d'autocritique," *Solitude de Machiavel*, Paris: PUF, 1998, p.178. 각주 31번.

주목할 것은 '최종심급에서의 모순'이 '부재하는 원인'과 관련되어 정의된다는 점이다. '부재하는 원인'은 자크-알랭 밀레르가 라캉의 이론을 형식화하며 만든 개념이다. 라캉에게 팔루스란 **하나의** 결여의 시니피앙이며, 시니피앙 연쇄 속에 부재 또는 빈 자리로서 존재한다. 그 부재성 때문에 그것은 다른 모든 시니피앙에 의미를 부여하는 '특권적 시니피앙'(라캉)이 된다. 즉, 그것은 초월(론)적인 시니피앙으로서, '부재하는 원인'에 의해 주체를 규정한다.

1972년의 텍스트에서 경제적 심급은 바로 부재의 시니피앙과 동일한 역할을 맡는다. 경제적 심급은 최종심급에서 모순을 규정하면서도 "역사의 무대 위에서 그 자체로는 결코 현전하지 않는다." 따라서 그것은 모순을 **부재의 효과에서**만 규정하는 한에 있어서, 역사의 무대에 '비-현전'non-présence으로서19) 존재한다. 따라서 경제적 심급에 의한 결정은 스스로 역사 속에서는 현전하지 않지만 일련의 부재의 효과로서, 실현된 모든 결정 속에 모습을 드러낸다. 그때 경제적 심급은 그 자체로서는 결코 현전하지 않지만 그 효과에 의해 현전하는 현실의 모든 것을 규정하는 초월(론)적 시니피앙의 위치를 차지할 것이다. 『자기비판의 요소』의 맥락에서, "'최종심급'에서의 결정을 알릴 때의 종은 결코 울리지 않는다"는 표현은, 1962년의 그것과는 완전히 다른 맥락에서 이해되어야만 한다. 여태껏 이런 이론적 부정성을 일관되게 피했던 알튀세르가 여기서 스스로 그 부정성을 선

---

19) Jacques Derrida, "Politics and Friendship," *The Althusserian Legacy*, ed. E. Ann Kaplan and Michael Sprinker, London: Verso, 1993, p.208. [윤소영 옮김, 「대담: 자크 데리다」, 『이론』(통권4호/봄), 1993, 도서출판 이론, 373쪽.]

택한다는 것은 **징후론적**이며, 그것은 어떤 종류의 이론적 이행을 예고한다. 이제부터는 경제적 심급을 대신해 **힘관계의 유동적인 장**으로서의 '계급투쟁'이 역사의 무대를 차지하게 될 것이다.

『자기비판의 요소』에서는 경제적 심급이 역사적 무대로부터 물러나고, 그 대신에 '계급투쟁'이라는 정치적 장에서의 우발성이 알튀세르의 이론에서 결정적 위치를 차지하게 된다(경제적인 것에 대한 정치적 우발성의 우위). 그런 의미에서 '우발성의 유물론'으로의 이행은 이미 1972년에 개시된 셈이다.[20]

그런 정치적 우발성에 관해서 사유한다는 것은 역사 속에서 생기하는 특이한 상황에 관해, 즉 '사례의 특이성'에 관해 사유한다는 것이다. 「마키아벨리와 우리」(1972~86)[21]에서 알튀세르는 니콜로 마키아벨리의 사유가 지닌 종차성을 샤를 몽테스키외의 사유와 비교하면서 다음과 같이 규정한다.

---

20) 안토니오 네그리는 알튀세르의 이론이 '우발성의 유물론'으로 전회한 것에 대해 논하면서 그 시기를 대략 1977년 전후, 즉 알튀세르가 '맑스주의의 위기'에 관해 일련의 고찰을 행한 시기라고 규정한다. 네그리는 이 전회를 "사건의 우발성에 관한 고찰의 강조" 속에서 간파한다. Antonio Negri, "Pour Althusser: Notes sur l'évolution de la pensée du derniere Althusser," *Futur antérieur: Sur Althusser, Passages*, Paris: L'Harmattan, 1993. 그러나 우리의 관점에서 말한다면, 알튀세르의 이론적 전회는 이미 1972년 '자기비판'의 시기부터 깊이 있게 시작됐다고 생각할 수 있을 것이다.

21) [알튀세르의 유고 편집자인] 프랑수와 마트롱에 의한 텍스트 해설에 따르면, 이 텍스트의 1고는 1971~72년에 걸쳐 쓰여졌다. 그러나 1975~76년, 그리고 1986년에 이 텍스트는 우발성의 개념을 둘러싸고 커다란 변경을 겪는다. Louis Althusser, "Machiavel et nous," *Écrits philosophiques et politiques*, t.II, Paris: Stock/IMEC, 1996, pp.39~41. [오덕근·김정한 옮김, 『마키아벨리의 가면』, 도서출판 이후, 2001, 12~13쪽.]

마키아벨리는 몽테스키외와는 완전히 다른 사상가라는 점을 파악할 수 있다. 마키아벨리의 관심을 끈 것은 '사물들의 본성' 일반(몽테스키외)이 아니라, 그 자신의 말에 모든 힘을 실어준다면, '사물의 효과적 진리,' 그 특이한 것 속의 **사물**, 그 '사례'의 특이성이다. 또한 '사물'이란 **원인**, **임무**이며, 제기하고 해결해야 할 특이한 문제이다. 이 작은 차이 속에서 담론 전체를 바꾸고 분할하는 것이 무엇인지 식별할 수 있다. 그렇다. 마키아벨리의 대상은 역사법칙이나 정치법칙의 인식이지만, 동시에 이 말은 참이 아니기도 하다. 왜냐하면 마키아벨리의 대상은 이런 의미의 대상이 아니라 구체적인 정치적 문제의 위치이기 때문이다. 정치적 실천이라는 문제의 위치가 모든 것의 중심에 놓여 있다. 따라서 모든 이론적 요소들(모든 '법칙들'까지도)은 이 중심적 정치 문제의 함수 속에 배치되어 있다. 따라서 마키아벨리가 모든 '법칙들'에 개입하지 않을 뿐만 아니라 일반적이고 체계적인 전개에도 개입하지 않고, 구체적이고 특이한 사례의 위치를 해명하고 이것을 지적으로 이해시키는 데 적합한 이론적 단편들에만 개입한 것을 이해할 수 있다. 여기에 그것을 위한 단편들이 있다(따라서 그것을 위한 모순들도 있다). 하지만 또한 바로 여기서 하나의 **이론적 장치**가 빛 속에 명확하게 드러난다. 이 장치는 보편적인 것이 특이한 것을 지배하는 고전적 수사학의 관습과는 단절할 것이다.[22]

마키아벨리에게는 "그 특이한 것 속의 사물," "그 사례의 특이성"으로서의 정치적 실천이 모든 이론적 탐구의 중심에 놓이고, "모든

---

[22] Althusser, "Machiavel et nous," pp.57~58. [『마키아벨리의 가면』, 41쪽.]

이론적 요소들(모든 '법칙들'까지도)은 이 중심적인 정치 문제의 함수 속에 배치"된다. 달리 말하면, '법칙들'이나 '이론적 요소들'은 이 정치적 실천의 '특이성'에 의해 주어진다. 앞의 1972년 텍스트와 비교해보자. 『자기비판의 요소』에서는 비-현전의 경제적 심급이 최종 심급에서 현전하는 정치(계급투쟁)를 결정했다. 그런데 「마키아벨리와 우리」에서는 복합상황의 특이성이야말로 거꾸로 '법칙들,' '이론적 단편들'의 성좌를 결정한다. 그때 우발적 복합상황이 정치적 우발성으로서 '법칙'이나 '보편적인 것'을 지배한다.

마키아벨리에게 '정치를 통한 사유'[23]란 현재성, 우발성, 복합상황의 특이성을 지시한다. 이런 특이성을 논하는 마키아벨리의 사유를 '예외적 사유형식'이라고 부르며 알튀세르는 이렇게 쓴다.

---

[23] 『군주론』을 해석하며 알튀세르는 이렇게 말한다. "여기서 문제가 되는 것은 정치철학뿐이라고들 말하겠지만, 이런 사람들은 거기서, 그리고 동시에 저 작 속에 하나의 철학이 있음을 보지 못한 것이다. 그것은 **정치를 통해[가로질러] 사유된 '마주침의 유물론'**이라는 특이한 철학, 미리 수립된 것이라곤 아무것도 가정하지 않는 철학이다. 바로 이 정치적 공백 속에서야말로 마주침이 일어나며 국민적 통일성이 '확고'해진다. 하지만 **이 정치적 공백은 무엇보다 철학적 공백**이다. 거기서는 결과에 선행한 어떤 '원인'도, 어떤 도덕적 '원리'나 신학적 '원리'(아리스토텔레스 정치학의 전통 전체에서 발견되는 것과 같은 것. 즉, 좋은 정체와 나쁜 정체, 좋은 정체에서 나쁜 정체로의 타락 같은 원리)도 발견되지 않으며, 성취된 사실의 '필연성'이 아니라 성취되어야 할 사실의 우발성 속에서 추론이 이뤄진다. 에피쿠로스의 세계에서처럼 모든 요소들이 여기저기에 있으며, 비처럼 내린다……. 하지만 이런 요소들은 세계의 통일이 요소들의 실재성을 만들어내는 이 '마주침' 속에서 재통합시키지 않는 한 실재하지 않으며 그저 추상적인 것에 지나지 않는다." Louis Althusser, "Le courant souterrain du matérialisme de la rencontre," *Écrits philosophiques et politiques*, t.I, Paris: Stock/IMEC, 1994, p.546. [서관모·백승욱 옮김, 「마주침의 유물론이라는 은밀한 흐름」, 『철학과 맑스주의』, 새길, 1996, 46쪽.]

그때 우리는 예외적 사유형식에 직면한다. 한편으로 이탈리아 정세의 전반적 상태에서부터 포르투나와 **비르투** 사이의 마주침의 형식에 이르기까지, 정치적 실천 과정의 요건들에 이르기까지, 지극히 정밀하게 정의된 조건들이 있다. 다른 한편으로, 정치적 실천의 장소와 주체에 관해 총체적인 미결정이 있다. 인상적인 것은 마키아벨리가 연쇄의 두 끝을 꼭 쥐고 있다는 점이다. 요컨대 마키아벨리는 이 이론적 거리, 이런 종류의 모순을 생각하고 제기했지만 사유 속에서, 관념이나 꿈이라는 형태로, 어떤 이론적 환원이나 해결을 제안하고 싶어하지는 않는다. 거리에 관한 이런 사유는 마키아벨리가 자신의 문제를 제기할 뿐만 아니라 **정치적으로** 사유한다는 사실, 즉 [자신의 문제가] 사유에 의해서는 제거될 수 없고 현실에 의해서만(즉, 필연적이지만 예견할 수 없는 생기에 의해서만, 장소와 시간과 인물을 확정할 수 없는 생기에 의해서만) 제거될 수 있는 현실 속의 모순이라고 생각한다는 사실에서 기인한다. 그것은[여기서 말하는 현실 또는 생기란] 정치적인 **마주침의 구체적** 형태들을 띠지만, 이것에 대해서는 오직 일반적 조건만이 정의된다. 정치적 실천을 위한 장소는 이 거리를 사유하고 유지하는 그런 이론 속에서 만들어진다. 이 장소는 분열된 이론적 개념들의 배치에 의해서, 한정적인 것과 무한정적인 것, 필연적인 것과 예측 불가능한 것 사이의 간극에 의해서 만들어진다. 사유됐으나 사유에 의해서는 해결되지 않는 이 간극, 바로 이것이 이론 자체 속에서의 역사의 현전이자 정치적 실천의 현전이다.[24]

---

[24] Althusser, "Machiavel et nous," pp.133~134. [『마키아벨리의 가면』, 141쪽.]

마키아벨리의 사유가 '예외적 사유'라는 것은 그것이 어떤 모순된 두 개의 극을 껴안고 있고자 하기 때문이다. 두 개의 극이란 '규정과 무규정' 또는 '필연적인 것과 예측 불가능한 것'이다. 마키아벨리의 사유는 법칙의 필연성과 복합상황의 특이성 사이의 **환원 불가능한 간극** 속에 기입되어 있다. "정치를 통해 생각한다"는 것은 현세화해야 할 필연성과 사유 불가능한 우발성 사이의 간극에 머물러 있다는 것이다.[25] 알튀세르가 말년에 '우발성의 유물론'이라고 불렀던 것은 이런 간극이 각인된 이론에 다름 아니다. 그것은 복합상황의 특이성이 이론의 일반성을 동요시키는 것이다.

필연적 법칙과 예측 불가능한 생기 사이의 간극에 머무르려면 이론은 현재성 또는 현재 시점 속에 기입되어 있어야만 한다. 1978년의 텍스트 「'유한한' 이론으로서의 맑스주의」에서 알튀세르는 헤겔 역사철학과 맑스주의 이론을 비교하며 이렇게 말한다.

> 나는 **맑스주의 이론이 '유한'하고** 한정되어 있다고 생각한다. 맑스주의 이론은 자본주의적 생산양식에 관한 분석에, 그리고 자본주의적 생

---

[25] "그러므로 마키아벨리의 유토피아주의는 현재 필수적인 도덕적 이데올로기의 버팀목으로서 로마에 의존하는 데 있는 게 아니다. 그것은 필연적 임무를 위한 **보증서** 또는 반복으로서 로마에 의존하는 데 있지만, 그것의 구체적인 **가능성**의 조건은 정의하는 게 **불가능하다**. 로마는 이 필연성과 이 불가능성 사이의 연결을 확실히 하고 보증한다. 그러므로 유토피아를 존재하게 만드는 거리는 현재의 정치적·사회적 내용의 협소함과 도덕적 이데올로기의 보편적이고 필연적인 환상 사이의 거리가 아니라, **필연적인 정치적 임무와 이를 실현하기 위한 가능하고 사유 가능한 조건, 하지만 이와 동시에 [이런 조건이] 우발적이기 때문에 불가능하고 사유 불가능한 조건 사이의 거리이다.**" Althusser, "Machiavel et nous," p.100. [『마키아벨리의 가면』, 96쪽.]

산양식의 모순적 경향에 관한 분석에 한정되어 있다. 이런 자본주의적 생산양식의 모순적 경향은 자본주의를 철폐하고 이것을 '다른 것'으로 대체하는 것으로 향하는 이행의 가능성을 여는데, 이 '다른 것'이란 자본주의 사회 속에 있는 구멍으로 모습을 드러낸다. 맑스주의 이론이 '유한하다'고 말하는 것은, **'맑스주의 이론은 역사철학과는 정반대이다'**라는 본질적 관념을 펀드는 것이다. 역사철학은 인류의 모든 생성[장래]을 실제로 사유하면서 '총괄하며,' 그리하여 종점을 사전에 [**적극적으로**] 정의할 수 있을 것이다. 그 종점이란 바로 공산주의이다. 맑스주의 이론은 …… **현재 국면**, 즉 자본주의적 착취의 현재 국면 속에 기입되어 있고 이것에 한정되어 있다.[26]

헤겔의 역사철학은 미리 목적/종말fin을 적극적인 형태로 보존하며, 바로 그 목적/종말로부터 소급적으로 역사를 생각한다. 이와 반대로 맑스주의 이론은 "현재 국면 속에 기입되어 있고 이것에 한정되어 있다." 맑스주의 이론은 역사를 사전에 규정된 종말('종점')의 목적론적인 자기전개가 아니라 예측 불가능한 생성의 무한한 가능성으로 간주한다. [따라서] 맑스주의 이론이 '유한하다'는 것은 목적론적 역사철학의 '목적/종말'에 의해 한정되어 있다는 것이 아니라, 항상 특이한 것인 현재성에 한정되어 있다는 것이다. 이처럼 "정치를 통해 생각한다"는 것은 사유가 현재 시간이 지닌 생성변화의 역량 속에 기입되어 있다는 것을 의미한다.

---

26) Louis Althusser, "Le marxisme comme théorie 'finie'," *Solitude de Machiavel*, Paris: PUF, 1998, p.285.

6.3. 구조변동과 우발성

알튀세르는 1970년대 내내 경제적 심급의 우위(최종심급에서의 결정)에서 정치적 우발성의 우위로 이행하는 가운데 정치적인 것을 '규정과 무규정,' 법칙의 필연성과 생기의 특이성 사이의 간극에 머무른 사유에 의해 생각하고자 했다. 그러나 이것이 꼭 이 시기 이후에 알튀세르의 사유가 지니게 된 고유함이라고 말할 수 있을까? 구조의 생성변화에 관해 생각했을 때부터 [이미] 알튀세르는 항상 그런 간극 속에 머물러 있었던 것은 아닐까?

구조변동의 문제는 알튀세르가 말하는 '생기'의 문제와 깊이 관련되어 있다. 정신분석가 르네 디아토킨에게 보낸 「D씨에게 보내는 편지」(1966)를 통해 알튀세르는 유아에게서 이뤄지는 무의식의 생기라는 문제에 관해 다음과 같이 논한 바 있다.

> 극한에 있어서 어떤 현상이 '발생한다'[발생을 일으키다]faire la genèse는 것은 어떤 현상이 **그 현상이 아닌 바로부터** 어떻게 생겨나는지 설명한다는 것이다. [즉] A가 발생한다는 것은 A가 아닌 것(**A와는 다른 어떤 것**)이 어떤 메커니즘을 통해 A를 산출하는지 설명한다는 것이다.[27]

일반적으로 현상 A는 그 현상의 원인을 내포하는 것(예를 들면 씨앗)으로부터 생겨나는 것이라고 간주된다. 그러나 유아에게서 이뤄지는 무의식의 '생기'에 관해 생각하면, 거기에는 다른 인과성이 발견

---

[27] Louis Althusser, "Lettre à D……," *Écrits sur la psychanalyse*, Paris: Stock/IMEC, 1993, p.89.

된다. 라캉은 「파롤과 랑가주의 기능과 장」에서, 말할 수 없는 아이는 언어라는 구조를 내면화함으로써(원억압, 또는 '사물의 살해'[28]) 주체가 된다고 말한다. 이렇게 주체가 되는 유아에게는 무의식이 생기하는 '원인'이 존재하지 않는다. 무의식의 구조는 아이가 언어구조를 내면화함으로써 이른바 '무로부터' 생기한다.[29] 생기란 A가 아닌 것이 A를 산출하는 메커니즘이며, 그 때문에 "발생의 이데올로기, 즉 생식, 성장, 친자관계"[30]의 메커니즘과는 전혀 다른 종류의 메커니즘을 지닌다. 이 문제를 다루기 위해서 알튀세르는 진화론적 이데올로기를 받아들인 '발생'이라는 말을 피하는 대신 '생기'라는 말로 바꾼다. 알튀세르가 거기서 본 것은 A와 비A 사이의 **근본적 단절**이다.

그래서 알튀세르는 '생기'의 문제를 맑스의 텍스트에서 찾으려 한다. 맑스의 경우에 생기는 생산양식의 이행에 해당한다는 것이다.

---

28) Jacques Lacan, "Fonction et champ de la parole et du language en psychanalyse," *Écrits*, Paris: Seuil, 1966, p.319.
29) "이론적 관점에서 볼 때 마키아벨리의 중심 문제는 **절대로 필요불가결하고 필수적인 '새로운 국가'의 무로부터의 시작**이라는 문제로 요약된다"(프랑카 마도니아[Franca Madonia(1926~1981)]에게 보낸 1962년 9월 29일자 편지). Louis Althusser, *Lettre à Franca 1961-1973*, Paris: Stock/IMEC, 1998, p.224; François Matheron, "La récurrence du vide chez Louis Althusser," *Futur intérieur: Lire Althusser aujourd'hui*, Paris: L'Harmattan, 1997.
30) 알튀세르는 '생기' 개념을 전개하기 위해서 두 가지 전제를 제시한다. "(a) A의 '탄생' 이전에 A와 '닮은 것'(배종, 전조, 초안, 약속, 예감 등)이라면 무엇이든 간에 그에 대한 탐구를 폐기하고 그 대신에 'A 효과'(이 경우엔 무의식)의 산출에, 그리고 A와 '닮지' 않은 모든 가능성에 효과적으로 개입하는 것을 탐구하기. …… (b) 'A 효과'의 생기를 산출하는 종차적 메커니즘을 탐구하기. 이 탐구는 이 메커니즘이 발생의 이데올로기에 의해 초래된[유도된] 메커니즘, 즉 생식, 성장, 친자관계 등의 메커니즘과 공통적인 어떤 것을 갖고 있다는 믿음을 포기함으로써 시작된다." Althusser, "Lettre à D……," p.90.

그것은 어떤 결정된 생산양식, 즉 자본주의적 생산양식의 생기 메커니즘 문제와 관련된다. 『자본』을 조금만 꼼꼼히 읽어보면, 흔히 맑스에게 적용된 발생론적 이데올로기(또는 같은 것인데, 진화론적 이데올로기)와는 정반대로, 자본주의적 생산양식은 봉건적 생산양식에 의해 이것의 고유한 **자식**^{fils}으로서 '분만된' 것이 결코 아니라는 점이 드러난다. 봉건적 생산양식과 자본주의적 생산양식 사이에 고유한 (정확한) 의미에서의 **친자관계**^{filiation}란 없다. 자본주의적 생산양식은 아주 정확히 몇몇 요소들의 **마주침**으로부터 …… 그리고 그런 요소들의 특정한 결합^{combinaision}으로부터 생기한다(결합은 'Verbindung'이라는 맑스주의적 개념을 번역한 것이다. 당신의 **조직화**라는 개념 혹은 **배치**라는 개념이 [이에] 딱 들어맞을 것이다). 봉건적 생산양식이 분만한 것은 …… 그런 요소들일 뿐이며, 그 중 몇 가지(자본이라는 형태 하에서의 은의 축적)는 봉건적 생산양식 이전으로 거슬러 올라가거나 다른 생산양식들에 의해 산출된 것일 수도 있다.³¹⁾

봉건적 생산양식이 자본주의적 생산양식을 '분만'한 게 아니다. 둘 사이에는 '친자관계'가 아니라 근본적 단절이 존재한다. 분명 봉건적 생산양식 내부에는 새로운 생산양식의 '생기'를 위한 요소들이 존재한다(자본 축적, 생산수단을 박탈당한 노동자, 기술 발전). 그러나 그것을 자본주의적 생산양식의 '맹아'로 생각해서는 안 된다. 구조의 요소들이 새로운 생산양식을 산출한 것이 아니다. 구조에 외적인 요소들의 **특이적/단독적** 결합만이 완전히 새로운 생산양식을 산출한다.

---

31) Althusser, "Lettre à D……," pp.91~92.

그렇다면 알튀세르는 왜 이토록 집요하게 '생기'의 문제를 추궁한 것일까? 그 탐구의 관건 중 하나는 헤겔-맑스주의적 목적론의 거부이다. 맑스는 『정치경제학 비판을 위하여』 서문에서 이렇게 쓴다.

일정 정도의 발전 단계에 이르면, 사회의 물질적 생산력은 지금까지 그 안에서 작동해왔던 기존의 생산관계, 혹은 그 자체의 법률적 표현에 불과한 소유관계들과 모순을 일으킨다. 생산력의 발전 형태들로 인해 이 관계들은 생산력에 족쇄를 채우는 것으로 일변한다. 그때 사회혁명의 시대로 진입한다. 경제적 토대의 변화와 더불어, 거대한 상부구조 전체에서 다소 느리거나 급속한 격변이 생겨난다.[32]

여기서 맑스는 생산력과 생산관계의 모순이라는 유명한 개념을 사용한다. 생산력의 발전이 일정한 한계를 넘어서면 그것은 기존의 생산관계와 모순을 일으키고, 그 모순이 사회혁명을 일으키게 한다는 것이 그것이다. 알튀세르는 『재생산에 대하여』에서 이 구절을 다음과 같이 해석하면서 비판한다.

이 개념규정[생산력과 생산관계의 모순]은 소외의 개념규정으로, 이것은 '**형식**'과 '**내용**' 사이의 조응과 비조응(또는 '모순,' '적대')의 변

---

[32] Karl Marx, "Zur Kritik der Politischen Ökonomie," *Marx-Engels Werke*, Bd. XIII, Berlin: Dietz, 1961, p.9; Louis Althusser, "Appendice," *Sur la reproduc-tion*, Paris: PUF, 1995, pp.244~245. 재인용. [김웅권 옮김, 「부록: 생산력에 대한 생산관계의 우위에 대하여」, 『재생산에 대하여』, 동문선, 2007, 318~319쪽. 위 인용문은 알튀세르 자신의 번역이다.]

증법에서 표현된다. '형식'과 내용 사이의 비모순('조응')과 모순('비조응')의 변증법, 그리고 생산'력'의 발전 **정도들**(헤겔에게서는 이념의 발전 **계기들**)의 변증법은 100% 헤겔적이다.[33]

알튀세르는 이 구절에서 맑스가 과도하게 헤겔적이라고 서술한다. 맑스에 관한 앞의 인용에서 생산관계들('형식')과 생산력들('내용') 사이의 모순, 대립의 격화는 사회혁명을 일으키게 되며, 그것에 의해서 생산양식을 지양한다(부정의 부정). 이 논리는 기존의 생산관계들과 새로운 생산관계들 사이의 '친자관계'에 의거하며, 이런 의미에서 헤겔적인 '이념'의 자기전개와 형식을 같이 한다. 이와 달리 알튀세르는 기존의 생산관계들과 새로운 생산관계들 사이에 근본적 단절이 존재한다고 보는 생기의 논리를 사유하려고 했다. 생기의 논리는 '이념'의 자기전개 등 헤겔적 논리와는 정면으로 대립한다. 알튀세르는 『《자본》을 읽자』에서 이 문제를 건드린다.

우리는 이성의 역사가 연속적 발전이라는 선형적 역사가 아니며, 또한 그 연속성에 있어서는 [이성의 역사가] 이성의 기원의 맹아에 고스란히 현전하고 그 역사는 이를 명명백백하게 드러낼 뿐이라고 보는 이성의 현시의 역사나 이성의 점진적 의식화의 역사도 아니라고 의심하는 것에서부터, 그리고 이미 연구된 몇몇 예에 기초해 이를 증명할 수 있다는 것에서부터 시작한다. 주지하듯이 이런 유형의 역사와 합리성은 주어진 역사적 결과로부터 회고해낸 환상의 효과에 지

---

[33] Althusser, "Appendice," p.246. [「부록」, 321쪽.]

나지 않는다. 이런 환상은 그런 역사를 '전미래'로 쓰고, 따라서 역사의 기원을 목적/종말의 선취^{anticipation}로 생각하는 것이다. 헤겔이 개념의 발전의 체계적 형식을 부여했던 계몽주의 철학의 합리성은 이성과 그 역사에 관한 이데올로기적인 개념규정에 불과하다. 인식의 발전의 현실적 역사는 오늘날 이성의 종교적 승리에 대한 목적론적 희망과는 완전히 다른 법칙에 종속되어 있는 것처럼 보인다. 우리는 이 역사를 근본적 불연속성에 의해(예를 들어 새로운 과학이 기존의 이데올로기적 형성물의 기초로부터 분리될 때), 심대한 수정에 의해 구획된 역사로 파악하는 데서 시작한다. 이런 심대한 수정은, 만일 이 수정이 인식 영역의 존재의 연속성을 존중하는 것이라면(그리고 여전히 늘 그런 것은 아닌데), 과거 논리의 단순한 발전, '진리' 또는 '전도'이기는 커녕 **문자 그대로 그것을 대신하는** 새로운 논리의 지배를 그 단절에 있어서 개시하는 것이다.

　이로부터 우리는 이성의 모든 목적론을 폐기하도록, 결과와 그 조건의 역사적 관계를 표현관계가 아니라 생산관계로 파악하도록 강제된다. 따라서 고전적 범주의 체계와 조화를 이루지 못하고 그 범주들 자체의 **대체**를 요구하는 말을 사용한다면, 우리는 이런 역사적 관계를 **그 우발성의 필연성**이라고 부를 수 있을 것이다.[34]

　'이념'의 자기발전이라는 헤겔적 역사는 "역사의 기원을 목적/종말의 선취로 생각하는" 목적론적 역사이다.『정치경제학 비판을 위

---

34) Louis Althusser, "Du 'Capital' à la philosophie de Marx," *Lire le Capital*, Paris: Maspero, 1965, pp.45~46.

하여』 서문에서 맑스도 사회구성체의 자기전개 속에 하나의 목적/종말('사회혁명' 또는 공산주의)을 전제하고 있다. 이 목적/종말은 선형적 역사 속에 '씨앗'으로 기입되어 있다. 이와 달리 알튀세르는 역사를 "근본적 불연속성에 의해" 구획된 것으로 파악한다. 요컨대 역사를 '우발성의 필연성,' 새로운 구조를 생기하게 만들 수 있는 구조 내 요소들의 **특이적/단독적** 결합과 관계지어 고찰하는 것이다.

구조의 생기는 생산관계와 생산력의 모순 식의 변증법적 논리에 의해서는 결코 사유될 수 없다. 생기가 실현되려면 구조의 요소들(자본 축적, 생산수단을 박탈당한 노동자, 기술 발전)과 더불어 단독적 결합이 개입되어야만 한다. "역사는 이 요소들 중에서 두 가지만 결집되고 세 번째 요소는 결집되지 않았던 상황이 많았음을 보여준다. 이런 경우에 새로운 생산양식은 생기하지 않았으며, 생산양식은 '태어나지' 않았다."[35] 그런 의미에서 '우발성의 필연성'이란 단독적이고 우발적인 결합의 **현세화**를 문제삼고 있다. 즉, 이 사유는 단독적 결합의 우발성과, 그 현세화의 필연성의 암묵적인 간극에 머물러 있으며, 구조의 생기라는 문제를 사유하고자 한 것이다.

이처럼 알튀세르에게 구조변동의 문제는 규정과 무규정, 필연적인 것과 예측 불가능한 것 사이에서 생기는 간극의 한복판에서 사유된다. 이 문제를 둘러싼 알튀세르의 자세는 1960년대부터 일관된다. 『맑스를 위하여』에 수록된 「유물론적 변증법에 대하여」(1963)를 참조하자. 여기서 알튀세르는 구조변동에서의 "모순들의 불균등 발전 법칙"[36]에 관해 고찰한다. 사회구성체에서 각 심급은 그 내적 원인으

---

35) Althusser, "Lettre à D……," p.93.

로부터 여러 가지 모순을 생산한다(경제적 심급에서 생산력과 생산관계의 모순, 이데올로기적 심급에서 이데올로기 장치들 사이의 모순 등). 그리고 모순들 사이에는 지배적 모순(경제적 모순)의 종속적 모순(정치적·법적·이데올로기적 모순)에 대한 '최종심급에 의한 결정'이라는 위계가 존재한다. 그러나 모순들이 구조변동을 야기할 수 있는 '결정적' 힘으로 생성변화하려면 모순들이 가진 역할의 '전위'^{déplacement}와 그런 '압축'^{condensation}이 개입해야만 한다.

만일 모든 모순이 불균등성이라는 위대한 법칙을 따른다면, 만일 맑스주의자이고 정치적으로 행동할 수 있기 위해서는 (그리고 이것에 덧붙여 이론에서의 생산을 할 수 있기 위해서는) 모순들과 모순들의 측면들 사이에서 주요한 것과 부차적인 것을 기필코 구별해야만 한다면, 만일 이 구별이 맑스주의적 실천과 이론에 필수불가결한 것이라면, 마오쩌둥이 밝히듯이 인간이 낳는 구체적인 현실, 역사의 현실에 맞서기 위해서는, **대립물들의 동일성**이 지배하는 현실을 설명하기 위해서는 이 구별이 필요하기 때문이다. 대립물들의 동일성이란 다음을 뜻한다. (1) 일정한 조건 속에서 어떤 대립물을 다른 대립물의 자리로의 이행, 모순들과 그 측면들 사이의 역할 변화(이런 치환의 현상을 **전위**라고 부르자). (2) 어떤 실제적 통일성 속에서의 대립물들의 '동일성'(이런 '융합'의 현상을 **압축**이라고 부르자). 만일 지배 내 구조가 불변인 채 있다면, 거기서의 역할의 사용방식이 변화한다

---

36) Louis Althusser, "Sur la dialectique matérialiste," *Pour Marx*, Paris: Décou-verte, 1996(1965), p.206. [서관모 옮김, 「유물론적 변증법에 대하여(기원들의 불균등성에 관하여)」, 『마르크스를 위하여』, 후마니타스, 2017, 348쪽.]

는 것은 실제로 실천의 위대한 교훈이다. 즉, 주요한 모순이 부차적 모순이 되고 부차적 모순이 주요한 모순의 자리를 차지하며, 주요한 측면이 부차적 측면이 되고 부차적 측면이 주요한 측면이 된다는 것이다. 언제나 주요한 모순과 부차적 모순이 있었지만, 이것들은 지배 내로 분절된 구조(이것은 부동인 채로 머물러 있다) 속에서 서로 역할을 맞바꾼다. …… 하지만 **전위**에 의해 산출된 이런 주요한 모순은 **압축**('융합')에 의해서만 '결정적'이자 폭발적이게 된다.[37]

알튀세르는 여기서 모순들의 '전위'와 '압축'이라는 개념을 도입한다. 최종심급에서의 결정이라는 원리를 따라서, 모순들 사이에는 일종의 위계가 존재한다('과연 주요한 모순과 부차적 모순은 항상 존재한다'). 그러나 그것들은 정치적 복합상황 속에서 서로의 역할을 맞바꾼다(모순들의 '전위.' '주요한 모순이 부차적으로 되며, 부차적 모순이 주요한 모순의 자리를 차지한다'). 서로의 역할을 전위한 모순들은 그런 '압축'에 의해서만 구조변동을 일으킨다.

우리는 여기서 필연적인 것과 예측 불가능한 것 사이의 간극에 머무르는 알튀세르의 사유를 다시 발견하게 된다. 구조에 내적인 요소들에 의해 산출된 모순들 사이에는 어떤 종류의 위계, 즉 경제적인 것에 의한 최종심급에서의 결정이 존재한다. 그러나 구조변동이 생기기 위해서는 구조에 외적인 **예측 불가능한** 요소들, 즉 모순들 사이의 전위와 압축이 개입하지 않으면 안 된다. 전위, 압축 개념이 프로이트

---

37) Althusser, "Sur la dialectique matérialiste," pp.216~217. [『유물론적 변증법에 대하여』, 364~366쪽.]

에게서 빌려온 것이라는 점에 주목하자. 『꿈의 해석』에서 프로이트는 꿈 형성의 메커니즘을 설명하기 위해 이런 개념을 도입했다. 프로이트에 따르면, 꿈 형성에는 무의식의 요소들의 전위·압축이 개입하며, 그것이 꿈의 현재 내용과 잠재 내용의 차이를 산출한다. 프로이트가 '과잉결정'Überdeterminierung이라고 명명했던 것은 그런 꿈 형성의 메커니즘이다.38) 전위·압축이라는 메커니즘은 무의식에 있어서의 심적 에너지 투여에 의해 실현된다. 무의식에 있어 심적 에너지는 완전히 자유롭고 동적이며, 프로이트에 따르면 에너지 투여는 "쉽게, 완벽하게 전이, 전치, 압축될 수 있다."39) 달리 말하면 전위·압축이란 바로 우발성의 다른 이름이다. 알튀세르의 이론에서 전위, 압축은 우발성의 침입으로서 변증법적 법칙의 필연성을 교란하고 일탈시킨다. 「프로이트와 맑스에 관하여」에서 알튀세르는 다음과 같이 쓴다.

변증법에 관해 말하자면, 프로이트는 놀라운 형상들을 발견했지만, 이것을 결코 '법칙들'로 다루지는 않았다(법칙이라는 이 형식은 어떤 종류의 맑스주의 전통이 갖고 있는 의심스런 형식이다). 그 형상들이란 전위, 압축, 과잉결정 등의 범주들이며, 또한 다음의 근본적 테제(이 테제에 관해 고찰하는 것은 너무 멀리 나아가는 것이리라)에도 포함되

---

38) Sigmund Freud, "Die traumdeutung," *Gesammelte Werke*, Bd.II/III, Frankfut: Fischer, 1999, p.313; "L'Interprétation des rêves," *Œuvres complètes*, t.IV, Paris: PUF, 2003, p.352. [김인순 옮김, 『꿈의 해석』, 열린책들, 2003, 342쪽.]
39) Sigmund Freud, "Jenseits des Lustprinzips," *Gesammelte Werke*, Bd.XIII, Frank-furt: Fischer, 1999, p.35; "Au-delà du principe de plaisir," *Essais de psych-analyse*, Paris: Payot, 2001, pp.85~86. [박찬부 옮김, 「쾌락 원칙을 넘어서」, 『정신분석학의 근본 개념』, 열린책들, 2003, 305쪽.]

어 있다. 그것은 **무의식은 모순을 전혀 알지 못하며**, 이 모순의 부재가 모든 모순의 조건이라는 테제이다. 여기에는 맑스주의적 분석에 '방법'으로서 참으로 도움을 주기 위해 헤겔로부터 너무 많이 영감을 받았던 모순에 관한 고전적 모델을 '파괴하는' 무엇인가가 있다.[40)]

고전적 맑스주의 이론은 모순을 '부정의 부정'의 동인으로 간주한다. 거기에서는 목적/종말이 처음부터 기입되어 있는, 모순의 자기전개 과정이 간파되어 있다. 그런 의미에서 헤겔 변증법은 우발성을 배척한 필연적 '법칙'에 의거한다.[41)] 이와 달리 알튀세르는 프로이트

---

40) Althusser, "Sur Marx et Freud," pp.224~225. [「맑스와 프로이트에 대하여」, 191~192쪽.]
41) "이렇듯 순수한 정신[실재성](essentialité)의 운동[개념의 자율적 운동]이 학문이라는 것의 본성을 이룬다. 그 내용의 내적 연관으로 생각한다면 이 운동은 내용의 필연성이며 내용이 유기적인 전체로 확장된 것이다. 그 덕분에 우리가 앎의 개념에 이르기 위해 걸어야 할 길도 똑같이 필연적이고 완전한 생성이 된다. 그래서 이 준비작업은 우발성이 초래하고 묶는 불완전한 의식의 이러저러한 대상, 관계, 사유에 결부될 때, 또는 때로는 어떤 의미 속에서, 때로는 다른 의미 속에서 나오는 추론, 추리와 또 다른 결론에 의해, 일정한 사유로부터 진리를 정초하려고 하는 우연한 철학적 담론이기를 그친다. 그와는 반대로, 이 도정은 바로 개념의 운동에 의해 의식의 모든 전체 세계를 그 필연성 속에서 총괄할 것이다." Georg W. Friedrich Hegel, "Phänomenologie des Geistes," *Werke*, Bd.III, Frankfurt: Suhrkamp, 1970, pp.37~38. [임석진 옮김, 『정신현상학 I』, 한길사, 2005, 73~74쪽.] 이처럼 헤겔에게 우발성은 '이념'의 자기전개 운동에서 결정적인 요소가 아니다. 그런 의미에서 헤겔철학에서 우발성은, 적어도 적극적인 의미에서는 존재하지 않는다. 이 점에 관해서는 알튀세르에 의한 헤겔적 우발성 개념의 비판을 참조하라. "다음과 같은 것을 드러내기 위해 여전히 헤겔로 되돌아갈 필요가 있을까? 즉, 헤겔에게 결국 '정세'(circonstances)나 '상황'(conditions)은 현상일 수밖에 없으며, 따라서 점점 사라질 수밖에 없다. 왜냐하면 이것들은 〈필연성〉의 존재'라고 명명된 '우발성'이라는 이 형식 아래에서 '이념'의 운동의 현시를 표현할 뿐이기 때문이다. 그리고 바로 그 때문에 헤겔에게 '상황'이란 진정으로 존재하는

적인 '변증법'⁴²⁾을 통해 필연적 '법칙'을 교란하고 일탈시키는 우발성으로부터 모순의 운동을 파악한다("무의식은 모순을 알지 못한다"). 그것은 구조변동의 논리에 프로이트적인 우발성을 도입하는 것과 같다. 여기서 법칙이란 정치적인 것에 대한 경제적인 것의 우위를 가리키는 동시에 사회구성체의 목적론적 자기전개(구조 내적인 모순의 축적에 의해 야기될 수 있는, 생산관계들의 선형적 이행)를 지시한다. 반대로, 알튀세르에게 모순이란 모순의 **과잉결정**이다. 우발적 요소들의 침입(전위와 압축, 결합)은 변증법적인 '일반 법칙'을 벗어나게 하며, 이전의 것과는 완전히 다른 새로운 구조를 생기시킨다. 이 우발성이

게 아니다. 왜냐하면 단순성이 복잡성으로 발전한다는 외관 아래에서는 순수한 내면성만이 문제되기 때문이다. 여기서 외면성은 이것의 현상에 지나지 않는다. …… 자연적이거나 역사적인 '존재의 상황'은 헤겔에겐 **우발성**에 불과할 뿐이며, 사회의 정신적 총체성을 조금도 결정하지 않는다. 즉, 헤겔에게 (비경험적이고 비우발적인 의미에서) 상황들의 부재는 전체의 현실적 구조의 부재, 지배 내 구조의 부재, 근본적 결정의 부재, 그리고 모순의 '**과잉결정**'이 나타내는 모순에 있어서 상황들의 반영의 부재와 필연적으로 짝을 이루고 있다." Althusser, "Sur la dialectique matérialiste," pp.213~214. [「유물론적 변증법에 대하여」, 360~362쪽.]

42) 앞서 인용한 「맑스와 프로이트에 관하여」에서 알튀세르는 '변증법'이라는 말로 과잉결정·전위·압축 같은 프로이트의 개념을 지시하는데, 이것들은 헤겔 변증법과는 완전히 상이한 형상이다. 이 점에 관련해 데리다는 이렇게 말한다. "어쨌든 알튀세르는 변증법론자인 채로 남아 있다. 설령 알튀세르가 사물을 복잡하게 하더라도, 설령 과잉결정의 원리를 도입함으로써 변증법을 복잡하게 하기 위해 애썼더라도, 변증법적 모티프는 알튀세르의 작업에서 지배적인 채로 남아 있다"(Derrida, "Politics and Friendship," p.206. [「대담: 자크 데리다」, 370쪽.]). 데리다의 말처럼 알튀세르가 변증법적 모티프를 버리지 못했다면, (유명한 '최종심급에서의 결정'을 상기하라) 그것은 알튀세르가 **헤겔 변증법의 구조를 변용시키려고** 했기 때문이다. 우리는 이로부터 프로이트적 '변증법,' 즉 우발성의 침입에 의해 **중단된** 변증법으로 이끌리게 된다.

란 바로 '사물의 생성변화,'[43] 즉 사회구성체의 생성변화를 가능케 하는 '복합상황,' '사건들의 결합'의 다른 이름이다.[44] 알튀세르는 이 점을 「모순과 과잉결정」에서 다음과 같이 설명한다.

> 설령 모순 일반(하지만 이것은 이미 명시되어 있다. 즉, 생산력과 생산관계의 모순은 무엇보다 특히 두 적대적 계급들 사이의 모순 속에 구현되어 있다)이 혁명이 '예정 의제'l'ordre du jour인 상황을 규정하는 데 충분하다고 할지언정, 모순 일반은 자신의 단순한 직접적 위력simple vertu directe에 의해 '혁명적 상황'을 유발할 수는 없으며, 더욱이 혁명적 단절의 상황이나 혁명의 승리를 유발할 수도 없다는 점을 모든 맑스주의적 혁명 경험은 증명해준다. 이 모순이 강한 의미에서 '현행적'이게 되고 단절의 원리가 되기 위해서는, 그 기원이나 방향이 어떠하건 간에(이것들의 상당수는 그 기원과 방향에 의해, **필연적으로** 혁명에 대해 역설적이게도 소원하며, 혁명에 '절대적으로 대립한다') 이것들이 하나의 **단절의 통일성**unité de rupture으로 '융합'fusionnen하는 '상황들'이나 '흐름들'의 축적이 필요하다.[45]

이처럼 잠재적인 모순들을 현실화하는 것은 '상황,' 현재의 복합상황의 축적이며, 그런 모순들의 단독적 결합이야말로 구조변동을

---

43) Althusser, "Sur la dialectique matérailiste," p.223. [「유물론적 변증법에 대하여」, 375쪽.]
44) Louis Althusser, *Sur la reproduction*, Paris: Gallimard, 1995, p.37. [김웅권 옮김, 『재생산에 대하여』, 동문선, 2007, 49~50쪽.]
45) Althusser, "Contradiction et surdétermination," pp.97~98. [「모순과 과잉결정」, 177쪽.]

가능케 한다. 따라서 단절을 가능케 하는 것은 변증법적 법칙이 아니다. 오히려 변증법적 법칙을 외부에서 교란하는 우발성의 침입, 사건들의 결합이야말로 구조변동을 현세화시키는 것이다.

그러나 구조의 생성변화를 결정하는 것은 단순한 우발성이 아니다. 우리가 말하고 싶은 것은 구조 내부의 모순들(구조의 요소들)이 축적되는 것만으로는 구조의 생성변화가 현세화하지 않는다는 것이다. 구조의 요소들에 외부로부터 개입하는 단독적 결합만이 변증법적 법칙을 교란하고 일탈시키고 새로운 구조를 생기시킨다. 그런 의미에서 과잉결정은 구조적 인과성의 다른 이름이다. 즉, 구조적 인과성이란 구조의 요소들의 '원초적 결합'이다.[46] 바꿔 말하면 단독적 결합이야말로 내재원인으로서, 이중의 의미에서 **필연성**을, 즉 정치적인 것에 대한 경제적인 것의 우위라는 변증법적 법칙(헤겔적 테제), 그리고 사회구성체의 무시간적·공시적 재생산(반反헤겔적, 반反진화론적 테제)을 교란한다. 그렇다면 과잉결정=구조적 인과성이란 구조의 요소들의 단독적 결합이 필연적 법칙을 교란하고 그 법칙을 일탈시키는 편위의 메커니즘을 의미한다고 말할 수 있을 것이다.[47] 우리

---

46) 알튀세르는 무의식의 생기 문제를 다루면서 이렇게 단언한다. "무의식은 일련의 선형적 인과의 효과가 아니라 어떤 복합적 인과성의 효과로 생기한다. 이것을 구조적(중심도, 기원도 없는) 인과성이라고 부를 수 있는데, 구조적 인과성은 무의식의 '탄생'(생기)을 주재하는 구조적 형식들의 **원초적 결합**으로 이뤄져 있다." Althusser, "Lettre à D……," p.106.

47) 흥미롭게도 들뢰즈·가타리 또한 사건을 "법칙성에 대한 편위"라고 정의한다. "사건 자체는 인과관계로부터 벗어나 있거나 인과관계와 단절되어 있다. 즉, 사건은 법칙에 대한 분기, 편위이며, 새로운 가능적인 것의 장을 여는 불안정한 상태이다." Gilles Deleuze et Félix Guattari, "Mai 68 n'a pas eu lieu," *Deux régimes de fou*, Paris: Minuit, 2003, p.215.

는 5장에서 구조적 인과성과 관계지어 이데올로기의 편위에 관해 고찰했다. 구조적 인과성이란 변증법적 결정과 공시적 재생산의 법칙을 교란하고 일탈시키는 인과성이다. 우리는 여기서 우발성의 침입, 단독적 결합이 법칙성을 교란하고 일탈시킨다는 알튀세르의 지배적인 모티브를 발견할 수 있다. 그리고 그런 필연적인 것과 예측 불가능한 것 사이의 간극에 머물러 있는 사유야말로 구조의 생성변화에 관한 사유를 가능케 할 것이다.

구조의 생성변화라는 문제에 관해 또 다른 가능성을 제시해두자. 1975년 알튀세르는 구조의 생성변화를 아직 현세화하지 않은 모순들의 잠재적 역량에 주목해 그것을 '과소결정'sous-détermination이라 불렀다.[48] '과소결정'이란 '결정의 문턱값'[49]을 아직은 넘지 못한 사건의 잠재태를 의미한다. 사회구성체에는 과소결정된 사건들이 항상 존재하며, 그것이 구조의 생성변화의 잠재태를 형성한다. 이런 사건의 잠재태를 알튀세르는 '자본주의 사회의 틈새'라고 부른다. "맑스는 공산주의를 자본주의 사회의 한 **경향**으로 생각한다. 이 경향은 추상적인 합력résultant이 아니다. 공산주의의 잠재적 형식들은 (상품교환이 노예제나 봉건제 사회의 '틈새' 속에 존재했던 것과 똑같이) '자본주

---

[48] '과소결정'이라는 말은 『『자본』을 읽자』에서 딱 한 번 사용되는데(Althusser, *Lire le Capital*, p.293), 그 용어의 정의는 제시되지 않는다. 알튀세르가 (이번에는 정확한 정의와 더불어) 다시 이 용어를 사용하게 된 시기는 1975~76년이다(「아미앵에서의 주장」과 「종결된 역사, 종결될 수 없는 역사」). '과소결정' 개념에 관해서는 발리바르가 『맑스를 위하여』 재판에 붙인 서문에서 행한 분석을 참조하라. Étienne Balibar, "Avant-propos pour la réédition de 1996," *Pour Marx*, Paris: Découverte, 1996, pp.xii~xiii. [서관모 옮김, 「1996년판 서문」, 『마르크스를 위하여』, 후마니타스, 2017, 34쪽.]

[49] Althusser, "Soutenance d'Amiens," p.217. [「아미앵에서의 주장」, 162쪽.]

의 사회의 틈새' 안에 이미 구체적으로 존재한다. 그것은 대체로 상품관계를 벗어날 수 있는 어소시에이션 속에 존재한다."[50] 이런 의미에서 구조의 생성변화 가능성은 사회구성체 속에 항상 이미 기입되어 있다. 사건의 잠재태로서의 '자본주의 사회의 틈새'는 바로 그런 사회구성체의 생성변화의 가능성을 지시하는 것이다.

제2부의 결론: 우발성, 물질성

제2부에서 우리는 일관되게 두 가지 문제를 논해왔다. 첫째로, 데리다와 알튀세르에 의한 정신분석 이론의 변형과 우발성의 도입 문제. 둘째로, 구조의 생성변화와 우발성의 문제이다.

    4장에서는 데리다에게서 이런 두 가지 문제를 '죽음충동'에 관한 데리다 자신의 고찰을 통해 논했다. 데리다는 죽음충동에 관한 프로이트의 '사변'을 사변하고 그것에 투기함으로써 국가의 잔혹성(지배충동)이라는 문제와 대결하고, 이를 변용시킬 수단을 모색했다. 데리다적 저항(또는 환대, 증여, 용서 같은 저항들)은 사회구성체 속에 '두려운 낯설음'으로서의 타자를 도입함으로써 국가 체제의 잔혹성을 교란하고 전복하는 자기-타자 촉발의 전략이다. 우리는 여기서 '두려운 낯설음'으로서의 충동이 심적 경제를 교란하고 인간 유기체를 위협하는 죽음충동의 그것과 동일한 메커니즘을 보았다. 그러나 동시에 데리다적 저항은 죽음충동의 또 다른 양태와도 관련되어 있다. 그것은 주체의 생존에 도움이 되는 것으로서의 죽음충동이며, 치사적인mortifère 충동에 저항하는 죽음충동이다. 정치적 저항과 관련해

---

50) Althusser, "Le marxisme comme théorie 'finie'," p.285.

우리는 죽음충동의 이 두 번째 성격을 '모든 수동성을 넘어서,' '무저항의 저항'으로 정의했다. 무저항의 저항이란 타자의 침입 또는 사건적 단절을 위한 공백을 열고, 그것에 의해 국가의 잔혹성 너머에 위치하는 '도래할 민주주의'를 준비하는 것이리라.

데리다에게는 이런 저항의 전략을 제시하려면 라캉파 정신분석 이론을 근본적으로 변형하는 새로운 이론의 구축이 불가결했다. 데리다는 라캉적 테제인 "편지는 항상 수신자에게 도달한다"에 반대해, "편지는 항상 수신자에게 도달하지 않는 경우가 있다"라는 자신의 테제를 대립시킨다. 주체형성과 반복의 이론인 라캉의 이론에 대한 그런 개입은, 주체와 사회구성체의 자기-타자 촉발을 위한 이론적 기초를 여는 것이다. 라캉에게서 충동의 원초적 기입(원억압)에 의해 주체에게 결여가 싹트고, 그 결여를 메워가는 충족대상을 찾는 공허한 반복이 되풀이된다고 한다면, 거기서 문제는 주체의 변용이라기보다는 오히려 주체의 변용 불가능성일 수밖에 없다. 이와 달리 데리다에게서 충동의 기입 양태는 복수이며(원초적인 유일한 기입은 존재하지 않으며, **복수의 기입**만이 존재한다), 이 다양한 기입이야말로 주체의 양태를 변용시킬 수 있다. 이로부터 귀결하는 것은 극히 단순하다. 즉, 주체는 타자의 촉발 가능성에 의해 변용될 수 있다. 또한 사회구성체와의 관계에서 말한다면, 데리다적 저항은 그렇게 타자가 침입하는 장을 열고, 국가의 잔혹성의 변형을 준비하는 것이다.

알튀세르에게도 데리다의 것과 극히 가까운 정신분석 이론의 변형 전략이 존재한다. 그러나 알튀세르의 전략은 정신분석 이론에 대한 개입과 그것의 변형의 양태라는 면에서, 동시에 데리다의 그것과는 상이한 방식으로 제시될 수 있을 것이다. 즉, 알튀세르의 전략은 정신분석 이론의 **유물론화**라는 전략이다. 알튀세르는 라캉파 정신분석 이론에서 많은 용어들을 빌려와 자신의 이데올로기 이론을 펼쳤지만 그 이론장치를 변형하고 유물론화한다. 또한 우리는 라캉에게 주체란 항상 **하나의** 시니피앙, 즉 '팔루스'에 의해 봉합되는 것임을 지적하며(이런 외밀적 심급이 '초월[론]적 심급'이다) 라캉파 정신분석 이론을 사회 이론에 외삽하려는 지젝의 시도를 비판했다. 지젝의 시도는 결국 (지젝에게 '법'에 상당하는) 이데올로기 장치의 초월성으로, 권력에 대한 저항의 사유 불가능성으로 귀결될 수밖에 없다.

이와 달리 알튀세르가 구축하려던 이데올로기 이론은 정신분석 이론을 사회 이론에 단순히 '외삽'하는 게 아니라 그 근본적인 변형을 내포하고 있다. 알튀세르에 따르면 주체의 이데올로기적 봉합은 지배적 이데올로기를 주입하는 '의례적' 실천을 통해 실현된다. 주체의 이데올로기적 봉합이란 지배적 이데올로기로의 전이, 즉 지배적 이데올로기 위에 자아를 재구조화한다는 것을 의미한다. 이데올로기적 복종화란 이처럼 무의식의 메커니즘을 통해 실현된다.

그러나 알튀세르는 주체의 이데올로기적 봉합이 완전하게 실현되지는 않는다고 생각한다. 알튀세르는 '1차 이데올로기'와 2차 이데올로기의 차이를 통해 이 점을 제시한다. 이데올로기적 국가장치들이 주입하려는 지배적 이데올로기는 이데올로기적 호명·받아들임의 과정에서 일탈을 품고 있다. 지배적 이데올로기('1차 이데올로기')와 주체가 내면화한 이데올로기(2차 이데올로기) 사이의 이런 편위 속에서 지배적 이데올로기에 대한 저항의 효과가 나타난다. 알튀세르는 저항의 가능성을 주체의 능동성이 아니라 이런 이데올로기의 편위에서 찾아낸다. 알튀세르에게 주체란 중심 없는 사회구성체, 목적 없는 역사적 과정에 등록된 '행위자'일 수밖에 없으며(역사란 "주체도 목적도 갖고 있지 않은 과정"이다), 주체의 능동성('자유롭고' '구성적인' 주체라는 범주)을 저항의 동인으로 삼는 것은 엄격히 금지되어 있다.[51] 저항의 가능성은 이데올로기적 호명·받아들임의 과정에 **물질적 우발성**으로서 개입하는 이데올로기의 편위 속에, 효과로서 출현한다. 이 점이 라캉의 '운명적' 이론과의 근본적 차이를 구성한다. 이와 반대로 알튀세르의 이론을 라캉 이론에 대한 '단절'이라고 말한다는 것은, 이론에 이런 **물질성**을 도입한다는 것이다.

1982년 「마주침의 유물론이라는 은밀한 흐름」에서 알튀세르는 에피쿠로스와 루크레티우스의 클리나멘 개념을 인용한다. 클리나멘(원자의 무한소의 일탈)은 "옆의 원자와의 **마주침**을, 그리고 마주침으로부터 마주침으로 연쇄충돌 상태를 유발한다. 이리하여 세계가 탄생한다."[52] 법칙의 일탈[편위]로 야기된 이런 '마주침'은 1980년대 알튀세르의 이론에서 **내재원인**으로서의 결합에 상당한다. 이와 달리 라캉 이론의 환유적 인과성은 **부재하는 원인**으로 특징지어진다.

라캉은 『정신분석의 네 가지 근본 개념』에서 클리나멘을 언급하며 튀케[운] 개념을 명확히 했다. 튀케란 실재계, 즉 쾌락 원칙의 너머에 있는 상징화 불가능한 외상을 지시한다. 상징계, 즉 쾌락 원칙 내부에

---

51) Louis Althusser, "Remarque sur une catégorie: 'Procès sans Sujet in Fin(s),'" *Réponse à John Lewis*, Paris: Maspero, 1973. 알랭 바디우는 지배적 이데올로기에 의해 봉합된 '주체' 대신 '주체적인 것'(le subjectif)을 통해 저항의 문제를 생각하자고 제안한다. Alain Badiou, "Althusser: le subjectif sans sujet," *Abrégé de métapolitique*, Paris: Seuil, 1998.
52) Althusser, "Le courant souterrain du matérialisme de la rencontre," p.541. [「마주침의 유물론이라는 은밀한 흐름」, 38~39쪽.]

서의 기호의 반복을 의미하는 오토마톤의 대쌍 개념인 셈이다. 튀케가 주체에게 있어 동화 불가능한 것인 '훼손된 마주침'으로 정식화된다는 데 주의하자.53) '훼손된 마주침'으로서의 튀케는 주체에 "일견 우발적인 기원"을 부여한다. 달리 말하면, 이 '훼손된 마주침'(실재계로서의 동화 불가능한 것)이야말로 주체를 주체로서 형성한다. 이 점에 관해 라캉은 클리나멘을 언급하면서 이렇게 서술한다.

[개체의] 발달이 우연한 사고, 즉 **튀케**라는 방해물에 의해서만 전적으로 활성화된다면, 그것은 소크라테스 이전 철학이 세계 자체의 동인을 찾으려 했던 그 지점으로 튀케가 우리를 이끄는 한에서이다.
　세계의 어떤 곳에 클리나멘이 존재하지 않으면 안 됐다. 이 점을 지적한 데모크리토스는 단순히 부정성이 기능하는 것에 일찍이 반대하며, 거기에 사유를 도입해야만 한다고 했다. …… 뭐라고 말했을까? 데모크리토스는 오늘날 우리의 물음이기도 한 관념론의 물음에 답하면서 이렇게 말했다. "'어쩌면 무無'? 그렇지 않다. '어쩌면 무'인 게 아니라, '무가 아니다'."54)

라캉이 말한 것은 이렇다. 개체의 발달사에서 주체가 주체로 형성되는 것은, 개체에 결여를 기입하는 훼손된 마주침(튀케)에 의해서이

---

53) Jacques Lacan, *Le séminaire livre XI: Les quatre concepts fondamentaux de la psychanalyse*, Paris: Seuil, 1973, pp.54~55. [맹정현·이수련 옮김, 『세미나 11: 정신분석의 네 가지 근본 개념』, 새물결, 2008, 89쪽.]
54) Lacan, "Les quatre concepts fondamentaux de la psychanalyse," pp.61~62. [『세미나 11』, 102~103쪽.]

다. 이리하여 우발적인 (그러나 동시에 필연적이기도 한) 외상체험은 훼손된 마주침이라는 그 부정성의 기능('무가 아니다')에 의해 효과로서 주체를 형성한다. 라캉의 입장은 극히 명백하다. 튀케는 주체에 결여를 기입하는, '타자'와의 '훼손된 마주침'으로 정의된다. 그것은 효과로서, 결여를 내포한 주체를 형성하며, 동시에 그 상징화 불가능성에 있어서 주체를 봉합할 것이다(환상에 의한 결여의 봉합). 그때 튀케는 **주체의 봉합을 변증법적으로 보증하는 부정적 계기**로 기능한다. 달리 말하면, 라캉에게 우발성은 주체에 결여를 기입하고, 그렇게 함으로써 주체의 봉합 과정이라는 변증법적 이론을 가동시킨다.[55] 다른 한편, 알튀세르는 튀케를 이런 부정성(훼손된 마주침)이 아니라 **단독적인 마주침**rencontre singulière이라는 긍정성 속에서 파악했다.

구조의 생성변화 논리를 생각하기 위해 알튀세르는 요소들의 단독적 결합의 우발성에 관해 사유한다. 그런 물음은 1960년대 알튀세르의 사유에서 나타난, 과잉결정과 최종심급에서의 결정 사이에 빚어진 갈등에서 분명히 드러난다. 한편으로는 경제적 모순에 의한 최종심급에서의 결정이 존재한다. 그러나 다른 한편으로, 모순들은 정치적 복합상황 속에서 서로의 역할을 교환하고 압축된다. 우발성은 이리하여 법칙성에 개입해 교란을 일으킨다. 알튀세르가 '규정과 무규정,' '필연적인 것과 예측 불가능한 것' 사이의 간극에서 사유하고자 했던 것은 이것에 다름 아니다. 라캉에게 우발성(튀케)은 변증법

---

[55] 알랭 바디우는 클리나멘을 실재계에 관한 라캉의 이론으로부터 해석하고, "클리나멘이란 원리들의 변증법적 논리"이며, 그것은 "주체 또는 보다 정확하게는 주체화이다"라고 서술한다(Alain Badiou, *Théorie du sujet*, p.77). 이것이 전형적인 헤겔적 사유라는 것에 관해서는 굳이 덧붙일 것도 없으리라.

적 운동을 가동시키는 부정성으로, 주체의 봉합을 역설적이게도 **운명적인 방식**으로 보증한다. 이와 달리 알튀세르는 이 헤겔-라캉적인 변증법을 교란하기 위해 우발성을 도입한다. 알튀세르적인 우발성은 변증법적 질서 속에 [편위의] **물질성**을 도입하고 그 질서를 교란한다. **즉, 알튀세르에게 우발성이란 이 물질적인 편위를 의미한다.**

그런 의미에서 알튀세르의 이론은 라캉적 '운명의 철학'과는 명백히 구별된다. 또한 그것은 적어도 1970년대까지는, 정치적인 '주사위 던지기'의 철학(네그리), 즉 단순히 우발성을 긍정하는 철학도 아니다.[56] 우리는 알튀세르 철학의 특이성이 규정과 무규정, 필연적인 것과 예측 불가능한 것 사이의 간극에서 스스로를 긍정하고자 한 데 있다고 생각한다. 우리가 1980년대 알튀세르의 이론(우발성의 유물론)을 통해 1960~70년대 알튀세르의 이론을 해석한 이유는 거기에 있다. 우선 이데올로기의 문제를 다뤄보자. 이데올로기적 국가장치들은 의례적 실천, 물질적 장치들을 통해 주체를 이데올로기적으

---

56) 네그리는 「철학자 마키아벨리」라는 제목의 초고(1986년 7월 11일)를 논하면서, 알튀세르의 우발성에 관한 문제계를 말라르메적인 '주사위 던지기'와 비교한다. "변증법 말고도, 주사위 던지기가 존재를 부정적인 것, 텅 빈 것으로 발견하는 한에서만 주사위 던지기는 존재를 결정한다. 이 놀이에서 맨 처음 오는 것은 결정이 아니라 단순한 '주사위 던지기'이다. '던지기'는 '운' (aléa)이다. 즉, 결정은 변증법적인 것이 아니라 우발적인 것이다. 만일 '던지기'가 존재를 결정한다면, 이것은 선결정·목적성·고정성이 텅 비어버린 한에서 그렇다. 결정은 비결정적인 것이다." Antonio Negri, "Pour Althusser: Notes sur l'évolution de la pensée du derniere Althusser," *Futur antérieur: Sur Althusser, Passages*, Paris: L'Harmattan, 1993, p.94. 그렇지만 우리에게 중요한 것은 우발성만을 긍정하는 1980년대 알튀세르의 사상이 아니다. 우리에게 필요한 것은 필연적인 것과 예측 불가능한 것, 법칙성과 우발성 사이의 간극에 머물러 있는 알튀세르의 1970년대까지의 사상이다.

로 봉합하고자 하는데, 이데올로기적 호명·받아들임 과정에 편위가 개입함으로써 주체의 이데올로기적 봉합은 완전하게 성공하지는 못한다. 이 이데올로기적인 봉합의 실패로 인해 주체에게는 저항의 가능성이 확보된다. 만일 이데올로기적 봉합의 과정이 사회구성체를 공시적으로 재생산한다고 한다면, 이데올로기의 편위는 거기에 예측 불가능한 방식으로 개입하는 것이다.

구조변동의 문제에 관해서도 똑같이 말할 수 있을 것이다. 알튀세르는 사회구성체를 탈중심화된 것으로서 구상해왔다. 사회구성체에는 결정에 있어서의 특권적인 심급은 존재하지 않으며, 각 심급은 그 밖의 심급들에 대해 상대적 자율성을 보존한다. 그렇다면 이 중심 없는 심급들의 체계는 경제적인 것에 의한 최종심급에서의 결정과 어떻게 양립할 수 있는가? 변증법적 법칙, 또는 최종심급에서의 결정에 따르면, 경제적 심급은 다른 심급들에 대한 우위성을 보존한다. 그러나 모순들이 구조의 생성을 생기시키기 위해서는, 법칙은 모순들의 전위와 압축(과잉결정)에 의해 교란되지 않으면 안 된다. 그런 의미에서 사회구성체는 경제적인 것에 의해 완전히 '봉합되지'는 않는다. 경제적인 것의 우위는 물질성의 침입(정치적 '복합상황')에 의해서 교란되기 때문이다. 우리는 가장 미묘한 지점에 있다. 경제적 법칙, 즉 최종심급에서의 결정은 절대로 존재하지 않으면 안 된다. 그러나 새로운 구조가 생기기 위해서는 그것으로는 충분하지 않다. 모순들이 구조변동을 일으키기 위해서는 우발적인 물질성의 침입(정치적인 것)이 불가결하다. 알튀세르에게 우발적인 것이란 경제적 모순들의 한복판에 개입해 그 모순들을 현세화시키며, 그것을 구조변동의 '폭발적' 힘으로 변용시키는 물질성의 침입이다. 이로부터 두 개의 귀결을 끌어낼 수 있을 것이다. 첫째로, 알튀세르에게 우발성이라는 개념의 도입은 결코 단순한 정치적 기회원인론occasionnalisme에 이르지 않는다는 것. 둘째로, 경제적 심급의 결정력에 대한 알튀세르의 고집은 **정치적인 복합상황과 단절할 수 없는 자본의 운동을 분석**하는 것이 결정적으로 중요하다는 점을 시사한다는 것. 바로 이런 두 가지 점에 관해서 우리는 1960년대의 알튀세르의 이론을 가장 긍정적으로 평가한다. 알튀세르는 이처럼 경제적 법칙과 정치적 복합상황이라는 연쇄된 두 극을 결단코 떠나보내지 않는다.

1972년 알튀세르는 최종심급에서의 결정에 관한 테제를 고쳐 썼다("최종심급에서의 결정을 알릴 종은 결코 울리지 않는다"). 즉, 최종심급에서의 결정이라는 테제는 이 시점에서 사실상 폐기되며, 정치적 우발성에 강조점을 둔 우발성의 유물론으로 넘어감이 뚜렷해지는 듯하다. 이 시점부터 알튀세르는 구조의 생성이라는 문제를 **정치적 장의 한복판에서** 현세화해야 할 필연성과 예측 불가능한 우발성 사이의 간극, 즉 우발성의 필연성과 관련해 생각을 이어나갈 것이다.

여기서 데리다로 돌아가자. 데리다는 『맑스의 유령들』에서, 물론 최종심급에서의 결정이라는 변증법적 테제를 선택하지는 않는다. 그렇다면 데리다는 단절을 정치적 우발성과의 관계에 있어서만 생각한 것일까? 대답은 **아니다**이다. 거기서 데리다가 도입한 것은 '메시아적 약속,' 즉 단절, 해방의 약속이다. 단절은 헤겔-맑스주의적 목적론처럼 프로그램되어 있는 것이 아니며, 칸트식의 규제적 이념처럼 접근 불가능한 것도 아니다. 도래할 민주주의의 이념은 '도래하는 것'à-venir으로서, 정의의 실현을 **약속한다**. 우리 생각에 이런 데리다의 입장은 필연적인 것과 예측 불가능한 것 사이의 간극에 머물러 있는 알튀세르의 입장에 극히 가깝다.[57] 물론, 메시아적 약속을 '필연성'이라고 부를 수는 없다. 왜냐하면 그것은 프로그램되어 있지 않기 때문이다. 그러나 데리다가 단절의 문제를 단순히 정치적 우발성에서만 사유하지 않았다는 것은 명백하다. 데리다는 단절을 약속과 우발성 사이의 갈등적 관계에서 생각한다. 이처럼 데리다는 해방의 약속과 물질성의 예측 불가능한 침입이라는 두 극 사이의 간극에 스스로를 위치시킨다.[58] 물론 여기서 문제는 데리다 철학과 알튀세르 철학의 동일성과 더불어 그 차이성이다. 우리가 말하고 싶은 것은 알튀세르와 데리다에게 사건의 철학이란 단순한 정치적 '주사위 던지기'의 이론이 아니라는 것이다. 사건의 철학은 필연적인 것과 예측 불가능한 것 사이의 이접 속에 기입되어 있어야만 한다. 이것은 외관상 두 개의 상이한 사건의 철학 속에 명확하게 보인다.

데리다와 알튀세르의 차이를 명확히 하기 위해, 사건의 시간성에 관한 둘의 입장을 검토해보자. 이미 보았듯이, 알튀세르에게 사건의

---

[57] "여기서 문제는 이런 틈새(간격, 실패, 불일치, 이접, 들어맞지 않음, '이음매가 어긋나'[out of joint] 있음)에서만 생길 수 있는 구속[약속]의 개념으로서 민주주의 개념 자체이다. 이 때문에 우리는 미래의 현재라는 의미에서 **미래의 민주주의**(démocratie future)가 아니라, 심지어 칸트식의 의미에서 규제적 이념이나 유토피아가 아니라 — 적어도 이것들의 도달 불가능성이 여전히 **미래의 현재**라는, **생생한 현재**의 미래 양상이라는 시간 형식을 보존하고 있는 한에서 — 항상 **도래할 민주주의**(démocratie à venir)에 대해 말하자고 제안하는 것이다." Jacques Derrida, *Spectres de Marx*, Paris: Galilée, 1993, p.110. [진태원 옮김, 『마르크스의 유령들』, 그린비, 2014, 139~140쪽.]

[58] 데리다에게 물질성으로서의 사건이 갖는 의미에 관해서는 다음의 논문을 참조하라. Jacques Derrida, "Le ruban de machine à écrire(Limited Ink II)," *Papier machine*, Paris: Galilée, 2001.

이론의 시간성은 현재 시간에 한정되어 있다. 알튀세르는 헤겔적 목적론을 거부하며 구조의 생성변화의 계기를 순수한 현재성 속에서 찾는다. 즉, 알튀세르의 이론에서 필연적인 것과 예측 불가능한 것 사이의 간극은 현재의 복합상황에 한정되어 있다. 이와 달리 데리다는 목적론 비판이라는 입장을 취하며 종말론적 시간('이미 지나가버린 종언'[59]), 즉 과거와 미래의 단락, 기억과 도래할 것의 단락 속에서 사건을 생각한다. 바로 이것이 '유령성'spectralité의 의미작용이다.

더 이상 존재하지 않는 타자들, 또는 아직 **거기에** 존재하지 않는, (죽은 이들이든 아직 태어나지 않은 이들이든 간에) **현재 살아 있는 것**으로 존재하지 않는 타자들에 대한 어떤 **책임**[응답 가능성]responsibilité이 없는 (혁명적인 정치든 아니든 간에) 윤리 또는 정치가 일절 가능하지 않

---

[59] "종말에 대한 경험에서, 집요하고 일시적이며 늘 임박해 있는 종말론적인 그것의 도래에서, 오늘날의 극단의 극단성에서, 도래하는 것의 장래가 예고될 것이다. 이전 그 어느 때보다 더 그런데, 왜냐하면 장래는 **지나간 종말에서**부터만 그 자체로, 순수하게 예고될 수 있기 때문이다. **만약 가능하다면**, 마지막 극단을 넘어서. 만약 장래가 가능하다면, 만약 장래라는 것이 **존재할 수 있다면**. 하지만 미리 **결론내지** 않고서, 미리 장래와 그것의 기회를 환원하지 않고서, 미리 총체화하지 않고서, 어떻게 이런 질문을 중지시킬 수 있을까? 또는 이런 유보 사항을 배제할 수 있을까? 우리는 여기서 종말론과 목적론을 구별해야 하며, 양자 사이의 차이라는 쟁점이 가장 취약한 또는 가장 경솔한 비일관성 때문에 계속 제거될 위험에 처해 있다 하더라도, 또 이런 위험에 맞선 보장책이 특정한 방식으로 항상, 필연적으로 박탈될 것이라 하더라도, 이를 구별해야 한다. 어떤 메시아적 극단성이 존재하지 않는가? 곧 그 궁극적인 사건(직접적 단절, 미증유의 폭발, 때맞지 않게 일어나는 무한한 놀라움, 완수 없는 이질발생성)이 노동과 생산 및 모든 역사의 목적 같은 어떤 퓌지스의 최종적인 종점을 **매순간** 초과할 수 있는 어떤 종말(eskhaton)이 존재하지 않는가?" Derrida, *Spectres de Marx*, p.68. [『마르크스의 유령들』, 87~88쪽.]

고 사유 불가능해 보이는, 그리고 정의롭지 않은 것으로 보이는 순간부터 환영**에 대해**, 심지어 환영**에게**, 그리고 환영과 **함께** 말해야 한다. 현재 살아 있는 모든 것을 넘어서 있는, **현재 살아 있는** 것을 이접시키는 것 안에 있는, 아직 태어나지 않았거나 이미 죽은(그들이 전쟁의 피해자든 아니든 간에, 정치적 폭력이나 다른 폭력, 민족주의적·인종주의적·식민주의적·성차별적 절멸이나 다른 절멸의 피해자든 아니든 간에, 또 자본주의적인 제국주의나 모든 형태의 전체주의적 억압의 희생자든 아니든 간에) 사람들의 유령들 앞에 있는 어떤 **책임**의 원리 없이는 어떤 정의(어떤 법도라고는 말하지 말자. 다시 한 번 말하지만 우리는 여기서 법/권리에 대해 말하고 있는 것이 아니다)도 가능하거나 사유할 수 있지 않은 것 같다. 현재 살아 있는 것[생생한 현재]의 자기 자신에 대한 **비동시대성** 없이는, **현재 살아 있는 것**을 은밀하게 어그러지게 하는 것 없이는 **거기에 있지 않은 이들**, 더 이상 현존하지도 살아 있지도 않거나 아직 현존하지도 살아 있지도 않은 사람들과 관련된 정의에 대한 존중과 책임 없이는 "어디에?," "내일은 어디에?," "어디로?" 같은 질문을 던지는 것이 무슨 의미가 있겠는가?[60]

종말론적 시간이란 이런 "현재 살아 있는 것의 자기 자신에 대한 비동시대성"이며, 그것은 "더 이상 현존하지도 살아 있지도 않거나 아직 현존하지도 살아 있지도 않은 사람들"에 대한 정의의 책임을 명령하는 것이리라. 그리고 과거와 미래가 교착하는 이 시간성('유령성'이라는 초월론적 시간성)은 정언명령으로서, 현재시간에서의 저항의

---

60) Derrida, *Spectres de Marx*, pp.15~16. [『마르크스의 유령들』, 12~13쪽.]

책임을 요청한다. 이리하여 유령들의 호명은 타자에 의한 촉발 가능성을 위한 공간을 낸다. 달리 말하면, 해방의 약속(예측 불가능한 **도래할 침입**)과 저항의 현재적 실천 사이의 시간적 '이접성'은 유령성의 호명에서 유래하며, 현재시간에서의 무저항의 저항을 명령하는 정언명령 또는 초월론적 명법命法이다.[61] 그러므로 이렇게 말할 수 있을 것이다. 저항에 관한 데리다의 이론과 알튀세르의 이론의 차이를 구성하는 것은 사건의 시간성에 있어서 **이접성**(초월론적인 것)의 우위와 **복합상황**(현재적인 것)의 우위 사이의 차이이다.

  데리다와 알튀세르 사이에서, 어느 쪽의 사유가 더 정당한 것인지 판단하는 것이 문제가 아니다. 이들의 사유는 라캉의 '운명적' 이론에 저항하는 동시에 단순히 우발성의 긍정일 뿐인 기회원인론에 저항하는 것이라는 점에서 공통의 가능성을 갖고 있다. 데리다는 도래할 민주주의의 **약속**과 타자의 **예측 불가능한** 침입의 '이접성'에서 자신의 사유를 전개하며, 알튀세르는 법칙성(경제적인 것)이라는 **필연적인 것**과 복합상황(정치적인 것)이라는 **예측 불가능한 것** 사이의 '간극'에서 자신의 사유를 전개했다. 그리고 규정과 무규정 사이에 머물러 있으면서도 구조의 생성변화를 사유한다는 이 어려운 시도야말로 사건의 철학에 새로운 가능성을 열어준다. '우발성의 유물론'이란 그런 어려운 시도에 주어진 하나의 이름에 지나지 않는다.

---

[61] 데리다적 저항을 명령하는 '초월론적 형상'에 관해서는 다음의 글을 참조하라.
Étienne Balibar, "Une philosophie politique de la différence anthropologique: Entretien avec Bruno Karsenti," *Multitudes*, no.9, 2002.

결론
저항이란 무엇인가?

우리는 권력에 대한 두 가지 저항 전략을 명확히 했다. 첫째로, 푸코와 들뢰즈·가타리와 더불어서는 주체적 양상의 변용과 특이성의 구축이 그것이다. 둘째로, 알튀세르와 데리다와 더불어서는 우발성의 침입이 일으키는 구조의 생성변화가 그것이다.

첫 번째 전략에서 저항이란 주체의 복종화된 양상의 변형을 의미한다. 푸코에게 저항은 권력의 투여에 의해 복종화된 주체들이 "자기 자신을 변형하고 자신들의 특이한 존재 속에서 자신을 변양시키는 것"[1]과 관련된다. 들뢰즈·가타리에게 저항은 오이디푸스화된 주체(**장소론적** 주체)를 그 비인칭적 역량과 다수의 특이성에 의해 끊임없이 변형하는 **경제론적** 주체로 변형시키는 것이다. 우리는 푸코에게 있어서의 저항을 '자기로의 생성변화,' 들뢰즈·가타리에게 있어서의 저항을 '타자로의 생성변화'라고 명명했다.

---

1) Michel Foucault, *Histoire de la sexualité, vol.2: L'usage des plaisirs*, Paris: Gallimard, 1984, p.16. [신은영·문경자 옮김, 『성의 역사, 제2권: 쾌락의 활용』, 나남, 2004, 25쪽. 본서의 3장 1절을 참조할 것.]

그러나 이런 상대적 차이에도 불구하고, 푸코와 들뢰즈·가타리의 사유에서 우리는 하나의 공통된 저항의 양태를 찾아낼 수 있다. 즉, 저항이란 주체의 양상, '사유와 삶의 양식'[2]을 변용하는 것이다. 달리 말해서 복종화된 주체가 자신의 특이성을 구축함으로써(푸코), 혹은 비인칭적 특이성들을 해방함으로써(들뢰즈·가타리) 자신의 사유와 삶의 스타일을 변형하는 것이다. 우리는 이런 전략을 '내재성의 구축'이라 불렀다. 푸코에게 이런 변형 가능성은 규제적 기능으로 가득 찬 타자에 의해 야기된 자기-촉발 같은 반성적 시선 속에 있다. 또한 들뢰즈·가타리에게는 자본주의 자체에 내재하고 특이성들의 비인칭적 역량을 해방하는 탈코드화의 운동 속에 있다.

두 번째 저항 전략으로 옮겨가자. 우리는 알튀세르와 데리다의 사유 속에서 사회구성체의 생성변화 가능성을 찾고자 했다. 거기서 문제가 되는 것은 권력장치들에 의해 끊임없이 재생산되는 구조를 변형하는 것이다. 이런 구조의 생성변화의 가능성을 생각하기 위해 우리는 알튀세르와 데리다에게서 '우발성' 개념에 주목했다. 그러나 구조변동이 우발성에 의해 초래된다고 말하는 것에서 그친다면, 아무것도 말한 게 없게 될 것이다. 왜냐하면 우발성은 어떤 인과성도 지시하지 않기 때문이다. 이와 달리 우리가 '우발성'이라고 지칭했던 것은 구조의 정적인 재생산을 교란할 수 있는 요소, 즉 재생산 과정의 '타자'를 가리킨다. 알튀세르에게 구조의 생성변화는 정치적 심급과 경제적 심급 사이의 갈등적 관계에서 사유된다. 최종심급에서

---

[2] Michel Foucault, "Préface," *Dits et écrits*, t.III: 1976~1979, Paris: Gallimard, 1994, pp.134~135.

의 결정이라는 테제를 따르면, 모순들에는 정치적·이데올로기적 모순에 대한 경제적 모순의 우위라는 일종의 위계가 존재한다. 그러나 구조의 생성변화가 일어나기 위해서는 주요 (경제적) 모순과 종속적인 (정치적·이데올로기적) 모순이 각자의 역할을 맞바꾸고(모순들의 전위), 그 역할이 전위된 모순들이 융합해야만 한다(모순들의 '압축'). 이런 '전위'와 '압축' 과정에서 우리는 우발성의 침입 또는 법칙성의 '일탈'[편위]을 발견했다. 달리 말하면, 모순들의 이런 단독적 마주침('결합'), 사건으로서의 물질성의 침입이야말로 사회구성체의 재생산 법칙, 정치적인 것에 대한 경제적인 것의 우위의 법칙을 '일탈'시키고 구조의 생성변화를 초래하는 것이다. 이런 사건으로서의 단절을 사유하기 위해 알튀세르는 자신의 이론을 필연적 법칙(경제적인 것)과 예측 불가능한 우발성(정치적인 것) 사이의 간극 속에 기입한다. 이런 식으로 알튀세르는 헤겔의 변증법을 현재의 '복합상황'에 관한 사유를 통해 교란하고자 했다. 알튀세르가 '유한한' 이론이라고 부르는 것은, 이처럼 철저하게 현재 국면에 한정된 이론이다. 이리하여 알튀세르에게 생성변화의 가능성은 자본주의적 착취의 현재 국면, 현재의 정치적 경향(복합상황) 속에서만 존재한다.[3]

이와 달리 데리다는 그 나름대로 다른 **정치적** 전략을 제시한다. 그것은 증여, 용서, 환대 같은 무저항의 저항을 실천하는 것이다. 예를 들면 환대란 현재의 사회에 타자를 무제한으로 수용함으로써 사회구성체와 그 정태적인 재생산의 변형을 꾀하는 전략이다. 이런 타자

---

[3] Louis Althusser, "Le marxisme comme théorie 'finie'," *Solitude de Machiavel*, Paris: PUF, 1998, p.285.

성의 수용은 국가주권이라는 잔혹성의 체제를 교란하고 타자화하는 것이다('사건'의 침입). 데리다는 설령 타자의 '무제한' 진입이 사회의 무질서라는 위협을 함축하더라도, 사건에 의한 타자화의 가능성을 **사변하고** 그것에 **투기한다**. '불가능한 경험'으로서의 무조건의 저항은 이런 국가의 잔혹성 변경을 위해서만 요구되며 존재한다. 우리가 '잔혹성 없는 죽음충동'이라고 부른 것(그것은 예측 불가능성으로 사회를 위협하는 동시에 국가의 잔혹성을 변형할 가능성을 지닌다)은 '불가능'한 동시에 진정으로 '임박한' 정치적 명령^{injonction}이다. 그때 '도래할 민주주의'의 약속은 도래할 사건적 단절을 의미하는 동시에 현존하는 사회에서 저항하라는 **정언명령**을 구성한다. 여기서 우리는 장래의 것, 또는 도래할 것으로서의 사건의 시간성과, (도래할) 사건과 (현재의) 저항 사이의 시간적 '이접'을 강조해두고 싶다. 이처럼 데리다적 저항은 도래할 사건의 **약속**(도래할 것과 현재적인 것의 이접), 현재의 순간에 초월론적인 방식으로 저항의 실천을 명령하는 **유령성**(미래와 과거의 시간적 뒤얽힘) 등의 초월론적 형상들에 의거한다. 데리다에게 이 초월론적 시간성은 엄격히 말해 '현재시'^{現在時}에 기입된 알튀세르적 사건 개념('우발성의 필연성')과의 차이를 구성한다.

    우리는 알튀세르와 데리다에게서 볼 수 있는 이 사회적 재생산에 대한 저항을 '운명적인 것에 대한 저항'이라고 부를 수도 있다. 여기서 철학의 '타자'인 정신분석이라는 매개에 의한 철학의 '자기-타자 촉발' 과정이 중요한 자리를 차지한다. 알튀세르가 환기시킨 바 있듯이, 새로운 구조는 일단 생겨나면 "정확히 무의식처럼 무시간적으로" 스스로를 재생산한다. 그런 사회적 재생산은 사회구성체에 편재하는 이데올로기적 국가장치들의 호명에 의거한다.[4] 이데올로기적 **호명**·

받아들임과 사회구성체의 **무시간적** 재생산은 정신분석 이론이 권력 이론에 가져다 준 두 가지 기본 개념이다. 우리는 말 그대로 '구조주의적' 입장[이론]인 라캉의 입장에서 이 두 개의 정식화를 찾아낼 수 있다. 라캉에게 충동이 무의식에, 또는 결여가 주체에 기입되는 것은 단 한 번만 있다(원-억압). 그 이후부터는 이 원초적 결여가 주체의 욕망을 반복적이고 '무시간적으로' 동기짓는다. 라캉 이론이 본질적으로 이런 결여의 변증법이자 반복의 변증법이라고 한다면, 그것은 (결여를 품은) 주체, 무의식 구조의 형성과 그 반복적 재생산의 이론일 수 없고, 주체와 구조의 변용에 관한 이론일 수도 없다. 알튀세르가 '운명의 철학'[5]이라고 불렀던 것은 그런 주체와 구조의 반복적 재생산에 관한 라캉의 이론이다. '운명적으로' 결정되고, '무시간적으로' 재생산된 구조의 변형을 이론화하기 위해 알튀세르는 '편위'(**물질적** 우발성의 침입) 개념을 제시하고, 데리다는 '산종'(충동의 **복수의** 기입) 개념을 제시한다. 우리는 여기서 철학에 영향을 끼친 정신분석에 대한 철학 쪽의 반응을 볼 수 있다. 다시 말하면, 그것은 정신분석과의 관계에 있어서 철학의 자기-타자 촉발 과정인 것이다.

'운명적인 것'에 대한 저항의 사상은 주체 양태의 변용에 관한 이론으로서, 푸코와 들뢰즈·가타리도 공유하고 있다. '자기로의 생성변화'와 '타자로의 생성변화'는 모두 권력장치들이 '무시간적으로' 재

---

4) Louis Althusser, "Lettre à D⋯⋯," *Écrits sur la psychanalyse*, Paris: Stock/IMEC, 1993, p.93.
5) Louis Althusser, "La découverte du Docteur Freud," *Écrits sur la psychanalyse*, Paris: Stock/IMEC, 1993, p.204. [윤소영 옮김, 「프로이트 박사의 발견」, 『알튀세르와 마르크스주의의 전화』, 이론, 1993, 248쪽.]

생산하는 복종화된 주체 양태에 대한 저항 전략이기 때문이다. 이런 저항 전략은 '특이성'(푸코) 또는 '비인칭적인 복수의 특이성'(들뢰즈) 개념을 도입함으로써 가능해진다. 이 두 개념은 주체와 '타자'의 결여를 둘러싸고 전개된 라캉적 변증법에 저항한다.

만일 구조의 반복적 재생산과 '중심을 벗어난' 주체의 형성에 관한 이론으로서의 '구조주의'에 맞선 '포스트구조주의'라는 것이 존재한다면, 그것은 '운명적' 방식으로 결정된 구조와 주체 양태의 변형에 관한 이론일 수밖에 없다. 이 '운명적' 결정에 직면해 푸코와 들뢰즈·가타리는 내재성의 구축을 통해 주체의 복종화된 양태를, 알튀세르와 데리다는 사건이라는 물질성의 침입을 통해 사회구성체의 고정화된 구조를 변용시키고자 했다. '구조주의적' 권력 이론이 '자기-타자 촉발'의 결과로서 도달했던 것은 바로 이런 지점이다.

결론으로서(또는 결론을 찾지 않기 위해서) 우리는 저항과 생성 변화의 철학에 관해 하나의 가능한 방향성을 제시해둔다. 들뢰즈는 『의미의 논리』에서 두 가지 생성을 구별한다. 하나는 잠재적이고 비물질적인 다양체의 장에서의 물질적인 것의 효과에 의한 의미의 생성, 즉 '정적인 생성'genèse statique이다. 그것은 "상정된 사건으로부터, 물질의 상태들에서의 사건의 실현과 명제에서의 사건의 표현으로 향한다." 다른 하나는 잠재적인 것에서 현동적인 것으로의 생성, 즉 '동적인 생성'genèse dynamique이다. 그것은 "사물의 상태에서 사건으로, 혼재에서 순수한 선으로, 심층에서 표층의 생성으로 직접 향한다."[6] 들

---

6) Gilles Deleuze, *Logique du sens*, Paris: Minuit, 1969, p.217. [이정우 옮김, 『의미의 논리』, 한길사, 1999, 312~313쪽.]

들뢰즈가 『의미의 논리』에서 이런 두 가지 생성 논리의 어려운 양립을 생각하고자 했다면, 가타리와 공동작업한 『안티-오이디푸스』에서는 방향을 바꿔, '동적인 생성'의 논리를 전개했다고 생각할 수 있다.[7] 그러나 들뢰즈·가타리의 공동작업은 『천 개의 고원』까지 거의 같은 방향으로 향하다가 『철학이란 무엇인가?』에서 '철학'이라는 사유의 잠재적 다양체, 즉 '내재평면' 위에서의 개념 창조에 관한 고찰로 이행한다. 그들은 거기서 저항의 문제를 이렇게 논한다.

생성변화는 개념 자체이다. 그것은 '역사' 안에서 생겨나 다시 '역사'로 떨어지지만, 그럼에도 불구하고 '역사'에 속하는 것은 아니다. 생성변화 그 자체는 시작도 끝도 없으며 그저 중간만이 있을 뿐이다. 그러므로 그것은 역사적이라기보다는 지리학적이다. 혁명들, 친구들의 모임, 저항집단이란 내재성의 평면 위에서 이뤄지는 순수한 생성변화, 순수한 사건이다. 왜냐하면 창조한다는 것은 곧 저항한다는 것이기 때문이다. '역사'가 사건에 관해 파악하는 것은 사물의 상태 또는 체험에서의 사건의 실현일 뿐이지만, 사건은 그 생성변화에 있어

---

[7] 슬라보예 지젝은 들뢰즈가 『의미의 논리』에서 『안티-오이디푸스』로 이행해가는 과정을 논하면서 들뢰즈가 동적인 생성과 정적인 생성의 '양립 불가능성'이라는 "막다른 곳과 철저하게 대결하는 것을 회피"했으며, "단순화된 '플라톤적인' 해결"로 향했다고 단정한다. 이뿐만 아니라 정적인 생성 논리에서의 잠재적인 것의 풍부한 영역을 평가하는 지젝은 『안티-오이디푸스』를 "들뢰즈의 최악의 책"이라고 평가한다. Slavoj Žižek, *Organs without Bodies*, London: Routledge, 2003, pp.20~21. [이성민·김지훈·박제철 옮김, 『신체 없는 기관』, 도서출판b, 2006, 49~50쪽.] 그렇지만 동적인 생성의 가능성을 탐구하는 우리는 지젝과는 정반대의 관점을 취하고 있다.

서, 그 고유한 고름^{consistance}에 있어서, 개념으로서의 자기-정립에 있어서 '역사'를 벗어나는 것이다.⁸⁾

여기서 '저항'이란 '역사'로 환원되지 않는 잠재적인 장에 있어서의 순수한 생성변화, 순수한 사건으로서의 개념의 생성을 의미한다. 적어도 저항 개념에 관한 한, 여기서 우리는 '동적인 생성'(『안티-오이디푸스』에서 제시된 자본주의적 운동 역량의 전도)으로부터 '정적인 생성'(잠재적인 것의 존재론)⁹⁾으로의 퇴행을 볼 수 있을 것이다. 『의미의 논리』에 따르면 정적인 생성이란 "과거와 미래로 무한히 분할되고 **항상 현재를 벗어나는** 생성변화"¹⁰⁾이다. 이런 시간성에 기초해 들뢰즈는 잠재적이고 비물질적인 장(초월론적 장)에 있어서의 사건의 존재론을 전개했다. 또한 우리는 데리다적 저항이 '메시아주의 없

---

8) Gilles Deleuze et Félix Guattari, *Qu'est-ce que la philosophie?*, Paris: Minuit, 1991, p.106. [이정임·윤정임 옮김, 『철학이란 무엇인가?』, 현대미학사, 1995, 162쪽. 본문에서 인용된 구절에 뒤이어 들뢰즈·가타리는 이렇게 말하기도 한다. "한 위대한 철학서에서 [샤를] 페기는 사건을 고찰하는 두 가지 방식이 있다고 설명한다. 하나는 사건을 따라가면서 그것이 역사 속에서 실현되고 조건지어지고 쇠락하는 과정을 그러모으는 작업이다. 다른 하나는 사건을 거슬러 올라가 생성 그 자체에 자리잡고서, 그 안에서 동시에 젊어지기도 늙기도 하면서 사건을 이루는 모든 구성요소들이나 기이성들을 겪어보는 방식이다. 역사 속에서는 아무것도 변하지 않거나 변하지 않는 것처럼 보일 수 있지만, **사건 속에서는 모든 것이 변하며 우리 자신도 변한다.** …… 그것[사건을 고찰하는 후자의 방식]은 '내재적인' 것이다." 같은 책, 163~164쪽. 강조는 인용자.]
9) 들뢰즈에게서의 '잠재적인 것의 존재론'에 관해서는 다음을 참조하라. Alain Badiou, *Deleuze: La clameur de l'Être*, Paris: Hachette, 1997. [박정태 옮김, 『들뢰즈: 존재의 함성』, 이학사, 2001.]
10) Deleuze, *Logique du sens*, p.14. [『의미의 논리』, 50쪽.]

는 메시아적인 것'이라는 '도래할 사건,' 혹은 과거와 미래의 뒤얽힘으로서의 '유령성'이라는 초월론적 형상들에 의해 구동된다는 것을 보았다. 이에 맞서 우리는 단순히 '현재성의 철학'을 대립시키고 싶다. 자신이 죽기 직전인 1984년에 푸코가 "우리 자신에 관한 역사적 존재론"이라고 불렀던 것은 주체의 현재 양태 속에서 역사적 우발성을 찾아내고, 그 복종화된 양태를 변용하고자 모색한 사유이다.[11] 또한 알튀세르가 1978년에 "'유한한' 이론"으로 불렀던 것은 현재성의 분석으로부터 주체와 사회구성체의 생성변화를 모색하는 사유이다.[12] 현재성의 철학이란 바로 이런 것으로서, [푸코와 알튀세르에게서조차] 단순히 예시된 것에 불과하다. 우리는 이로부터 현재성의 이론 속에서 '동적인 생성'의 가능성을 탐구해야만 한다.

---

[11] Michel Foucault, "Qu'est-ce que les Lumières?," *Dits et écrits*, t.IV: 1980~1988, Paris: Gallimard, 1994, pp.573~578. [정일준 옮김, 「계몽이란 무엇인가?」, 『자유를 향한 참을 수 없는 열망』, 새물결, 1999, 180쪽.]

[12] Althusser, "Le marxisme comme théorie 'finie'," pp.285~286.

일본어판 후기

이 책은 『권력과 저항: 푸코, 들뢰즈, 데리다, 알튀세르』(2007)의 일본어판이다. 이 책을 출판하면서 프랑스어판 원저를 적절히 가필·수정했다. 프랑스어판은 원래 파리10대학(낭테르)에서 2004년에 제출된 박사논문으로 집필되고, 2005년부터 2006년에 걸쳐 개정된 것이다. 파리10대학에서의 박사논문의 지도교수였던 에티엔 발리바르에게 진심으로 감사드린다. 발리바르의 지도와 그와 나눈 헤아릴 수 없는 논의가 없었다면, 이 작업은 존재하지 않았을 것이다. 또한 나의 작업을 읽고 상세하고 정확한 조언을 주기도 했던 아사다 아키라, 주디스 버틀러, 이브 뒤르, 이치다 요시히코市田良彦, 피에르 마슈레, 카트린느 말라부, 베르트랑 오질비 등에게도 감사드린다. 또한 이 작업이 많은 친구들의 지원 덕분에 실현됐다는 것도 명기하고 싶다. 특히 리비오 보니, 마티아스 라빈, 세키자와 이즈미関沢和泉, 타케다 마사아키武田将明에게, 그 시사와 의견에 대해 감사드린다.

  이 책의 각 장들은 일본어로는 잡지 논문으로서 (각각 축약된 형태로) 발표됐다. 초판은 다음과 같다.

- 「장소론과 경제론: 구조주의와 저항의 문제」(場所論と経済論: 構造主義と抵抗の問題), 『사상』(思想), 제929호, 이와나미서점, 2001년 (1~3장의 일부).

- 「신체, 자기, 특이성: 푸코의 전회를 둘러싸고」(身体, 自己, 単独性: フーコーの転回をめぐって), 『현대사상』(現代思想), 제31권/16호, 임시증간「총특집 푸코」, 세이토사, 2003년(3장의 일부).
- 「정신분석 이론에서 구조변동의 이론으로: 알튀세르에게 있어서의 구조변동과 우발성」(精神分析理論から構造変動の理論へ: アルチュセールにおける構造変動と偶然性), 『사상』(思想), 제590호, 이와나미서점, 2003년(5장).
- 「변증법의 교란: 알튀세르에게서의 구조변동과 우발성」(辨證法の壊乱: アルチュセールにおける構造変動と偶然性), 『사상』(思想), 제982호, 이와나미서점, 2006년(6장).

마지막으로, 이 책의 기획에서 편집작업까지 일관되게 도움을 주셨던 마츠오카 타카히로(松岡隆浩)에게 감사드린다. 이 책이 물리적으로 존재하는 것은 모든 의미에서 마츠오카 덕분이다.

2008년 2월 25일
사토 요시유키

해설
에티엔 발리바르

『권력과 저항』이라는 제목으로 출판된 사토 요시유키의 이 책은 파리 10대학(낭테르)에 제출된 「구조주의와 저항의 문제」라는 빼어난 박사학위 논문을 토대로 한 것이다. 이 논문의 심사위원은 나 자신을 포함해 주디스 버틀러, 피에르 마슈레, 카트린 말라부, 베르트랑 오질비로 구성됐다. 이 책은 **젊은** 외국인, 특히 일본의 철학자들이 20세기의 프랑스 철학을 해석하며 보여주고 있는 눈부신 날카로움, 깊이, 독창성을 증명한다. 이런 독해를 통해 새로운 신선함, 관점의 재고와 문제제기, 예전의 열정적인 논의가 재개될 조건 등이 시의적절한 순간에 우리에게 당도했다. 몇몇 사람들과 예전의 논의에 참가한 나로서는 그 모든 길을 다 다녀봤다고 부당하게 믿어왔는데, 나는 이런 논의의 비판적 귀환과 재개를 엄청난 기쁨 속에서 맞아들인다.

요시유키의 책은 내용도 흥미롭거니와 그 형식도 빼어나다는 특징이 있다. [논의의] 극도의 응축은 그런 솜씨의 징표이다. 이런 응축은 명석함, 특히 논증의 엄격함과 건축술의 힘과 함께 한다. 이 논문에서 넘쳐나는 것은 단 한 자도 없다. 거기서는 모든 것이 말해지고 있을까? 물음을 제기하고 이에 대해 깨우치기 위해 반드시 해야만 하는 모든 것은, 어쩌면 (요시유키가 충분히 근거를 대고 있듯이, '포스트구조주의'까지 포함한 넓은 의미에서의) '구조주의'가 치켜드는 근본 물음 **자체**이다. 이 물음은 구조주의의 존재 전체로 치달으며, 그 현재성을 계속 만들어내고 있다. 텍스트에 관한 지식과 그 철학적 배경에 관한 지식은 완벽하다. 이로부터 단숨에 요시유키는 이중의 비교라는 착상을 밝힌다. 푸코와 들뢰즈를 비교하고, 알튀세르와 데리다를 비교하는 이 착상은 요시유키가 펼치는 작업의 안내선을 형성한다. 하지만 이 착상은 작업 도중 돌발한 두 개의 역설적 물음을 둘러싸고 선회하며 갱신된다. '지배에 대한 저항의 내재성'에 관한 물음과 '죽음충동'이라는 프로이트적 개념(이 개념은 모든 '구조주의'가 정신분석과 맺는 관계의 핵심이다)이 지닌 모순에 관한 물음이 그것이다. 이렇게 우리는 모든 진부함에서 빠져나가며, 특히 [이 책의] 근본 개념인 '저항' 개념이 확실히 문제화되고 있음을 확인하게 된다.

요시유키가 구축한 도식은 그 자체로 주목해야 할 구조적 특성이 있다. 그것은 대답을 요약·분류하는 데 만족하기는커녕 **물음들을 유발한다**. 명백하게 그 위치를 정할 수 있는 이 물음들 중 몇몇은 담론의 짝짓기와 관련 있다. 요시유키는 푸코-알튀세르('권력'의 철학자와 '갈등'의 철학자)를 짝짓고, 그 맞은편에 데리다-들뢰즈('차이'의 철학)라는 짝을 놓아두는 동시대 비판 담론들의 주장을 무시하지 않는다. 하지만 요시유키는 그보다는 횡단적인 짝짓기를 선호한다. 즉, 푸코-들뢰즈(그리고 가타리), 알튀세르-데리다라는 짝짓기가 그것이다. 특히 이 대각선에 의해 라캉 담론의 특이한 위치가 돌출해야만 한다. (저항을 사유할 모든 가능성을 무효화하는 것처럼 보이는 담론이라는 의미에서 라캉이 구조주의의 가장 '전형적' 대표자가 아니라고 한다면) 라캉 담론의 특이한 위치는 구조주의의 **타자**라는 위치이다. 요시유키는 이 테제가 두 개의 상이한 수준에서 분절될 수 있음을 잘 고려하고 있다. 즉, 역사적·심리적·정치적 비관주의의 수준("혁명가인 한 당신은 한 명의 스승을 찾고 있소. 그를 찾을 수 있을 거요!")이 한편에 있다면, 알튀세르가 말했듯이 '운명의 철학'이라는 초월론적인 수준이 다른 한편에 있다. 후자의 수준에서 '중심의 탈중심화'(이에 관해 라캉은 '외밀성'이라는 신조어를 만들어냈는데, 이것은 필연적으로 성 아우구스티누스를 생각나게 한다)는 '타자'의 지배에서 주체를 구해내는 것의 불가능성을 영원히 표시한다. 이 증명은 프로이트의 텍스트에 대한 데리다와 라캉의 정반대되는 관계에 관한 놀라운 독해로 통한다. 이 독해는 구조에의 복종화와 권력에의 복종화 사이에 맺어진 관계, 또는 양자의 동일화를 (특히 요시유키가 자신의 정식화를 시작할 때 빚지고 있는 푸코의 경우에) 해명할 열쇠를 담고 있다. 마지막으로, 동일한 형식적 도식은 요시유키가 들뢰즈-푸코, 알튀세르-데리다의 관계 사이에 도입한 평행관계에 의해, 두 번째 경우처럼, 가까운 동시에 환원 불가능한 두 철학자들의 담론 사이에 벌어지는 대결로 매개된 일종의 '제2의 입장'과 관련되어 있는 게 아닌지 자문하도록 이끈다. 이처럼 중대한 유비의 열쇠를 특히 이 책에서 길게 활용되고 있는 버틀러의 철학 속에서 찾아내기란 불가능하지 않다. 이것은 요시유키의 박사학위 논문 구두심사에서 버틀러가 요시유키의 분석에 표명했던 관심을 설명해준다. 특히 버틀러는 죽음충동이라는 문제구성과 (복종화의 구조적 효과들의 통제 불가능한 단절로 이해된) 구조들의 우발성 문제 사이의 관계에 관한 분석에 관심을 보였다. 거기서 대화의 기미가 엿보이며, 필경 속행되도록 요청되고 있다.

나로서는 요시유키의 논문에서 검토된 해석과 주장에 담긴 무수한 물음들 중, 논의의 범위를 신규 참가자들로 확대함으로써 성찰을 계속하고 싶다. 특히 나는 두 개의 물음을 언급하겠다. 이 두 개의 물음은 죽음충동과 연결된 '새로운 이율배반'에 관한 요시유키의 심대한 견해를 매개로 곧장 서로 소통한다. 여기서 [새로운] 이율배반이란 죽음충동이 필연성인 동시에 비결정이고, 생명/삶의 파괴인 동시에 보존이라는 이율배반을 말한다. 그리고 강한 의미에서, 이것은 인과성과 자유에 관한 고전적인 (칸트적) 이율배반에 속해 있다.

첫 번째 물음은 '외부성'과 '내부성'의 대립을 상대화하는 것과 관련된다. 이것은 구조주의와 그 비판적 정립 속에서 능동성과 수동성이라는 문제구성을 통해 획득된 중심적 중요성과도 관련된다. '능동적 수동성'이라는 역설적 가능성, 또는 더 낫게 말하면, 순전히 **반동적/반응인인** '저항'의 관점을 내쫓도록 운명지어진, 수동성 자체라는 수단에 의한 **수동성의 너머**라는 역설적 가능성은 새로운 초월론적 형상을 그려낸다. 이 형상은 칸트에 대한 푸코식 비판을 따르면, 요시유키가 '초월론적 시선'이라고 불렀던 것과는 별개의 것이다. 요시유키가 그 의미작용을 검토하는 것은 데리다(그리고 따라서 잠재적으로는, 알튀세르)에 관해서이다. 그렇다면 푸코와 들뢰즈·가타리의 편에서는 어떨까? 우리는 여기서 '차이의 철학'이라는 견해의 적실성을 재발견하는 것에 솔깃해진다. 왜냐하면 '수동성의 너머'라는 관념(수동성은 [잔혹성, 지배 또는 점유에 대한] 저항이 될 것이다) 혹은 '타자로의 생성변화'라는 관념은 들뢰즈, 또한 데리다에게서 가장 명확히 존재하기 때문이다. 바로 여기에는 '저항' 관념이 진정 일의적인가 아닌가라는 물음이 뛰어놀고 있다. 데리다의 담론이 제기하는, 여하튼

이 책에서 데리다의 분석에 관해 제시된 설명이 제기하는 극히 어려운 물음에 관해서도 똑같이 지적할 수 있다. 즉, 재생산 시간의 사건적 단절은 반드시 해방으로, 정의의 생기로 열리게 되는가? 아니면 언제나 이것은 여전히 다른 결말의 가능성, 즉 억압적이고 '악마적인' 결말의 가능성을 포함하고 있는가? 그것은 이율배반적 가능성들 사이에서 선택하는 어떤 결정이나 실천적 자유에 액자구조로서 언제나 여전히 개입해야만 한다고 말하고 싶은가? 어쩌면 이런 '앞에서의/앞으로의 도주'fuite en avant를, 혹은 정치적 어려움의 이 무한한 되풀이를 피하기 위해, 알튀세르는 '부재하는 원인'이라는 도식을 제시하면서 '과잉결정'이라는 자신의 또 다른 개념 맞은편에, '최종심급에서의 결정'이라는 개념을 유지했을지 모른다. 왜냐하면 최종심급은 맑스주의의 전통에 맞추는 식으로, 알튀세르에게 역사의 올바른 좌표를 '보증'해줬기 때문이다. 더구나 사실상 최종심급의 '시간'[최종심급의 때를 알리는 종]은 '결코 울리지 않기' 때문이다.

우리는 사변적이지만 윤리와 정치에 직접적으로 분절[결합]된 이 물음이 명확하게 '결판'날 수 있다고 믿는 환상을 결코 가지고 있지 않다. 하지만 요시유키가 이런 물음에 부여했던 명료하면서도 치밀한 설명이 아무런 효과도 없는 채 남아 있지는 않을 것이다. 우리에게 이런 물음을 제기하기 위해 이토록 멀리서 (그렇지만 이토록 가까이서) 요시유키가 우리에게 다가온 데 감사드린다.

옮긴이의 말

보통 책이 출간되면 감사의 말부터 전하는 게 미덕이라지만, 나는 미안하다는 말부터 하고 싶다. 무엇보다 지은이에게 미안하다. 사토 요시유키의 책을 받은 지가 제법 됐는데, 그로부터도 2~3년 정도 늦었다. 다시 한 번 미안하다는 말을 전한다. 그리고 이 책의 출판을 기대하던 독자들에게도 미안하다고 말하고 싶다.

    이제 고마움을 표시해야겠다. 우선 몇 년 동안 공동작업을 하고 있는 양창렬에게 감사드린다. 양창렬이 이 원고의 상당 부분을 손봐준 덕분에 제법 원고가 꼴을 갖췄다. 언제나 그렇듯이, 늘 감사드린다. 그리고 현대정치철학연구회 회원들(진태원, 김정한, 안중철, 장진범, 오근창, 김승만, 김새미 외)께 감사드린다. 특히 이 책의 원고를 검토하면서 발견된 문제점을 수줍고 점잖게, 그러나 감추지 않고 전해준 오근창에게 감사드린다. 편집장 이재원과 편집자 박동범에게도 미안하다고, 고맙다고 전해야겠다. 때로는 짜증내고, 때로는 회유와 협박을 하며 참을성 있게 원고를 기다려줬기 때문이다.

    마지막으로, 예년과 마찬가지이긴 하지만 올해 특히 이런 외유(?)를 모른 채 눈감아주고 있는 아내, 그리고 사랑스런 두 딸 하윤과 하린. 고맙다.

찾아보기

ㄱ

가시성(visibilité) 59, 61
가타리(Félix Guattari) 19, 20, 26, 27, 34, 35, 63, 64, 69, 72~75, 77, 79~86, 90~94, 96, 104, 105, 141, 237, 243, 271, 304, 319, 320, 323~326, 332, 334
거울상적 중심화(centration spéculaire) 236, 237, 261~268
거울상적 반영(reflet spéculaire) 264, 268
간극(décalage) 54, 62, 187, 263, 267, 288~291, 297, 299, 305, 311~316, 318
개별화(indivisualisation) 99, 100, 121
결합(Verbindung/combinaision) 293, 297, 303~305, 309, 311, 321, 335
경로 선호(Wegbevorzugung/préférence de la voie) 162
경악(Schreck/effroi) 184~187
경제론(économique) 74, 85, 95, 141
경제론적 문제구성(problématique économique) 74, 85, 95, 141, 142
계급투쟁(lutte de classe) 245, 255~257, 260, 267, 280, 283, 285, 287
계몽(Aufklärung) 131~136, 138, 327
고진(柄谷行人) 13, 122, 140n82
공간 내기(espacement) 218~221
공허(vide) 48, 49, 54, 84
과소결정(sous-détermination) 305
과잉결정(Überdeterminierung/surdétermination) 193, 216, 278, 279, 281, 282, 300, 302, 304, 311, 313, 335
관계들의 체계(système de rapports) 271, 276
구조변동의 이론(théorie du changement structural) 28, 260
구조변동의 인과성(causalité de changement structural) 29, 143, 147, 223, 261
구조주의(structuralisme) 17~22, 33, 34, 75, 141, 147, 216, 323, 324, 332~334
구조주의적 권력 이론(théories structuralistes du pouvoir) 19, 20, 22, 26, 33~35, 141, 324
포스트구조주의(post-structuralisme) 13, 15, 16, 21, 324, 332
권력(pouvoir) 14, 15, 19~21, 26~29, 33~35, 47, 48, 52~63, 74, 85, 86, 91, 92, 94~109, 112, 119, 122, 123, 128, 130~132, 135~143, 199~202, 220, 244, 245, 253, 308, 319, 320, 323, 324, 332, 333
기억 흔적(Erinnerungsspur/trace mnésique) 161, 164
기입(Niederschriften/inscription) 160, 161, 164, 168, 170, 171, 193

ㄴ

나르시시즘(narcissisme) 24
내면화된 권력(pouvoir intériorisé) 19,
20, 26, 142
네벤멘쉬(Nebenmensch) 153~155
능동적 힘들(forces actives) 114, 116,
117
니체(Friedrich Wilhelm Nietzsche) 26,
28, 35, 48~57, 97n2, 112, 113~115,
118, 129, 137, 138

ㄷ

다양체(multiplicité) 37, 55~57, 60~62,
75~79, 82, 84~91, 94, 105, 112, 116,
141, 166, 167, 206, 245, 324, 325
단락(scansion) 103, 164, 316
담론(discours) 21, 47, 76, 94, 101,
102, 104, 136, 147, 228~239, 241, 244,
270~272, 286, 301, 332~334
  담론의 물질성(matérialité du discours)
  241, 244
데리다(Jacques Derrida) 13, 14, 20, 28,
29, 147~221, 223, 258, 302, 306, 307,
314~316, 318~324, 326, 332~335
  도래할 민주주의(démocratie à venir)
  217, 221
  메시아적 약속(promesse messianique)
  314, 315
  메시아주의 없는 메시아적인 것
  (messianique sans messianisme) 216,
  217, 221, 326
  보충대리(supplément) 195~198
  용서(pardon) 29, 203, 205, 206, 209,
  211, 212, 215
  우송(poste) 174, 192, 195
  우편 원칙(principe postale) 191
  우회(Umweg/détour) 158, 163,
  189~191, 193, 194, 196

운/뒤케(tuché) 168, 169
유령성(spectralite) 316~318, 322, 327
자기-타자 촉발(auto-hétéro-affection)
216, 306, 307, 322, 323
잔류 우편(poste restante) 167n39, 191
잔여(reste) 69, 81, 82, 167n39, 178,
197, 243
잔류 저항(restance) 164, 172, 197, 204
차연(différence) 160, 163, 164, 174
편지의 잔류 구조(la structure restante
de la lettre) 166, 167, 172
환대(hospitalité) 29, 203, 206,
209~212, 215, 306, 321
흔적(trace) 160~164, 205n119, 213
동적인 생성(genèse dynamique)
324~327
두려운 낯설음(Unheimlich) 169, 193,
195, 204, 206, 219
들뢰즈(Gilles Deleuze) 13, 14, 19,
20, 26~28, 34, 35, 63~96, 104~107,
112~117, 127, 129, 141, 142, 231, 237,
243, 271, 304n47, 319, 320, 323~326,
332~334
  공리계(axiomatique) 92, 93
  기관 없는 신체(corps sans organes)
  63~74, 79~81
  내재성(immanence) 82n49, 130~140,
  142, 249, 250, 320, 324, 325, 332
  반-오이디푸스(L'Anti-Œdipe) 63,
  64, 74, 105
  분열분석(schizo-analyse) 64, 75
  분열증(schizoprénique) 90~93
  이접(disjonction) 81, 271, 279~281,
  315, 317, 318, 322
  이항적 기계들(machines binaires) 80
  재영토화(reterritorialisation) 91~93
  표면(surface) 80, 81, 109~111, 181
  흐름의 탈코드화(décodage de flux) 92

ㄹ
라캉(Jacques Lacan) 17~21, 28, 29,
59, 64, 72, 73, 75~79, 81, 82, 84, 88,
89, 91, 94, 103, 140, 141, 147~221,
223~225, 227, 229~236, 239~242,
244, 246, 247, 248, 249~253, 256, 259,
260, 265, 269~264, 274, 275, 284, 292,
307~312, 318, 323, 324, 332, 333
대상 a(objet a) 154n*, 246
라캉적 사물(Chose lacanienne) 150,
154~159
운/튀케(tuché) 309~311
라클라우(Ernesto Laclau) 227, 245n41
레비-스트로스(Claude Lévi-Strauss)
78, 140n82
르노(Alain Renault) 15, 17
리비도(libido) 25n11, 27, 75n30, 79,
93, 175, 178, 179n64, 186, 188

ㅁ
마조히즘(masochisme) 174~180, 183,
185, 187, 188, 198, 215
맑스(Karl Marx) 17, 29, 33, 104, 143,
148, 216, 218, 219, 245, 249, 258, 262,
263, 269, 274~276, 278~281, 285,
287, 289, 290, 292~295, 297, 298,
300~303, 305, 314, 335
무시간적 재생산(reproduction
intemporelle) 323
무의식(inconscient) 66, 70, 71, 75,
77, 79, 82, 85, 87, 89, 92~95, 103,
114, 115, 117, 141, 142, 148~152,
169n46, 170, 171, 193, 194, 196n100,
207, 224~226, 229~236, 238~241,
243n34, 247, 250, 253n54, 256, 258,
267, 268n77, 270~272, 278, 291, 292,
300~302, 304n46, 308, 322, 323
무페(Chantal Mouffe) 245n41

밀레르(Jacques-Alain Miller) 249~252,
260, 284

ㅂ
바디우(Alain Badiou) 149, 228, 235,
309, 311
바타이유(Georges Bataille) 204,
213~215
반동적 힘들(forces réactives) 114~116
반발관계(relation de répulsion) 73, 80
반복강박[반복자동증]
(Wiederholungszwang) 67, 68, 83, 150,
158, 160, 174, 180, 181, 183~186,
192~194, 198, 207~209
반-생산(anti-production) 80, 87
받아들임[내-투사](introjection)
19~26, 29, 60n50, 210, 260, 267,
308~313, 323
발리바르(Étienne Balibar) 15, 224,
228, 232, 305, 329, 331
버틀러(Judith Butler) 27, 108~111,
118, 227, 329, 331, 333
베르사니(Leo Bersani) 186~188
벤야민(Walter Benjamin) 214, 217
변증법적 논리(logique dialectique) 297,
311n55
변형[타자화](altération) 30, 56, 77, 98,
123, 143, 149, 150, 172, 177, 180, 194,
195, 204, 205, 211~213, 217n141, 219,
260, 269, 306~308, 319~324
봉합(suture) 46, 47, 235~241, 244,
247, 250~252, 255, 259, 260, 267, 270,
308, 309n51, 311~313
불안(Angst) 184~187
비르투(virtu) 288
비인칭적 역량(puissance impersonnelle)
27, 85~96, 141, 142, 319, 320
비판(critique) 44~47

찾아보기 341

ㅅ

사건(événement) 29, 51, 53, 135,
  136, 147, 161, 165, 181, 183n73, 203,
  205n119, 216, 219, 223, 257, 285n20,
  304~307, 315, 316, 318, 321, 322,
  324~326, 335
　사건들의 결합(conjoction des
　 événements) 303, 304
사디즘(sadisme) 175~179, 183, 200
사물(Ding/Chose) 150~155, 244, 245,
  282, 288, 298, 299, 320, 321
사변(Spekulation) 68, 71, 72, 109, 174,
  179, 180, 189, 306, 322, 335
사유의 경제(économie de l'esprit) 117
사회구성체(formation sociale) 28, 29,
  86, 143, 216~220, 248, 253, 256, 257,
  269, 275~280, 297, 302~208, 313,
  320~324, 327
　사회구성체의 생성변화(devenir de la
　 formation sociale) 269, 279, 303, 306,
　 320, 327
　사회구성체의 탈중심화 구조(structure
　 décentrée de la formation sociale) 279
사회혁명(révolution sociale) 217, 223,
  294, 295, 297
상기작용(remémoration) 150, 154
생기(surgissement) 47, 147, 148n1,
  224~226, 253n54, 285, 288~299, 302,
  304, 313, 315n57, 335
생성변화[되기](devenir) 27, 74, 82,
  84, 96, 116, 118, 135~137, 141~143,
  198, 215, 253, 269, 279, 290, 291,
  298, 303~306, 311, 316, 318~321,
  323~327, 334
　사물의 생성변화(devenir des choses)
　 303
　자기로의 생성변화(devenir-soi) 136,
　 141~143, 319, 323

　타자로의 생성변화(devenir-autre)
　 74~84, 141~143, 319, 323, 334
세속화(laïcisation) 100
소망충족(Wunscherfüllung) 184
소비의 생산(la production de
  consommation) 81
소외적 동일성(identité aliénante) 265
소통(Bahnung) 160~163
시간성(temporalité) 147, 148,
  315~318, 322, 326
시니피앙(signifiant) 18, 19, 75~79, 81,
  83, 84, 150, 158~160, 164~170, 172,
  203~205
　결여의 시니피앙(signifiant de manque)
　 18, 77~79, 84, 159, 231, 259, 260
　시니피앙의 물질성(matérialité du
　 signifiant) 165, 166
　초월론적 시니피앙(signifiant
　 transcendantal) 159, 166
신체(corps) 27, 28, 54, 64, 104~113,
  115~119, 130
　신체의 잠재적 역량(puissance virtuelle
　 de corps) 113
심적 장치(appareil psychique) 66, 75,
  79, 86, 184, 189, 193, 194, 196, 276

ㅇ

아리스토텔레스(Aristotelēs) 108, 109,
  287n23
아키라(浅田彰) 329
알튀세르(Louis Althusser) 13~15, 17,
  19, 20, 25, 26, 28, 29, 33, 34, 134, 137,
  143, 147~150, 216, 223~323, 327,
  329, 330, 332~335
　단절(rupture) 28, 29, 52, 147~151,
　 216~220, 223~228, 234, 239, 241,
　 286, 292, 293, 295, 296, 303, 304, 307,
　 309, 314, 315, 321, 322, 333, 335

마주침의 유물론(matérialisme de la rencontre) 287n23, 309~312
복합상황(conjoncture) 255, 257, 260, 281, 287, 289, 299, 303, 311, 313, 314, 316, 318, 321
생산관계의 재생산(reproduction des rapports de production) 232
우발성의 유물론(matérialisme de la contingence) 14, 223, 285, 289
유한한 이론(théorie finie) 289, 321, 327
이데올로기적 국가장치들(appareils idéologiques d'État) 25, 33, 148, 232, 237, 243, 253, 257~266, 268, 322
이데올로기적 재인·오인 (reconnaissance·méconnaissance idéologique) 19, 266
인식론적 절단(coupure épistémologique) 226
정신분석 이론의 유물론화 (matérialisation de la théorie psychanalytique) 29, 241, 242, 246, 269, 308
최종심급(dernière instance) 196, 255, 274, 276, 279, 284, 291, 298, 299, 302, 311, 313, 314, 320, 335
편위(clinamen [déviation]) 29, 167, 257~262, 266, 267, 304n47, 305, 308, 309, 312, 313, 321, 323
[이데올로기적] 호명(interpellation [idéologique]) 19, 25, 26, 29, 237~244, 247, 253, 255, 260~262, 266, 267, 270, 308, 309, 313, 318, 322
야콥슨(Roman Jakobson) 88, 140
어소시에이션(association) 306
에로스(eros) 70, 71, 175, 178
에크리튀르(écriture) 150n*, 160, 164, 167n39, 209n128

억압(répression) 15, 16, 24, 46, 47, 67, 77~79, 85~95, 104, 115, 141, 171, 174, 180, 205n119, 213, 231, 236, 243~246, 252, 256, 267, 272, 317, 335
억압가설(l'hypothèse répressive) 33, 34
억압된 것의 회귀(retour du refoulé) 81, 204
원억압(Urverdrängung) 171, 292, 307
오이디푸스(Œdipe) 60n50, 64, 65, 74, 76, 86~88, 90, 91, 93n75, 159, 160
가족적 오이디푸스화(œdipianisation familiale) 86, 90~92
오이디푸스적 가족(la famille œdipienne) 34, 63, 86, 87
오이디푸스적 복종화(assujettiaaement œdipien) 19
오이디푸스적 제2장소론(la deuxième topique œdipienne) 74
오이디푸스 콤플렉스(complexe d'Œdipe) 65,
외밀성(extimité) 246, 251n48, 253, 272, 273, 333
외상신경증(névrose d'accident) 184, 185, 193
욕망(désir) 54, 64, 72~74, 77~96, 102~105, 112, 113, 141, 155~159, 166, 168, 174, 192, 193, 197, 218, 233, 236n22, 246, 247, 323
욕망과 결여의 변증법(dialectique du désir et du manque) 159
욕망의 부동의 동자(moteur immobile du désir) 64, 72
욕망의 흐름(flux du désir) 74, 78, 79, 86, 91, 93n75, 141
욕망하는 기계들(machines désirantes) 73, 79~82, 95
욕망하는 생산(production désirantes) 79, 81, 82, 84, 87, 90, 93~94, 141

찾아보기 343

욕망의 흐름의 해방(libération de flux du désir) 91
우발성(contingence) 14, 29, 134, 137, 149, 216, 223, 224, 248, 260, 285, 287, 289, 291, 296, 297, 300~306, 309, 311~315, 318, 320, 333
  물질적 우발성(contingence matérialielle) 305
  우발성의 사실성(facticité de la contingence) 134
  우발성의 장(champs de la contingence) 260
  우발성의 필연성(nécessité de la contingence) 296, 297, 314
  우발적인 생성변화(devenir contingent) 143
  초월론적 우발성(contingence transcendantale) 134
운명적인 것(le destinal) 172, 322, 323
윤리(éthique) 98~105, 119~131, 138~142, 316, 335
이것임(heccéité/thisness) 122
이데올로기(idéologie) 14, 25, 26, 148~150, 224, 228, 231~248, 253~257, 260~262, 264~271, 276, 281, 282, 289, 292, 293, 296, 304, 308, 309, 312, 313, 321, 322
  의례적 실천(pratique rituelle) 238, 241, 256, 308, 312
이드(Id) 74n27, 110, 198, 277
이성의 규율(Disziplin der Vernunft) 60
이중구속(double contrinte) 99, 100
이질성(hétérogénéité) 28, 50, 57, 97, 106, 140
일반성-특수성이라는 축(l'axe généralité-particularité) 122
일탈(déviation) 29, 172, 174, 258, 281, 300, 302, 304, 305, 308, 309, 321

ㅈ
자기-동일성의 불가침성(intangibilité d'une identité à soi) 165
자기보존(Selbstbehauptung) 175, 189, 214
자기-촉발[감응](auto-affection) 127, 129, 200, 216, 320
자본주의 사회의 틈새(interstices de la société capitaliste) 305, 306
자아(Ich/moi) 22~25, 36~39, 54, 59, 60, 73, 74n27, 94, 95, 107, 109~111, 113~118, 142, 156n19, 176, 177, 187, 189, 198, 234~236, 241, 267, 269, 270, 272, 277, 308
  경험적 자아(moi empirique) 38, 47, 61, 74n27, 90, 91, 111,
  반동적 자아(moi réactif) 28
  자아분열(Ich-spaltung) 24, 234
  자아의 반대충당(contre-investissement du soi) 207
  자아이상(Ich-ideal) 24, 25
  자아형성의 메커니즘(méchanisme de la formation du moi) 28, 109
  작은 자아(petit moi) 90, 91
  초월론적 자아(moi trandcendentale) 38, 47, 61, 74, 90, 93, 113
  초자아(Über-ich/surmoi) 24, 25, 59n50, 65, 73, 74n27, 277
장소론(topique) 33~62, 97~143
  장소론적 문제구성(problématique topique) 74, 90, 138, 142
전체화(totalisation) 99, 100
절단(coupe) 80, 88, 90, 93, 95
재구조화(restructuration) 240, 241, 267, 308
재구축(reconstruction) 18, 151
저항(résistance) 14~16, 20, 22, 26~29, 35, 56~58, 60, 62, 71, 74, 85, 91, 92,

94~100, 105~107, 112, 118, 122~124,
129~132, 135, 138~143, 147~151,
160~165, 174, 187, 197, 199,
206~212, 215, 216, 220, 221, 227, 236,
242, 245~247, 253~262, 266~268,
306~309, 313, 317~326, 331, 332, 334
무저항의 저항(résistance de la non-
résistance) 199~216, 220, 221, 306,
307, 318, 321
접촉장벽(Kontaktschranken) 66, 67n5,
161
정신분석(psychanalyse) 14~17, 19~22,
27~29, 63, 64, 72, 100, 101, 103,
141, 147~221, 224, 225, 227~230,
233~235, 240~243, 247, 248, 256,
258, 269, 306~309, 322, 323, 332
정의(jusice) 217~221, 314~317, 335
정적인 생성(genèse statique) 324~326
제2의 죽음(seconde mort) 72, 73, 188
존재 결여(manque-à-être) 158, 163,
197
주권질서(l'ordre souverain) 201~204,
206, 210~212, 216, 219, 220
주체(subject) 15~29, 33~39,
44~55, 58, 59, 61~96, 100~103,
106, 119~143, 147~149, 153~159,
167~169, 173, 177, 180, 185~189,
192~193, 196, 203, 209, 215, 227,
223~274, 284, 288, 292, 306~313,
319~327, 333
  경제론적 주체(sujet économique) 27,
  91, 94, 96, 141
  경험적-초월론적 이중체[주체]
  (doublet[sujet] empirico-transcendantal)
  26, 28, 35, 36, 38, 39, 48, 49, 54, 55,
  60, 63, 74, 96, 111, 138
  근대적 주체로의 회귀(retour à le sujet
  moderne) 15, 16, 21, 26, 131

능산적 주체(sujet naturant) 16
단수적[통합적] 주체(sujet unitaire) 91
무의식의 주체(sujet de l'inconscient)
16, 83, 89, 234~237, 272
복종화된 주체(sujet assujetti) 19, 26,
28, 29, 125, 139~146, 319, 320, 324
언표의 주체(sujet d'énoncé) 87~91,
101, 102
언표행위의 주체(sujet d'énonciation)
87~91, 101, 102
장소론적 주체(sujet topique) 26, 90,
91, 94, 96, 319
주체성(subjectivité) 18, 21, 48, 49, 99,
100, 127, 153, 230
주체화(subjectivation) 119~122, 128,
129, 137
초월론적 주체(sujet transcendentale)
140n82, 236, 237
탈중심화된 다양체로서의 주체(sujet
multiple décentré) 91, 141
죽음의 본능(instinct de mort) 63~65,
69~73
중심 없는 심급들의 체계(système
d'instances sans centre) 276~278, 280
증여(don) 29, 203~206, 209, 211, 217
지고성(souveraineté) 44, 213~215
지젝(Slavoj Žižek) 93n75, 227, 242,
243, 244, 246, 247, 248, 253, 308, 325
진리의 분석론(analytique de la vérité)
134, 135
집단형성의 메커니즘(méchanisme de la
formation des masses) 22

ㅊ
초월론적 시선(regard transcendentale)
39, 47, 112, 137, 334
초월론적 체계(système transcendentale)
142, 160, 166, 168, 169, 171, 203

찾아보기 345

충동(Trieb/pulsion) 28, 29, 50~52, 68,
  150, 151, 170~177, 180, 189, 194, 195,
  199~201, 215, 306, 307, 323
　권력충동(pulsion de puissance) 199,
  201, 202
　복수충동(Racheimplus) 183
　죽음충동(Todestrieb/pulsion de mort)
  28, 29, 65, 67~73, 147, 149, 174~176,
  178~180, 183, 185, 186, 188, 189, 192,
  193, 196~202, 206~211, 215, 223
　지배충동(Bemächtigungstrieb/pulsion de
  maîtrise) 29, 176, 183, 199, 200~202,
  206, 211, 216
충족대상(Befriedigungsobjekt) 156, 307
충족체험(Befriedigungserlebnis) 153

ㅋ
칸트(Immanuel Kant) 21, 28, 35~46,
  48, 49, 52~55, 59, 60, 63, 74, 96, 127,
  131~135, 138, 140, 314, 315, 334
　칸트의 니체화(nietzschéisation de Kant)
  35, 49
　칸트적 주체의 탈구축(déconstruction
  du sujet kantien) 63, 74, 138
쾌락(plaisir) 67, 70, 106, 107, 112,
  113, 118~120, 130
　쾌락 원칙(Lustprinzip/principe de
  plaisir) 67, 158, 163, 169, 174~176,
  179~185, 189~198, 202, 309

ㅌ
타나토스(thanatos) 70, 71
타자로의 생성변화[타자-되기]
  (devenir-autre) 74, 84, 96, 141, 142,
  319, 323, 334
타자의 침입(irruption de l'autre) 216,
  219, 307
탈개인화(désindividualisation) 55, 59

탈구축(déconstruction) 18, 26, 48, 49,
  53, 55, 60, 63, 74, 96, 138, 141, 149,
  150, 168, 205, 217, 218
탈복종화(désassujettissement) 128,
  130, 131, 136, 137, 139, 142
탈중심화(excentration) 21, 82, 83,
  84, 90, 94~96, 102, 119, 141, 265,
  269~274, 277, 279, 313
특이성(singularité) 28, 94, 95, 98, 99,
  119~122, 124, 125, 129~131, 133,
  139~140, 142, 324
　전인칭적 특이성들(singularités
  prépersonnelles) 95
　특이성의 장(champ de la singularité)
  139, 140, 142
　특이적/단독적 결합(combinaison
  singuliére) 293, 297, 303~305, 311

ㅍ
팔루스(phallus) 75n30, 77~79, 84,
  159, 166~169, 171, 172, 203, 204, 231,
  252, 272, 274, 284, 308
페리(Luc Ferry) 15, 16
편지/문자(lettre) 75n30, 159,
  164~169, 172~174, 190, 191, 203,
  223, 258, 259, 307
포르트-다(Fort-Da) 182, 183, 185,
  199, 200
표상(Vorstellung) 36~39, 46, 66, 69,
  70, 75n28, 86, 90, 110, 147, 155, 156,
  159, 161, 162, 169~171, 247, 263
　목적 표상(Zielvorstellung) 66
　앞에 서 있는 것(Vorstellung) 249
　여기에 서 있는 것(Darstellung) 249
　원표상(Vorstellungen primitives) 155,
  157
　표상대리(Vorstellungsrepräsentanz)
  169~171

푸코(Michel Foucault) 13~15, 17,
19~21, 26~28, 33~63, 74, 86, 95,
97~143, 147, 237, 244, 245, 319, 320,
323, 324, 327, 329, 330, 332~334
권력의 생산성(productivité du pouvoir)
34
권력의 투여·내면화
(investissement·intériorisation du
pouvoir) 19, 20, 22~26, 59, 61, 111,
319
권력장치들(dispositif de pouvoir) 26,
28, 86, 103~107, 142, 253, 320, 323
규율권력(pouvoir disciplnaire) 15, 28,
33, 61~63, 107, 108, 111, 119, 122
규율화[규범화](normalisation) 59, 61,
109, 112, 124, 138, 190
미시권력(micropouvoir) 15
바깥의 사유(pensée du dehors) 26, 48,
49, 53, 55
섹슈얼리티의 장치(dispostif de
sexualité) 103, 112, 118
실존의 기법(arts de l'existence) 97~100
양생(régime physique) 118
에피스테메(épistémè) 147
역사적 아프리오리(a priori historique)
135
통치성(gouvernementalité) 123, 124,
129

판옵티콘(panoptique) 58~61
푸코적 권력 이론의 아포리아(aporie de
la théorie foucaldience du pouvoir) 58,
140, 141
혼(âme) 105~109, 111, 112, 118, 125
프로이트(Sigmund Freud) 17~26,
29, 59~60n50, 64~76, 79, 83, 88, 89,
109~113, 147~221, 223, 225~227,
235, 240, 250, 251n48, 256, 269~278,
299~302, 306, 332, 333
프로이트로의 회귀(retour à Freud) 18
프로이트적 장소론(topique freudien)
73, 277

ㅎ
하버마스(Jürgen Habermas) 15, 16
헤겔(Georg Wilhelm Friedrich Hegel)
122, 141, 148, 196, 197, 213, 214, 258,
269, 275, 276, 279, 289, 290, 294~296,
301~304, 311~316, 321
혁명(révolution) 93, 143, 210,
216~219, 223, 279, 294~297, 303,
325, 326
현실 원칙(Realitätsprinzip/principe de
réalité) 189~191, 194, 196, 197, 202
현재성의 철학(philosophie de l'actualité)
133, 134, 326, 327
히로키(東浩紀) 13, 168n41

권력과 저항
푸코, 들뢰즈, 데리다, 알튀세르

초판 1쇄 발행 | 2012년 6월 18일
초판 2쇄 발행 | 2017년 3월 27일

지은이 | 사토 요시유키
옮긴이 | 김상운
펴낸곳 | 도서출판 난장·등록번호 제307-2007-34호
펴낸이 | 이재원
주　소 | (04380) 서울시 용산구 이촌로 105(한강로 3가 40-879) 이촌빌딩 401호
연락처 | (전화) 02-334-7485　(팩스) 02-334-7486
블로그 | blog.naver.com/virilio73
이메일 | nanjang07@naver.com

책값은 뒤표지에 있습니다.
잘못 만들어진 책은 구입한 서점에서 바꿔드립니다.
ISBN 978-89-94769-07-3　03300

이 도서의 국립중앙도서관 출판시도서목록(CIP)은
서지정보유통지원시스템 홈페이지(http://seoji.nl.go.kr)와
국가자료공동목록시스템(http://www.nl.go.kr/kolisnet)에서 이용하실 수 있습니다.
(CIP제어번호: CIP2012002018)